宗璞 熊秉明 主编
侯宇燕 副主编

永远的清华园

顾毓琇题
时年九八

北京大学出版社

图书在版编目（CIP）数据

永远的清华园／宗璞，熊秉明主编．—北京：北京大学出版社，2013.9

ISBN 978-7-301-16610-9

I.①永… II.①宗… ②熊… III.①清华大学－校友－生平事迹 IV.① K820.7

中国版本图书馆 CIP 数据核字（2013）第 045718 号

书　　　名：永远的清华园
著作责任者：宗璞　熊秉明　主编　侯宇燕　副主编
责 任 编 辑：陈　甜
书 籍 设 计：李明轩
标 准 书 号：ISBN 978-7-301-16610-9/K·0950
出 版 发 行：北京大学出版社
地　　　址：北京市海淀区成府路 205 号　100871
网　　　址：http://www.pup.cn　新浪官方微博：@北京大学出版社
电 子 信 箱：pkuwsz@yahoo.com.cn
电　　　话：邮购部 62752015　发行部 62750672　编辑部 62756467　出版部 62754962
印　刷　者：北京大学印刷厂
经　销　者：新华书店
　　　　　　730mm×1020mm　16 开本　26.5 印张　8 插页　453 千字
　　　　　　2013 年 9 月第 1 版　2013 年 9 月第 1 次印刷
定　　　价：48.00 元

未经许可，不得以任何方式复制或抄袭本书之部分或全部内容。
版权所有，侵权必究
举报电话：010-62752024　电子信箱：fd@pup.pku.edu.cn

清华学校赴美留学生在上海登船时的合影(1918年)
(照片由清华大学档案馆提供)

前排：自左至右：叶企孙、潘光旦、罗家伦、梅贻琦、冯友兰、朱自清；
后排：刘崇鋐（左一）、浦薛凤（左二）、陈岱孙（左三）、顾毓琇（左四）、沈履（左五）
（约摄于20世纪20年代末30年代初。照片由宗璞提供）

自左至右：施嘉炀、钱端升、陈岱孙、金岳霖、周培源、萨本栋、张奚若
（1931年摄于清华大学北院，照片由周如苹提供）

1934年清华大学评议会成员全体照
前排右起：萨本栋、施嘉炀、沈履、梅贻琦、张子高、蒋廷黻、叶企孙
后排右起：萧蘧、杨武之、陈岱孙、吴景超、顾毓琇
（照片由清华大学校史馆提供）

清华大学社会学系师生在清华园大礼堂前合影
前排左起第二人为吴景超,第三人为潘光旦,第四人为史禄国
(摄于 1935 年 3 月,照片由李树清提供)

西南联大中文系全体师生在教室前合影
二排左起：浦江清、朱自清、冯友兰、闻一多、唐兰、游国恩、罗庸、许骏斋、余冠英、王力、沈从文
（摄于1946年5月3日，照片由清华大学校史馆提供）

抗日战争时期清华大学领导成员合影
自左至右：施嘉炀（清华工学院兼西南联大工学院院长）、潘光旦（清华大学教务长）、陈岱孙（清华大学法学院院长）、梅贻琦（清华大学校长兼西南联大校务委员会常委）、吴有训（清华大学理学院院长兼西南联大理学院院长）、冯友兰（清华大学文学院院长兼西南联大文学院院长）、叶企孙（清华大学研究委员会主席）
（1941年摄于昆明，照片由吴惕生提供）

本书初版之前一年,主编宗璞(中)、熊秉明(左)与副主编侯宇燕(右)合影
(1999年5月13日摄于北京大学燕南园三松堂)

序一

我从1933年到清华哲学系工作,至1937年抗战,学校南迁,因经费关系不发助教旅费,乃未能随去。直至1946年,又返清华,至1952年院系调整。前后近十年,时间不算很长,但对我的学术生涯很有影响。在清华哲学系的生活,我觉得有两个特点:一个是同事们都很勤奋,无日不思考哲学问题;一个是同事之间很团结,从来没有无端的内耗。我想别的系也是一样。那时,同仁们大都春秋鼎盛,精力充沛,学术思想趋向成熟,教学著述的成果令人钦羡。

现在我已九十岁了,当时的同仁大都已辞世,这本《永远的清华园》便是他们的子弟为他们所作的纪念文集。大部分为首次发表。它不只反映了从作者眼中看出的一代学人,也提供了许多第一手材料。像这样由一个群体的后人写出文章,汇集成书,我还没有看见过。

张岱年

1999年9月

序二

我们称自己的祖国为父母之邦，因为那是我们父母居住的地方，那水土，那习俗，那文化滋养着我们的父母和父母的父母，一直浸入我们的血肉，还要传之子孙。

对于我们这些在清华度过童年的人来说，清华园可以说是我们的父母之园。上一代人把他们盛年的岁月献给了清华大学，在池边，在林间，在荷影蝉声里，造就了多少人才。我们耳濡目染，得到的是什么，过了大半个世纪以后，镌刻在记忆中的又是什么，回想起来觉得意味很深长。也许我们不能用文字把它们完全表达出来，留下一点光影也好。

在我的印象中，清华大学的校训"自强不息"，对于我们这些子弟也是起作用的。这里没有懒散，没有低俗，它教我们要像昼夜一样永远向前不停息。这种精神似乎比一般的实干精神更丰富、更深刻。

熊秉明兄最先想到把清华子弟缅怀先人的文章汇集在一起，用一种独特的视角，显现出一个群体，是这个群体使得那时的清华所以为清华。他写信给我，但没有寄，而是亲身带到风庐，建议我张罗一下。我的工作很重，身体又差，但这事很有意义，是我乐意做的，遂就这样定了下来。不久有出版社愿意出版此书，青年女编辑侯宇燕担任责编，开始联系约稿，筹备此书。在出版这一方面，可谓得其社也得其人。

顾毓琇老先生为此书题签。这帧"永远的清华园"墨宝，字迹仍很遒劲，旁有"时年九八"的小字，又印了好几个图章供我们选用。我看到时，真是又高兴又感动。有这题签在，这本书更显精神。张岱年老先生在大病后恢复期中，为我们作序。序虽短，却说出了他心目中的清华。我们感谢之余，还要讨一些两位老人的才气和福气。

还要感谢《清华校友通讯》编辑部承宪康等同志的帮助。

秉明兄和我感谢大家的支持。很多作者都是成志小学（清华大学附属小学）校友。在联系中又想起儿时的秋千和荡船。因为交往有限，最初联系的范围较小，以后得到大家的关怀，滚雪球似的联系越来越多，便成了现在的局面。大部分文章都是专为此书撰写。文章顺序不按传主职务，而是序齿排列。有的兄弟姊妹多人都写了文章，因为篇幅有限，每家只选了两篇。又因为缺乏知识，约稿不周；或者经过努力而无法取得联系，也有对方已得消息而无暇及此，就都成为遗憾，这也是免不了的事。但在众多的关于清华的书中，这总不是一本不值一读的书，因为它出自每一个作者内心中那属于永远的角落。

清华园是永远的。

（宗璞）

1999年5月上旬

永远的清华园

目录

序一 … 张岱年 / 1

序二 … 冯锺璞（宗璞）/ 3

王国维在清华园 … 王登明 / 3

重返清华园日记 … 王元化 / 9

父亲和我
　　——忆先父马约翰先生 … 马启勋 / 17

永在心头的温暖 … 马谙伦 / 19

墨香依旧
　　——怀念先父张子高教授 … 张　滂 / 23

天南地北坐春风
　　——怀念先父梅贻琦校长 … 梅祖彦 / 27

先父陈寅恪失明的过程 … 陈流求　陈美延 / 39

关于我的父亲——杨振声 … 杨　起 / 47

清华——父亲 … 虞佩曹 / 55

水木清华——童年的回忆 … 虞佩曹 / 60

回忆父亲邓以蛰 … 邓稼先 / 67

毕生创新的赵元任先生 … 赵新那 / 75

我父亲的音乐生活 … 赵如兰 / 92

父亲之风 … 熊秉明 / 101

父亲熊庆来先生的一些往事 … 熊秉衡 / 110

父亲冯友兰先生收集的兵器 … 冯锺辽 / 119

那青草覆盖的地方 … 冯锺璞（宗璞）/ 123

忆父亲蒋廷黻 … 蒋寿仁 / 129

父亲和我 … 杨振宁 / 135

父亲的回忆 … 杨振汉 / 146

"好像初出笼的包子"
　　——记李济二进清华园 … 李光谟 / 177

李济与《仁友会史略》… 李光谟 / 184

晚风习习忆亲情
　　——怀念父亲吴有训 … 吴再生 / 189

父亲曹靖华的清华岁月 … 曹彭龄 / 197

父亲罗家伦在清华 … 罗久芳 / 205

北院七号
——忆叔父叶企孙 ··· 叶铭汉 / 215

人格的升华
——父亲朱自清在清华 ··· 朱乔森 / 221

融入山川的怀念
——忆父亲冯景兰先生 ··· 冯鍾芸执笔 / 243

岁月难磨慈父情 ··· 闻立雕 / 253

养育与熏陶
——父亲引导我走向艺术之路 ··· 闻立鹏 / 262

回忆父亲潘光旦先生 ··· 潘乃穆执笔 / 273

清华园往事
——忆父亲俞平伯先生 ··· 俞润民 / 287

世纪同龄人
——忆大舅陈岱孙 ··· 唐斯复 / 293

回忆父亲钱端升二三事 ··· 钱仲兴执笔 / 303

清华经历竟疑梦
——追忆父亲浦薛凤教授 ··· 浦丽琳 / 309

回忆父亲毕树棠 ··· 毕可松 / 325

生活从这里开始
——忆我儿时清华园 ··· 唐绍明 / 331

忆父亲，忆儿时 ··· 吴清可 / 341

"教育原来在清华"
  ——追忆我的父亲吴文藻 … 吴　冰 / 347

情系清华
  ——忆父亲周培源先生 … 周如苹 / 359

魂牵梦绕忆清华
  ——忆父亲浦江清先生 … 浦汉明 / 367

清华园印象 … 李　岫 / 377

亲切的回忆
  ——纪念我的父亲余瑞璜教授 … 余理华 / 389

务实的精神，乐观的态度
  ——忆父亲赵访熊先生 … 赵南元 / 397

怀念旧清华 … 赵访熊 / 401

附录

《永远的清华园》约稿信 … 405

读者来信撷芬：美籍华人汪复强先生的来信 … 406

清华之风与清华之根
  ——重读《永远的清华园》并忆熊秉明先生 … 侯宇燕 / 407

重版后记 … 侯宇燕 / 413

王国维先生

王国维（1877—1927），字静安，号观堂。浙江海宁人。1925年任清华国学研究院导师。国学大师。

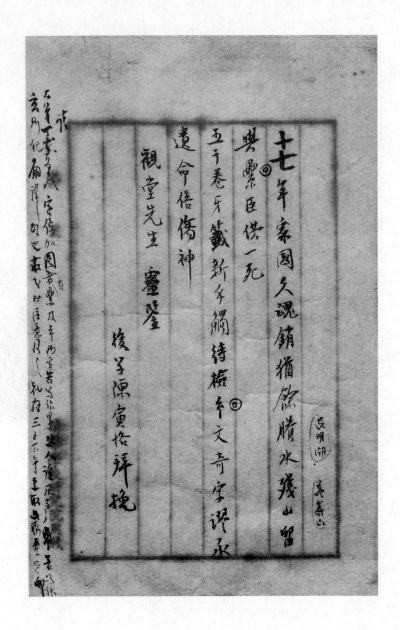

陈寅恪先生悼王国维先生的挽联手稿

王国维在清华园

王登明

我的父亲王国维短短五十年的一生中，最后二年多是在清华园中度过的。在清华大学任国学研究院教授（或称导师）虽时间不长，我那时又年幼无知，但是由于父亲在1927年6月2日自沉于颐和园昆明湖，我家突然受到悲痛的打击，也由于清华园的特殊环境，在我脑海中对父亲、对清华园留下了深刻的印象，一直惦记着西院旧居和水木清华。抗日战争前后我读书、工作均在南方，50年代起工作居住上海一地，有时到北京开会出差，亦来去匆匆，没有时间重访故地，并且也不知西院房屋与父亲的纪念碑是否还在？1979年起，到北京次数较多，其中多次探访清华。初次由西大门进校，凭着儿时记忆，居然不用问路，就径直找到了西院老十六与十八号——我家旧居。两院各有朝南正房三间，左右各一偏房，是典型北方式建筑，红漆门窗、灰色瓦顶，与当年相比，依然如旧。院子中盖了厢房，主人已多次变易。我站在父亲的书房和后院住房前良久，勾起了童年的回忆。我拍了几张照片，寄给了在台北的大姊王东明。后来我又为寻找父亲的坟墓等事，多次到清华大学，访问了校史组孙敦恒同志等，遍访了儿时嬉戏之处。西院附近之小溪树林及往东去的农家稻田已不可睹，但许多有代表性的景物如大礼堂、体育馆、工字厅、荷花池都和原来一样。还吊谒了父亲的纪念碑（碑在十年动乱中被推倒搬走，80年代初又搬回重竖，恢复原状），探访了1927年在校的退休职工汪健君、唐贯方老先生。时隔五六十年，故地重游，真是百感萦怀。近闻清华将拆去西院旧屋，改建新楼（据了解，学校规划对此并无定论——编者注），大姊如能来访，当惜未能再睹父亲昔日生活工作之处，但亦可一览清华数十年来改变的新貌。

父亲在清华时，家中子女对他很是敬畏，其他认识他的人也有此感。大姊说，连性格开朗活泼的赵元任夫人杨步伟女士，在父亲五十寿宴上亦避让不肯同席，因为感到拘束。其实父亲外表严肃冷峻，但他是一个慈父，从不责骂孩子，对他人则是平易近人。他的性格内向，不善交际，而把主要精力都用在做学问上。除了去琉璃厂看书购书外，他极少进城。他的爱好就是读书。父亲每天上午去研究院，下午和晚上的时间几乎都消磨在书房中，读书和写作。常见学生三五成群来就教于他，也常有国内外学者友人来访。在书房中南窗下放一书桌，三面墙壁都是书架，放满线装书。书房在十六号西屋，我们家都住十八号，所以那里是安静的，父亲就在书房里潜心工作。在这里写了蒙古史、西北地理等方面的许多论文，校批不少书籍。父亲在培养研究生、教诲有志的年轻学者方面，也有很大贡献。到了今天我自己已成为老年的教师、也在培养研究生的情况下，再来看六十年前清华大学国学研究院培养研究生的宗旨与方法，很多与今日的教育原则相符合，是当时培养人才的楷范。例如研究生之学业注重个人自修，教授专任指导。学业方面分为普通讲演及专题研究两项。普通讲演为必修课程，而专题研究是于各教授所指定之学科范围内，就一己之志向与兴趣、学力之所近，选定题目。学生于报考时即须认定学科范围，录取后与教授商定题目，随时至教授处请业，题目不得随意更换，以免有旷时杂骛之弊。父亲是经史小学导师，他正是以这样的教育宗旨与方法来培养学生的。他主讲的几门课程如说文、尚书、古史新证等课的研究生，学后都说受益匪浅。特别是《古史新证》是父亲改订《殷先公先王考》、《续考》、《三代地理小记》、《殷周制度论》等论文而成，传授了他的治学与研究方法和他自己的研究心得。他还直接指导许多研究生进行专题研究。受他专业指导及受到他的牖诲而成才的，不下数十人，后来大都成为古文字学、史学、考古学诸方面有高深造诣的人才。由于他在清华的卓越成就以及在学术上的威望，他成为清华园内受人崇敬的学者。父亲的逝世，受到清华师生以及国内外学术界的悲痛悼念。当年在北京城内浙江会馆开的追悼大会犹历历在目。父亲逝世后，清华学校当局及师生对遗孤也是关怀备至，赵元任先生让二姊松明和我在暑期到他家中，和他的女儿一起补习功课，以便插班进入校园内的成志小学。我家在父亲死后，又在清华居住一年（退去十六号房屋），才举家南迁，仅三哥贞明留研究院教务处工作。1929年研究院师生立纪念碑于校园（大礼堂西南隅），由梁思成先生设计，陈寅恪先生撰碑文，林志钧先生书丹，马衡先生篆额，当时仅三哥贞明、四哥纪明得见。

十年动乱中，像我的父亲这样在近代学术史及中国内外具有很大影响的历史人物，对他未能正确评价，几乎以否定为主，有些学者避免引用他的著作，也不敢提及他的名字。1978年以后，国内形势有了很大变化，学术空气也浓厚了，许多学者开始并放手研究王国维及其学术了，发表了许多研究论文。当然，对父亲本人及其学术的评价有誉有毁，是可以开展争鸣的。

父亲的坟墓原在清华园东北七间房。1960年因清华扩大校区，由我的二哥王仲闻（高明）与清华会同迁葬于苹果园福田公墓。二哥在"文革"中逝世，家中其他人均不知墓迁到何处。经我向清华有关领导请求查找，1982年清华找到了坟墓确址。但坟墓在"文革"中受到损坏，现正由北京市文物局负责修复中。父亲在浙江海宁盐官镇的故居，已由浙江省文物局及海宁县拨款五万余元修复，铺设了由公路到大门的汽车道，陈列室已初步布置。1986年秋我曾陪加拿大不列颠哥伦比亚大学叶嘉莹教授前往参观，已大致布置就绪。另外，上海华东师范大学史学研究所于父亲诞生一百一十周年、逝世六十周年之际，经国家教委批准，在上海召开国际性的王国维学术讨论会，邀请海内外学者参加，还将参观海宁故居。对此种种措施，王氏后人深感欣慰。我的母亲潘丽贞1965年病逝于台北。父亲的子女中，大哥潜明早逝，二哥高明在北京，四哥纪明与二姊松明在台湾先后谢世，现三哥贞明夫妇及大姊东明伉俪居台北，四嫂居美，五哥慈明在成都，他们均已退休，仅我一人尚在工作，甥儿女辈均散居大陆、台湾及美国。但王氏后裔都有一个共同的希望，那就是王国维作为一个现代学术史上在古文字学、古器物学、殷周秦汉古代史、蒙古史、西北边陲地理、词学、戏曲史等方面的研究工作都有划时代成就的学者，对他能有正确的评价，他留下的学术文化遗产能为今人所充分利用，那就是我们，后代的心愿了。

（作者为王国维先生幼子，已逝）

王芳荃先生

王芳荃（1880—1975），字维周，上海圣约翰大学第一届毕业生。1906年在东京志诚学校教授英语。1911年进清华学堂教授英语。1913年赴美留学，获芝加哥大学教育硕士学位。1915年重返清华任教。曾任清华注册部主任。1927年前后辞去清华职务，在东北大学任教，后在北方交通大学任教。

重返清华园日记

王元化

我父亲王芳荃，字维周，1880年出生，少时家贫。得教会资助就读于上海圣约翰大学，为第一届毕业生。1906年与母亲桂月华结婚。同年到日本东京志诚学校教英语。学生有陈树人等。次年回国后，1911年到清华留美学堂教授英语。1913年留学美国芝加哥大学，得教育学硕士学位。后回国，1915年起仍在清华任教。闻一多、梁思成、陈植等当时均为他的学生。后为清华注册部主任。1927年离开清华，在东北大学、北方交通大学等校任教。以终身教授职从北方交大退休。1975年去世。

三月十七日我偕许纪霖飞京，中央电视台《读书时间》朱正琳与李潘到机场来接，下榻于梅地亚。因无硬板床，将铺搭在地板上。晚上难以入寐，服氟基安定勉强入睡。次日，朱正琳、李潘和纪霖陪我去清华拍外景。清华文学院教授葛兆光接待全程陪同。我和他还是第一次会见，我以前读过他的书，他是一位治学勤奋的中年学者。我们到校门时，天色蒙蒙，不久就有疏落的雨丝飘下，我和葛兆光谈到小时住在南院，但他并不知道清华还有一个南院。好在我还有印象。清华园大门外，有一条河流，上面架着一座石桥，对面就是通向南院的道路，那里还是七十多年前的老样子，只是小河的河床似乎更向下深陷了。校园大门外停着

王芳荃先生与夫人桂月华女士。约摄于1906年

的人力车,现在已看不见了。进了南院西门,一切如昔,只是显得更为破旧。葛兆光告诉我说,清华的旧建筑都已拆掉重建(此语不确——编者注),唯一没有改建的就是这块地方。不过,他已经不知道20年代清华国学院的四导师,除梁启超住在城里外,王国维、陈寅恪都曾住过南院。南院呈方形,由两种不同样式的房屋构成,北面东面是西式房屋,南面西面是中式房屋,中间有一广场,我们小时就在这片场地上玩耍。那时我们觉得十分宽敞的天地,现在不仅显得狭小,而且是蔓草丛生了。我告诉葛兆光北面洋房第一号住宅是赵元任家,二号是陈寅恪家,西面一排中式平房中,有一家我记不得是几号了,是王国维家。现在一些传记文章都说王国维住西院,是误记(王登明《王国维在清华园》一文[见前]谈到王家旧居确在西院——编者注)。现在清华已经无人知道这些应该珍视的故居了。我请和我们一起来的电视台摄影记者把这些值得纪念的地方拍摄下来,我担心这些陈旧的房屋也许不久将被拆除。

我们转向西面平房，走进一间门前有台阶的房屋，这里已改作退休职工活动室。五年前北图副馆长唐绍明来沪参加上图新址奠基典礼与我相遇，他告诉我，他的父亲唐贯方先生已九十岁了，仍健在，现住在清华南院十四号，即我们过去住过的房子。这次我向活动室的几位退休老人打听唐先生，他们说唐先生已于去年去世了。前年我来京去北图，想约绍明同去清华拜望唐老，绍明因公务繁忙未果。除了唐老，清华恐怕也没有人知道七十年前的往事了。我小时在南院广场上一起玩耍的友伴，有马约翰先生家的启华、启伟、佩伦，李广诚先生家的增德、华妹，梅贻琦先生家的祖彬、祖彤，赵元任先生家的如兰、新那（这是后来的名字，那时如兰叫 Alice，新那叫 Nova），虞振镛先生家的佩曹、佩兰，杨光弼先生家的大田、二田（这是小名，我一直不知道他们的学名叫什么）。以上都是住在南院的。住在北院的王文显先生家的碧仙、碧云和几位外国教授的孩子，也有时到南院来和我们一起玩。其中我只记得美瑞和于瑞。这是一对美国姐妹，她们有时也来我们家，喜欢吃我们家烧的中国饭菜，而我和三姐有时也到北院她们家去玩，喝她们家新挤出来的羊奶。我们这些清华园的孩子们在南院广场上顽皮嬉戏，那是多么无忧无虑的快乐日子啊！现在许多儿时的友伴已消息全无，不知他们是否还在人间？如果他们还健在，祝福他们，愿他们幸福，而对于那些已故的亡灵，我也默默地祈求，愿他们在大地之母的怀抱里安息。

（续记）

儿时我在南院住十四号，是南面一座三合院的中式平房。电视台摄影记者要拍我儿时的故居。我们一行找到了这里，请求现在的屋主人准许我们进去看看。来开门的是一位身穿旧警服的上年纪的人，他不修边幅，衣服久未洗涤，看来有些潦倒。我们说明来意，李潘指着我说，老先生姓王。这位穿旧警服的老人马上问是不是王国维的后代。他说，一两年前有王家后人来访。接着他又告诉我们，他是 1931 年生在这里的，问我知不知道全家？我说知道。全绍文、全绍武当时在北京颇有名望，是我的父执辈。抗战上海沦陷时期，我通过母亲向全绍武商量，他曾将他的华亭路住房让出一小间给我住。后来地下党文委将此地作为机关。全绍武虽然多少有所察觉，但他对我们采取同情态度，从未有什么不满表示。我们在敌伪统治时期得以平安度过，这是要感激他那所豪华住宅的荫蔽作用的。两位全先生都是很富有也很有地位的金融界和企业界人士，为什么这位穿警服的老人如此潦倒呢？他说，他的父亲是全绍志。这个名字我没有听说过，也许是两位全先生的堂兄弟吧。眼下这房屋已破旧不堪。院子中间还砌起一道墙将整幢房子隔开，更添加了一种败落景象。走进几间破旧肮脏的房间，里面光线暗淡，地上堆满垃圾。我不知道这些垃圾是作什么用的。主人的身份和他的职业是什么，也都使我难以揣摸。这里的一切都显得灰暗阴沉，我儿时的印象已经面目全非。不过，我们来访时，却发生过一件忍俊不禁的小插曲。这就是我和房主人的一段对话。

我问他："您知道唐贯方先生吗？他住过这儿。"

他回答得很干脆："没有，唐贯方住西院。"

我坚持："不，唐贯方是住南院。"

他更坚持："不，不，是住西院。"

我再坚持："不，是住南院。我以前在南院住过。"

他毫不犹豫地再否定我的说法："不，我知道。我30年代初生在这儿的。"

我也当仁不让："我是20年代初生在这儿的。"

我们两人顶牛顶到这一步，使得来的人都笑了。李潘更是笑得头直往后仰，她把这场辩论称为"较劲"，她说："王老跟他较劲，真有意思。"这就是我七十多年来第一次返回儿时故居的情况。凭吊儿时生活的旧地，并没有引起惆怅，却出现了这场小小的喜剧，这真是没有想到的。

（续记）

从南院出来，折返石桥，进了清华园的大门。原来紧挨大门的西面是警卫室，东面有一条小径，通往售品所。那是我们孩子最熟悉也最喜欢的地方，因为只有在这里才可以吃到冰激凌。大门里有一条笔直的大道，小时觉得这条大道又宽又长，似乎没有尽头，给人以清洁整齐的印象。最使我难忘的在大道左右两旁，各有一株三四个人才能合抱的千年大树，巍然屹立，气象非凡，看到它们，使人产生一种雄伟庄严之感。可惜不知什么时候，它们已经消逝了。抗战胜利后，我到北方交大教书，曾几次来清华看望在那里教书的友人吴征镒，那时这几株大树已不存在了，为此我曾唏嘘不已。

一起来的摄像记者，选出一些校园地点来摄像，其中有从前清华学堂的中等科和高等科，这是建成大学以前学生就读的地方。还有一处是在当时最具规模的图书馆。图书馆有一层铺的是玻璃地板，20年代这是使人叹为观止的建筑。再有一处是由回廊连成一体的工字厅，这是一些大大小小气魄宏伟的典雅厅堂，最后一进背靠小丘环绕的荷花池，大厅里面陈设着各种瓷器古玩，两厢各有一间可供人留宿的房间。小时一位在清华读书的大表哥曾带着我在这里住过一夜，相传工字厅闹鬼，那天晚上我怕得要死，把头蒙在被里才睡着。这次旧地重游，工字厅因年久失修而显得十分破旧了。后面那一排大厅现在是校领导办公的重地，我们不便闯入干扰，只在后面的荷花池边的小道上绕行一周。这里是我童年常来游玩之地，我还记得这些道旁的小丘陵和不远小山上的钟亭。那时，悠扬的钟声为清华人报时，晚上最后一遍钟声敲响，那是熄灯信号，清华园电厂供电到此为止，所有电灯马上就要熄灭了。父亲每天在熄灯前就将擦亮的煤油灯罩预备好。油灯发出昏黄的微光代替了雪亮的电灯，孩子们发现夜真正降临，睡觉的时候到了。

离荷花池不远就是朱自清先生写过《荷塘月色》的所在地，小时候还不知道有这篇名著，也不懂得恬静幽美，只是觉得太静谧、太寂寞了。接着我们再去体育馆，体育馆不远是医务处，现在已改建，不知作什么用了。在体育馆前有一大片敞地辟为球场，四周有跑道，中间是足球场。清华园的孩子常常来看球赛。小时候记忆最深的是赛棒球，清华的棒球队穿着镶紫色条纹的白色运动服，戴着紫色遮阳的白棒球帽。白和紫两色是清华校徽的颜色，队员个个雄赳赳气昂昂。马约翰先生还让他的两个孩子启华、启伟，穿同样的队服，排在前面出场。我们看见真是羡慕极了。比赛时，孩子们拼足力气为清华校队助威呐喊。清华重视体育，无形中对我们也发生了影响，后来，我和几个姐姐上了中学，都积极参加体育活动，还被选进校队，恐怕与儿时的熏陶不无关系。清华给我最大的教益还是大学的学术气氛，自然我那时对此一无所知。经过耳濡目染，顶多只能领会一点读书的重要和乐趣。当我们一行走到王国维纪念碑前，李潘突然提出这个问题的时候，我就这样作了回答。不过现在想来，我觉得我们千万不要看轻儿童时代所受到的熏陶和影响。有人说，人的一生都被童年时期所决定，这似乎有一定的道理。童年时代的印象像一粒种子埋藏在儿童的心田，慢慢地发挥着它的潜在功能。这些不知不觉的思想熏陶和影响，原本是极其简单粗糙的，随着时间的推移，在一定的气候土壤培育下，逐渐地萌动、变化、发展、壮大……

（作者为王芳荃先生之子，学者，已逝。
本文为作者1997年写的日记，分三天完成）

注：唐贯方先生之子唐绍明（亦为本书作者之一）1999年12月4日寄来一信，现摘录如下：

本世纪30年代初，我家迁入清华园南院十二号居住。当时我年纪小，后来听父亲说，这屋原来的屋主是王芳荃先生，他家有个孩子叫王元化，很聪明，因为脑袋大，大家管他叫"王大头"。南院还有一个"俞大头"，是俞平伯先生的孩子（即俞润民，也是本书作者之一。——编者注）。七七事变后，我家随学校南迁，1946年返回清华园，仍住南院十二号，此时南院已由旧南院改称照澜院（旧南院的谐名，取自昆明一个地名，以表对抗战八年流亡昆明的纪念）。1952年我家又迁往西院居住，房子是陈寅恪先生战前住过的旧居。

可见王先生和全先生争论（指《重返清华园日记》），有几点误会。一是地点有误：旧居应是十二号而不是十四号；二是时间有误：王先生说的是30年代初的事，全先生说的是50年代初的事；三是询问对象有误，全先生不是当事人，他回答不准情有可原，我是当事人，如能问到我自可水落石出。至于文中称我提供了父亲"现住在清华园南院十四号"的信息，当是言语中的差误，不确。

马约翰先生

马约翰（1882—1966），福建厦门人。幼时在鼓浪屿读私塾，1900—1904年与哥哥保罗在上海明强中学就读。1904年考入上海圣约翰大学（当时称约翰书院）预科。1911年毕业，获理学士称号。1914年应聘到清华学校任教，期间曾赴美国春田学院进修1年。长期担任清华体育部主任（抗战期间曾任西南联合大学体育部主任）。是中国近代体育建设的缔造者和奠基者。

父亲和我

——忆先父马约翰先生

马启勋

中国的国内战争使我和我的新婚妻子离开了我的父母和全家。

四十三年后，1992年10月我带着两个女儿回到了我的出生地。我们从旧金山飞抵北京后，就直接来到了清华大学。我们这次访问并非为了团聚，而是怀着极深的感情来参加由清华大学举办的，为纪念我父亲一百一十周年寿辰的纪念会。上百人聚集在装饰着鲜花和历史性相片的大厅里，缅怀父亲的过去，缅怀他在教学上的成就和在提高体育对增进健康和优化生活质量的重要性及对其全面认识上的贡献。

我的父亲马约翰教授将毕生献给了清华大学的体育教育事业，他是中国最受尊敬的著名的教育家之一，也是中国近代体育建设的缔造者和奠基者。他长期担任中华全国体育总会主席以及中国奥林匹克代表队总教练，并拥有许多荣誉称号。然而在他繁忙的时期里，他的心时刻离不开清华，那里是他真正热爱的和感到宁静和永恒的自己所归属的唯一的地方。

我的父亲中等身材、体魄健壮，是一个德、智、体全面发展的人，一个对不公平的挑战从不畏惧的意志坚强的人。他曾提出"五项运动道德品质"的口号，目的是希望通过"体育的迁移价值"的实践作用，使社会道德能得到更好的发展。五项运动道德品质之一是"公平的竞赛"；另一个是"不要找借口"。他作过一个简单的解释说："一个网球运动员在打了一个坏球之后，经常看着自己的球拍，实际球拍并没有问题，是运动员技术上的错误而造成了这个失误。"他继续说："在日常生活中，我们经常遇到有些人做错了事后，总是提出一些理由作为借口。""奋斗到底，绝不放弃"虽然是运动员的一项道德品质，但在生活实践中它也是通往成功的唯一途径。这"五项运动道德品质"为许多人所赞赏并遵循。父亲说："一个人可以输掉一场比赛，但永远不能输掉运动道德。"他相信通过体育活动可以培养和发展人的健康、优美、勇敢、进取的美德。他还认为体育是一门科学，它依次与哲学、社会学、心理学、生理学、艺术和音乐等密切相关。我父亲可以弹奏各种乐器，他创办了清华的管乐团，并教学生们如何演奏各种乐器。

在参加清华的纪念会后，我带领两个女儿去拜谒了她们祖父母的坟墓，也到了在清华体育馆旁父亲生前办公室窗外、政府为他所建立的十二英尺高的塑像前。孩子们含泪上前拥抱了塑像——他是她们从未见过的祖父。

父亲是20年代美国麻省春田学院毕业的学生，他也很爱这个学校，通常每隔三四年回去访问一次。春田对马家每一个人来说都是一个熟悉的名词。我们的兄长启伟和姐夫作云都是该校的毕业生。父亲曾利用他的奖学金，从清华大学选送过十多个人，如夏翔、黄中孚等去春田学院进修学习，力图为此而加强国内体育教育的基础。

通过学习、了解和传授体育教育的真实价值，父亲度过了他的高质量和丰富多彩的一生。对我来说，父亲就像远方天际的彩虹。每当我高高地飞翔在蓝色的天空时，就梦想着跟随在父亲的后面紧紧地追逐那远在天边的彩虹。

（作者为马约翰先生三子）

永在心头的温暖

马谙伦

离开老家远嫁海外已近半个世纪，卧房床头挂着父母亲在颐和园长廊下的合影，书桌玻璃板下放着多张爹爹妈妈的照片：爹爹在清华园老家书房内聚精会神地编写着教材，在新林院中舞剑，在客厅内怡然自得地拉着小提琴；妈妈在荷花池旁的倩影等。它们每天都带给我一些温馨的回忆。虽然爹爹妈妈已离开这世界三十多年了，他们的爱与精神却是那么深刻隽永地伴随着我，不断鼓励我对人生的信心，不论境遇顺逆，都能维持我内心的平安与快乐。

回忆我七岁开始学弹钢琴时，爹爹是我的启蒙老师；我第一次在十字布上绣花时，也是他提示起针的。对我来说，他琴棋书画无艺不通。每晚我们四个年幼孩子上床睡觉时，他会在床边轻轻弹奏他拿手的"曼德林"，催使我们进入甜蜜的梦乡。我最喜欢听他轻轻弹那首他自作的曲调"……3 4 5 - | 6 3 5 - | 3 4 5 - | 6 3 4 - | 4 4 4 - | 5 - 6 - | 1 - 5 - | ……"，到现在我偶尔失眠时，还自哼此调进入梦乡。

爹爹又喜欢摄影，常常为我们八个兄弟姐妹照相，并在他自设的暗室中冲洗底片或上色。有时我哥哥们顽皮闯祸也会被关在这间黑房内。他还喜欢为我们一群孩子（包括清华园邻居小朋友们）讲侦探故事，我们都听得津津有味。他看书过目不忘，阅后可将曲折的情节浅显而又清晰地讲给我们听，讲到紧张可怕的关头，我们小姐弟会挤成一堆咬着手指聆听！

我们的妈妈毕业于上海圣玛利亚女校，与当时在邻校圣约翰大学就读的爹爹相识恋爱而结婚。她是一位不轻易说话但总是笑眯眯的温柔女士，因肤色较深，在校时有"黑牡丹"之称。在清华住了几十年仍然脱不了一口上海音。她本是娇生惯养的小姐，但遇到危机困难的时刻，她可以挺胸负起重担。回想八年抗战在昆明西南联大时期，她需清洗修补全家大小的衣物，烹煮饭菜准备三餐。当时教职员生活清苦，我们的配粮是洗不清砂石的红米，日常仅以咸咸的黑色大头菜炒大黄豆芽佐餐，到年节时才有肉吃。在通货膨胀压力之下，每月发薪，她都要精打细算为全家筹划开支、预备日用。1939年我大哥启华因体弱营养不良去世，妈妈强忍悲痛，直到抗战胜利回到我们可爱的清华园。她一生照顾我爹爹无微不至，自己省吃俭用使丈夫健康，有精力来工作服务。妈妈还弹得一手好钢琴，常与爹爹合奏，也是我最美丽的回忆。

再说我们八兄弟姐妹共四男四女，妈妈一直很引以为荣地说自己有"四对儿女"。四个大的自成一组，看不上我们四个不懂事的小孩（我是老七），总想甩掉我们自己去玩，我们就硬追，在清华园各角落乱跑乱冲，当时同学形容为"马队"。记得有一次我们大声闯进图书馆里寻兄姐，被管理员截住训诫一番，结果哥哥们还被爹爹打了手掌。太多太多讲不完的事，有甜的有苦的，这一切一切都暖暖地藏在我心头。

写到此想到爹爹关于体育方面的学术理论"Transfer Value of Physical Education"（体育的迁移价值）也施诸于他和妈妈对家庭子女的爱及教育，并转移到我们这下一代来。我们现在仍在世的六位兄弟姐妹都拥有快乐的家庭生活，皆由于我们有意无意间效法了父母的模范，以信望爱为做人原则。我们年轻时爹爹管教极严，记得天黑后他就不准女儿外出。当时在昆明，我的爱人钱明年仍在追求我的时候，一天他约我去南屏戏院看工余晚场，爹爹说天黑了不准与男朋友单独外出。钱明年即刻解释说："白天电影院内也是黑的，请你相信我，我会尊重马家小姐的。"爹爹欣赏他有君子风度和有胆量直言，就鼓励我与他交往了。

我于1950年离开清华去东京与钱明年成婚。那时我的二姐佩伦亲自一路护送我到香港登船，陪伴了我一个月。她为了妹妹牺牲了照顾夫君牟作云与两位年幼儿女的时间，我是一生感激他们的。由此更使我深深体会到爹爹妈妈的爱是如何一代一代地传下来的。我和明年也效法他们爱主、爱人民、服务社会，我们的子女以至孙儿辈也都以"马氏教范"为荣。

（作者为马约翰先生之四女）

张子高先生在鉴赏收藏的古墨

张子高(1886—1976),名准,字子高。湖北枝江人。1909年通过留美预备班(清华大学前身)第一届留学考试。1915年毕业于美国麻省理工学院。1916年回国后,历任南京东南高等师范学校、清华大学化学系教授。著名教育家、化学史家。

墨香依旧
——怀念先父张子高教授

张 滂

我的父亲张准,字子高,1886年出生在湖北省枝江县一个沿长江的小镇——董市。19世纪80年代到1911年辛亥革命这个阶段,腐败的清王朝在内忧外患下步入它的末期。整个社会风气败坏至极,有识之士无不认识到唯一的出路只有彻底的变革。在澎湃的革命浪潮冲击下,清政府被迫在政治上作出变法立宪的姿态,并采取废科举兴学校等一些措施。当然,最后没有也不可能挽回它的必然败局。成长在这个时代,父亲没有从家庭得到什么支持,相反的却是拮据的境遇。在这样的历史条件下,他作为一个知识分子,从国家和个人的前途计,走上了向西方学习、科学救国的道路。

父亲曾应过乡试,继而转入武昌普通中学堂,这是张之洞在湖北举办的新政之一。1907年毕业,1909年以优异成绩通过了清政府外务部用美国归还的庚子赔款筹办的留美预备班(清华大学前身)的第一届留学生考试,同年出国。先在库兴中学进修两年,后入麻省理工学院。1915年毕业,留校工作一年,1916年返国。A. A. Noyes 和 W. C. Bray 的 *A System of Qualitative Analysis for the Rare Elements* 曾记录了父亲是参与这一名著编撰的工作者之一。

1916—1927年间，父亲在南京东南高等师范学校（后改为东南大学）任教。在第一次国内革命中，东南大学于1927年被改组为中央大学（南京大学前身）。父亲离开了中大，经过一番周折后，返回母校清华大学任教（这时清华学堂改为国立清华大学），直至去世，前后三十八年。

1931年发生了九一八事变，日本制造了一个满洲国，并进而侵入关内，华北成了"放不下一张书桌"的地带。在抗日战争爆发前的一个短暂时刻里，清华大学逐步充实了它的基础课教学，并开始培养研究生。父亲同高崇熙、黄子卿、萨本铁、李运华、张大煜等教授协力建立起一个颇有朝气的化学系。

抗战打响后，化学系随校辗转迁移到昆明，并与北京大学和南开大学联合组成战时的西南联合大学。父亲也到了昆明，但由于母亲的体弱多病而不得不返回沦陷的北平。先在燕京大学任客座教授，1941年底珍珠港事件后转入私立中国大学任教并任理学院院长。抗战胜利后又返回母校清华大学。抗战八年和第三次国内革命战争的三年中，生活动荡艰苦，他的精神也受到巨大的压抑，然而父亲坚持在教育的岗位上，孜孜不倦地为培养青年一代化学工作者而工作着。

父亲经历了清朝、北洋军阀、国民党和日伪几个时期，从切身的体验中，他认识到没有根本的变革，中国是不会有出路的。1949年全国解放，出现了一个崭新的时代，他积极参加了各次教学改革。院系调整后，他继续留在改为工科的清华大学主持化学教学工作，在组建一个新教研室的过程中，他的经验和热情起了重要的作用。1959年，父亲光荣地加入了中国共产党。

50年代后期，他退出了教学的第一线，与此同时他将更多的精力投入对中国化学史的研究。父亲有较好的国学根底，青年时代曾对《墨子》有所探索，加上他在化学上的多年素养，具备了从事这一工作的条件。根据三十多年的研究所得，1963年他完成了《中国化学史稿（古代之部）》，概括了有关史料和本人的研究成果。这部著作，把中国化学史的研究工作推进了一步。不幸的是，由于"文革"的干扰，他未能完成《中国化学史稿（近代之部）》。

1976年，父亲以九十高龄逝世。他的一生经历了我国动乱最甚的几个时期，但他始终不渝地献身于化学教育事业，为我国培养了一代又一代的化学工作者。解放时，父亲已年过六十，在中国共产党的领导和关怀下，他不仅在化学教育战线上继续发挥作用，而且最后集中精力从事中国化学史的研究，并作出了贡献。

（作者为张子高先生之子，中国科学院院士）

梅贻琦先生

梅贻琦（1889—1962），字月涵。天津人。1908年南开学堂第一班毕业。1909年考入第一批留美预备班，1914年由美国吴斯特理工学院毕业回国。次年到清华学校任教，1925年兼任教务长。1928年清华改制为国立大学后出任留美学生监督。1931年回国接任清华大学校长。1938年清华大学、北京大学、南开大学在昆明组成西南联合大学，梅任三常委之一，具体主持联大校务。1946年复员回北平，任清华校长至1948年。1956年在台湾新竹组建清华核能研究所。1962年5月病逝于台北。

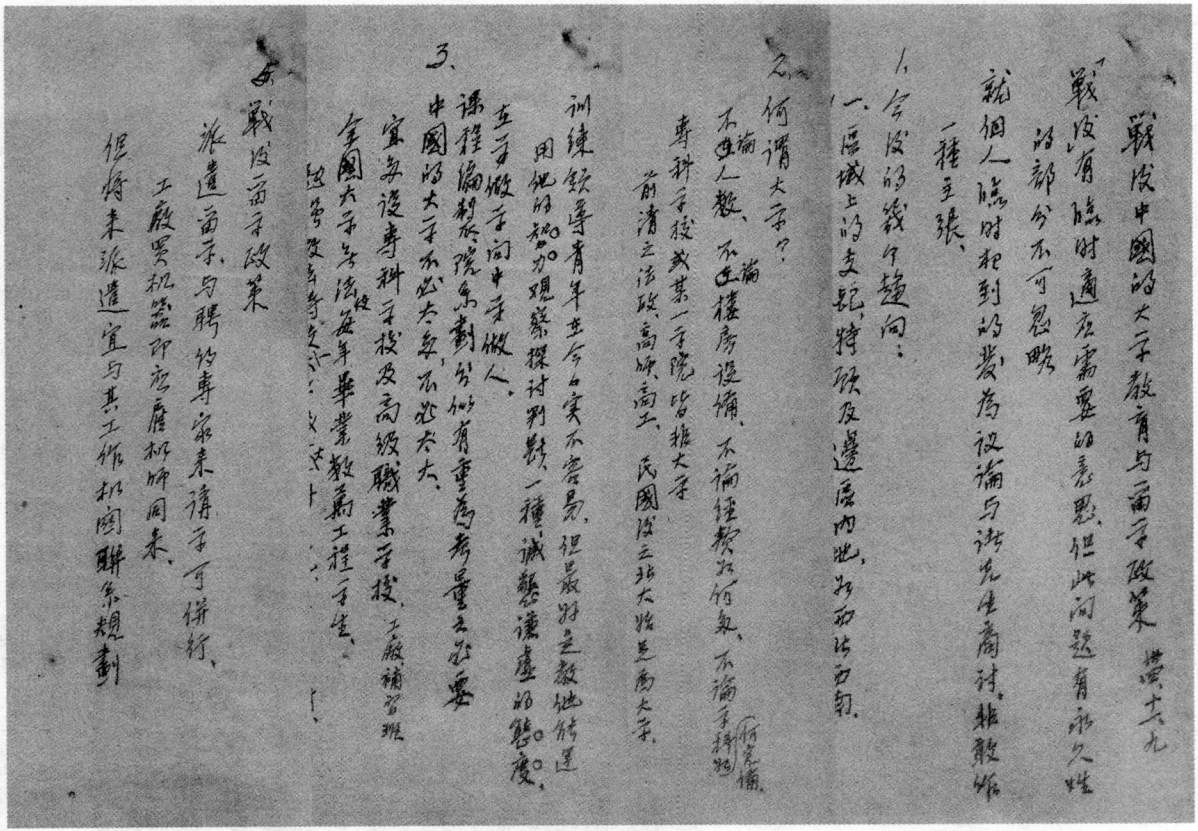

1945 年 11 月 9 日，梅贻琦校长演讲提纲

天南地北坐春风

——怀念先父梅贻琦校长

梅祖彦

今年（1999年）是父亲冥诞一百一十周年纪念，回想他一生的事迹与他对我们后辈的教导及启示，引起我无限的追思及怀念。1954年3月父亲由美国去台北开会，同月我由纽约绕道法国返回祖国大陆。那时他的身体很好，我也还年轻，觉得以后总能再见到他老人家。不期八年后他在台北病逝，纽约一别竟成永诀。父亲在世的后来几年虽未和我通过信，但从母亲由美国的来信中知道他的健康还好，仍一如既往地全心致力于教育工作，并常关心我在大陆的情况。至今四十多年过去了，他的音容笑貌依然清楚地留在我的记忆中。

一

父亲自幼家境清贫，作为五个兄弟和三个姊妹中的长兄，他帮助父母抚养弟妹，很早就承担起家庭的责任。以后在求学及工作锻炼中，他成为一个谦虚、勤谨、忠诚敬业和责任心很强的人。他少言寡语、慎思熟虑，但也颇有幽默感。我们姊弟五人都很敬爱父亲，虽然他对培养我们的性格和生活习惯非常认真，但他

梅贻琦先生与夫人韩咏华及五个子女于昆明。男孩为作者（1939年摄）

不是一位严父，对我们从不训斥，而是身教胜于言教。他的一言一行在子女眼里成为家中的规矩与典范。

我们姊弟小时，每餐各有一份饭菜，每人必须把盘中菜吃完后才能再要喜欢的菜，这样大家养成了不挑食不浪费的习惯。父亲很喜欢整洁，常给我梳头，总是一手托着我的下巴，一手梳理。我后来也照样给妹妹祖芬梳头，祖芬觉得托着她的下巴太痒了，就说"我自己托着吧"，这事后来在家中传为笑谈。我上小学时开始学集邮，和姐姐们喜欢到父亲的抽屉里去翻他的旧书信、找邮票，父亲曾说过我们。但有一次我还是去翻找更好看的邮票。父亲回来后虽然很生气，还是很平静地问："上次是没有听见还是忘了？"我实在很想要那些邮票，就说了实话，父亲在我保证不再来乱翻以后又给了我几张邮票。

我们上学之前，父亲教过我们读书写字，后来由于他工作忙碌，和我们在家相聚的时间越来越少，教导我们的机会也更少了。在抗日战争时期，清华大学和

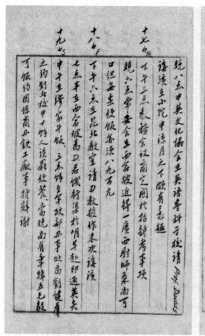

梅贻琦先生1939年的日记

北京大学及南开大学内迁到昆明组成西南联合大学。父亲主持联大的日常事务，工作异常繁重。当时我虽和他同住一室，但见面的时间并不多。早上我上学很早，中午回家吃饭时他还未回来，他下班后我又走了。晚上他常需应付各种公务应酬，有时一晚上有两三个约会，直到很晚才回来，我们姊弟都已入睡了。那些年代日本飞机常来轰炸昆明，联大的师生都到校舍北面的山坡坟头间去躲避，当时称为"跑警报"。常常只是在这种场合，我们才有机会和父亲多说几句话，然而大部分时间他还是沉默地想他的公事。现在回想起来，我们都感到万分遗憾，那时竟没能和父亲多相处些时刻，没能多知道点他的见解和主张，他的思想与信念。我实际上是在成年以后，从热心于他的教育思想研究的作者笔下对他才有了多一点了解。

二

父亲出生于19世纪的80年代末，成长于清朝丧权辱国使中国沦为列强的半殖民地的时代。那时的知识分子都深切体验到国家民族危急存亡的深重灾难，父亲属于这一代醒悟到要救国图存必须放开眼界追索西方先进科学文化的人。他青年时期上过天津的南开学堂，受业于张伯苓先生，得到新思想的启发，1909年考取利用庚子赔款派送留学生的第一批名额，到美国吴斯特理工学院去留学。1914年毕业于电机工程系，归国后即在清华学校工作，后来利用教师休假年在芝加哥学习物理，获硕士学位。在清华他从教学到行政，担任过许多不同职务，逐渐坚定了他办教育的决心。1925年清华改制增办大学部，他任教授兼教务长，对如何将清华办成一所一流大学作了深入的思考。这时他发表了《清华的教育方针》[1]一文，同时发展了清华国学研究院。1931年他任国立清华大学校长后，坚持民主办学、学术自由的方针，以他一贯廉洁奉公、公正严明的作风，受到全体师生的欢迎和敬重。他在学校工作近五十年，直至1962年在台北逝世，将毕生精力献给了两地清华的创建与发展，成为清华唯一的终身校长。

父亲曾用"生斯长斯，吾爱吾庐"一语来描述他对清华的热爱。是清华培养了他，加深了他的思想及认识，增长了他的能力及才华。正是他对清华的深厚感情使他无论在多么艰苦的情况下，皆义无反顾地为清华的事业尽力，直至生命的最后一刻。在他就任校长以前，清华还是一所新办的大学，各个方面都处于起步阶段。当时北洋政府和南京政府先后派了官员来当校长，有几位遭到有民主自由传统的清华师生的拒绝，有的被拒之门外，有的被师生轰走了。最后还是从学校中选出他这位得到大家支持的教授来担此重任。当时任教育部长的前中法大学校长李书华先生有过这样一段回忆："民国十九年冬，我当着教育部长，那时清华大学罗志希先生坚决求去，梅先生在美国任清华留学生监督，我去电请其回国掌管清华校务，他最后终于同意了，任职一直到现在。清华有今日的成绩和地位，他当然尽了不少的力，这是我在教育部长任上最满意的一件事。"[2]

1931年父亲在就职典礼上说："本人能够回到清华，当然是极其愉快的事。可是想到责任之重大，诚恐不能胜任，所以一再请辞，无奈政府不能邀准，而且本人又与清华有十余年的关系，又享受到清华留学的利益，则为清华服务乃是应尽的义务，所以只得勉力去作，但求能够尽自己的心力，为清华谋相当的发展，

---

[1] 见《清华周刊》426期，1927年12月。
[2] 见《清华校友通讯》66卷9期，1940年9月（注：罗志希是罗家伦先生的号）。

将来可能无罪于清华足矣。"[1]从这些坦诚的话中,不难看出他对任务之艰巨有着很清楚的认识,而且也表现出为清华服务的信心。

在这篇演说中父亲谈到了他教育思想的几个重要方面:首先是办大学的目的。他说:"办学校,特别是办大学,应有两个目的,一是研究学术,二是造就人才。"这主导着他毕生办学的方向和实践。无论是在北平的清华,或抗日战争中的西南联大,还是后来在新竹的清华,办学的目的都是围绕这样的核心思想:研究学术与造就有用的人才。他很早就看到学术研究是立国兴邦的命脉所系,不学无术将使国家民族陷于愚昧的深渊,招致外侮与欺凌,这在中国近代历史上是极为惨痛的教训。

他为此坚持了两项措施,即保证学术自由和聘请学有专长的学者来校任教。他提出了有名的"大师"说。在一篇文章中他认为:"一个大学之所以为大学,全在于有没有好教授。孟子说:'所谓故国者,非谓有乔木之谓也,有世臣之谓也',我现在可以仿照说:'所谓大学者,非谓有大楼之谓也,有大师之谓也。'"[2]这一主张突出了高层知识分子在大学中的特殊地位,并且把他们的作用提高到绝对的高度。此后清华大学延聘了一大批学贯中西的知名学者,一时清华教授阵容之强在国内无与伦比,他们使文学院、理学院、法学院、工学院及研究院得以充实并发展。大师的作用不仅在抗日战争以前国家形势相对平静、学校物质条件较好时的清华得到充分的发挥,即使在抗战的困难时期,物质极其匮乏,根本不存在"大楼"的西南联大也起了极其辉煌的作用,其中也包括了若干位外籍教授,如温德、燕卜荪、葛邦福等。在清华及后来的西南联大,一届一届的毕业生担负起国家各个方面的工作,对我国的文化及经济建设起了重要的作用,在几十年后的今天,他们的影响依然存在。后来在台湾建清华大学时,父亲也贯彻了同一主张,那时在美国的清华校友(许多已是著名的学者)纷纷来到新竹贡献他们的力量。父亲深知在知识分子身上,既有崇高的爱国心,又有强烈追求学问的愿望。应该说,对知识分子心态了解之深,当时少有如他者。

在这里应该提一下父亲对于应用科学的关注。当时有不少学者提倡科学,但科学对于他们只是寻求真理的一种方法,而父亲更强调应用科学(工程教育)对国计民生的重要性。在工学院的建立上父亲倾注了最多的精力,使清华成为综合了两种

---

[1] 见《国立清华大学校刊》341号,1931年12月4日。
[2] 见《国立清华大学校刊》341号,1931年12月4日。

体制的新型大学,即兼有以人文科学为主的哈佛大学和以技术科学为主的麻省理工学院的特点。这在我国教育史上是开拓之举,当时在西方国家也不多先例。

1940年在昆明的清华师生为父亲在母校工作二十五周年举行了公祝会,他对于自己的成绩说了这样的话:"……清华这几十年的进展,不是也不可能是某个人的缘故。是因为清华有这许多老同事,同心协力去做,才有今日……在京戏里有一种角色叫王帽,他每次出场总是王冠整齐,仪仗森严,文武将官前呼后拥,像煞有介事。其实会看戏的,绝不注意这正中端坐的王帽,因为好戏并不是由他唱的,他只是搭在一个好班子里,人家对这台戏叫好时他亦觉得'与有荣焉'而已……"①他很清楚,任何事业的成功都是群策群力、各司其职的结果,而不是某个人单独的功劳。确实,如果我国的教育事业也能使每个毕业生都明白这个道理,那么无论他在领导岗位上取得多少成绩,受到多少赞扬,他也只应感到是"与有荣焉"。

父亲的谦虚朴实,是他的同事所共知的。1941年在他五十三岁生日时,顾毓琇先生写了一首诗来祝贺:

  天南地北坐春风,设帐清华教大同。
  淡泊高明宁静志,雍容肃穆蔼和衷。
  诲人自有宗师乐,格物原参造物功。
  立雪门墙终未足,昆池为酒寿高松。

父亲也回了一首诗:

  敢言程雪与春风,困学微忱今昔同。
  廿载切磋心有愧,五年漂泊泪由衷。
  英才自是骅骝种,佳果非缘老圃功。
  回忆园中好风景,堂前古月照孤松。

今天回顾起来,是否也可以说,他这古月堂前的孤松,也确实为清华增添了不少景色。

如何办好中国的教育事业,如何培养一个现代国家所需的人才,使清华成为

---

① 在"为母校服务二十五周年公祝会"上的答辞,1940年。

有自己风格与特点的大学，父亲对古今中外的教育思想与实践作了研究比较。古希腊哲人自苏格拉底提出"一己之修明"（Know Thyself）的主张以来，其门徒柏拉图、亚里士多德及后来众多的思想家发展了一套完整的教育理论和体制，形成近八九百年的西方学院制度，英美及欧洲大陆的现代大学都是在此基础上演变而来。其精髓所在是希腊哲学所包含的学术自由与民主思想，这是西方文明与科学技术昌盛发达的关键所在，也是他认为我国大学移植西方大学制度所必须保持的精神。他曾写过："西洋之大学教育……本源所在实为希腊人之人生哲学，而希腊之人生哲学之精髓无它，即'一己之修明'，此与我国儒家思想之大本又何尝有异致？孔子于《论语·宪问》曰：'古之学者为己'，而病今之学者舍己以从人。"但是父亲也认为儒家思想与促成19世纪西方个人主义思想的希腊哲学有所不同，他说："孔子在答子路问君子时曰'修己以敬'，进而曰'修己以安人'，又进而曰'修己以安百姓'。"他说："曰安人安百姓者，则又明示修己为始阶，本身不为目的，其归宿，其最大之效用，为众人与社会之福利，此则较之希腊人之人生哲学又若更进一步，不仅以一己智理方面之修明为己足也。"①

他认为大学教育应具有儒家思想主张的"新民"使命，人才的培养应向格物、致知、诚意、正心、修身、齐家、治国、平天下的目标发展。同时，为"克尽学术自由之使命"，他推行了蔡元培先生"兼容并包"的办学主张。在清华和西南联大的校园内始终会聚着学术思想上的各家各派。有的校友在回忆他时说："梅校长主长清华，始终以民主思想、学术自由的开明政策为治校原则，他对左右派的思想兼涵并容，从不干涉。"

他在孔孟之道的思想中融会了始终保持不变的希腊及西方学术自由与民主法治思想，甚至希腊人崇尚体育的精神，也在清华得到有力的贯彻。当时规定所有学生体育课不及格不能毕业，一时清华在华北大学中成为一所体育强校，这种注重体育的校风一直延到西南联大以及复员后的清华。对于青年学子，他采取了西方的通才教育，或"自由教育"（Liberal Education）的模式。这种教育要求学生不仅应有专门的知识，更应受到贯穿在整个大学课程中的普通教育，使每个学生对于人文科学、自然科学、社会科学皆能融会贯通。他曾说过："学问范围务广，不宜过狭，这样才可以使吾们对于所谓人生观得到一种平衡不偏的观念。对于世

---

① 见《清华学报》13卷1期，1941年4月。

界大势文化变迁,亦有一种相当了解。如此不但使吾们的生活增加意趣,就是在服务方面亦可以加增效率,这是本校对于全部课程的一种主张……"①

三

父亲终身供职于清华,他的很多观点来源于清华的优良传统,他的很多开明主张使清华得到了很好的发展。最体现民主办学精神的就是当年清华大学的领导体制,它包括三个机构:一是承担学校日常行政责任的校务委员会,由校长、教务长、秘书长和各学院院长组成;二是教授会,由全体教授组成,对学校的各项事务进行讨论;三是评议会,由校务委员会的成员加上教授会选举的七位(后来发展成九位)代表组成,凡学校的重要事务,如聘请教师、学校规划、制度改革等,都需评议会决定才能施行。

旧清华在20年代后期,因为学校领导人选更换频繁,曾发生过多次教师学生拒绝领导而自行管理的事情,在某种意义上有了教授治校的基础,到了父亲主持清华事务后,充分发挥教授治校的作用就形成了一种固定的体制。当年清华大学的用人制度很讲求机构精简,教务长、秘书长、各院院长以及各系系主任均由教授兼任,没有副职。职工人数也比较少,常是一人兼任数职。学校很多的专门性任务都交给由教授组成的委员会去研究和办理,委员会根据需要有常设的,也有临时性的(任务完成后即结束,有新任务时再另组织),这是一种很好发挥教授主导作用的办法。在抗战以前,据说曾有过三十四个委员会,老教授赵访熊先生就说过他曾参加过十多个委员会。

父亲主持西南联大的八年可能是他一生经历中最艰难的一段时间。首先昆明当时虽处战争后方,政治形势并不稳定,国民党政权与地方势力的矛盾不断加剧,进步势力的影响逐渐扩大,学校环境很不平静。其次经多年抗战的消耗,后方的物资匮乏,物价飞涨,学生和教师的生活均极艰苦。再就是敌机的连年轰炸,打乱了正常生活秩序,也造成直接的物质损失(联大校舍多处被炸毁)。1941年他在一次会上说:"在这风雨之秋,清华正好像一只船,漂流在惊涛骇浪之中,有人正赶上驾驶它的责任,此人必不应退却,必不应畏缩,只有鼓起勇气,坚忍前进。

---

① 见《国立清华大学校刊》412号,1932年6月1日。

虽然此时使人有长夜漫漫之感，但我们相信，不久就要天明风定，到那时，我们把这条船好好开回清华园，到那时，他才能向清华的同人校友敢告无罪。"①这段话表明他在处境维艰时之勇气与毅力。

他和大多数教授都提倡不给学生灌输某种政治派别的思想，而应培养他们个人判断能力，使他们依靠这种能力去决定自己的取舍与政治方向。对青年学生向政府进行的抗议活动他则尽力给以保护。1936年和1948年前后国民党政府数次来学校捉拿进步学生，他在学校事先得到"黑名单"后立即通知学生躲避，使很多学生免于逮捕。1941年在昆明发生了学生"倒孔"风潮，当时父亲多次走访云南省政府领导人，进行疏通工作，才避免了学生游行时发生意外。

父亲也重视我们姊弟独立思考的能力。在昆明我们先后都上了西南联大，后来都有就业的选择，父亲认为我们都已长大成人，应该有自己的兴趣和志向，他对我们自己的抉择十分重视。虽然他担心我们离开家庭以后可能发生种种问题，但他不表露出不放心的样子，也不作过多的说教。我在青年时期有过两次重大抉择，决定了我以后的生活道路。父亲对我的选择其实并不完全同意，但为重视我的意向，最终给以默许。

第一次是1943年秋我决定弃学去当军事翻译员。当时西南联大和另一些高校刚作出征调四年级学生参加军事服务的决定，那时我才上二年级，不属征调范围，但我和我同班的同学出于爱国热情，要去志愿参加。父亲认为当时国家形势动荡，能在大学读书，机会难得，望我先把学业完成，报效国家以后尽有机会，但由于我很坚持，他即未阻拦。我在军队服务时间较久，学业因而耽误了三年。不过在服务的后期，被派调到美国的军事基地工作，服务结束后得到机会在美国继续学业。1949年我在父亲的母校吴斯特理工学院本科毕业，为这件事父亲后来还算满意。

第二次就是1954年我决定返回大陆。在全国解放后父亲已在美国纽约暂居，有一段时间我们住在一起。此前有不少留美学生回到了大陆，并传来了很多解放后的情况。父亲知道我和一些同学也在筹划远行，他虽然未动声色，但显得出心中焦虑。后来还是重视了我自己选择前途的意愿，只在为人处世的道理上对我作了些规劝，而对我的行动却给了默许。我回到北京后不久父亲即长住台湾，从那

---

① 在"为母校服务二十五周年公祝会"上的答辞，1940年。

以后没有再给我写过信，但从母亲由美国来信中知道父亲得悉我回到清华母校任教后感到欣慰，对我在新环境中的适应情况很是关心。

四

父亲于1948年12月离开北平南下，次年在巴黎参加联合国教科文会议。1950年初到美国，在纽约华美协进社内管理清华在美基金。台湾当局曾多次欲动用清华基金，但父亲始终坚持了基金的办学用途。后来和台湾当局商定了在新竹建立清华研究所，进行自然科学和和平利用原子能的研究。

1956年10月新竹清华第一届研究生入学，1957年9月新竹办公楼启用。1965年，在父亲去世之后，台湾教育部门在新竹成立了清华大学，招收本科生，1969年第一届学生毕业。

在台湾几年，父亲虽年事已高，但仍为科学和教育事业奔走，最后因工作过重，简食少眠，积劳成疾，于1959年9月病倒，不能正常工作，1960年2月辞去所有职务。

父亲于1960年7月在台大医院作前列腺手术，医生认为病情严重，已不能长久，靠大量输血延续生命。以后病情不断恶化，终于1962年5月19日与世长辞，享年七十三岁（曾与父亲同住台大医院的胡适先生先他两个月辞世而去，对他的心理打击很大）。父亲的一生，全部精力都献给了清华的事业，可谓鞠躬尽瘁矣。

父亲在台北去世后，葬于现在的新竹清华大学校园内，学校修建了墓园，取名为梅园，每年都有师生校友前往吊谒致敬。在台湾学界以及社会人士均推崇他为教育先导，备受各界的尊敬。

1989年为父亲诞辰一百年，在北京清华大学举行了纪念会，由海外校友捐赠的半身铜像同时揭幕，海外不少校友发来纪念函电，《校友通讯》刊印了纪念专栏。

1996年我经过多番努力，才首次得到机会到台湾访问，在新竹由清华大学校长沈君山先生和老教授张昌华先生（当年建设研究所的总工程师）陪同，在父亲坟墓前行礼，献上迟到了三十四年的一束鲜花。

1999年11月

（作者为梅贻琦先生之子，清华大学水利水电工程系教授，已逝）

陈寅恪先生

陈寅恪（1890—1969），江西修水人。于1926年到清华任国学研究院导师，后又长期任清华历史系和中文系合聘教授，1949年后在广州中山大学任教授。国学大师。

先父陈寅恪失明的过程

陈流求　陈美延

先父陈寅恪在中年双目相继失明，是他一生最大的憾事，对于终身以读书、教学、研究学问为己任的父亲而言，其痛苦是他人难以体会的。我们那时虽然年龄尚幼，未能理解父母内心的悲楚，但已能感知全家都笼罩在忧郁的气氛之中。有关父亲失明的记述，在我们姊妹的回忆短文中分别有载，但当时全凭回忆，姊妹又分居各地，记述略有误差；近年根据父亲生前好友发表的日记、信件等资料，我们又再追忆、讨论，将往事记下。

父亲出身在一个世代读书的家庭，家中藏书丰富，自五六岁入家塾启蒙后即嗜好读书，此况如王锺翰先生在《陈寅恪先生杂忆》文中关于先父突患左眼视网膜剥离症一段所记：

先生一日见告：我之目疾非药石所可医治者矣，因龆龄嗜书，无书不观，夜以继日，旧日既无电灯又无洋烛，只用细小油灯藏于被褥之中，而且四周放下蚊帐，以免灯光外露，防家人知晓也，加以清季多有光纸石印缩本之书，字既小且模糊不清，对目力最有损伤，而有时阅读爱不释手，竟至通宵达旦……

先伯父、先姑母也曾述及以上情景，并告我们，父亲自幼秉性好静，嗜阅读，常深思，不喜户外游戏。

从我们记事起父亲鼻梁上总离不开眼镜，抗日战争爆发前在清华园里，无论是夹着布包袱上课堂或回家伏案工作，以及生活起居都离不开它，幼时只知是近视眼，究竟有多少度数，并不清楚。现在想来父亲眼睛近视的缘由，遗传因素难以察考，祖父八十高龄后仍能阅读，祖母亦无视力不佳之闻；而环境因素与父亲孩童时即长期近距离用眼，光照严重不足有密切关系。父亲在十三岁正值少年生长发育旺盛，也是眼球长轴发育趋向稳定之际，东渡日本求学，他曾谈到昔日伙食甚差，每日上学所带便当只有点咸萝卜佐餐，偶尔有块既生又腥的鱼而已。即便如此父亲在异乡仍苦读不辍，以致营养不良，引发"脚气病"，不得已返国。

1937年，父亲刚满四十七岁，七七卢沟桥事变后不久，日军攻占了北平，祖父忧愤不食于9月14日弃世，此为家中最重大变故，而伯父、叔父均在南方，交通阻隔，奔丧尚未赶到，父亲为当时家中唯一的儿子，先行主持丧事。国事、家事令他心情十分沉重；又极劳累，亲友来吊唁时家属均一一还礼，叩首或鞠躬，

陈寅恪先生全家1951年夏于广州合影。第一排：唐筼（陈寅恪夫人）、陈寅恪；第二排（左起）：陈小彭、陈流求、陈美延

频繁弯腰、低头，以后方知，此类姿势对高度近视者极不相宜，可能诱发视网膜脱离。多种因素导致父亲在祖父治丧期间右眼视力急剧下降。不得已到同仁医院检查，诊断为右眼视网膜剥离，医嘱及时入院手术治疗，不可延误。决定是否施行手术，对父母是一次严峻的选择。父亲一度住进同仁医院眼科病房，他不仅向医生询问有关病情，手术前后事宜及成功或失败的预测等，还向病友及病房工友探询。考虑到当时接受手术治疗，右眼视力恢复虽有希望，但需费时日长久，而更重要的是父亲绝不肯在沦陷区教书，若在已陷入敌手的北平久留，会遭到种种不测。当年，美延刚出生，流求八岁。侧听父母严肃交谈反复商量，从大人的语句中感觉出父母做出决定很慎重，也极艰难。父亲终于决定放弃手术治疗眼疾，准备迅速赶赴清华大学内迁之校址。此时父辈四兄弟均已抵达，共议祖父身后事，在祖父逝世后刚满"七七"尚未出殡时，于11月3日父亲隐瞒了教授身份，携妻带女，离开北平，决心用唯一的左眼继续工作。

历经逃难的各种艰辛，才到达湖南长沙，不久因战局关系，学校迁往云南。父亲只身到西南联大任教。在此期间父亲时常患病，视力模糊，阅读、书写吃力，加之逃难途中丢失了曾多年亲手批注阅读心得的宝贵书籍等等原因，情绪低落。据当年同在昆明的俞启忠表兄相告，逢空袭警报来临，他常陪同父亲去躲避轰炸，以防父亲因视力缺陷发生意外。

漫长的八年抗日战争期间，我家几经逃难，父亲体质愈加衰弱，母亲及幼女时有病痛，至1943年底才到达四川成都，任教于燕京大学。先住入学校租赁的民房内，此时正值抗战后期，物价飞涨、灯光昏暗，且常停电，父亲用唯一高度近视的左眼视力，照旧备课并从事学术研究，完成多篇论著。父亲视力日渐减退，回顾那时他的手写字迹已较前明显增大，记得一次期末评卷后，父亲因视力不济，已无法按校方要求将考分登录在细小的表格内，无奈之下只有叫流求协助完成这项费眼力的工作。

1944年秋，我们迁入成都华西坝广益路宿舍。11月中旬父亲左眼已经恶化，但未休息仍继续授课，石泉（刘适）、李涵（缪希相）先生在《追忆先师寅恪先生》文中说：

> 他（指先父——作者注）在课堂上对大家说："我最近跌了一跤后，唯一的左眼也不行了，说不定会瞎。"

1944年11月23日父亲致函中央研究院李济、傅斯年二先生，谈到（见《陈寅恪书信集》）：

> 弟前十日目甚昏花，深恐視網膜脫離，則成瞽廢。後經檢驗，乃是目珠水內有沉澱質，非手術及藥力所能奏效。其原因想是滋養缺少，血輸不足（或其他原因，不能明瞭），衰老特先。終日苦昏眩而服藥亦難見效，若忽然全瞽，豈不太苦，則生不如死矣。

《吴宓日记》1944年12月10日记有与父亲同在燕京校楼晤面事，过两天后12月12日记：

> 宓访寅恪于广益学舍宅，知寅恪左目今晨又不明，不能赴宴。

在此寒冷的早晨，父亲突然感到左眼失去光明，忙叫流求去通知学生：他当天不能上课。并即刻到存仁医院诊视。12月14日，因左眼视网膜脱离，住入该院治疗。

入院后由陈耀真教授主持，于12月18日进行手术。母亲给傅斯年先生的信中述（见《陈寅恪书信集》）：

> 寅恪經手術後，今日為第九天，內部綱膜究竟粘合成功否？尚看不清楚，又須平動，不許稍動，極苦，而胃口大傷……

母亲昼夜在病榻旁，又急又累，旧病复发。此刻燕京大学的师友、学生非常关心，轮流在床边守护如同家人，对此情谊，我们未曾忘怀。流求、小彭正念初中。每日午后由家里送汤水到医院，但父亲进食很少，体质更加下降，对伤口愈合殊为不利。

术后一月，医生告知第一次手术未成功，准备再施二次手术。父母甚为踌躇，母亲曾向亲友征询意见，最后父亲自己定夺暂不再手术。因感到第一次开刀不但未粘上，并弄出新毛病；若二次再开刀，医言又无把握。现静养一月渐有进步，万一将来忽然变坏，然后再开刀。基于病变性质，当年的医疗技术设备条件及身体基础状况等原因，父亲于旧历除夕前出院，以后我家与陈耀真、毛文书教授家仍互有往来。

父亲虽归来与家人共渡旧历乙酉元旦，而面对如此打击，父母情绪极为低沉，父亲心境可循其当时诗作略知一二。例如旧历乙酉年正月初二所作：

目疾久不愈書恨

（见《陳寅恪詩集》，1945年2月作）

天其廢我是耶非，嘆息萇弘强欲違。

著述自慚甘毀棄，妻兒何託任寒饑。

西浮瀛海言空許，北望幽燕骨待歸。

<small>先君柩暫厝北平，待歸葬西湖</small>

彈指八年多少恨，蔡威惟有血霑衣。

不久刘适老师兼任助教，每日来家协助父亲工作。1945年8月抗日战争胜利，9月父亲应英国皇家学会及牛津大学之约，去伦敦疗治眼疾。父亲抱着最后希望，祈盼恢复一定视力，决定远涉重洋。这时他双目不明，身体虚弱，母亲又不能同行，困难可以想见。幸有西南联合大学邵循正等四位教授赴英之便，结伴同行。成都至昆明一程，原定吴宓伯父陪同，因病改请刘适老师护送，9月14日父亲离家远行。父亲有诗记此行：

乙酉秋赴英療治目疾
自印度乘水上飛機至倫敦途中作

（见《陳寅恪詩集》）

眼暗猶思得復明，强扶衰病試飛行。

還家魂夢穿雲斷，去國衣裝入海輕。

異域豈能醫異疾，前遊真已隔前生。

三洲四日悤悤過，多少傷今念昔情。

父亲抵伦敦后，由著名眼科专家Sir Steward Duke-Elder负责诊治，从代笔的家书中简述了自己的感受，第一次手术后有进步，但眼睛吸收光线尚无好转，仍模糊；第二次手术想粘上脱离之部分，失败。但总的比出国时好，医告勿须再施手术。父亲尚存最后一线奢望，请熊式一教授把英伦医生所写的诊断书寄给时在美国的老友胡适先生，经托人往哥伦比亚眼科学院咨询，亦无良策。胡适在日记中写道（见《胡适日记》[手稿本]1945年4月16日所记）：

寅恪遗传甚厚，读书甚细心，工力甚精，为我国史学界一大重镇，今两目都废，真是学术界一大损失。

父亲于1946年春结伴买棹归来，途经纽约，数位旧友特登船看望，他对赵元任夫人说："赵太太，我眼虽看不见你，但是你的样子还像在眼前一样。"可知当时的视力情况。轮抵上海，由新午姑母登舟接到南京暂住，于10月返回北平清华大学。此时父亲虽然双目失明，仍期望在同事及友人协助下继续从事教学与研究工作。

纵观父亲眼睛的悲剧，与半个多世纪前外敌入侵我国紧密相关，父亲及祖辈素来视国家兴亡、民族气节为至上，为此而颠沛流离、生计困窘、营养匮乏，这些均促使悲剧过早发生。然而父亲并未因双目失明而停止教书及研究工作。在助手帮助下，以耳代目，以口代笔，迄至晚年骨折卧床依然顽强坚持著述创作。直到"文化大革命"被揪出批斗，同时勒令禁止其"反动学术研究"，查抄其诗文稿谓"供批判用"……至此，才停止了学术创作，而不久也被迫害身亡，父亲就这样走完了那昏黑长夜，结束了瞽者生涯。

1999年8月23日

（作者陈流求为陈寅恪先生长女，原为成都第二人民医院主任医师；陈美延为陈寅恪先生幼女，原为广州中山大学化学系副教授，均已退休）

杨振声先生摄于1919年赴美留学前

杨振声(1890—1956),字今甫,山东蓬莱县人。1915年进入北京大学国文系,1919年考取官费赴美留学,在哥伦比亚大学获教育学博士学位。1924年回国,历任武昌大学、北京大学、燕京大学、中山大学、清华大学、西南联合大学等校教授,并曾任青岛大学校长。解放后任东北人民大学(现吉林大学)教授。著名学者、作家。

关于我的父亲——杨振声

杨 起

近来有出版社约我写有关"曾闪烁在学界的繁星,已经作古的清华学者"的回忆文章。家父曾在清华工作过,我就忝列门墙算个清华子弟吧,似有责任与义务写写家父的活动。奈时隔多年记忆已淡漠,有的事情发生在我出生之前,是听说的,我当尽量仔细回忆,查找资料力争确切。

也许有的人还记得,1928—1930年间在清华园乙所里住着一位身材颀长、性情温和、常常叼个大烟斗、有儒者风度的山东人,他就是家父杨振声。

杨振声,字今甫,1890年11月24日生于山东省蓬莱县水城镇。他善良耿直、平易近人,他热爱祖国、光明磊落,他淡泊名利、清正廉明,他思想开明、同情革命,这可能跟他所处的时代、环境和所受的教育有关。他青少年时期生活过的蓬莱水城,曾是明代民族英雄戚继光将军操练水师以抗击倭寇之所,后来主要成为渔家居住的地方。还在孩提时代,他就常缠着我祖父讲戚继光将军的故事,并且常常一个人跑到海边去看戚继光将军留下的大炮。特别是那门建在高处,昂首监视着海面、全身布满铜绿的几千斤重的大铜炮,他总爱去看看、摸摸,最后,不得不依依不舍地离去。戚将军的爱国事迹,像一颗苗壮的种子深深地在他心底埋藏、发芽,孕育成强烈的爱国心,这在他以后的行为和作品中都有体现。幼时接触到的渔民的善良、勤劳的优秀品质,深深地感动了他,使他跟劳动人民自然地有一种亲近感。而当他看到渔民受到残酷的压迫和剥削,挣扎在死亡线上时,又唤起了他对渔民的无限同情,这也在他日后的作品中有所反映。是家乡的人民和土地给予了他无尽的营养和力量,哺育他成长。他先在镇里读私塾,后来在蓬莱上第八中学,毕业后,为了积攒上大学的学费又教了几年中学。1915年考上了北京大学国文系。

1919年5月4日,从巴黎传来了反动的军阀政府准备在丧权辱国的《巴黎和约》上签字的消息,引起中国人民的极大愤慨。当时正在北京大学学习的父亲,作为一个受戚继光爱国思想激励的山东青年,浑身热血沸腾,不顾一切地投身到运动中,成为一名闯将。据说,在北大他第一个跳到食堂的餐桌上演讲,义愤填膺、慷慨陈词,号召同学们反对北洋军阀签订卖国条约。①然后大家高喊着"外争国权、内惩国贼"的口号轰轰烈烈地上街游行。他们冲破反动军警的重重阻挠,几经周折,终于到达了赵家楼。为了找正躲在里面的军阀曹汝霖、陆宗舆、章宗祥等理论,家父与另一同学首先跳了进去。②后来同学们气极痛打了卖国贼,火烧了赵家楼。家父被反动军警抓去关押了一个星期才被营救出来。

1919年秋,家父以优异的成绩考取了官费赴美留学。先在哥伦比亚大学攻读教育学,并获博士学位,后来又在哈佛大学修教育心理学。1924年回国后历任武昌大学、北京大学、燕山大学、中山大学、清华大学、西南联大等校教授。还曾任青岛大学校长。

作为一名站在时代前列的英勇斗士,文坛是家父向黑暗势力进攻的第二战场。③他从五四以前即开始创作,是新文学运动初期涌现出的重要白话文小说家之一。

为了给国家培养人才,他不惜牺牲自己的创作,用了大半生的时间和相当多的精力致力于教育工作。他除了担任教研室主任、系主任、院长、教务长、校长等行政职务外,为搞好教学花费了大量心血。他给人们留下的最深印象是:相貌堂堂、平易近人;学识渊博、循循善诱;语言生动,讲解幽默风趣、娓娓动听。他总是设法启发学生,从不把观点强加于人,指导学生十分耐心;因此,他所授的课颇受欢迎。他讲过的课程有:现代文学、小说作法、中国现代文学史、文学

---

① 参考孙昌熙、张华《杨振声先生在青岛大学》,载于《山东大学特刊》1981年。
② 参考香港凤凰卫视中文台《纪念北京大学诞生一百周年》电视片。
③ 参考孙昌熙、张华《杨振声和他的创作》,载于《杨振声选集》。

概论、中国新文学简史与创作实习等。

家父对如何办好一所大学颇有见解与主张，从严治校是他的主导思想。作为一名五四新文化运动的闯将，他从未忘记对新文化的传播，他充分地认识到要提倡新文学，必须培养生力军，因此，现代文学几乎是他从未离开过的讲课内容。为了创造一个良好的学术气氛，他能打破门户之见，广罗人才，并因此博得了很好的口碑。

自 1928 年到 1930 年家父在清华大学工作，任中文系教授兼文学院院长，后来又兼任教务长。虽然只有短短的两年，却给我留下了很深的印象。直到现在，每当我回到清华看到那些熟悉的景物，甚至清华的一草一木，顿感非常亲切。正如本书约稿信中所描述的，清华园，曾是我少年时的课堂、玩耍的乐园和温暖的家。有关那个时代和父辈们的往事仍依稀留在脑海中。

记得，当我第一次踏入清华园时，首先映入眼帘的是一片翠绿，不由得精神为之一振。在当时，清华园的绿化水平是很高的，不仅有中国传统园林中各式各样的树木，还加上了西方风格的大面积草坪。此外，多条蜿蜒曲折的小河点缀其中，除有名的工字厅后面的荷塘外，就我所知还有西门前的小河、大礼堂后的小河、乙所附近流出校外的小河以及进西门后一条横穿草坪的小河，再加上校园内的喷泉，这诸多的美景构成了一个人间仙境，真不愧为"水木清华"！

我当时在清华附属的成志小学读书，校长是马约翰教授，他亲自教我们英语，而且要求很严。记得有一次，我的英语考了个 99.5 分，扣分的原因是在一句话中的"i"字上忘了点那个点。那时我最喜欢清华的环境，因为树木很多，夏天可以捉蜻蜓、逮知了，冬天可以堆雪人、打雪仗。特别是总有清道工人抬着盛水的木桶往沙路上洒水，使人感到空气清新，夏天更觉得清凉。在清华园内我最有好感的是一位工人师傅——那时称为工友，原因是西大门南侧合作社内出售的冰激凌，是他用手摇的；大礼堂假日放电影也是他摇的放映机，而冰激凌和看电影都是我最喜欢的。那时放的是无声黑白电影，用的是手摇放映机。冰激凌也是把材料放进一个桶里，当场用手摇，要很长时间才能制成，很是费劲，很是辛苦。一场电影大约两个小时，中间休息一次，因而这位师傅手臂上的肌肉很发达，一使劲会像球一样突起，他的勤劳与健壮令人佩服。

家父在清华工作期间，可以说把全身心都献给了清华。为了办好清华大学和维护民族尊严，他不顾个人安危，勇敢地与洋势力及阎锡山想控制清华的企图斗争，表现出一身凛然正气和无畏精神。事情还得从头说起。清华大学在 1925 年由当时只是两年制、只具有初级大学程度的留美预备学校改为四年制正规大学。1928 年北伐军推翻北洋军阀统治后，南京政府教育部派罗家伦当清华校长。当时由留美预备班延续下来的洋人势力还很强，如洋人、洋教员在清华处于比中国人高一等的地位；又如，重视西方学问的课程而轻视中国学问的课程。学生也是这样。在排除洋势力方面，家父兼任院长的文学院的效果更为显著。1930 年春罗家伦离开清华，当时北平属于山西军阀阎锡山的势力范围，阎锡山想趁机控制清华大学，于当年 5 月派乔万选来当清华校长。一天，乔万选带了几个人坐小汽车到清华来接管。这事轰动了清华上下，人们纷纷涌向校门口。那时我在成志小学读书，闻讯也跑到清华大学西门看热闹。我看到，清华人都聚集在校门口（就是现在清华大学的西门口，当时校门上方的匾额写的是"清华园"三个大字，而不是现在的"清华大学"四个字），师生们将乔万选等拒于清华大学的校门之外，我父亲就站在师生的前列与乔万选等理论。双方僵持了一段时间后，乔万选等看到师生们情绪非常激动，形势对他们不利，他们根本进不了学校，最后只好灰溜溜地走了。这一次，清华师生们取得了巨大的胜利。

为了纠正对西方文化的盲目崇拜，扭转人们对待祖国文化的错误态度，尽管家父的行政工作已经很忙，他还是克服困难开办了现代文学课。他讲这门课时，无论是中国作家还是外国作家，都是非常有系统地先从生平和文艺倾向讲起，讲作品时，总选代表作，并介绍一些名著中的精彩片段，语言生动，绘声绘色，很受欢迎。他还兼了学校话剧团的导演，晚饭后常因去排练话剧，很晚才回来。尽管这样忙，他也没有间断写作和参加学术活动。爱国主义小说《济南城上》、评论文章《迷羊》就是他这个时期的作品。此外，他还数次参加清华著名的文艺团体"终南社"的学术活动，应邀与谢冰心、俞平伯一起到"终南社"作学术报告，他讲的题目有《新文学的将来》和《今日中国文学的责任感》等。

家父热爱教育事业，不仅表现在他在清华和后来的青岛大学的忘我工作，他对中小学生的培养工作也同样地重视。1933 年，受教育部委托，由朱自清、沈从文协助，他在北京主编《高小实验国语教科书》和《中学国文教科书》。期间还亲自到北师大实验小学给小学生讲课，征求他们对课本的意见，并据此修改教材。作为一个大学教授，肯这样放下架子真心诚意地向小学生讨教，可见他对搞好国民教育认识之深刻，和对教育事业热爱的程度。

家父能够取得一定的成就，与他的勤奋是分不开的。在他从教的整个期间，虽然因教学工作占去了大部分时间，影响了小说的写作，但他还是抽出时间多次与他人合办报刊的文艺副刊，并不断地写出各种颇有见地的评论文章，一直笔耕不辍。

还应该提到的是，家父在当时是国内闻名的著名书法家，也是那时屈指可数的国画鉴定家之一。1936年，在南京开过一个全国美展，国民党决定从中选一批我国古代艺术品，参加稍后在英国伦敦举行的中国艺术国际展览会，并委派家父主持此事。家父天真地以为，正好可以借此机会向国外介绍我国悠久的文化，便欣然接受，并进行了认真细致的准备工作。不料，就在准备工作已经就绪，即将启程赴英的时候，他惊讶地得知这里面包藏着一个阴谋，国民党政府的真正目的，是要在展出后用这些宝贵文物换取打内战的军火。这一消息，对家父来说不啻是个晴天霹雳。在筹备赴英展览的过程中他曾说过，只有在展出后把这些展品全部、完整地运回国内，他才能松一口气。他不能做愧对祖宗和人民的事。于是，家父愤然、坚决地辞去了这个职务。

1937年7月7日抗日战争爆发。8月，家父与梅贻琦、张奚若、叶公超等人同车南下。家父被任命为教育部代表，受命与北京大学校长蒋梦麟、清华大学校长梅贻琦、南开大学校长张伯苓等组成长沙临时大学筹备委员会，蒋、梅、张、杨四人为常务委员会成员，家父还任筹备委员兼秘书主任、中文系教授。翌年，长沙临时大学迁至昆明，改名西南联合大学。

国难当头，家父认识到，要打赢这场战争，赶走侵略者，各界人士要尽最大努力。他深感责任重大，因此，除一如既往地认真搞好行政工作外，更加埋头于搞好教学。他在西南联大讲过的课程有：现代中国文学、现代中国文学讨论及习作、文学概论、世界文学名著选读及试译、大一国文、小说作法、汉魏六朝诗、陶谢诗等。1940年7月，由于日寇攻占了安南（越南），云南也成了前线，因而西南联大在四川叙永成立了分校。家父又被派到那里去开辟新天地，担任叙永分校主任，并讲授大一国文。由于叙永较昆明条件更为艰苦，家父的担子又过重，不久他就病了。1941年，家父返回昆明，仍任中文系教授。如同在其他学校时一样，家父在西南联大时也是一边挑着行政工作重担，一边承担着繁重的教学任务，同时办着学术刊物，并不时地写出各种杂文、散文、评论文章，还经常作学术报告或参加演讲，可见他是尽了最大的努力了。他的小说《荒岛上的故事》，就是这个时期的作品。

1944年4月下旬，日寇疯狂向我进犯，一个月内郑州、许昌、洛阳相继沦陷。联大师生群情激愤，为纪念五四搞了个演讲会，在《五四运动与新文化运动》的总题目下，家父作了题目为《新文艺的前途》的讲演。同年6月底，家父应邀赴美一年，讲授中国诗歌和中国美术史。1945年8月回国，1946年初，被委派去接管伪北京大学，主持复校工作。复校后，他仍然讲授中文系的课程。

解放后，他担任了北京市文联创作部部长。1952年院系调整，家父被调到长春的东北人民大学（现今的吉林大学）任中文系教授兼中国文学史教研室主任。家父是只身前往长春的。那时长春生活条件较艰苦，吃高粱米较硬，加上他年纪大了，工作繁重，生活无人照顾，两年后患了肠梗阻，当地医院处理欠当，竟于一周内做了两次手术，终于不治，1956年病逝于北京协和医院，享年六十六岁。他唯一的遗嘱是将藏书全部捐给他的单位——东北人民大学。

1999年8月
（作者为杨振声先生之子，中科院院士，已逝）

虞振镛先生

虞振镛（1890—1962），浙江慈溪人。农学家。1907年考入上海圣约翰大学。1911年考取清华学堂留美预备生，1915年获美国康奈尔大学硕士学位。回国后任教于清华学堂。1920—1921年赴美专攻乳牛学，1921—1928年继续在清华大学任教授。

清华——父亲

虞佩曹

父亲虞振镛，英文名 T. New，是清华第二批留美学生，回国后在清华任教十四年。我在清华园度过了童年。

父亲的形象至今十分鲜明：身材不算高却很健壮。穿西装但不穿长裤，裤长只及膝下，有扣襻扎紧的灯笼裤，下穿长袜皮鞋。马约翰先生也总穿这样的服装，但是多一个领花。

小时候父亲在我心中却是"严父"。我二妹从来最听话，上学最用功，父亲喜欢。我是自由主义者，心思活跃，常常走神，衡量学业的分数总比她差，初中一年级还留过一级。父亲的"凶"使我不忘几件事。

很小的时候不记得为什么，我犯规了。家住清华园，父亲进城回来照例买了"好吃的"。我心中有愧，别人都围着桌子热热闹闹，我却钻在桌子底下，绕着圆桌粗大的独腿爬。那天好像是什么也没吃到。

高中二年级时参加了"六·一三"抗日示威游行，被学校开除了。父亲真的火了，对着我吼："你懂什么！不好好念书！""啪"地一声，把香烟嘴也拍断了。我好像并没吓着，却想：抗日爱国无疑是对的嘛。

上大学，第一次远离温馨的家，写信回家却收到父亲责备的回信："你有时间想家一定是没有用功读书。"我气愤多于伤心。我妹学医，暑假回家见她那么用功地学德语，说是练小舌头发音，"哧儿……哧儿……"长时间地苦练，难怪父亲喜欢她了。

这样，对父亲就没有对母亲的那份亲。

不过只要不在这些节骨眼上，他是个可爱的父亲。他总使我们生活在愉快欢乐的氛围中。我们自由自在地生活，有时几乎是放肆地开父母的玩笑。

父亲爱好打猎，但是技术不佳。有一年冬天他去颐和园打鸟，花钱买了门票，打中一只鸟却掉进冰窟窿。雇人捞出来，回家一煮，又膻又臭不能吃。他解嘲说都怪母亲没有把那致命的一段切掉。清华园出名的威廉·特尔式的猎手陈达先生去山西打猎，丰收而归，送来鹿肉，我们不失时机地把打那只臭鸟花了多少钱的事再一次重提。

父亲说的是一辈子也没法改的宁波话，据说他给农业改进所的学员上课还要带翻译。母亲也一样。测试他们的普通话是我们的一大乐事。第一道考题只有一个字："驴"。可难了，不是"雷"就是"炉"，或是舌头倒是贴到"天花板"上了，却发出一种文字无法形容的含混怪声。第二道考题是："天上的日头，嘴里的舌头，地上的石头。"结果不是舌头上了天，就是石头入了口，而日头不知到哪儿去了。

记得从昆明到贵阳的途中父亲常常提醒我们，一路的厕所都很脏，小心不要踩到屎上。但是第一脚就是他踩的，我们忍不住哈哈大笑。他却说："那不是屎，我踩到白薯上了。"于是这一路就见到了许多牛白薯、马白薯和人白薯。

此时已是1938年，北平的家、牛奶厂，都失去了，被抢走了。前途茫茫不可测，大家心中惶惶不安，幸有父亲带着我们，逗着我们，使我们弱小的心灵有了依靠，有了欢乐。我们全家过安南（现在的越南），住在河内火车站旁的旅馆，父亲有几个在当地的老朋友请我们到家里去，饭后回来却发生了未想到的麻烦，黄包车找不到旅馆了。警察只懂法语，也帮不了忙。在陌生的街道里转了好一会儿，父亲突然大声模仿起火车的声音："呜—喊哐、喊哐；呜—喊哐、喊哐！"黄包车夫马上领会，一下子就到了旅馆门口。

这件事及小铁路，火车过人字桥，在火车上啃老玉米、吃云南火腿罐头等都深深地刻在回忆之中。从沿海到内地，我们见到不少从未见过的地方、风土、人情，既兴奋激动又大长了见识。

父亲对有些似是矛盾的事却又能一同接受使我觉得有点奇怪，因而检讨出自己的偏激：譬如认为一个人好，就总是好，缺点看不出，就是看出来也很容易原谅。对另一个人印象坏，就再也好不起来了，似乎不能容两种不同的想法存在。

父亲少年失父，又既无兄弟也无姊妹，祖母对他完全的、专属的爱是可想而知的。听家乡老人们说起父亲，都说他百依百顺，是个孝子。但是偏偏在两件最重要的事上他违背了母亲的意愿。一是宗教。祖母信佛，在她去世前吃了十八年的长素，父亲却从来不肯烧香叩头，在家乡教会学校读书时已受洗礼成为基督徒。我们还不懂事时他就委托圣公会的牧师给我们行了洗礼。但是，我被那个教会学校开除后发誓与基督教一刀两断，再不去做礼拜，父亲从来没劝过我再回教堂，他自己也很少去教堂做礼拜。

另一件事就是婚姻。祖母一心想把娘家的一个侄女娶为儿媳妇，父亲毫不退让地拒绝了。在圣约翰读书时他与我们的大舅同学，经大舅介绍与大舅在女子师范读书的妹妹——我们的母亲，开始通信。那时的社会还是很封建，这种未见过面的通信就是很"新派"的了。我们见过这些不长的、文言的、数量却不少的信札。那是有一年回乡从老古董箱子里翻出来的。我和妹妹坐在祖母那张像房子一样大的床顶阁架上，翻看信，还故意添加了"亲爱的"等字眼，大加发挥。母亲爬不上来，只能窘得朝我们笑骂。他们结婚后父亲去美国，母亲曾短时期与祖母同住，日子当然不好过。母亲是并不漂亮的旧式女子，父亲对她诚笃忠实与信赖，并帮助她进步提高。他们终生至亲至爱，我们从未见过他们争吵。许多小朋友羡慕我们的和睦家庭，我想这也是清华的传统。我所熟知的如马约翰、李广诚、赵元任等先生的家庭都是不仅和睦、亲切而且很有情趣的家庭。

父亲爱好音乐、体育运动，也影响了我们。首先就是音乐。他从美国带回一把曼陀林（Mandolin），边弹边教我们唱一些英文歌曲。他五音不全却很有兴趣。体育方面如打网球、踢足球都很热爱，常带着我们去郊游、游泳。潘光旦先生曾告诉我，清华第一只进了球门的球是父亲踢的。父亲对我国固有的传统文化也同样钟爱。他也爱京剧，请过琴师来教，常去戏园子听戏，也带我们去，可惜到了晚上孩子们都困了，要母亲等有"大美人"出来的时候把我们叫醒。父亲学唱戏总走调，终于因"不可雕"而作罢。他还请拳师来家教打拳，或许因时间不够，也半途而废。退休后我也学过打拳，但是广播体操的节奏已生根于我的动作之中，太极拳如行云流水，连绵不断、舞蹈般的美，我很难做到。

当时清华园教师宿舍各家的生活都是不错的，大都请了保姆帮助料理家务。

父亲给我们女孩们立下规矩：每周至少下厨房一天，学管理炉灶、烧饭、炒菜。倒不是怕将来有一天会要"洗手做羹汤"，而认为是"应该"的。却未料到日后战争避难我们到了贵阳，必须自己到市上去叫驴买炭、自己生炉子做饭，大为受益。

父亲一生的目标是科学救国，他为之奋斗终生的专业是农牧业，而且立足于务实。

他是清华第二批留美学生，先后在伊利诺伊及康奈尔大学就读，回国后在清华任教。在清华开农业课强调实践，在后来的气象台一带建立农场，给学生创造实习条件。学生们在农场养牛羊、饲家禽、种麦植棉。后来很有成就的畜牧兽医专家程绍迥先生说："虞先生的实践精神给我们深刻的影响，我们受益匪浅。"

1920年父亲第二次去美国进修一年，专攻乳牛学，而且选购了十三头优种乳牛，亲自照料，经过历时一个多月的太平洋航程运回国。母亲说他的双手长满厚厚的老茧，说明独自在船上喂牛、养牛多么辛苦。

他建立的清华园模范牛奶厂生产了我国最早的 A.T.T. 无结核菌牛奶，并为清华的学生提供了实习场地。有一张印象很深的照片是他坐在地上解剖一只大牛，牛皮已经剥去，露出内部组织。

罗家伦任清华校长时取消了农学院，父亲转到北平农学院，后来先后在东北的"三畲堂"试验农场开垦农田，到绥远兴修水利建设"民生渠"。这些都是要出远门亲自动手的艰苦事业。

抗战期间他在贵州农业改进所，特别对当时发生的牛瘟下了很大功夫，亲自主持自制疫苗，传授隔离、消毒、注射等防疫知识。我们都会唱他为向农民宣传自编的《牛瘟歌》。

现在国家十分重视畜牧业，每读到开发大西北的报道，我总想若是父亲生活在这个时代，一定会全身心地投入，把过去未能发挥的力量完全贡献出来。他会更体会共产党领导下的国家科学救国的力量。

他曾在国民党政府中工作，当他接任渔牧司的工作查账时发现造一个鸡舍竟与造一座洋房的耗资一样，他当即义愤填膺地骂道："断子绝孙！断子绝孙！"如此一来，家乡的人也不愿来谋"差事"了。50年代初，贪污分子刘青山、张子善在天津被正法，父亲对共产党领导下的新中国充满信心。

他在国民党政府工作前后十多年，洁身自好，廉洁奉公。抗战时期，几经金元券等国民党的搜刮、剥削，家庭生活已难维持。1944年冬谣传日寇攻入独山，母亲带两个小的孩子逃往重庆，寄居亲戚家，父亲与在湘雅医学院学习的妹妹在大雪中步行向南，逃到安顺后方知道是谣传。待他们回到贵阳，家中已被国民党军队砸抢一空，真正落到一贫如洗的地步，妹妹不得不悄悄地出卖自己的鲜血。

1993年中国科学技术协会编写的《中国科学技术专家传略·农学编·养殖卷》，称父亲为我国现代农业教育事业的先驱之一，兽疫防治系统的奠基人。

父亲自己说："……我能爱人，能为人民服务，不贪污，不欺人。我从小是个热血爱国者。但是我过去的思想是以实业救国为宗旨，对政治不感兴趣。我任农林部渔牧司司长时从未想到是为国民党服务，只知要把中国的畜牧兽医事业办好，因此在解放前从未参加任何政党。我痛恨帝国主义掠夺中国资源，但我的弱点是总想逐步改良和改进社会……阅读了周恩来总理1956年1月14日关于知识分子的报告后……认识了知识分子的责任，更加努力。人人都应有崇高的奋斗目标，我要随着时代前进。"

父亲一年一年地老去，我们也渐渐长大成人，对父亲科学救国的爱国主义精神，吃苦耐劳、学以致用的务实作风，生活上对身外之物不过高要求的俭朴，有了更深刻的认识。现在我们六个孩子中尚存的四姐妹（最小的也已七十二岁了）都有文化、有专业，也有一定的成就，我们都十分怀念生于斯长于斯的家庭，由衷感谢父母培养了我们健康的体质、不畏难的乐观精神，以及他们以身作则潜移默化给我们的影响。

父亲于1962年去世，享年七十三岁。十年动乱中八宝山公墓遭到彻底破坏，我们的小弟虞永保，1950年在清华大学上二年级时病殁于清华，葬在校北之地，多年来的变迁也已找不到墓地。他们都埋在我们心中永志不忘。

如今我们切盼第三代再有进入清华园的人。

对于我：心向北京，魂系清华！

（作者为虞振镛先生长女，原任职于南京无线电厂科技情报室，已退休）

水木清华——童年的回忆

虞佩曹

我出生于北京西北郊的成府,据说当时那是一条相当荒凉的农村小街,清华建校时最早的员工宿舍就在那里。对那里我完全没有印象,因为等到我懂一点事的时候,已是住在南院了。从南院西门出来,马路对面有一家小杂货店,大家叫它"大摊",过大摊往南走到头,下坡有一条向西南去的小路,就是通到成府的,后来我也没去过,只知能通到燕京大学。那个下坡处常有一群备人雇用的小驴。放春假时清华的学生们就成批地骑驴上颐和园什么的。

当时的清华校门就是写有"清华园"的大门,围墙从门的两侧向东及西包抄。门前一条小河,河上有桥。常有许多农村的人在桥下洗衣服。校门外东面有几棵槐树,树荫下有个长青苔的老喷泉,是进城的交通车上下车处。西面两棵大树中间常排着几辆"洋车",等人们雇用。我们上学就要出南院西门,过桥,进校门,绕过校门内西边的校警队营房往西走。小时候这好像是一条相当长的路。校门内东首是邮局,它后面有合作社及发电厂。

我们家大约是1931年左右搬进城住的,自此之后只在1936年到清华去过一次,虽然多次去北京,却一直没有机会旧地重游。朋友们、老同学们都说来看看吧,大不一样了。当然,我也极想,但正因为没回去过,旧时的印象保留得比较完整。人们说年龄大了,远期记忆特别强,而近期记忆就大不行。现在我一天要找好几次眼镜，而儿时清华的种种却历历在目，想来这话很有道理。把所记得的写出来也许有点历史意义，会引起许多人共同的美好回忆。

水木清华处处

水木清华的工字厅是不准我们小孩子随便进去的。我们常在厅的北面、荷花池畔的平台上扒着大玻璃窗好奇地向里窥看。那多半是夏天，只觉得里面典雅、荫凉，有一股楠木香味，是一种特殊的"大人味"。单身教授吴宓、叶企孙先生曾在里面有过住所。

那时清华上课敲钟为记，钟亭就在荷花池东边的小山上，绿色斑驳的铜钟悬挂在白色的钟栏内。山下面马路边悬挂着一只很大的、两面可看的大"表"。

荷花池北面土山的背后有韦杰三烈士墓，矗立着一根断柱。我问父亲那座墓怎么老没完工，柱顶还没磨平？他告诉我们韦杰三本是一个有为的能为国家出力的青年，就像一根能支撑中华大厦的梁柱，现在被砍断了。过去我们走过那里总有点骇怕。以后到荷花池去玩还故意爬过山去看看那根断柱。

大礼堂是小孩子们最喜欢的地方，讲台两边的角楼常有音乐声，有人在练习乐器。盥洗室内金属球喷出来的清凉自来水是可以喝的。每到盛大节日，礼堂楼上看台的下端便由紫白两色相间的布幔，波浪形地装饰起来，碰上和燕京赛球的日子，放电影前还有幻灯漫画，讽刺敌人多么野蛮，称赞我队多么勇敢，然后公布多数是清华得胜的战果，于是清华意识极强的孩子们就大声鼓掌欢呼。电影先是无声的，没有配音，什么 Mary Pickford, Fairbank 等等明星，我们都能叫出名字来。有时大学生吴靖和赵燕生还用吉它伴唱，造成"有声"，我们小孩好钦佩。

我们心目中的"英雄"是熊大缜和汤佩松，因为他们都获得过 honour wear 的荣誉，品学兼优，体育运动超群。他们身穿白色毛线织的厚运动服，左胸前有紫色校徽，在印刷精美的清华年刊里各占一大页。

到体育馆多半是夏天去游泳，但也有例外。那时军阀混战，有几次听说"兵变"了，散兵来了，把住在校园外面的人们集中到体育馆来过夜。热热闹闹睡在健身垫上，本应该是很好玩的事，但大人们紧张的神情，命令我们小声说话的语气，使得我们虽不懂是怎么回事，却也知道害怕，毫无乐趣，乖乖地睡了。

体育馆南邻是校医室。我记得曾有过一位总给我们吃蓖麻油的美国老大夫，叫 La Force，我母亲请他吃宁波汤团，芯子是猪油加炒黄豆粉做的，很香甜，汤圆煮熟了芯子溶成液态，他特别喜欢吃，又弄不懂是怎么做的，问我母亲是不是用注射器打进去的。后来的李纲大夫是周贻春先生的大女婿，离开清华后在上海开诊所，是位有名的五官科医生。

南院

我们住的南院是一个四周由房屋围绕着的大院，中心的东半边是两个并排的网球场，西半边还有一个小一点的操场，地势要低得多，记得我小时要跳下去还有点为难。

院子北边及东边是10所西式住宅，1到6号在北，7到10号在东。院子南边是一排3家中式住宅，西边则是双排大门各向西及东的共6套住宅，但是还有西南拐角上大门向西及北头第一家大门向北的两所住宅。

西式住宅1号是赵元任先生家。赵太太是公认非常能干的人。记得梅贻宝先生和祖彬的"倪姑"结婚时，祖彬及我拎花篮，赵太太很快就为我们设计并缝制了有多层皱边及绢花装饰的衣裙。2号有一位杨若宪大姐姐，好像与赵家是亲戚，其他人印象不深了。3号是赵忠尧先生家。4号是一位留一撮小胡子的潘先生家。5号先是梅贻琦先生家，他们去美国后张子高先生家住。6号先是杨家，后是萧蘧先生住的。7号俞平伯先生家。8号却记不起来。9号是一位姓罗的广东人。10号就是我们家住的了。这南院里梅祖彬、祖彤、祖彦、祖杉、张滂、张怀祖、俞欣、俞成及马约翰家的几个孩子，都是我们西南联大的同学。

中式住宅第一家是李广田先生家，他是一位十分喜爱孩子、孩子们也特别亲近他的人。他自己有八个子女，李增德后来是清华乐队的长笛手。在他家，我看到过雅妹姐姐和陆以循结婚从老远寄来的有新郎新娘玩偶的结婚蛋糕，我也记得他们那只能安放两把提琴的盒子。

李家南面，大门向西是张恺臣家，张大姐现在湖南医学院工作。贴背门朝东开的是一个三代同堂、几兄弟未分家的大家庭，大门上钉有锃亮的很气派的"丹徒余"铜牌，门常关着。再向南，门朝西开是马约翰先生家。他们也是八个兄弟姐妹。马先生十分疼爱孩子，他们家的孩子最先有网球拍，最先有照相机和钢琴。别的孩子也爱去他们家玩，那里无拘无束，总有笑声和音乐。到了夏天他们家就在院子里搭起凉棚,砖地洒上水,大荷花缸里种上莲花、养上金鱼,凉棚还挂上秋千,简直成了胜地。东面紧贴他家是李鹗鼎家,他姐姐李鸾鼎是大姐马懿伦的昵友,所以两家的隔墙上开了个小门。李家同院还住有王家,我记得王执敏大姐姐后来是跟清华长跑健将万鸿开结婚的。

南院西南角大门朝西开的房子里住着教体育的涂先生,他们家也有一小门通马家,同院还住有冯友兰先生,后来搬走了。

南面的一排房子大门朝南,但是都有朝院里开的后门。挨着涂家是章燕棣、章美棣家;东邻是王芳荃先生家,王元化就是他的孩子。他家搬走后图书馆唐贯方先生来住。再往东是中式住宅最后一家,姓樊,后门正对我家。

我自己也奇怪怎么至今还记得这么清楚,那网球场好像就在眼前,树立着"禁止践踏球场"的标牌。有一次大人们打球,我闲着无聊,就去摇晃那比我高的牌子,被妈妈禁止了,于是就拿起那梯形的球拍夹子像枷一样套在脖子上,又被妈妈骂了。后来不知什么神鬼差使,我套上枷又使劲摇晃牌子,妈妈把我拉回家打了一顿,她都气哭了。当时我想该是我哭,怎么她哭了?很久以后才明白是因为我没有好教养,丢了她的脸。

网球场北端是高高的铁丝网,暮色苍茫之际,我会到那里去跟一个小男孩悄悄交换七侠五义、各朝野史等小说。

成志小学

那时清华只有附小及附设的幼稚园。马约翰先生是我们的校长。自四年级起我们就开始学英语,是他给启蒙,教我们字母、拼音。要我们游戏时也 AA、BB 地练习。后来由蔡顺理夫人来教,她本人也是留美学生。教音乐的是住在三所的何林一夫人(后来她家去上海,陈福田先生住在那里),她教我们五线谱。这两门课的教师给我们的印象最深,后来我最喜欢的也是这两门课。

学生的人数不多,有两个"大头",一个是演讲得第一名的杨振宁杨大头,另一个是俞成的弟弟俞大头。除南院的小朋友外,有住在西院的陈达家陈旭人、陈桢家陈明德,郑桐荪家郑士宁、郑士经(师拙)及吴人美、邵士凤等。北院有刘崇鋐家的刘金业,他有一辆两轮小脚踏车,大家用它学骑车,不会拐弯不会下车,就往土山上撞,倒了就下来了。还有王文显(Queency Wang)家的王碧仙、王碧云姐妹俩。他家的小楼可俯视墙外的牛奶场，所以大学生们赠以"望牛楼主"的美号。去年王碧仙作为美国医学教授到湖南医科大学讲学，与在那里工作的我妹见了面。

我记得很清楚，我们国文课的第一课的内容是"大狗跳，大狗跳，大狗小狗跳一跳，叫一叫"。画着花色不同的大小狗各一只，用后脚站着，前爪曲在胸前。我们总是高高兴兴地去上学，从不感到有什么压力。令我困惑不解的是，就用那么浅近易学的内容不是也造就了许多人才吗？现在我孙女的日子可不怎么好过呢！

那棵大树

我们上学进清华校门就可以看见校警部北面草地上的一棵参天大杨树。当时的印象是那粗壮的树干六七个小孩也合抱不过来。树冠覆盖了整片草地。春季、秋季，草地上落满了毛毛虫一样的"花"或小船一样两头翘起的落叶。微风吹过树顶发出很响的飒飒声。它有一股神奇的力量，使我在放学的路上会专为看它而在冬青树篱后站上一会。很久以后当我唱起那首著名的歌"I think that I can never see a poem lovely as a tree……"我总会想到它。站在庐山"三宝树"前时，我默想："也许现在我再看见那棵大杨树，它就显得不那么高大了？"

但是在我心中，它永远是一棵很大的、令人肃然起敬的清华大杨树。

我在清华的几十年是我一生中最幸福的时代。

邓以蛰先生

邓以蛰（1892—1973），字叔存，安徽怀宁人。1917年进入美国哥伦比亚大学，专攻哲学与美学，1923年回国。历任清华大学、北京大学教授。著名的美学和美术史家。

回忆父亲邓以蛰

邓稼先

一

童年以后，我很少生活在父亲身边，但父亲的慈爱，伴随着我的一生。

我的祖籍是安徽怀宁县。1924年，我出生在那里。

父亲邓以蛰，字叔存。根据家族史料，邓家远祖原居江西省鄱阳县郊外农村。元朝末年农民大起义，此地及附近各省长期战乱，明太祖朱元璋统一中原后，下令这一地域的大批农民迁往安徽，我家祖先邓君瑞带领全家迁至安徽怀宁县城外四十里的地方，从此，邓家就在这里定居下来。这里青山绿水，村前巍峨峻峭的峰峦名曰"麟峰"，山下一块形如磐石的平地名曰"白麟坂"。邓家就在倚山面水的"白麟坂"建起了家园。后来传到六代先祖山人邓石如。石如公成为清代大书法家、篆刻家，家族已发展成三个大村庄：邓家大屋、邓家老屋、邓家燕屋。

山人因受毕秋帆赠四铁砚，故以铁砚山房作斋名。山人的祖父对明史深有研究，酷爱书法、精于绘画，山人的父亲也擅长诗词书画，并喜爱刻石。山人的四世孙——我的祖父，名艺孙，字绳侯，一生从事教育，曾任安徽省教育司长。

父亲邓以蛰1892年1月9日生于邓家故居白麟坂铁砚山房，少年时代在家乡读私塾。家中祖辈在书画方面的成就对他影响很大，他常欣赏书画藏品。十三岁入安徽尚志学堂，后转入芜湖安徽公学学习两年。1907年，十六岁的父亲东渡日本，先后在东京宏文学院及早稻田中学攻读，在此期间结识陈独秀等人，接受新思想、新文化的启蒙，对他后来很有影响。1911年回国后，父亲曾在家乡任教，并专心攻读英文，为留学欧美做准备。

1917年，父亲去美国，入纽约哥伦比亚大学，一直读到研究生院，专攻哲学与美学。1923年夏，因祖母病逝，父亲中断了研究生学业，乘船赶回家乡。

父亲一生主要在清华大学任教，新中国成立后，1952年高校院系调整去北京大学任教授，他一生讲授美学和美术史。

学术界称父亲是五四运动以来中国著名的美学和美术史家，和朱光潜、宗白华并列为中国现代美学的奠基者，还有"南宗北邓"之称。但父亲一生淡泊名利，从不以权威自居。

父亲为人正直真诚，谦和朴实，性格温和宁静，专心学问，多年深入书画领域进行研究工作，为中国书画艺术理论的建设，贡献了毕生的心血。在鉴赏中国古字画方面被社会公认为专家。他耐心细致地指导学生分辨鉴赏古字画真迹，指出其特点，不怕麻烦地将家中藏画悬挂起来，一一指给学生看，并作详尽的讲解。

父亲非常珍爱先祖邓石如的书画原件，即使在战乱年代，家中一贫如洗，无钱医治吐血症，全家忍饥挨饿的岁月里，也舍不得将珍藏的书画出卖。可新中国成立后，父亲将先祖邓石如的书画珍品，全部捐献给国家。故宫博物院曾举办"邓石如先生诞生二百二十周年纪念展览"，展出那些珍品。

父亲一生追求美的精神境界，在清华大学任教时，他喜欢在幽静的荷塘边、树林的浓荫里散步，也常去圆明园。在北大燕园居住期间，他喜欢坐在走廊上，边晒太阳治疗他那咳血的结核病，边欣赏校园里满湖盛开的荷花。有时，他独自去颐和园，在寂静的后山小路上漫步，观赏无名的花草，或坐在山石上休息，眺望夕阳辉映下的昆明湖，沉思凝想，感受大自然的魅力，领悟哲学的真谛，从大自然的美中印证书画理论的精髓。

父亲是爱国的知识分子，他亲身经历了清朝的腐败、军阀混战、列强欺凌瓜分中国的岁月，特别是八年抗日战争时期，生活在日寇铁蹄蹂躏下，那种刻骨铭心的痛苦，让他永难忘记。父亲一生的志愿，就是中华民族的振兴，祖国的强盛。他自己长期身患重病，寄希望于儿子长大为国家作贡献。

童年时代,父亲对我的教育很严格,除了学小学的课程以外,还让我读四书五经,每天背诵古诗词。后来又让我苦读英文,专攻数学,为我打下了全面的文化基础。这些学习使我终生受益。后来从事科研工作,我能用准确简炼的文字写出科研报告,并能直接阅读外文参考资料,就是童年时代打下的基础。日寇统治时期,日本侵略者为庆祝侵略中国,强令学生游行,我出于爱国心将那行的旗子踩在脚下,招来杀身之祸,父亲果断地让大姐带我逃离北平,奔向大后方。告别时,父亲谆谆叮嘱我:"稼儿,为了祖国的强盛,你要立志学科学,将来报效国家。"

1940年春末,我告别父亲,穿过层层封锁线,转香港经越南到昆明,十七岁考入西南联大物理系。在日本敌机轰炸下躲防空洞的日子里,我牢记父亲的期望,苦学苦读,准备为祖国的强盛,贡献自己的一生。

1950年,我在美国获博士学位后回国,牢记父亲的叮嘱,走上科研岗位。后来从事国防科研工作,研制核武器,隐姓埋名二十八年,就很难再看到父亲。但父亲的慈爱始终伴随着我,给我以力量和支持。父亲从不问及我的工作,父母极想念儿子,却从不表示希望见我,父亲病重时,也从不要求我看望。老人知道儿子需要坚守岗位,他全心支持我为了祖国的强盛献出自己的一切。

二

纵观父亲的一生,是追求真善美的一生。

1923年,父亲三十一岁自美国学成回国后,他一面在北大教书,一面积极投入新文艺活动,撰写诗歌、戏剧、美术、音乐等方面的文章,主要收集在《艺术家的难关》一书中(北京古城书社1928年出版)。他常与鲁迅等诸多朋友在中山公园会面。与徐志摩、朱光潜、闻一多、张奚若、陶孟和、金岳霖、刘九庵、钱锺书等教授交往也颇多。

1933—1934年,父亲访问意大利、比利时、西班牙、英、德、法等国,参观许多艺术博物馆,回国后写了《西班牙游记》(上海良友图书公司1936年出版)。书中记述了西方重要的艺术作品,有赞扬也有批评。对比祖国的伟大文化传统,流露出不胜自豪的激情。

父亲提倡有高尚理想的、为人生的艺术,强调艺术的"陶熔熏化"和"激扬砥砺"的力量,肯定了艺术有改造社会的作用。他在1928年出版的《艺术家的难关》中写道:"中国人目下的病症是,索莫,涣散,枯竭,狭隘,忌刻,怨毒;而要的音乐须是浓厚,紧迫,团聚,丰润,闲旷,隽永,豁达诸风格了。"他呼吁音乐家到群众中去。在1924年,他写道:"社会需要艺术家,艺术家也需要社会。我们何不快来握手把臂,吻颈一心,行这个同偕到老的见面礼呢?"

另外,父亲认为艺术与民众是分不开的,提倡为民众的艺术。1928年在《民众的艺术》一文中,他写道:"民众所要的艺术,是能打动他的感情的艺术。……不用说,我们走进博物馆或故宫三殿内,对着那些商、周的鼎彝以及石砚瓷器,那远在古昔的祖先的工作感情都同我们连接起来了。艺术哪一件不是民众创造的?哪一件又不是为着民众创造的?历史尽管为功臣名将的名字填满了,宫殿华屋尽管只是帝王阔人居住的,哪一点又不是民众的心血铸成的?艺术根本就是民众。艺术若脱离了民众,还有什么存在的价值可以使人觉得出的呢?"

以上的几段文字,表明了父亲主张艺术为人生、为民众的观点。

学术理论界认为父亲对中国绘画提出了完整而系统的美学理论,在中国现代美学的发展上,具有独特的贡献。它包含一个自成系统的结构,即是:体—形—意;生动—神—意境。这是他对中国绘画历史发展的理论概括。

父亲的理论认为,中国绘画的发展,最初同具有实用意义的器体(陶器、青铜器)的装饰是分不开的。他说:"艺术源于器用……绘画之兴原为装饰器用。"正确地肯定了艺术最初与实用不能分离,是符合历史事实的。随着历史的发展,绘画逐渐脱离器体的约束而独立。他曾写道:"盖艺术自此不自满足为器用之附属,如铜器花纹至秦则流丽细致,大有不恃器体之烘托而自能成一美观;至汉则完全独立。净形之美即不赖于器体,摹写复自求生动,以示无所拘束,故曰净形。"

父亲认为,"形"脱离"体"后,到了汉代,着意描写动物和人的生动动态。及至六朝,又由生动进入到人物的内在即"神"的描绘。他写道:"神者,乃人物内性之描摹,不加注名位而自得之也。……汉画人物虽静犹动,六朝唐之人物虽动亦静,此最显著之区别。盖汉取生动,六朝取神耳。"到了唐、宋、元朝,又由"神"的描绘进入到"意境"的表现。他写道:"生动与神合而生意境。"又写:"意者为山水画之领域,山水虽有外物之形,但为意境之表现,或吐纳胸中逸气,正如言词之发为心声,山水画亦为心画。胸具丘壑,挥洒自如,不为形似所拘者为山水画之开始。至元人或文人画不徒不拘于形似,凡情境、笔墨皆非山水画之本色而一归于意。表出意者为气韵,是气韵为画事发展之晶点,而为艺术至高无

邓以蛰先生与夫人王淑蠲女士及儿子邓稼先、儿媳许鹿希、孙邓志平、孙女邓志典摄于北京大学朗润园（1959年摄）

上之理。"

学术界认为父亲对中国绘画发展史的理论概括，反映了中国绘画发展的内在逻辑，是一个重要的理论建树。

他关于书法美学的思想，集中表现在专著《书法之欣赏》（1937年）一文中。指出中国书法在艺术中所占的地位。他写道："吾国书法不独为美术一种，而且为纯美术，为艺术之最高境。何者，美术不外两种，一为工艺美术，所为装饰是也；一为纯粹美术，纯粹美术者完全出诸性灵之自由表现之美术也，若书画属之矣。"概述了中国书法是一种极为特殊的艺术，世界无可比拟者。他认为中国书法能自由地表现动态气势，因而它也就能充分地表现情感。虽然是写在平面上的，却已"涉于空间立体"，并用："噫，势之力，其伟矣哉！"来赞美动态在书法艺术中的重要意义。指出，书法的笔画并非任何一种笔画，而是能够表现情感，给人以美感的笔画。亦即：美从人心流出。他写道："书法者，人之用指、腕与心运笔之一物以流出美之笔画也。"

童年时代，常听父亲对学生和同事讲解谈论绘画和书法，但我不曾用心领会。我走上国防科研岗位以后，长年生活在深山大漠实验基地，不能看望父母，难得相见。母亲病危，正是我国第一颗原子弹爆炸成功，双亲这才知道我的工作。当我赶到母亲身边时，母亲已经不能言语，就在我紧握她的手时，老人停止了呼吸。我多年不在父亲身边，1973年父亲病危，我正回北京汇报工作，才能看望老人。当时父亲癌细胞全身扩散，非常痛苦，但为了不让我挂念，能专心投入工作，父亲强忍病痛，尽力在我面前保持安详欣慰的神态。1973年5月2日，父亲最后凝望我一眼，就告别人世了。为了国家的未来，我不能尽儿子的孝心，每想起十分难过。

父亲1929—1937年，1945—1952年都在清华大学任教，先后达十五年之久，清华的传统注重学术研究，学术气氛很浓，而且学者众多。父亲主要的理论著述，多在清华任教时期完成。

父亲在清华大学任教时住清华西院宿舍，成为杨武之教授的邻居，所以儿童时代，杨振宁就是我亲密的伙伴。1952年以后父亲任教北大，住北大校园内的朗润园一百五十九号平房宿舍二十一年，退休以后，仍热心培养青年，关心中国美学的发展和建设。

我对父亲的专业了解甚少，但父亲的人生追求，对教学的严肃认真，待人的真诚，生活的朴素，特别是他那强烈的爱国心和民族自豪感，深深地影响着我。他那严于律己、宽容待人的性格，给我留下了难忘的印象。他和他的同代人，在学术上相互切磋，国难当头时彼此关心帮助的情景，使我感受到中国知识分子肩负着国家强盛、民族振兴的重任。当年我考进崇德中学，就是杨武之教授向父亲建议的。从此，我和杨振宁同学，成为一生的好友。父辈传给我们的精神力量，激励我们面对任何困难，勇往直前。

1999年5月

（作者为著名核物理学家，两弹元勋，已逝。本文系由作者夫人，北京医科大学教授许鹿希整理）

赵元任先生

赵元任（1892—1981），江苏武进人。留美预备班1910届庚费留美生。1918年获美国哈佛大学哲学博士学位。回国后任清华大学国学研究院导师。1938年后侨居美国。被世界公认为语言大师。

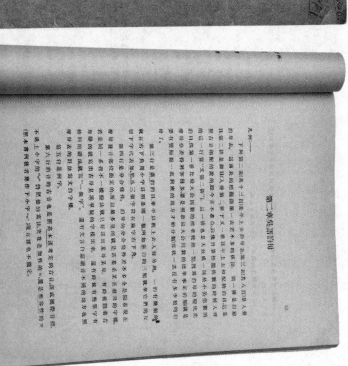

赵元任先生早年的代表作之一：《现代吴语的研究》

毕生创新的赵元任先生

赵新那

父亲和清华

　　父亲和清华的关系是非常密切的。1910年他被录取第二届公费留美，在被录取的七十二名中名列第二。1920年留学回国前邀请他的地方很多，他选择到清华学校任教，但在清华时间并不很长就被借走给英国著名哲学家罗素作翻译。1925—1929年父亲和梁启超、王国维、陈寅恪被聘为清华国学研究院四大导师，他又回到清华，住在老南院一号。父亲当时只有三十三岁，是四大导师中最年轻的一位。他讲授中国音韵学、中国方言等课程并指导学生从事研究。王力（了一）就是他那时指导的学生之一。王力牢记导师对他论文的批语，他说导师"用铅笔小字作眉批，专找我的毛病，其中最严厉的一句批评的话，就是'言有易，言无难'。这六个字后来成为我的座右铭"。王力后来成为中国著名的语言学家。1932—1933年，父亲虽然已经转到中央研究院历史语言研究所任研究员（仍然在清华兼课），又被清华大学借去接替梅贻琦先生，担任清华留美监督处主任的职务，完成监督处结尾的一年半的工作，梅先生则回国接任清华校长。1938年以后父亲侨居国外四十余年，他也从来没有忘记清华。清华校友聚会少不了他，并且他总要唱清华校歌"西山苍苍，东海茫茫……"和"教我如何不想他"，这充分表露出他对清华的怀念。1973年、1981年他最后两次回国,我陪伴他回到清华大学。他看到了清华的巨大变化,也没有忘记到工字厅、大礼堂和老南院,一个一个地方慢慢地看并照相留念,回顾他在清华的岁月。

童年和少年时代

父亲出生在天津,三代同堂。童年跟着他祖父在北方度过。祖父做官,家庭生活比较优越,他在家念私塾,再就是玩耍。九岁他祖父去世,全家人回到了老家江苏常州。父亲在家乡度过了他的少年,先读私塾,后来进了"洋学堂"溪山小学,接受新式教育。父亲十二岁那年,他父母在同一年先后去世,父亲到苏州他大姨妈家暂住一年,又回到常州由伯母照管。十五岁第一次离家到南京江南高等学校预科(相当于高中)读书。1910年,未满十八岁考取清华公费留学,远离家乡到国外求学。

父亲自幼就表现出对周围事物非常关注敏感。比如喜爱观察自然现象,他观察仔细,好提问题,善于思考。父亲曾说他清楚地记得第一次碰到月全蚀的情景。当时人们迷信,按那时候的规矩,大家拿着锅呀、桶子呀,乒吟乓啷地打,似乎这样一来天狗吓得会把月亮再吐出来。当官的穿起袍褂恭恭敬敬地行礼。父亲当时年仅六岁,他的兴趣却是观看月亮,他发现月亮好像月牙儿似的,但又跟平常看的月牙儿不一样。他看见月牙儿越来越小,觉得最后应该是变得没有了。但是出乎自己的意料,月亮并不是变得没有了,反倒变成了一个红红大圆的东西。他很想知道为什么是这样,但是那个时候没有人能告诉他。父亲说他对天上的东西总是喜欢看,也喜欢问个道理。对天文的兴趣成了他一生的嗜好。他后来上大学选修天文学课程,考试成绩获得一百分。他曾在读书的年代花了很大的工夫撰写《中西星名考》和《中西星名图考》,刊登在《科学》杂志上。1933年和1954年父亲为了看日全蚀,开着汽车拼命地奔跑,寻找能观察日蚀最好的位置。我还记得1933年父亲带着我们全家观看日全蚀的情景。

除自然现象,父亲还注意到周围接触的多种不同的方言,对这些他产生了浓厚的兴趣。他留神听各种不同的口音,并跟着学。家里原籍江苏常州,但是住在北方得说"官话",所以父亲最早听的是带常州口音的官话,自己说的也就成了一种不很纯粹的京音。他天生有副好耳朵,能够分辨声音的极小差别,他还有一副最会模仿的发声器官，什么声音一学就会。父亲从带他的周妈学会说保定方言。为了跟表弟一起玩耍，他跟表弟学会了说常熟话。父亲跟从家乡请来的陆老师学会用常州话念书，后来到苏州又学会说苏州话。父亲年龄还没满十二岁就已经会说北京、保定、常熟、常州、苏州多种方言，并牢牢记住。不仅如此，在苏州他还跟表哥学会用反切说话，使得不懂反切的人听不懂他说的话，后来进一步学用倒转反切说话，这样熟悉反切说话的人也不容易识破听懂。学习不同的方言似乎是父亲的兴趣、生活的乐趣，这种乐趣成了他一生的事业。我还记得曾问过父亲，为什么研究语言，他回答："好玩儿。"

父亲求知的愿望很强，他不知疲倦地学习，而且兴趣非常广，他什么事都喜欢打破砂锅问到底。这也许跟童年读私塾时陆老师的教书方法有关。父亲说陆老师虽然非常严厉，但是反对读书不求甚解，老师经常讲解课文生字，使学生尽可能多理解，所以父亲养成好问求理解的性格。父亲四岁开始由母亲用方块字教他识字，六岁进私塾，那时白天读四书五经，晚上还听他母亲教吟诗（唐诗三百首）。进溪山小学"洋学堂"以后，与读私塾完全不同了。学校课堂里学习国文、数学、英文、历史、体操等很多种课程。除此而外，父亲如饥似渴地进行大量的课外阅读。他跟同学组织了一个"青年集益社"，并且购买书籍建立一个图书室供社员借阅。他自己借阅的读物，有翻译的外国小说如《鲁滨孙漂游记》，有梁启超主办的《新民丛报》，还借阅过《儿童心理学》、《教育歌曲》、《音乐教科书》等。可见他兴趣广，且对音乐有浓厚兴趣。他大姨妈也曾托他借《福尔摩斯侦探案》和《汤姆大叔的小屋》等书阅读。他业余时间还创办了《课余杂志》，自己主编科学部分。父亲曾经说过自己对新鲜事物总是感兴趣。父亲考入江南高等学堂预科后，尽管课程比小学高深，仍然坚持进行大量的课外阅读。他买了一本《马氏文通》，是马建忠撰写的中文文法书，父亲说该书完全比照西方语文的文法，读起来很感兴趣（他后来到美国耶鲁大学研究生院任教时曾将《马氏文通》当作教学内容）。他向美国老师卡佛尔卡佛尔借阅世界名著，他读《福兰克林自传》后决心作一个完人。他读了《世界通史》后被书中倡议的"世界国"所吸引，说要作一个世界公民。

父亲从小还表露出对科学事物的兴趣，喜爱探索，喜欢动手试验。在他仅六七岁的时候，曾经有人送他一个三寸放大镜，他竟能完全靠自己琢磨而发现放大、倒影、阳光下聚焦取火的几种功能。入学后，在生物课上曾看过死狗解剖，留下深刻印象。他试用透镜自装望远镜和显微镜，用盐和冰块儿混合达到零下二十度等等。

父亲童年、少年时代开始流露出他对一切新鲜事物的敏感。对求知的迫切，探索和追求新事物的强烈性格，奠定了他创新的一生。

留学十年

曾有人采访我父亲怎么会想到去美国留学，他回答说：一方面受他第一位美国老师（江南高等学堂英文教师卡佛尔）的影响，另方面自己喜爱科学也是一个原因。他认为出国学习能更好地学科学。父亲考取清华庚款公费留美，本来大学学习四年毕业，他说自己极喜欢美国生活，竟一连住了十年。

1910年7月，父亲参加庚款赴美留学考试，头天考国文和英文，他两门均合格，获得准许继续考的机会。五天后参加代数、平面几何、希腊历史、罗马历史、德文、物理学、植物学、动物学、生理学、化学、三角、立体几何、英国史、世界地理和拉丁文这样多科目的考试，父亲以总分七十三又五分之二被录取，在被录取的七十二名中父亲名列第二。这也许与他在校什么课都学（中学选修德语），课外广泛阅读有关。

当年录取后，8月整装出国。父亲剪掉辫子，换穿西装，由游美学务处胡敦复等三人监护，乘10200吨"支那号"海轮第一次到美国。父亲在旅途中经过胡敦复的指点和帮助，明白了工科跟理科的差别和关系，从而放弃原来打算学工科的想法，决定学理科。父亲进入康奈尔大学，主修数学，同时选物理课和实验课之多也足够算主修物理了。父亲大学四年学习成绩突出，数学得过两个一百分，一个九十九分，天文学得一百分。他1913年、1914年先后被选为 $\Phi\beta\kappa$ 和 $\Sigma\Xi$ 两个荣誉学会会员，获得两把金钥匙。1914年父亲毕业时，总分全校第一。若干年后父亲听说他仍然保持康奈尔大学历史上平均成绩最高的记录。

父亲在大学读书时选修的课程领域很广泛。就拿大学二年级选修的课程看，他选修了现代哲学发展史、逻辑学和形而上学课堂讨论、仪器的设计与制备、实验物理的近代发展、力学与热力学、有限群理论、系统心理学、语音学等。他曾对人说自己在大学时，并没有打算什么都学，只是觉得不能只集中学习少数几种科目。他在大学几年选修的课程从哲学、心理学、语音学到音乐（和声学、对位学、作曲）等课程。他学一样，钻研一样，并没有因为是选修课而马虎。甚至老师的教学方法都引起了他的注意。例如大学他选修德语课，课外他又通过函授学习法语。法语函授采用"听—说"的教学方法，作业通过录音寄给老师听并由老师纠正。对这种教学方法父亲非常欣赏。相比之下，德语老师本人虽然是德国人，可是一个学期下来就没有听老师说过一句完整的德国话。课堂里不是老师用英语讲解课文，就是学生将德语课文翻译成英语。虽然学的课程是德语（外语），但学生大部分时间听的是英文（学生的母语）。父亲很不以为然，他没有管这一套，他自己跟读私塾时的办法一样，大声朗读和背（德语）课文，最后他的考试成绩获得优。从父亲对待外语的学习看出他的思路是多么广，学习是多么认真，同时有自己的主见，学得活。他后来从事语言教学的工作，始终采用这种"听—说"教学法。

他的广泛兴趣还表现在课外参加的多种活动上。如音乐会、体育锻炼和竞赛（他曾在大学三年级时的运动会上获得一英里竞走冠军）、世界语聚会等等。父亲一贯坚持课外大量阅读，如在大学期间除去选修哲学课程外，还阅读了大量罗素和杜威的哲学著作，以至于攻读哲学博士学位时，课程都已学完。父亲还阅读文学作品，他完全被英国著作家 Lewis Carroll 两本儿童奇境记著作所吸引，回国后出色地将这两本书翻译成中文。摄影也是父亲的爱好，他在摄影技术方面并不高明，而主要是记录生活。他保存下来的数千张自己拍摄的照相记录了他的一生，记录了他的时代。有好多生活照片是非常有趣味的。父亲兴趣之广泛，精力之充沛，真令人敬佩。

父亲1918年在哈佛大学获得哲学博士学位，论文题目为"连续性：方法论的研究（Continuity-A Study of Methodology）"，继而获得一个博士后旅行奖学金，到芝加哥和加州两大学深造。1919年应聘返回母校任物理讲师。父亲留学美国一连十年，学习及活动相当紧张，但他心底里始终忘不了自己的故乡。早在出国前，父亲大概十三岁的时候，日记中曾记载自己世界观的改变。他开始以现代的、甚至革命的看法看事物，认为清朝当然不久覆亡，期待着革命的到来。父亲到美国的第二年听到了辛亥革命成功的消息，中国同学都为此异常地兴奋。远在国外学习的中国留学生归根结底想的是改革和社会进步，从两件事可以看出父亲的心情。第一，他是中国科学社创始人之一。第二，他深入系统地考虑中国语言的研究和改革问题。

1914年6月父亲跟康奈尔大学中国留学生任鸿隽、杨杏佛、竺可桢、胡明复、邹秉文、邹秉志等十多人在任鸿隽的宿舍里进行热烈而严肃的议论，准备成立中国科学社，并出版月刊杂志。他们创办了中国最早的综合性科学学术刊物《科学》，1915年在上海正式出版发行第一卷第一期。"中国科学社"在同年正式成立，其宗旨是：联络同志，研究学术，以共图中国科学之发达。父亲和任鸿隽等五人被选为中国科学社第一届董事会董事，任鸿隽被推选为董事长和社长，父亲为书记。他们为集资办刊物省吃俭用。父亲在一段时间内，午餐只喝汤与吃苹果馅饼，以至于营养不良而病倒。为出版第一卷第一期《科学》，父亲业余投入大量精力，他撰写文章（《心理学与物质科学之区别》）、科学小品、翻译文章和新闻，谱写歌曲等。杨杏佛当时是刊物的编辑部长，常向我父亲索取稿件，曾附以打油诗："寄语赵夫子，《科学》要文章。"父亲在寄稿件时也以打油诗回赠："文章已寄上，夫子不敢当，才完又要作，忙似阎罗王。"

　　1915—1916年间，父亲日记中多处记载自己考虑学成回国做什么，考虑自己最适合做什么，并且时常和同学议论中国语言的问题。他说自己也许适合研究中国语言问题（1915年3月日记），又想到自己一生的工作也许是国际语言、中国语言、中国音乐和认识论（1915年5月）。1916年元月日记又记载："我大概是个生来的语言学家、数学家或音乐家"。2月日记中再度表示自己"索性作一个语言学家比任何其他都好"。

　　留学期间父亲与胡适——他的同学和终生好友，时常在一起讨论中国文字改革问题。1916年美国东部中国留学生同学会新成立一个"文学科学研究部"，胡适是文学股的委员，与我父亲商量把"中国文字的问题"作为年会文学股的论题。胡适说他写"如何可使吾国文言易于教学"，要我父亲写"吾国文字能否采用字母制，及其进行方法"。父亲非常认真地做准备，他在文章撰写过程中，从中国的文字问题、中国音韵学写到改革方案，越写越多，远远超出原来计划的内容，最后不得不分成三篇文章，加上胡适的一篇，组成"中国的语言问题"（The Problem of the Chinese Language）一系列文章，刊登在《中国留美学生月报》上。

　　父亲在文章中首先提出中国文字改革问题的存在，并列举事实说明。他指出一方面要科学地、历史地研究中国的语言问题，另方面要改革中国的语言。父亲不是凭空提问题。他有一定的国学基础，他有对中国方言的不少知识。父亲又通过听课和文献阅读学习和了解西方语言学、音韵学的研究工作。他说英国、美国、

赵元任先生1916年在哈佛大学攻读硕士学位时所摄

德国、法国学者的工作对自己研究及改革中国语言有启发和帮助，但不能生搬硬套。他结合自己掌握的中国实际，提出研究中国语言的问题，他认为这是外国学者所不容易做到的，因为外国学者不了解中国的情况。父亲强调研究中国语言问题必须建立在科学的基础上，要客观观察，要统计要分析。最后一篇文章提出自己初步考虑要进行改革的问题和自己的一些想法。文章结尾时父亲说，写文章真正的目的是提出问题，引起人们对研究中国的语言问题的注意。他说文章写完了，但不等于问题解决了。

撰写这篇文章距今已经八十余年，那时父亲才二十四岁，大学主修的是数学，他正在研究生院学习哲学，准备博士学位，怎么转到语言问题上了呢？改行了吗？没有。父亲早已对语言问题有兴趣，他学贯中西，且文理哲融合一起，知识又广又深，所以在事业中能创新，能作出很大的成绩。父亲的一生是一个用现代的方法历史地、科学地研究中国的语言的典范，也是创新的典范。

"五四"投身国语运动

1920年9月的一个晚上,父亲到老同学胡适家喝茶,他第一次会见了"国语研究会"的汪怡、钱玄同和黎锦熙等先生,一见如故。他们广泛深入热情地讨论中国语言问题,父亲印象非常深刻,钦佩这些学者们所做的研究工作。父亲发现有些想法竟与自己几年前的想法不谋而同,不到一个星期父亲就被选入教育部国语统一筹备会,很快地投身于国语运动。父亲回顾当年,说自己曾在国语运动方面很活跃。

首先他致力于推行国语统一的工作(推行普通话)。1922年出版他编著的《国语留声片课本》和灌制的国语唱片。当时是根据"国音统一会"1913年通过的人工国音,所谓的"老国音"录制的,父亲被公认为世界上唯一能用这种语言发音的人,显然无法推广。1935年出版的《新国语留声片课本》及灌制唱片采用的是《国音常用字典》的标准音,以北京语音为标准(实际上父亲1925年就改用北京语音为标准进行教学,改编一套为外国人学中国话的课本,录制相应的唱片),这跟中华人民共和国建立以北京语音为标准的普通话是一致的。在推广国语的过程中,父亲在《国语留声片课本》序言中说:"目见不如耳闻"、"耳闻不如口读",提倡采用"听—说"教学法。30年代随着广播事业的发展,父亲又充分利用广播方式推广国语。父亲一贯注重利用科学上的新发展。我还记得当年父亲带姐姐和我到广播电台唱注音符号歌协助他推广国语。父亲总喜欢让孩子们多见识新的东西,这也是他教育子女的方法。

在拉丁化新文字运动中,父亲热衷于创制国语罗马字拼音方案的工作。早在1916年他在《中国语言的问题》第四篇"改革方案"中就提出中国文字拉丁化问题和自己的方案,并与反对者进行辩论,阐明自己的论点。回国后,父亲和"数人会"的刘半农(数人会的创始人)、黎锦熙、钱玄同、汪怡、林语堂等人共同研究,拟定了国语罗马字拼音方案。在蔡元培的影响和努力下终于1928年9月26日由当时的政权机关正式公布。父亲的心情是多么激动呀,他在日记中用国语罗马字写下了他的激情:

C. R. yi yu jeou yueh 26 ryh gong buh le. Hooray!!!

(国语罗马字已于9月26日公布了,好哇!!!)

用白话文代替文言文是五四运动文字改革的重要内容之一，父亲也进行很多尝试。父亲在 1916 年的文章中讨论文言文和白话文的问题，同时注意到写的白话（Written）和说的白话（Spoken）不一样。父亲推动白话文的运动，一是尝试用白话文翻译小说；二是翻译剧本，并用口语搬上舞台；三是为当代文人写的新诗谱曲。也可以说是推动白话的一部分活动吧。

父亲在大学读书时就被 19 世纪英国作家 Lewis Carroll 的《阿丽思漫游奇境记》和《走到镜子里》两部儿童小说所迷恋，早就想将这两部书翻译成中文。他所进行的不是一般的文学翻译，而是探索用白话文代替文言文的一种实验，并且用口语。1922 年他在第一部书的译者序中说："这书要是不用语体文（白话文）很难翻译到'得神'，所以这个译本亦可以作一个评判语体文成败的材料。"原著里有些字是字典里查不到的，是作者为了表现儿童的心理、思维和语言而编造出来的"文字游戏"。为此，父亲下了很大的工夫，译文也很考究，以中文的"文字游戏"保持了原著的风格。1932 年初父亲又译完第二部《走到镜子里》。父亲说："在这本书里，我把双关语译成双关语，韵脚译成韵脚，在《阿丽思漫游奇境记》里，我没有能做得那么好。"第二部书的最后清样毁于战火，一直等到 1968 年，经过整理和重新翻译一部分，才作为《中国话的读物》中的第二卷在美国出版。

1927 年父亲将另一位英国作家 A. A. Milne 的剧本 The Camberley Triangle 用北京口语编译成中文，剧本改名为《最后五分钟》。他亲自导演，请几位清华学生表演，并在清华学校旧礼堂演出。随后父亲又将这脚本写成汉语与国语罗马字对照版本，加序言，附学术论文《北京语调的研究》，成为一本书出版。这本书既是推广国语罗马字的读物，又是研究北京语调的学术论文，又是戏剧脚本。30 年代初父亲曾参加由中国现代戏剧家熊佛西和余上沅组织的"北平小剧院"活动，他是从推广国语和研究语调的兴趣出发参加戏剧导演，甚至亲自登台表演。

1928 年父亲创编的《新诗歌集》出版。"新诗"包括了"五四"时代胡适、刘半农、徐志摩、刘大白等新知识分子的新体诗，父亲为新诗谱曲，进行音乐方面的尝试和创举。

理论与实践并重的现代语言学家

1928 年中央研究院成立，第二年建立历史语言研究所，父亲接受了创建语言组的任务。可以说,父亲那时起正式把语言学作为自己的终生事业。他为语言组订了两大计划,一是计划在几年之内,把全国的汉语方言及非汉语方言都调查一遍,整理并建立档案作以后研究语言的参考资料。二是建造一个一流的语音实验室。那些年他整个精力都投入进去了。这是他一生的理想和抱负。

父亲很早就注意到中国是一个多语言和多方言的国家,也早有兴趣。他幼年就听什么学什么。1920年他给英国著名哲学家罗素在中国各地演讲作翻译时忍不住试试用地方的方言作翻译。他最得意的是在长沙用他刚在旅途中跟一位长沙人学的长沙话作翻译。讲完了过后一个学生跑上来问我父亲:"赵先生,是几时回省的?"学生以为我父亲是湖南人,国语(普通话)说得不太好,却不知道父亲是国语的底子说湖南话说得不太地道。父亲觉得这件事很有趣,他后来经常讲述这段故事给朋友们听。

父亲在清华国学研究院任教及从事研究时,于1927年开始进行方言研究工作。第一次的方言调查选择吴语,这并不是偶然的。常州、常熟、苏州语均属吴语,也是父亲从小就熟悉的方言,这给方言调查工作带来很大的方便。他和助理杨时逢亲自到江苏和浙江两省进行实地调查。据杨时逢回忆,他们一路上非常辛苦,我父亲却兴致勃勃,经常干到深夜。在两个多月里,他们记录了吴语区三十三个地方的方言,访问了二百多人,记录了六十三名发音人的话。调查后父亲写出专著《现代吴语的研究》。这部书为后来的方言调查提供了科学的方法,受到了语言界的推崇。《中国大百科全书》(1988年)写道:"《现代吴语的研究》是中国第一部用现代语言方法研究方言的著作。"在他主持语言组工作时,他领导调查汉语,李方桂则负责非汉语方言调查。他亲临实地进行调查工作,1929年调查广东和广西粤语,1934—1937年他和同事调查了安徽的徽州话,江西五十七处、湖南七十五处和湖北六十四处的方言。父亲提出对个别方言作尽量详细的记录和深入的研究,示范的作品就是《钟祥方言记》。其他的方言调查专著还有《湖北方言调查报告》(合著)、《中山方言》、《台山语料》、《绩溪岭北音系》等。除汉语方言记录外,父亲还做了藏语和瑶语歌曲的记音,并发表《第六代达赖喇嘛仓央嘉措情歌》(合著)和《广西瑶歌记音》。

父亲早在1924—1925年旅行欧洲期间拜访西方著名语言学家,特别重视参观语音实验室。他到德国访问著名语音学家海因尼兹(Wilhelm Heinitz),参观其设备精良齐全的语音实验室,该实验室是当时语音实验室中心之一。同年到英国

Stephen Jones 语音实验室进行实践，加上在大学学习物理时就打下了良好的声学基础，这一切都为后来筹建语音实验室创造了很好的基础。1934年中研院史语所迁到南京新建的大楼，父亲规划和建立语言组的语音实验室，并亲自监督建造工程。隔音材料、仪器设备等都由父亲挑选和购买，部分在美国购买并亲自运回国。父亲说，录音设备日新月异，他老是使劲地紧追着，从在广州的蜡筒时代起，经过光铝片、涂面铝片等等，出什么，买什么。据多年跟随我父亲做助理的杨时逢回忆，南京的语音实验室有四大间，隔音效果很好。室内装备有当时最新的录音设备、音浪机、留声机等几十种仪器。父亲亲自设计的一个超高频的扩音器比美国买回的音质好，扩音效果强。我记得小时候父亲常带我到他的实验室玩儿，给我讲隔音板的用途，得意地给我看他们录音设备。父亲利用这个实验室完成了不少语言研究工作，灌制成千张方言调查铝片音档。

1936年语音实验室已经建成，并且开始运转，大量的方言调查工作正在进行，父亲正计划福建方言调查工作，此时不少国外专家学者前来访问语言组和参观语音实验室。夏威夷大学教授参观后来函请父亲到夏威夷大学做访问教授，并给高薪。父亲客气地回信谢绝了，理由是方言调查工作、民众教育的罗马字化的工作都需要在国内进行，只要条件还允许的话，他需要留在国内。

30年代父亲撰写并发表好多篇重要的语言学文章。其中一篇被引用得最多的是1934年在《中研院史语所集刊》上用英文发表的《音位标音法的多能性》，1957年全文转载在马丁·裘斯编的《语言学论文选》中。裘斯说早期音位学，很难想得出一篇比赵的文章更好的。这篇论文现在已成为音位理论的经典著作之一。1930年发表的《一套标调的字母》是父亲设计的一套五度制标调字母，为记录和研究汉语（以及其他有字调的语言）的声调提供了准确和方便的工具。很多人用这套标调的字母但不知其来历。五十年后（1980年）《方言》杂志重新发表此文，并得到作者同意，将这篇用国际音标发表的原文改用英文拼法发表，方便读者。30年代发表的出名的语言学文章还有《听写倒英语》、《中国字调跟语调》、《中国方言当中爆发音的种类》等。瑞典汉学家高本汉著作《中国音韵学研究》也是30年代我父亲、罗常培和李方桂三人花了几年工夫合译的。几位译者商定将全书作一忠实能读的翻译；改其错误；加入新材料；改用国际音标注音；一部分重编。这部译作获得原作者高度评价。从这部译作再次看出父亲的翻译工作从来不满足于简单的翻译，而在翻译中有改进有创新。回顾20年代和30年代，父亲不论在语言或是音乐方面，都全心投入改革和创造。迁居到南京，父母亲是做永久打算的。《杂记赵家》第九章的题目就是"在南京做永久的计划"，可以看出他们当时的心情和内心的想法。

1937年8月13日日本帝国主义侵略者进攻上海，战火逼近，全家人随机关迁往内地，先到长沙，1938年到昆明。父亲计划的方言调查工作暂时中断，语音实验室不能迁走，只好丢下，当时只把能搬动的仪器及灌制音档唱片、书籍和资料运往内地。自己家里的东西几乎全部丢下没有带出来。父亲离开南京之前跟母亲商量将自己从1906年开始写的三十余年的日记和多年拍摄的几千张照片这些具有历史意义的珍贵资料寄往美国老同学Bob King家保存下来。父亲在昆明，听说南京家一切都毁了，父亲请假出国前给老朋友胡适的信上说："房子无确息，听说大部被抢一空。我的书除手头常用语言书，余皆是'goner'（无可挽回的东西，下同。——作者注），esp.（特别是）多年的乐谱等。日记及自拍的Snapshots（照片）则在Bob King处。所以说声去，什么都得从头儿买起，就是好多东西都买不着。我曾经有个创刊号集，有几十种期刊的创刊号，现在除《科学》首四本在重庆，余皆是goner了。"

语音实验室的建成和方言调查工作的进行，体现了父亲的远大抱负和工作热忱。他始终非常怀念那段紧张而又充满乐趣的工作。1973、1981年他两次回国，都回到南京，到北极阁下历史语言研究所旧址再看一看。他一间房子挨着一间房子看，还在他当年工作过的办公室坐下拍照留念。

异国生涯，语言大师

1938年以后父亲侨居国外四十余年，1954年入美国籍。他从事汉语教学，继续语言学教学及研究，发表大量论文，出版几部重要语言学专著，被世界公认为语言大师。

父亲教书教了一辈子，曾教过物理、数学、心理学、哲学、音乐史、音乐欣赏等，而他最喜欢的是语言教学。为统一国语（普通话），他编写《国语留声片课本》，并灌制课本的留声片。华侨要学说国语，父亲编写广东人学国语的教材。他在美国几十年将汉语作为外语教学，教西方人说中国话，教说国语和广东话，他编写《国语入门》和《粤语入门》教材，并配有相应的录音唱片或磁带。他在教学实践中累积经验，建立自己的一套教学理论和教材系列。

父亲说，语言是一套习惯，学习外国语就是养成一套特别的习惯。习惯这东西是养成容易改变难，所以小孩儿从没有习惯起头儿，养成习惯容易，大人已经有了本国语的习惯，再改成外国语的习惯难。这也就是为什么人们常说小孩子学话快。父亲说学习外国语的内容分成发音、语法和词汇三个主要部分。

父亲的语言教学指的是学口语，他一生从事活的语言的研究和实践。在他的教学实践中，他认为发音的部分最难，也最要紧。他要求学员想方设法跟所学语言接触。不论在上课或自修的时间，天经地义，就是想法子让学生跟语言的本身接触。其次，强调用"听—说"教学法让学生练习。这是他语言教学的原则。比方说，40年代在哈佛大学他主持ASTP中文班（美国陆军委托大学办的中文班）教学，父亲编写了口语教材，自己配制唱片。他每天只有一小时用英文上大班课，其他时间他训练助教分小班练习，自习时间学员也是听唱片，练习说话。十个月的短训班获得很好的成绩。所有的学员虽然有好有次的，但都还能说中国话。成绩最好的两名后来当了美国大学教授。父亲教的粤语速成班同样获得非常好的效果，父亲告诉我们，一次他带学生到唐人街广东人开的饭馆吃饭，并用粤语对话，饭馆服务员问那学生："你什么时候从中国回来的？"父亲为此很得意，当晚日记中记载"不错！"

父亲侨居海外四十余年，在教学之外，继续发表和出版语言有关论文和专著。1959年作为台湾大学文学院丛刊之一，《语言问题》一书发表父亲在台湾大学的演讲记录，全书十六章。该书系统地讲述了语言学以及与语言学有关系的各项基本问题，可以说是用中文写的第一部普通语言学的书，是父亲的重要著作之一。1979年北京商务印书馆再版，父亲为新版写序。他谦虚地说："这书自从1968年再版以来又十多年了。现在又有再印的计划，总是还有点用处吧？"1968年英国剑桥大学出版社出版 *Language and Symbolic Systems*（《语言和符号学》），原著英文。这本书本来是根据《语言问题》一书改编的，内容有好些出入。出版后立即受到世界各地语言界的重视。我在父亲文件夹中就看见列出的书评四十多篇。后在几年内便被译成法文（1979年）、日文（1972年）和西班牙语（1975年）出版。

在语法方面，《中国话的文法》是父亲最重要的著作。1965年曾于加州大学内部出版，1968年正式出版。被《中国大百科全书》（1988年）誉为"最重要的汉语语法著作之一"。这本书致献给我母亲，父亲说："我太太一不留神就说出些中国话的文法的绝好的例子，所以我致献这部书给我太太。"此书原著为英文，1979、1980年先后由吕叔湘先生摘译、丁邦新先生全译成中文。

我国语言界一向给予我父亲高度评价，称他是"中国语言学之父"。著名语言学家吕叔湘先生说："赵先生以活的语言作为研究的对象，为中国语言学的研究开辟了一条新路，他引导我走向了这条新路。"我国另一位著名语言学家、父亲早年的学生王力教授说："赵先生以前的语言学家其实是语文学、文字学家。"

父亲的成就和贡献也为世界所公认，他是唯一当选过美国语言学会会长（1945年）的中国学者。1960年当选美国东方学会会长。三次荣获大学荣誉博士学位：1946年普林斯顿大学（Princeton University）Litt. D；1962年加州大学（University of California）LLD；1970年俄亥俄州立大学（Ohio State University）人文荣誉博士。1954和1968年两次荣获谷根函（Guggenheim）奖金，该奖金授予在过去的工作中表现出具有最高的学术水平和科研能力或表现出具有很强的创造能力的人才。1959年获得奖金，以傅尔布莱特研究学者名义到日本京都大学讲学。1967年加州大学授予教授研究讲座称号（Faculty Research Lecturer），这是该校授予教职员的最高荣誉。1981年父亲最后一次回国，北京大学授予他名誉教授的称号。

新人物之新式婚姻

父亲的改革和创新精神不仅表现在语言研究和音乐创新上，在婚姻大事上也是敢于冲破传统观念，摆脱封建习俗。记得听父母说，他们两家都曾为他们包办订了婚姻。母亲还没有出世就订了婚。父亲也有一位从来没有见过面的未婚妻。他们反对包办婚姻，各自先后解除包办婚姻，通过自由恋爱结合。父母亲讨厌各种繁文缛节，从不讲究排场。父亲自己草拟并印制结婚通知书，在中央公园自己拍照，选择在格言亭合拍的照相作为结婚照。自拟并手书结婚证书，贴上四毛钱印花。他们的结婚通知书上写"在1921年6月1日下午3点钟东经120度平均太阳标准时在北京自主结婚"，"证婚人为朱徵、胡适"。在通知最后附上"除贺信、文章或音乐作品，以及对中国科学社的捐助外，绝对拒收礼品"。父母亲的婚姻被报纸誉为"新人物之新式婚姻"，在知识界一时传为美谈。

在金婚之际，他们合写《八十年、五十年回忆》，生动活泼地谈论他们共同度过的五十年。母亲说："元任！我们这两个性情强固嗜好不同八十来岁的人，怎么能共同生活都到了五十多年的金婚日子还没有离婚，真是料想不到的怪事。当日我们不要仪式和证婚人的理由，第一是我们两个人都是生来个性要争取绝对自由，第二恐怕离婚时给证婚人找麻烦，但是没料到两个证婚人胡适之、朱徵都过去了，而我们两个人还在一道过金婚呢！"在金婚纪念时刻，父母亲还按照当年结婚时候的主张，除了用笔墨自己创造的礼物，一概不收礼。亲友们尊重他们的意见，这样做了。他们自己押胡适《贺银婚》诗韵，母亲写《金婚》诗"发发牢骚出出气"，父亲写了《答词》。

一、《贺银婚》 胡适
蜜蜜甜甜二十年，（将银婚二十五年误写为二十年。——作者注）
人人都说好姻缘。
新娘欠我香香礼，（外国习俗 Kiss the Bride。——作者注）
记得还时要利钱。

二、《金婚》 韵卿
吵吵闹闹五十年，
人人反说好姻缘。
元任欠我今生业，
颠倒阴阳再团圆。

三、《答词》 元任
阴阳颠倒又团圆，
犹似当年蜜蜜甜。
男女平权新世纪，
同偕造福为人间。

父母亲结婚将近六十年（只差三个月），生四个女儿，都已成家立业。父母婚姻是美满的。受老人家的影响，我结婚，我的两个儿子结婚，除完成必要的法律规定的手续外，没有举行任何仪式，也请亲友们不要送礼。

父母亲在世时就嘱咐我们，他们去世后不要举行任何仪式，要实行火化，并将他们两人的骨灰一同撒在太平洋,一方面表示他们属于世界,另方面希望随着太平洋环流回归故土。我们遵循父母遗愿,这样做了(遵照母亲遗愿,母亲部分骨灰撒在南京她的祖父杨仁山居士墓旁)。

还乡

1938年,父亲接受美国夏威夷大学的邀请赴美任教,全家人又到了美国。1946年,抗战胜利的第二年,我和我的老伴儿黄培云从美国返回祖国,父母亲也准备第二年起程回国。后来听父母说,我离家不久,父亲收到当时国民党教育部长朱家骅请他出任中央大学校长的电报,父亲回了一封电报婉言谢绝了。后来父亲没有如约回国,而应加州大学之聘请到柏克莱任教。父亲说:"在回国的途中路过加州,结果'路过'了三十多年。"

1973年父母亲带着外孙女和外孙女婿回国探亲访友。父母亲出国三十五年,第一次回来,心情非常兴奋。到北京的第二天大早,自己就叫了汽车去看望我的舅舅和舅母。四位八十多岁高龄的老人分别三十五年之后又见面了,真是高兴得无法形容。几位老人又是照相,又是回忆往事,相互问长问短,没有个完。我也带着两个二十多岁的儿子赶到北京去看他们从没见过的外公外婆。

父亲写了一个他想见的人员名单,共七十余人,都是几十年前的朋友和学生,多数只有姓名,没有地址和工作单位。在接待单位的努力下,这些人差不多都见到了。父亲母亲非常感动,父亲说:"这简直是一项科学研究。"母亲除了看望亲友外,就是看老地方,如当年父母结婚后住的地方,父亲和罗素一同住过的地方等等。父亲还回到家乡常州,到青果巷看看自己小时候的家,见到堂弟一家人。父亲在常州一所中学跟师生用常州话进行座谈。离开常州时,父母亲特别带上两盒常州烧饼回美国给朋友们品尝家乡风味。

父母亲在国内见到了许多亲友,看到了家乡的巨变和祖国的进步,临走时对我说,过一两年一定再回来。父亲用英文题为"Return of the Native(还乡)"写了回国这段的回忆,末尾他说:"回中国看亲友的一个月,又激起了我们内心的家乡感情,以至离开中国的时候又像是离开家了。所以,当我们在告别时说'很快我们再见',心中是认真地在考虑着再见。"由于母亲健康情况,他们未能一同再回来。母亲于1981年3月1日在美国病逝。

1981年5月，父亲应中国社会科学院的邀请再次回国。父亲已经是八十七岁高龄，他仍然远程回国与亲友再见面，我大姐、大姐夫和四妹陪伴父亲一起回国。我一家人也都到了北京看望父亲。父亲不仅看到外孙和外孙媳妇们，还第一次看见一岁半的重外孙黄又新（又新这个名字是我父亲给取的），可以说，我们四代同堂了。父亲从来都是喜欢小孩子，在北京时，一有空就跟重外孙玩儿，听他背唐诗。

我们姐妹陪伴父亲回老家常州，到南京和上海。他非常高兴见到了许多语言学界和音乐界的同行朋友，这次回国特地带着正在研究的《通字方案》稿，在社科院语言研究所组织的座谈会上，来听取国内同行的意见。会上父亲谦虚地说自己是落伍的语言学家。他介绍国外的情况、介绍自己的自传，并听取对《通字方案》的意见。音乐界与父亲会见的人更多。中央音乐学院举行了小型演唱会，演唱我父亲的歌曲。父亲兴致很高，自己也站起来用无锡话唱他著名的歌曲《卖布谣》。对唱歌时的歌词问题他谈了自己的看法。在上海音乐学院听完演唱，父亲对《教我如何不想他》的演唱特别满意，他站起来走到演唱者面前握手说："你唱得对。"父亲时常听人把这首歌唱得"太洋"了。演唱会结束后，父亲站起来走到麦克风前唱《卖布谣》。父亲还跟贺绿汀院长畅谈中国音乐问题。回到北京后，父亲和我们全家人受到邓小平亲切的接见，北京大学授予我父亲名誉教授的头衔。回国这短短一个月，可以说是父亲在世的最后一年最高兴的事情。

父亲的一生是快乐的，有意义的。他的兴趣广泛，知识渊博。他的生活是丰富多彩的。他一生做了许许多多事情，样样干得都很出色，但他从不觉得自己是有了不起成绩的人。他把工作的乐趣和生活的乐趣融为一体。他把名誉、地位、金钱看得很轻、很淡，但很看重自己的事业，很看重友谊和家庭。他不赞成读死书，强调创造、强调科学的态度。他自己就是一个敢于改革、敢于创新的人。

（作者为赵元任先生次女，中南工业大学化学系教授，已退休）

我父亲的音乐生活

赵如兰

　　父亲在音乐方面的活动绝大部分是课余业余的。只有两次例外：一次是1925年在清华教过一年西方音乐的欣赏，一次是1938年在夏威夷大学教过一门中国音乐问题的课。

　　父亲从小对音乐有兴趣，一部分大概是因为祖母精通昆曲，祖父也有时吹吹笛子。父亲有时对我们谈到这事，总喜欢说："他们就仿佛是'妇唱夫随'似的。"虽然祖母去世相当早，那时候父亲才十一岁，但是在这一方面的影响可能不少。

　　后来父亲到了美国，除了在康奈尔、哈佛大学读书之外，毕了业也曾经在芝加哥、加州大学做过短期的研究工作。但是在这几个学校，父亲无论是主修哪一门课，他总是对于音乐的活动很起劲。在每一个城市，凡是有交响乐队表演，他都尽量去听，有时有特别精彩的节目，他能跟一些朋友深更半夜就去站排，一直站到大清早上，等票房开门卖票。在康奈尔他加入过学校的歌咏团，也指挥过中国学生的合唱团。他最得意的是在加州大学时，还参加过学生表演的歌剧：《阿伊达》(Aida)。

　　在康奈尔、哈佛、芝加哥大学，他正式上过和声学、对位学、作曲等各门功课，课外他也学过声乐，学过许多年的钢琴。在哈佛，他的音乐教授有E. B. Hill, W.R.Spaulding。后来我自己在哈佛读书的时候跟两位教授 Edward

Ballantine，A.T.Davison 读过书。他们年轻当助教的时候都曾经教过父亲呢。

父亲在大学的时候就起头作曲了，他有几支比较短的钢琴曲，在早期的《科学》杂志上发表过。在这时，他也起头拿一些中国的歌曲配和声，加钢琴伴奏。他曾经替康奈尔学校的风琴师谱过《梅花三弄》、《湘江浪》，在学校的周会上还演出过。

在我的记忆中，父亲自己消遣的时候，最爱听的、玩的多半是西方音乐。记得我小时候，家里如果有钢琴，父亲总是吃晚饭前后弹弹钢琴。他喜欢弹的东西多半是比较古典化的作品，比方海顿，莫扎特，贝多芬的奏鸣曲咧，巴赫的 2-part Inventions，Preludes and Fugues 咧，肖邦的 Preludes 咧。我想他特别喜欢舒伯特的东西，除了那些 Imprumptus，Moments，Musicaux，他也常常弹舒伯特的歌曲，叫我们跟着他唱。管弦乐他爱听的东西也很多，除了以上说的作家，我知道他也很喜欢柴可夫斯基。德伏夏克，瓦格纳跟威尔第的歌剧他都喜欢。比较近代的作家，有斯特拉文斯基，普罗科菲耶夫等人的作品。四几年的时候，父亲有一阵对 Roy Harris 写的东西很感兴趣。还有一回肖斯塔科维奇的第九交响曲刚出来，他在无线电上听了，兴奋得不得了，叫我们全家大小都到他书房去听。我很少听父亲笼统地说某一个作曲家，或是某一派的音乐他完全不喜欢。只有一次，我正在起头学弹 Ravel 的 Pavane Pourune Infante Defunte，他慢慢走过来听了一会儿，说："呣——这类音乐——我觉得不大有出息。"

父亲1920年到1921年之间，从美国回国，跟母亲结了婚之后，又到哈佛去教哲学、中文。同时他也在研究语言学。1924年到欧洲，1925年回到清华，不管他是在研究院，还是在任何学校教书，他的工作总是很忙，哪儿来的功夫写音乐，我实在不知道。（我小时候也太不留心，说不定他早上刮胡子的时候心里都在想着作曲吧？）反正在这时候他的一般同学同事的朋友们（比如刘半农、胡适之、徐志摩几位）都在写新诗。父亲同时也作音乐的尝试，拿新学的技巧应用在传统中国味儿的曲子上，就写成了一本《新诗歌集》。至于这一集里的音乐本身的性质，父亲自己对于这尝试的结果，关于配字、和声的办法，种种技术上的问题，歌集里的谱头语已经细说过了，我现在就不必再重复了。

这本歌集出版以后，直到1933年左右，这时期中父亲所写的歌曲很多是给我们姐妹几个人唱着玩儿的两部、三部合唱，有的是拍子很齐的三部和声式的，也有的是很活泼的，各部差不多完全独立的对位式的，总之，父亲常常喜欢拿作曲当一个技巧上的玩意儿作种种的试验。不管多么简单的儿童歌，甚至于"Happy Birthday to You"，我们刚从学校里或是别处学来，父亲听了马上就拿它写成很复杂的三部合唱，这些歌很多没有发表过，因为根本是一种我们的家庭游戏，我们时常唱的歌有：《一群绵羊》、《打猎歌》、《再见众小朋友》。有些是完全由父亲自己创作的：《ㄅㄆㄇㄈ》、《国音韵母分四声》、《韵母表》、《唱唱唱》、《爱神与诗人》等等。

《唱唱唱》是一首比较长的两部追曲（后来又加了一个中部和声），在外面表演过几次。《爱神与诗人》是根据熊佛西的话剧里的一首诗写的一个三部对位曲，这三部每一部都能当正调，上下来回换着唱的，这大概是父亲前后所有的作品之中技术上最复杂的了。父亲把这些歌儿都写在一个五线谱的小拍纸簿上，带在身上，随时可以往上加新玩意儿。有些歌儿对我和二妹都相当难，所以不管在什么地方，有机会就把本子拿出来给我们练，比方说我记得有一次是在北平的邮政局门口，等挂号信，我们三个人就坐在一个凳子上在那儿练。

后来等三妹四妹长到够大能加入唱歌的时候，我们就常常唱四部合唱（她们两个人一部，父亲、我、二妹各一部），尤其是后来抗日战争逃难的时候，我们一家时常移动，但是似乎愈是没有钢琴弹，我们愈是唱得起劲。父亲编合唱的和声对位花样儿也愈多，并且不只是用那些唱着玩儿的歌，好些别的歌曲他也拿来加花样，比方人家的校歌呀，《义勇军进行曲》啊。

再说到为了专门场合写的歌曲，父亲以前写的有《呜呼三月一十八》、《我们不不不买日本货》、《科学社社歌》等。1934年中央研究院搬到南京，那时候国内各处，尤其是南京，建设的空气非常浓厚，这几年来父亲写的音乐也很可以反映出来这时期的精神，比如说：《厦门大学校歌》、《南京明德中学华光团歌》、《南京逸仙桥小学校歌》、《建设新上海歌》、《全国运动会歌》、《儿童年歌》等等。

这时期陶行知、陈礼江等在提倡儿童教育、平民教育，父亲又替他们写了很多歌：《儿童节歌》、《儿童工歌》、《小孩儿不小歌》、《手脑相长歌》、《小先生歌》、《春天不是读书天》、《车水歌》、《牧童歌》、《糊涂老》、《好家庭》、《长城歌》、《合作歌》、《干干干》（其中差不多有一半在商务出版过）。这时期父亲还替《都市风光》影片写过一个主题曲叫《西洋镜歌》。

从1934年到抗战时期大概是父亲作曲最多最快的时期了，那套儿童节歌好像是1935年在南京一个星期之内写出来的。

这些歌儿跟从前《新诗歌集》里的所谓艺术歌性质上很不同，所以音乐方面的构造也有很多不同的地方。第一，这些歌多半近乎民歌，每一首曲子只有一个主要的乐意，长一点的都是靠重复，没有像《过印度洋》或是《上山》似的那么大规模的，有好几个不同的乐意慢慢地发展出来。第二，伴奏没《新诗歌集》的那么有个性，虽然这些也有帮助正调的和声、节奏，但是不像《听雨》、《秋钟》似的，还帮助描写歌词的意思。

但是从音乐的体裁上看起来，好像有好些方面又比《新诗歌集》更成熟一点儿。在《新诗歌集》里不论是用类似五声音节的旋律，还是用很多转调来增加旋律活动的范围，各种的试验都看得清清楚楚。比如说《教我如何不想他》、《上山》、《海韵》，哪一段是"中国派"，哪一段是"外国派"，很容易指得出来。《也是微云》唱的一部分完全是中国派，伴奏又完全是"西洋派"，反过来说，假如我们再拿父亲后来写的《好家庭》看，这支短短的曲子在二十三小节之中已经不知不觉从 E 大调转到 ≠ f 小调，再回到 E 大调，又到 B 大调，再回到 E 大调。整个的旋律很自然地接连下去，我们听着并不感觉它是故意在那儿转调，只觉得是为了歌词的内容而有不同的表情。

我们拿《新诗歌集》里的《瓶花》（第一段）跟后来写的《葵园》（在南京时候替两位朋友结婚纪念写的一个歌儿）比一比，也很可以代表两种处理中国诗词的办法。《瓶花》的调子是完全根据哼七言绝句的调子写的，传统上惯用的花音都充分利用了上去，伴奏只用和声式的办法，跟着唱的拍子一同进行，演奏的时候每个音的快慢是相当自由的。《葵园》调子则是完全新写的，旋律上也没有加很多的花音。歌词的七言句子大概是两个字一顿，时间的分配多半是：♩♩。因为音乐本身是四拍子，乐句的形式大部分就是：♩♩♩♩♩♩♩。其实这样的节奏倒有点类似中国原来读词的顿挫方式。在我看来这首歌比《瓶花》还更幽雅一点儿，没有《瓶花》那么紧张，总的说起来，它的效果反倒是更"中国味"一点儿。不过与其说后来写的这些歌的"中国味儿"更足一点，不如说是"中乐西乐"合作得更成功一点，因为是他把中国音乐的特色同新的技巧融合得更自然一点，两方面都没有以前那么突出了。

自从绥远战争发生以后，父亲的作品又添了《我是个北方人》、《抵抗》、《前进》、《自卫》、《看醒狮怒吼》等各种抗战爱国歌。1938 年我们全家又到了美国。因为那时美国人一天比一天注意中国的情况，不论我们到哪儿，时常有人请父亲

赵元任先生与大女儿
如兰（摄于1944年）

演讲，讲关于中国文化的题目，所以常常报告中国近代音乐的发展。除了介绍各种国内的新作品，他也提出一些配了和声加了钢琴伴奏的中国民歌、小调，代表中国近代一种技巧上的新尝试。有时他一头讲，一头自己弹琴自己唱。有时候他弹琴叫我们姐妹几个帮着他唱，我们常唱的，其中也有几支是父亲自己编的伴奏，比方：《时髦女子》、《湘江浪》、《春朝秋朝》，还有《打夯歌》。

《扬子江上撑船歌》，是他从前在苏州南京一带听到当地工人、船夫唱的时候，给记录下来的劳动歌。

《老天爷》这首歌是父亲1942年写的。关于这个歌儿，我还可以报告一个有趣的事情，我想这也可以代表父亲对于作曲的态度。这个歌儿没有正式发表过，要是拿原稿比一比，我们可以看得出来，最后两句跟后来在国内大家唱的《老天爷》不大一样。这首歌是作曲家谭小麟（绍光）带回国去的。他在纽海文念书的时候，常到我们家来玩儿。父亲写好了《老天爷》唱给我们大家听的时候,他就跟父亲争论,批评这最后两句收尾的办法,他的理由是,这首歌儿主要的调性是个很简单的传统中国式的五声音阶,应当让它"中国式"到底,最后不应当在 F 大调上突然来一个 $^bD-F-^bA$ 的和弦,很不"中国味儿"。因此他提议了另外一种结尾的办法。从纯粹艺术上的看法来说,他这个见解也相当对,父亲也承认他的结尾两句的确很合适,又好听。

不过父亲的意思是,他并不是在那儿要保存某一种固定的"中国派"音乐,他写这个歌儿的时候主要的问题是要配这歌词本身的轻重拍子,并且要它隐隐地近乎平常说话声调高低的关系,一层可以增加歌词的表情,二层从中国语言的特点又得到了新的音乐材料。结果这个歌儿所以有点儿像说大鼓的神气是因为两者的出发点很相同。可是唱到最后两句,情绪紧张到一个程度,不论你唱多高一个音都不够表达他的意思,所以在这地方要表示忍不住火气的时候,就爽性跳到另外一个调性的和弦上去了。总而言之,他的意思就是(在《新诗歌集》里也说过),这种自由的转调跟其他很多别的音乐上的技巧并不是西方人专有的东西,不过是他们抢先用了。

1953 年初稿,1980 年修改

(作者为赵元任先生长女,哈佛大学音乐系教授,已退休。现居美国)

熊庆来先生

熊庆来(1893—1969)，云南弥勒人。1913年留学法国，1926年回国，应聘东南大学，创办算学系。1926年应聘清华，负责创办算学系，历任算学系（后改称数学系）主任、理学院代理院长、地学系代理系主任等职。1937年就任云南大学校长。1957年自法回国，在中国科学院数学研究所从事研究。著名数学家。

致：侯宇燕女士
自：熊秉明

侯宇燕女士：

　　我前去从台湾返法，见宗璞女士函，嘱我直接和你联系。现有以下几点相告：

（一）关于我家兄弟的文章，我同意带秉衡和我的两篇。

（二）我的文章中，先父生日有小误，九月十二日应作七一日。若可能，务请更正，因与文义相关联。

（三）先父简介如下："熊庆来（1893—1969），云南弥勒县人。1913年留学法国，1921年返国，应聘南京东南大学，创办算学系。1926年应聘清华大学，创办算学系（后改称数学系）並任系主任至1937年。在此期间曾于1930年创办清华大学算学研究所，1936年创办中国数学学报，並历任理学院代理院长、他讲系代理系主任等职。1937年就任云南大学校长。1949年赴法参加联合国教科文会议。后因脑溢血致半身不遂，仍于科学研究未尝或辍。1957年应祖国号召返北京，在中国科学院数学研究所从事研究。1969年逝世。"

（四）照片一张由航邮寄上。请赐告地址。

　　祝　缩安

熊秉明
2000.1.18 巴黎

初版之时本书主编熊秉明先生写给编者的信函

父亲之风

熊秉明

一

若要简单扼要地用一两个词来描写父亲熊庆来的性格,我想可以说:"平实、诚笃"。

他的面貌方正,嘴阔,鼻系"悬胆"型,眼睛较细而近视,目光含蓄平和,举止言谈也比较缓慢而持重。我记得很小的时候,他便常训诫我:"不要心急,慢慢想解决问题的办法。"因为我生性灵活好动而常嫌浮躁。

我没有看到他非常地动怒过,或者激烈地表现过欢欣与悲哀。他没有浪漫主义的素质,可以说相反,他厌恶浮夸与虚饰,在把笔起文稿的时候,很费斟酌。他的要求是文从字顺,精确达意。他的美学原则是从数学来的,推理的缜密和巧妙乃是法语里所说的"优美"(élégance)。他为我们改文章时常说:用字要恰当,陈述要中肯,推理要清晰。

他并不善辞令,至少,我如此觉得。在北京清华大学任教十数年,他一直说着云南话,音调低沉而缓慢。我六岁到北京,他告诉我北方话的特点,举了一个例子:"黑板","板"字念第三声,拖得很长。这是我唯一听到他所说的北京话。当然云南话很容易懂,他不需要改变自己的腔调去讲课或和人交谈。此外,他好像也没有去学习语调较抑扬的北方话的欲求。云南人说云南话，似乎是十分自然的，本色的，和他的平实诚笃的气质正是一致的。我想他是一个相当典型的云南人，山国的人。

待人接物以诚，是他一向为人的原则。外表的浮华、机巧的欺谎、曲折的手腕，都是他所排斥的。学校里建造考究的美国式体育馆，他认为没有必要。他常说巴斯德发现细菌、居里夫妇发现镭，都不是在漂亮的试验室里完成的。

他爱恬淡朴素的生活，不吸烟，不喝酒，不许母亲打牌。这些都不是立意要做自律正严的道学家或者清教徒。他确乎爱恬淡的生活情调。家里的烹调是清淡的家常口味。他的衣着也朴素，但也有一定的考究和大方。室内没有奢侈的陈设。工作之余他爱收藏一些字画，但是并不苦心搜求稀见难得的古董。较古的物件不过是祝枝山的字，何绍基的字而已。他爱齐白石的画，买过十多件。我九岁时，他曾带我去过白石老人家。所以我现在手边还藏有老人那天送我的一幅《雁来红》。其他当代书画家的作品也不少，特别是徐悲鸿的画，胡小石的字，他和他们是多年的朋友和同事。不知名的画家的作品，他见了喜欢，也买，并不只因慕名而收藏。

他自己也写字，亲自为人题婚联、挽联，措辞总求有新意。但机会不多。他的字体开阔平稳，没有外在规矩的拘束，也没有内在情绪的紧张。点画丰润，顿挫舒缓，给人以宽和端厚的感觉，一如他的性格。眼光尖锐的还可以察觉出他对空间的敏感，这一点大概和他的数学训练有关。半身不遂之后，左手握笔难于控制，笔划颤抖，但过去的笔致和结构仍隐隐然可见。

他喜欢京戏，却不常看，若去，必和母亲一道。

诵读古诗是他心情好时的遣兴，也是他失意时的慰藉和支持。1950年他在巴黎，对自己的未来颇多烦扰，正考虑留在法国，重新拾起数学研究工作，说是已想好若干题目可做，不料1951年1月突患脑溢血，引起半身不遂，住入医院。病情稍稍好转时，命我带一册唐诗，放在枕边。我深知那时他的心情是极为低沉的。那些唐诗似乎能够给老人受伤的根蒂带来甘露，其回生的作用和药物相同。有意兴时，他自己也作诗。遣词造句，常见新意。1957年东返后，颇有不少赞扬祖国新气象的咏唱。

诗人中他最爱陶渊明。他喜欢菊花。住清华园西院时，每到秋初，便向学校的花房订十数盆各色的菊花放在石阶的两旁，一两个月，院里充满"秋菊有佳色"

的氛围。

"菊缘"是母亲的名字。他们同年同月生。母亲生于9月9日重阳节,命名从这里来。父亲生于9月11日,所以一向合并了在一天庆祝生日:9月10日。庆祝的方式其实很简单。头天晚上母亲亲自和面擀面,面粉里不掺水,全用鸡蛋,擀得极薄,切得极匀,放在湿布下,留待第二天用。鸡选上等的,炖出做汤。一家人就在温暖快活的气氛中围桌享用这鸡丝寿面。鸡肉、面条、鸡汤都透着、闪着浅浅的明亮的金色。经过母亲的慈心巧手,使滋味的精美与纯粹升到象征的境地,铭记在我们幼小的心上。我们以为那是人间无上的美味,远远超越一切豪奢的蛮腻。这时父亲便会讲述他年轻时代的生活片断,民国初年学西语,后来到欧洲留学的一些逗笑的趣事,也会讲教学经验中的一些故事。比如刚从欧洲回国到东南大学任教的第一年,他几乎担任系中所有的课程,编所有的讲义。因为当时缺乏师资,更缺乏教科书。而那一年恰好遇到一批出色的学生,每人每次交来的练习必是一整本。一年下来他便病倒了。但他把这些事当作愉快的回忆讲起来。他也会为我们讲到老家祖辈的事迹。可是我们家族的历史只能追溯到曾祖父。曾祖父白手起家,刻苦守信。少年时贩糖和盐在竹园、开远之间,走一日山路,中午只有一包冷饭充饥,靠一枚咸鸭蛋佐味。据说咸鸭蛋也尽量节省。有一次,差不多空了的残壳被风吹走,跑了一大段山坡追回来。

偶然,星期天上午,有兴致时,他会为我们讲一段《左传》或《战国策》,或者一节代数几何。学校里的作文发下来,他总带着很大的兴味去看,并说出他的意见。他爱文字的精确。他赞成白话文,但是反对用口语写科学论文。在几何求证里,他认为"如果……则……"优于"要是……那么……"。因为"如果……则……"代表严格的思维方式,不得和"要是下雨,那么我就不去了"的句式相混淆。

显然,这样一种性格宜于做科学研究和教学。他也的确视数学研究为他的本位工作。他以为科学工作获得的真理是客观的,真假差误可以核对,可以用实验证明。行政工作,任劳任怨,而褒贬没有定论。牵涉到政治问题更是利害混入是非,权谋高于原则。在任云大校长的初期,他每周仍兼数小时课。这几小时的数学课,在他是乐趣。但是后来事务太繁,终于放弃。六十岁以后,半身不遂,他"重理旧业",回到数学研究并指导研究生,大概有"终得返故园"的喜悦。那时他写论文用左手,当然写得非常之慢,但他无怨言,自嘲地说:"这病不痛而苦。"

工作之余常说:"不知老之已至。"

二

在他的平实诚笃中,有深厚执著的爱:一是对科学真理;一是对祖国与乡土。

在我懂事之后,看到他两次面临重大抉择,两次都是要他在个人科学工作与为祖国乡土服务之间作选择。每一次,经过反复考虑后,都是后者占了上风。一种来自传统的道德感督促他,在集体潜意识底层使他不宁。"为桑梓服务"在他几乎是一种不可抗拒的声音。但是后来的发展却证明这献身的选择带来重重不幸。

1936年,他在清华大学算学系作教授兼系主任。云南大学闹风潮,省主席龙云打电报给他,请他主持云大。那时云南是一个边远难及的省份,去昆明得办护照,绕道香港、越南,然后经滇越铁路到达。在那里办大学,别的不说,单延聘教授一端便十分困难。但是云南是他的故乡,他觉得对那个地方、那地方的青年有一种责任,所以终于决定"为桑梓服务",回去了。他在回去的途中,便发生七七事变。在抗战期间,负责大学行政很不易。经费拮据是一方面,政治纠纷是又一方面。他这样的科学人才,要应付各式各样的问题,用"鞠躬尽瘁"来描写,并不夸张。为了教育事业,他献出生命力最充沛的十二年。而在抗战胜利后,民主运动最激烈的时刻,他坚决果敢地保护了学生和进步教授。但是后来人们论及他的生平,大都只说他是数学家。这一段艰苦非常的事业极少记述。不仅如此,到了"文革"期间,他受审查,不断写交代,也都因为有这一段经历。

50年代,他滞留欧洲,患半身不遂。后渐好转,可以行动,可以用左手执笔写字。因为暂时不能归国,决定回到数学研究。但是作了十二年大学校长之后,"重理旧业"并不容易。何况抱病?但他的平实诚笃里蕴藏有卓越的毅力,他的研究出了成果,用左手慢慢一个字、一个字写出来的文章,连续在法国科学院杂志中发表,并且完成了一本书编入法国数学丛书。这时国内号召知识分子回国服务,使他又一次面临个人科学工作与为祖国服务的选择。那时我在欧洲学习,侍奉在侧,看到他犹豫彷徨的痛苦。我那时年轻,当然是主张他回去的。我以为他这样的科学家一定会受到重视,而以他的爱国热忱和质朴的性格,也一定不会受政治的迫害。回去后,国家的新局面使他振奋,他一心想在晚年通过教学工作做出贡献,指导研究生之外,自己发表了不少数学文章。但不及十年便发生"文化大革命"，科研的成就转为罪状："反动学术权威"。大学校长任内的工作也成为交代不完的旧账。终于经不起肉体上以及精神上的种种折磨，于1969年2月3日逝世。1978年中国科学院落实知识分子政策，父亲被列入第一批平反昭雪的名单，1978年灵灰放入北京八宝山革命公墓。

  我于1979年回到北京。一日，母亲以凝重的神情要我看一看父亲最后的手迹。于是闩上房门，小心翼翼地从箱底取出一大包旧纸。打开来，那是父亲在"文革"期间用左手所写的交代文字。我在巴黎时看他每日每晚用这种压入纸面的沉重然而不稳的笔画写数学论文，再见这字体，当然亲切熟悉，然而这里写的不是数学文章，而是早请安、晚汇报的记录。共计约有三四百页。我顿时觉得眼的辛辣，心的绞痛。母亲无语，端坐在一旁。我知道她就如此在深夜陪伴老病的父亲挣扎着写这些虔诚的汇报。她似乎从那时起一直如此端坐着。她静静等待我的阅读，等待我明白什么。我的眼睛早已模糊，早已读不下去，但是我不敢动，也没有话可说。这是一个怪异的仪式。空气中凝聚着令我恐惧的母亲的严厉和悲哀。我不记得这仪式进行了多少时候。现在回想，似乎在那一间科学院宿舍的昏暗的屋子里，母亲仍端坐在那里，我仍坐在那里，母亲就像鲁迅《铸剑》里所描写的："……母亲就坐在灰白色的月影中，仿佛身体都在颤动……两眼发出闪闪的光芒。'听哪'，她严肃地说：你的父亲……"而我的母亲什么也没有说。

三

  1893年，他生在云南省弥勒县息宰村。村子甚小，当时大概不到五十户人家。虽坐落在盆地的平原（坝子）上，但距县城有两天的路，距滇越铁路的开远车站也有一天山路，实在可说是偏远闭塞的。

  坝子气候炎热，以产甘蔗著称，也多玉米，稻田反较少。甘蔗、玉米都是高型作物，从高处远望，给人以庄稼丰盛的感觉。父亲常说：稻田像水彩画，甘蔗田、玉米田像油画，我们的家乡是一幅油画。

  直到十二三岁他就在这村子的私塾里念子曰诗云。像他这样笃实的人很可能被旧式教育的思想所框限，然而并没有。那子曰诗云为他建立了做人的基本间架，但并没有在他作为科学家、爱国主义者的道路上竖起什么障碍。

  十五岁，他到昆明。考入英法文专修科，开始接触到西方文化。辛亥革命成功，他十八岁，属于被建设国家的狂热鼓荡的一代。次年，像其他各省一样，云南省也选拔留学生到欧美留学。他考取赴比利时学矿，目的当然在学成后回到矿产丰富的云南兴建实业。但是到比国的第二年欧战便爆发。他经荷兰、英国到巴黎，矿业学校因总动员关闭，巴黎大学仍上课，他转学数学。他讲起这一段往事，常说他学数学是相当偶然的。

他留学法国八年，1921年东返。在这八年中除了专业学习之外，当然无形中受到西方文化的熏陶。欧洲的科学在此时沿着19世纪的成就突飞猛进。法国大数学家普旺卡烈（Poinlarc）方逝世（1912年）。巴斯德逝世（1895年）不到二十年，其声望与精神仍发生巨大的影响。居里夫妇发现镭而获诺贝尔奖。在这些科学成就的后面有一种深厚的人文主义为背景。这人文主义也许是父亲深受熏陶而不自意识的，但是从他给我们所讲的一些故事中流露出来。

他常要讲起巴斯德。下面的故事我从小听过许多次，要了解他，我必须把这些故事重述在这里。

18世纪法国南部蚕业很繁荣，可是1859年发生一次大蚕瘟，甚至蔓延到南欧各国以及近东，蚕业濒于绝境。化学家杜马是巴斯德的旧师，推荐巴斯德研究此问题。巴斯德果然找出蚕瘟的细菌，并找到消灭瘟菌的办法。法国蚕业得以迅速恢复。

约在同一时期，法国酿酒商也提出他们的问题来。传统酿酒的方法是不可靠的，往往有大量果汁莫明其妙地不发酵，造成巨大损失。经巴斯德研究，发现了酵母菌的作用，并且掌握了发酵现象的规律，法国造酒业也因此得到飞跃的发展。

1870年普法战争，法皇拿破仑三世被俘，法国惨败。普鲁士索战债五十万万法郎。据估计在这一笔债务的重担下，法国将长期挣扎不起来。不料由于法国蚕丝业、造酒业的兴旺，这巨额竟在一年中全数付清。当然巴斯德的重要发现远不限于解决养蚕、酿酒的问题，也不是五十万万法郎所能估计得了的。人类与疾病的斗争，由于细菌的发现，进入了全新的阶段。

巴斯德晚年，1884年到丹麦哥本哈根演讲，普鲁士王威廉二世尚是二十五岁的王子，也在前排贵宾之列。演讲后，主席为巴斯德介绍在座贵宾时，到了威廉二世，故意回避过去，因为他知道巴斯德是极爱国的。普法战后，两国仇恨很深，介绍了，双方都会感到窘促。但是这时威廉二世自动走上前去说："我要向一个为人类创造幸福的人致敬。"巴斯德所做的，不止是偿还五十万万法郎战债，而且争

杨武之夫妇与熊庆来夫妇合影（1960年摄）。后排左起：熊庆来、杨武之

回了国家的骄傲。

而巴斯德的父亲所期望于儿子的是当一名中学老师。他曾是拿破仑军队的低级军官，解散后，在法国东部茹老山阿尔波亚小城里作制革匠。他对儿子说："啊，要是你能在阿尔波亚当上中学教员，我就是世上最幸福的人了！"他是一个很好学的人。1876年《关于啤酒的研究》的扉页上，巴斯德写着："纪念我的父亲。"又附加这样的话："随着年龄的增长，我更懂得你朋友般的慈爱和优越的理性。我过去研究的成果都来自你的榜样和你的忠告。为了珍惜这虔诚的记忆，把这一著述献给你。"

关于巴斯德，他还讲过许多动人的故事，我不能在这里多记。总之，在乡村私塾里吸收的传统精神和在西方接受的启蒙思想、人文主义都融为他人格中活泼有生命的成分。他讲巴斯德的故事，阿基米得、伽利略、牛顿的故事，一如他讲《左传》、《战国策》，给我们幼小的心惊讶和启发，似乎在未来生命的海洋上看到有隐约的航线。

父亲有沉厚执著的爱，对科学真理、对祖国乡土。他没有宗教信仰，但他不硬性阻止母亲念佛,供一座白瓷观音。关于信仰,巴斯德曾说:"我们内部有两个人,一个是理性的。他要清除一切成见旧说,通过观察、实验和严格推理来了解自然。一个是情感的。他为亲人的死亡而哭泣,他无法证明他能够或者不能够和逝者再见。然而他相信而且期盼。目前人类的知识尚太粗浅,理性和感情是截然不同的领域,两者相牵涉是不幸的。"

我以为父亲也如此。理性的信念和感情的热爱是并存的。两者并无冲突,他也不勉强把两者凑合为一个统一的思想体系。但是实际生活中,他都被迫选择其一。而结果是两边都受到损失。晚年,他被扣上"反动学术权威"的帽子,谦逊勤恳从事的科学工作被否定,对祖国与乡土的近于本能的热爱也遭践踏,生命的根柢被翻掘出来受斫伐,心身性命的活源被堵死。那时他已年过七十,半身不遂,又患糖尿症和其他老人病症,仍被拉去开斗争会,母亲提了尿壶扶他同去,夜里还要勉力写交代,无怪他活不过"文革"。"文化大革命"使中国回到伽利略的世纪去。

他属于近代中国启蒙的第一代科学家,在五四"科学与民主"的口号下从事科学的,但是他们没有大声疾呼"科学如何如何",他们默默耕耘,实实在在为中国科学奠下基石。1921年他从法国东返,南京东南大学创办数学系,他被聘为数学系教授和系主任。1926年清华改办大学,又被聘为算学系教授兼系主任。他们是拓荒者。他讲起全国第一次数学名词审查会是很有趣的。时间大概是1923年。要讨论的是一些"函数"、"积分"等最基本的译名。由陈建功、姜立夫等先生在杭州西湖上雇了一条船泛舟讨论。以上的细节我的记忆可能有误,但我要说的是:他们那一代的中国数学工作者,就是一条西湖的小游艇可以载得起的。

我没有学数学,走了文艺哲学的道路。但我能感觉到父亲的数学是美的。他常说"优美的推导","洗炼的数学语言"。而且也是善的。我记得他在学生的练习簿上写的优等评语是"善"。

我想起近代著名法国美术史家弗尔(E. Faure)讲到他的父亲时说的话:"是他在不自意识中教给我:在最深刻的政治和哲学的革命中,我们的道德力总是不变的,它永远是它自己,变的只是托辞和目标。"我以为,在父亲那里,潜在着这样的道德力,但是我不愿称为"道德力"。它决非教条。它是尚未形成体系的信念,是一种存在的新鲜跳动的液体状态,生命的活水。他曾讲到范仲淹《严先生祠堂记》结尾的歌:"云山苍苍,江水泱泱,先生之风,山高水长。"他说,"风"

字原作"德",一字之易,旨趣效果大为不同。"德"字含义太落实;"风"字的意味广阔悠远。"德"字局限于善,只评及德行;"风"则把善与真与美都纳入其中了,范畴尚未分化,一个字把全篇描述点化为一幅气韵生动的画像,而人物的画像复扩展而融入山水天地之间。我以为父亲的道德力是这样一种浑噩的、基本的、来自历史长流的、难于命名的风。在那里,理性与信仰的冲突,传统与革命的对立,中西文化的矛盾,玄学与反玄学的论战,借用维根斯坦的话说,都是"语言的纠纷"。生命的真实在这一切之上,或者之下,平实而诚笃,刚健而从容,谦逊而磅礴地进行。

(作者为熊庆来先生之子,画家、雕塑家,定居法国,已逝)

父亲熊庆来先生的一些往事

熊秉衡

一

父亲帮助学生的事，一般人知道的多为那些学术上出类拔萃的佼佼者。其实，他同样关心爱护其他的学生。在有的学生身上，他虽倾注过极大的心血，但却未遂心愿，由于种种原因，有的中途辍学，有的早年夭逝。

在南京时，他曾帮助过一位云南籍青年。他姓蔡，寄宿在我家，我们管他叫"蔡大哥"。他虽很努力，但学习成绩平庸，最后病殁于南京。那时父亲在巴黎未归，嘱咐母亲好好料理他的后事。母亲把他安葬在雨花台附近，将他的遗物带回云南，交给他的遗孀。以后又帮助他的遗孀找到了工作。

父亲在清华时算学系有一个学生名叫冯仲云。有人说冯是共产党，并暗示父亲多加注意，以免涉嫌。父亲知道后，反而增加了"爱重他的心意"（父亲语）。后来冯去东北参加抗日联军，父亲还常常探问他的踪迹。到1957年父亲回国后，那时冯仲云在北京工作，任水利部副部长，从报上看到父亲回国的消息后，立即到中关村父亲寓所拜访。以后每逢年过节，常来看望父亲，在60年代初的困难时期，还常常把自己分得的一些副食品，如牛肉、大马哈鱼、鱼子等送给父亲。

由于云南的落后、偏僻、交通不便，当时出省读书的人很少，到北平、南京就读者更是凤毛麟角。无论父亲在南京或在北平执教时，云南籍的学生常来家中看望他，如杨春洲、丁素秋、顾映秋等都是家中的常客。后来顾映秋与龙云结婚，对云大的发展还十分关心，曾为建云大女生宿舍捐献了一笔款子，后来这幢女生宿舍取名为"映秋院"。

父亲慷慨地帮助过许多学生，而他在困难的时期，学生们以及他的老师们也真诚地帮助了他。

解放初期，他滞留巴黎，靠法国研究中心的学者补助，并在二哥二嫂的照顾下，恢复了他荒废已久的数学研究，不时到庞历加烈学院看书、写作，并与旧时师友交流研讨切磋。后不幸中风住入医院，在他的老师、著名的法国数学家哈达玛（Hadamard）、当若瓦（Denjoy）、伐里隆（Valiron）等的帮助下，不仅得以免费医治，而且受到特别的优惠和照顾，并得到了法国研究中心的一笔特别补助。他在美国的学生陈省身、林家翘等知道后，也在美国募集了一笔美元，帮助他度过这段困难的时日。

1949年父亲被派往巴黎参加联合国教科文组织的一个会议。他方离校不久，云大便被宣布解散整顿，母亲带着全家离开云大校长寓所，迁住钱局街敬节堂巷。一天，调整后的云大当局，派了一位职员来到家中，给母亲一笔价值约为父亲三个月工资的款，说是给父亲的。母亲问："是他的薪水吗？""不是。""那么，这是什么钱？"来人含糊其词，说不清这名目。母亲很生气，说："这不明不白的钱，我不能收。"将钱如数退给了来人。

也在这个时期，法国领事馆知道了父亲已停发薪金，家中生活拮据，也派人送来了一笔款，同样被母亲回绝了。

母亲常讲起这些事，并告诫我们作一个清白正直的人，来历不清的钱财是不能接受的。也就在这段时期一直到50年代初期，父亲的学生们，曾从各个方面帮助了母亲，如严济慈、华罗庚、朱德祥、白世俊等，曾多次寄来巨款，多次来信，或到家中看望母亲，给了她极大的慰藉。1954年至1957年间，我在昆明有色冶金第三工程公司工作时，母亲和我生活在一起。一天下班回家，邻居告诉我，你家来了贵客，有四五个穿黑呢制服的同志陪同，小车停在巷口，到处打听熊师母住在哪里。后来母亲告诉我，那是华罗庚先生来昆讲学，特别抽了空来看望她的。

父亲的学生如今已遍布全国，无论我走到哪里，见到他过去的学生，都受到他们热情的款待，并谈起许多难忘的往事。

一年前我出差南京，看望了父亲的一位学生，前南京大学数学系主任曾远荣老教授。他已退休多年，开门认出我时，高兴地说："哦，是秉衡世兄，请进，请进，我还正惦念着老师和师母呢。"他一边说着一边蹒跚地走到书桌前，指着摊在桌上的一张白纸给我看，那上面写着这样的一些字：

熊迪之师，
1926—1927 年　微积分。
蚕豆饭，离昆时饯行。
1949 年为我购得　法国科学院那本 C. R.
我有文发表在此册，保存迄今。
昆明，云大前的翠湖。
圆通寺，黄土坡……

老人接着告诉我，老师在解放前夕出席联合国教科文组织的会议时，在巴黎为他买了一册法国科学院的论文集，因为那上面有他的论文。当年在清华，父亲教过他，以后他留在清华任助教，抗战爆发后，他来到昆明在联大教数学。他对昆明有着深厚的感情，他怀念那美丽的翠湖、圆通寺，也怀念他在日寇空袭时期为了疏散而住过多时的黄土坡。他说离开昆明时，"老师为我饯行，师母为我做了我特别爱吃的蚕豆饭，那可是地道的昆明口味，放了火腿丁的蚕豆焖饭可真好吃，到现在我还清清楚楚地记得当时的情景，好像昨天的事一样"。

二

小时，多次听父亲讲大禹治水三过家门而不入的故事。他以这公而忘私的精神教导子女，自己也身体力行，直至晚年，虽年老体衰、身体瘫痪、半身不遂，还"不知老之将至"，继续奋力工作。

在南京东南大学执教时，他曾因痔疮发作而伏在床上，为学生编写讲义、批改作业。严济慈先生回忆到当年他在东南大学做学生时的一些往事时，曾说到父亲批改作业的认真，作业中的错误，他用红毛笔仔细地逐本圈阅、改正。好的作业，则用大笔书写一个"善"字，表示满意。而当年编写讲义所付出的劳动也是十分巨大的，因为父亲是属于把近代数学引入中国的一代，许多课程只能取材于国外，连译名都得自己编创，所以特别费时。家里至今还珍藏有他当年编写的"动学"等讲义，油印的、线装的，纸已变脆发黄，但字里行间还可以看出他当年付出的心血。不过，谁又曾想到，他在编写这些讲义时忍受了多么大的痛苦，痔疮的疼痛，南京"火城"的酷暑，他甚至连吃饭都是伏在床上吃的，被褥上往往染上大片的血迹，是母亲为他及时洗换衣裤被褥，为他扇凉，为他换药，还承担起全部的家务。父亲常说，是因为母亲，他才能把全部身心放在工作上。

在清华大学，常常要打几次电话到算学系办公室催他回家吃午饭，到昆明后仍是如此。不过，刚来昆明时，家里没有电话，住在武成路义兴巷，学校给他安排了一辆专用的人力车接他上下班。每到中午，母亲常说的几句话是："午炮打过了没有？""午炮打过那么半天，怎么你爸爸还不回来吃饭？"昆明那时候，每当正午时刻，在五华山放炮，用炮声表征中午十二点钟。

父亲往往为公务，晚上还工作到深夜。校长办公室设在会泽院二楼正中，那里的灯光常常熄灭得最晚。云大物理系顾建中老教授谈起当年他来到昆明第一晚的情景时说："我9月3日来到昆明，住到一家叫得意春的旅馆，当晚试拨了一个电话到云大校长室，不想一拨就通，接话的人正是熊校长，他听到我来很高兴，要我马上去云大，不知道路可以坐黄包车。于是我叫了一辆黄包车直奔云大，经过翠湖时，还记得那夜色下的湖景十分幽美。登上云大的大台阶时，仰望会泽院，一种雄伟的气势也给了我一个美好的印象，整座大楼只有一间屋子有灯光，我顺着灯的方向上了楼，敲了门，熊校长迎了出来，请我入室坐下，办公室只有他一个人，还在忙着筹划学校的许多事。"（摘自与顾建中教授谈话的录音磁带）

父亲为公昼夜操劳，白天辛苦，晚间还迟迟不归，许多友人称赞过父亲这种为公的服务精神，我自己也清楚地记得，每每我们都早已漱洗上床，而父亲还深夜未归。

三

父亲主持公务，素以清廉公正为准则，每年新生考试前，不少人托人情，到家中送礼、说情。家中常见的礼物是包装呈塔形的食品集锦，底层是大盒的点心，中层是盒装的糖果果脯蜜饯，上层是筒装的烟、茶，两侧是几瓶好酒，在礼品上用红纸写上某某人敬赠的字样，或是附一张名片。在我们孩子的眼里，多么想把那些诱人口馋的美味食品留下享用，可父亲从不收礼，总是原物退还，并埋怨世风日下。

说情的人中，不少是当时国民党军政委员或地方士绅富豪的子弟，其中有的人对学校的发展也作出过贡献，但父亲从不徇情，一样对待。不过，有时言谈中也流露出对一些人的同情之心，后来父亲采取了一个办法，既照顾了分数低、基础差的子弟入大学深造的愿望，又不降低学校入学严格考核的基本要求，这就是设立先修班。并且聘请在教学上特别有能力、有经验的大学老师到先修班任教，受到了社会上的欢迎和好评。

一次，他和云大教务处注册组主任张友铭先生一同回到家中，步履匆匆，面带怒色。原来云大新生入学试题被泄漏，他说要重新出题，连夜赶印，并要张先生追查此事，从严处理。三年前张先生来家中看我母亲时还提及此事，并说起那时候入学的严格，没有任何后门和照顾。

那时候通货膨胀，货币贬值，大学教职工生活更是清苦，我家也不例外。母亲为补贴家用，在校园里开垦了一些荒地，种了瓜、菜、玉米，平时很少给我们零用钱，和别的孩子相比，我们穿得也不讲究。一次做客，我和姐姐因为穿得不满意，赌气不去，二哥批评了我们，给我们讲了莫泊桑的《项链》的故事，开导我们不要追求虚荣，还讲了爸爸买汽车的事。那时，教育部给云大拨了购买小轿车的专款，曾得到了福特等美国汽车公司寄给的样本，上面印有鲜艳彩色的流线型的各种车型，可是，那么多新式漂亮的轿车他都没选中，却决定买一辆黑色的较老式的车，因为它已过时，价格低得多。二哥说，爸爸乘的车比起那些达官贵人乘坐的豪华轿车是那样的逊色，但是他为国家克勤克俭的精神却是什么也比不上的。

四

父亲对吸烟、赌博非常反感，在任云大校长期间，不时要去学生宿舍巡视。回家时，有时会带回学生违纪在宿舍偷偷吸烟用的竹烟筒或赌博用的扑克牌，有的纸牌印得相当讲究，有烫金边和漂亮的图饰。我那时还小，看到父亲将它们一一焚毁，还暗感可惜。

一次，云大数学系的助教白世俊先生带我去看电影，回校途中，去到一位朋友家小坐，这是一个富豪人家，主人躺在烟床上吸鸦片，一边招呼我们坐到烟床边，一边让仆人取茶水点心。一种厌恶的心情使我既不愿坐到烟床上，也不愿坐在烟床边的太师椅上，而径自走到窗前看花。次日，我正做功课时，姐姐来叫我，说白先生把昨天的事告诉了父亲，正要叫我去问个究竟呢。我当时吓了一跳，以为是我失了礼，可能会遭到父亲的斥责。不料，父亲和颜悦色地要我复述了当时的经过，然后称赞了我，并讲了鸦片的毒害，还说抽香烟也是一种坏嗜好。其实，这些话他讲过不知多少遍，还多次讲过林则徐禁烟的故事。在他的影响下，我们五个兄弟姐妹没有哪一家有一个吸烟者。

（作者为熊庆来先生之子）

冯友兰先生

冯友兰(1895—1990),字芝生,河南唐河人。1918年毕业于北京大学哲学门,1923年获美国哥伦比亚大学哲学博士学位。1928—1952年任清华大学及西南联合大学哲学系教授。1929年起兼系主任,1931—1949年长期兼任文学院院长,并曾代理校务。抗战时期任西南联大文学院院长。1948年任中央研究院院士。1952年后任北京大学教授。著名哲学家、哲学史家。

父亲冯友兰先生收集的兵器

冯锺辽

抗战以前的那几年大概是父亲一生最舒适的几年。生活安定以外经济也很宽裕，能有积蓄。生活安逸没有影响父亲的工作。那一段时期和其他时期一样，没有什么空闲的时间。有一次母亲说得父亲同意去颐和园，可是头一天我把膝盖摔破了，很深（现在旧疤仍在），没有去成。母亲骂我说父亲一年半载才能散心休息一天半天，这次又被我耽搁了。收集也许是一件能从工作里散心休息的事。收集兵器不需要太多时间，只需父亲有事进城（那时候清华校园地址是西郊）的时候偶然去琉璃厂转一圈。另外是吃完晚饭有时候看看玩赏，时间也很短暂。

最先的两件兵器是铁锏和铁鞭。父亲好像比较喜欢那把锏，说起从前祁仪镇老家就有一条。碰巧那几天又有人提起老家以前有一次闹土匪，妇女老弱都因为风声不好事先疏散到城里去了，年少的父亲在最后才由寨墙上跳下去逃走。后来我老有个印象，是父亲年少的时候曾经手执铁锏由寨墙上跳下去。现在说起来那该是近百年以前的事了。

有一天早上父亲对母亲说我也能认得几个字了，要多看书帮助学习文字。也说要养成看书习惯可以从小说看起。又说姐姐看的书对我不合适，大概不能引起我看书的兴趣。那天下午父亲进城买回来两部书，一部是《说唐》，一部是《东周列国志》。我先看的是《说唐》。过了两天父亲问我说有没有看到讲第几条第几条好汉。我说还没有。后来我看到讲哪几个人是前十条好汉，才知道书里的要紧人物秦琼没有轮到论好汉。后来那前十条好汉死光了。要不是又出来一个尉迟恭，秦琼就无敌手了。这两位在半部书里领先的好汉，尉迟恭用鞭，秦琼用锏（后来是马上用枪）。现在还记得第一条好汉李元霸和第三条好汉裴元庆都用双锤。兵器收集到十来件的时候就有两柄锤，不过不是一对。锤的长短轻重和鞭锏也差不多，不过重量集中在前端拳头大小的锤头。抡起来砸在盔甲上想是比鞭锏更为得力。

父亲也许觉得我看《东周列国志》看得不够起劲，又买回来了三部书，是《封神榜》、《西游记》和《七侠五义》。父亲介绍《七侠五义》说，那是一部经过俞曲园删改的书，俞曲园是俞平伯（住南院时候的邻居）的祖先。收集的兵器里后来有一柄蛾眉刺。我不记得是先看见父亲的蛾眉刺还是先看到翻江鼠蒋平用蛾眉刺。只记得有一次父亲把玩那柄蛾眉刺的时候我说可惜买不到一把湛庐或巨阙（双侠丁兆兰、丁兆蕙和南侠展昭所用的宝剑）。父亲也笑了。

有一次听见父亲和姑母说话，不知道什么事引起的话头，说到尉迟恭。说起有一位公主（名字忘记了）属意尉迟。太宗召见尉迟，问些他家里的事。最后尉迟恭说："贫贱之交不可忘，糟糠之妻不下堂"，太宗回头对屏帐说"事不谐矣"。他们说的当然是真的尉迟恭。《说唐》里的尉迟恭不识字，在功劳簿里只能画叉叉，大概也说不出这样文雅又有深意的话。那以后我觉得以前对那条鞭小看了。

收集的兵器种类越来越多，有些是长兵器。长兵器只是铁头，要套上木杆才长。收集的没有木杆。最记得的三件是：画戟、蛇矛和三股叉。有一次我在屋里乱跑，左脚面踢在叉头尖上，戳了一个洞（现在伤痕已经很淡了）。叉的位置大概是我放的。我没有被责骂，没有说我不该乱跑，也没有说我不该把叉放在走路的地方。那几件长兵器比那些短兵器显得古老，不知道有否经历过战阵。有一次看见父亲拿着蛇矛，脸上带着若有所思或是沉吟的表情。这副表情40年代我追随父亲在美国游逛古（不太古）战场的时候仿佛又曾看见。

又有一次听见父亲和一位熟人朋友说话，讲起某某历史家研究历史的方法有点像用兵器的演变证实盔甲的进步。有没有批评那位历史家的方法是好是坏，我没有听见。我后来的了解是用罗贯中的两部书作例；《三国演义》里的兵器大多有刃，刀枪剑戟；《说唐》里就多沉重的兵器，鞭锏铛锤。如果那两本书可以作根据，就可以说盔甲在那中间的三百年里一定有了比较显著的进步。

收集的还有弩矢弓箭。弩有两把。一把是比较平常的弩。另一把比较特别，没有在别处见过。特别的地方是它有一个十矢高一矢宽的匣子。挨着匣底前面有洞，两侧有开口。弩弦经过两侧开口横穿。开口的长度短于匣长，不过是由匣的最后面开始。放射的时候弩弦由开口的后端向前进动，把最下面、近匣底的弩矢由匣前面的洞里打出。另外有干杆可以前后移动矢匣。开口的后端有向下的槽。矢匣向前移动可以使弩弦躲开上面弩矢，落在槽里，同时最下面的弩矢也落到匣底能被打出的位置。弩弦嵌在槽里，弩匣再向后移动就把弩弓拉满了。弩匣动到最向后的时候有栓把弩弦由槽里推出，使弩弦能向前进发，把下一支弩矢打出去。平常的弩拉弓和按矢是两个动作，用这把弩只是一个动作。这把弩的构造我记得清楚，因为后来学了些机械原理，证实它的设计很巧妙完善。

弓是只有一把，不过箭有很多。有十来支是响箭。响箭好像只有中国有。它的用途限于通讯，也许不能算兵器。其中有两三支父亲特别喜爱。响箭与箭不同的地方是用能发声音的箭头代替了箭镞。箭头大小不一，不过多半是酒杯大小。外形像较高的直杯沿酒杯，杯底插在箭杆上。箭头的内部是一圈开口向前、和箭杆平行的小洞。洞口可圆可方，不过不是平的，而是靠箭头中心的一边高。洞壁都很薄，大半说是用兽骨做成。最好的一支是用翡翠做的。颜色美丽，做工细致，在我看是不亚于任何首饰。兽骨以外，其他有象牙做的和石头做的。做工都很好，显然不是做到能响就行了。响箭如何响法试过一次。试响箭以前先学会了给弓上弦。弓没有弦的时候是个弯向反面的圆形。上弦要先把弓的一头用腿绊住，用另一头把圆形扳直然后继续向正面扳弯成弓形才能把弦套上。试放响箭是在气象台后面的空地里。响箭的声音可以用呜呜形容。如果弓再硬一点而又拉得满一点也许可以很响。那几支父亲喜爱的箭，翡翠做的当然在内，都没有舍得试。

有一支响箭箭头前面又安了普通箭镞。不知道目的是要分心敌人，使敌人难于抵挡躲避；还是要提醒敌人不用暗箭。

收集的也有两个箭壶，那更不能算作兵器了。箭壶是个两尺来高，八九寸直径，有底无盖的磁筒。筒壁有些相当大的开口。筒壁外面有图画，有如一般瓷器。父亲说那是游戏用的。游戏的名字叫投壶。玩的时候站在远处把箭扔进壶里。显然扔的时候要扔得高，进壶的时候可以近似直下，否则入壶太斜会从筒壁的那些开口漏出去。这两个箭壶也没有和兵器放在一起，虽然像是一对。一个放在两层大门之间和衣架一起，装了雨伞手杖。另一个放在父亲的书房，装了些纸卷。

收集的东西都做得很好，很细心，该对称的地方很对称。就是两面不应该完全一样的时候也不会显得一面太大一面太小。美观,有匠心可寻,值得欣赏,也许是个必须而不完全的取舍条件。下面有两个取舍的例子。

父亲收集了几件兵器以后就常有人来推售。有一次一位推销员扛了一条水磨竹节不锈钢鞭,从城里走到清华,要父亲细看几天,好决定买不买。那时候公共汽车只有清华校车,不过没听说不许外人坐。那条鞭有十三节,是用不锈钢做的,果然磨得很光亮。光亮的程度可以和近日的不锈钢物件,如表壳笔杆之类相比。鞭虽然做得极好,可是有一个缺点:缺点是有不锈钢是在后膛枪以后。后膛枪以前用的是火枪。用火枪的时候火药必须由前面枪口塞入。一发之后来不及再装子弹火药就得短兵相接。用后膛枪以后火药装进了子弹壳,子弹火药变成同时由枪管后膛推入。一发之后还可以推下一个子弹入膛再发,短兵相接的机会就很少了。本来护身披挂不用了已经是鞭不如剑,短兵不接刀剑也没用了。如此看来用不锈钢做的鞭没有实际用途,可能只是为了观赏。鞭没有买。推销员又把它扛走了。

抗战期间大部分时间住在昆明。昆明有一条文明街,有个摆旧货地摊的夜市。父亲也去那里逛过。有一次买回来了一柄像匕首而无刃的无刃刀。刀身窄扁。平刀头没有尖,也许可以当改锥用。刀柄做得很考究。刀柄中空,做工有似象牙的雕镂方法,可是是铁做的。用玲珑剔透形容刀柄就很恰当。我也觉得那把刀有意思,就把它夹在书包里带了去学校。我那时候住校。下课以后在宿舍拿刀出来看。一位同学问我在干什么。我说这个东西很有意思,可是不知道是干什么用的。同学拿刀一看,忍不住大笑。说这是把烟刀,挑烟用的。我知道很多同学家里有烟具,当然深信不疑。周末把烟刀拿回家去,放回原处。父亲后来是不是也知道那是把烟刀?我是没说,我也没问。

按照我的记忆,抗战将要开始的时候,在清华收集的那些兵器都捐送给了燕京大学了。大约在捐赠以前,在清华大学举行了一次展览,也有一说,展览是在复员后举行的。以后可能又转到了有关部门。家里有一幅文化部颁发的奖状,言明收到冯友兰先生捐赠各式兵器六百一十九件,纸上的时间是1959年。最近在历史博物馆找到了这批兵器。妹妹锺璞曾去看过,见保存完好,还是从前的老样子。应该说这是它们最合适的去处。

1999年6月

(作者为冯友兰先生长子,工程师,现已退休,定居美国)

那青草覆盖的地方

冯锺璞（宗璞）

那青草覆盖的地方，藏着一段历史和我一生中最美好的记忆。

清华园内工字厅西南，有一座小树林。幼时觉得树高草密。一条小径弯曲通过，很是深幽，是捉迷藏的好地方。树林的西南有三座房屋，当时称为甲、乙、丙三所。甲所是校长住宅。最靠近树林的是乙所。乙所东、北两面都是树林，南面与甲所相邻，西边有一条小溪，溪水潺潺，流往工字厅后的荷花池。我们曾把折好的纸船涂上蜡，放进小溪，再跑到荷花池等候，但从没有一只船到达。

先父冯友兰先生作为哲学家、哲学史家已经载入史册。他自撰的茔联"三史释今古，六书纪贞元"，概括了自己的学术成就。他一生都在学校工作，从未离开教师的岗位，他对中国教育事业的贡献是和清华分不开的，是和清华的成长分不开的。这是历史。

1928年10月，他到清华工作，找到了"安身立命之地"。先在南院十七号居住，1930年4月迁到乙所。从此，我便在树林与溪水之间成长。抗战时，全家随学校南去，复员后回来仍住在这里。我从成志小学、西南联大附中到清华大学，已不觉得树林有多么高大，溪水也逐渐干涸，这里已不再是儿时的快乐天地，而有着更丰富的内容。1952年院系调整，父亲离开了清华，以后不知什么时候，乙所被拆掉了，只剩下这一片青草覆盖的地方。

抗日战争前夕冯友兰先生全家摄于清华园乙所。后排中为太夫人吴清芝,左为夫人任载坤,右为冯友兰。前排左起为长女锺琏、长子锺辽、次女锺璞、次子锺越

清华取消了文科,不只是清华,也是整个教育界、学术界的重大损失。同学们现在谈起还是非常痛心。那时清华的人文学科,精英荟萃。也许不必提出什么学派之说,也许每一位先生都可以自成一家。但长期在一起难免互有熏陶,就会有一些特色。不要说一个学科,就是文、理、法、工各个方面也是互相滋养的。单一的训练只能培养匠气。这一点越来越得到共识。

父亲初到清华就参与了一件大事。那就是清华的归属问题,从隶属外交部,改为隶属教育部。他曾作为教授会代表到南京,参加当时的清华董事会,进行力争,经过当时的校长罗家伦和大家的努力,最后清华隶属教育部。我记得以前悬挂在西校门的牌子上就赫然写着"国立清华大学"。了解历史的人走过门前都会有一种自豪感。因为清华大学的成长,是中国近代学术独立自主的发展过程的标志。

在乙所的日子是父亲最有创造性的日子。除教书、著书以外,他一直参与学校领导工作,1929年任哲学系主任,从1931年起任文学院院长。当时各院院长由教授会选举产生,每两年改选一次。父亲任文学院院长长达十八年,直到解放

才卸去一切职务。十八年的日子里，父亲为清华文科的建设和发展做出了哪些贡献，现在还少研究。我只是相信学富五车的清华教授们是有眼光的，不会一次又一次地选出一个无作为、不称职的人。

在清华校史中有两次危难时刻，一次是 1930 年，罗家伦校长离校，校务会议公推冯先生主持校务，直至 1931 年 4 月，吴南轩奉派到校。又一次是 1948 年底，临近解放，梅贻琦校长南去，校务会议又公推冯先生为校务会议代理主席，主持校务，直到 1949 年 5 月。世界很大，人们可以以不同的政治眼光看待事物，冯先生后来的日子是无比艰难的，但他在清华所做的一切无愧于历史的发展。

作为一个教育工作者，他爱学生。他认为青年学生是最可宝贵的，应该不受任何政治势力的伤害。他居住的乙所曾使进步学生免遭逮捕。1936 年，国民党大肆搜捕进步学生，当时的学生领袖黄诚和姚依林躲在冯友兰家，平安度过了搜捕之夜，最近出版的《姚依林传》也记载了此事。据说当时黄诚还作了一首诗，可惜没有流传。临解放时，又有一次逮捕学生，女学生裴毓荪躲在我家天花板上。记得那一次军警深入内室，还盘问我是什么人。后来为安全计，裴毓荪转移到别处。70 年代中，毓荪学长还写过热情的信来。这样念旧的人，现在不多了。

学者们年事日高，总希望传授所学，父亲也不例外。解放后他的定位是批判对象，怎敢扩大影响，但在内心深处，他有一个感叹，一种悲哀，那就是他说过的八个字："家藏万贯，膝下无儿"，形象地表现了在一个时期内，我们文化的断裂。可以庆幸的是这些年来，三史、六书俱在出版。一位读者写信来，说他明知冯先生已去世，但他读了《贞元六书》，认为作者是不死的，所以信的上款要写作者的名字。

父亲对我们很少训诲，而多在潜移默化。他虽然担负着许多工作，和孩子们的接触不很多，但我们却感到他总在看着我们，关心我们。记得一次和弟弟还有小朋友们一起玩。那时我们常把各种杂志放在地板上铺成一条路，在上面走来走去。不知为什么他们都不理我了，我们可能发出了什么声响。父亲忽然叫我到他的书房去，拿出一本唐诗命我背，那就是我背诵的第一首诗，白居易的《百炼镜》。这些年我一直想写一个故事，题目是《铸镜人之死》。我想，铸镜人也会像铸剑人投身入火一样，为了镜的至极完美，纵身跳入江中（"江心波上舟中制，五月五日日午时"），化为镜的精魂。不过又有多少人了解这铸镜人的精神呢。但这故事大概也会像我的很多想法一样，埋没在脑海中了。

此后，背诗就成了一个习惯。父母分工，父亲管选诗，母亲管背诵，短诗一天一首，《长恨歌》《琵琶行》则分为几段，每天背一段。母亲那时的住房，三面皆窗，称为玻璃房。记得早上上学前，常背着书包，到玻璃房中，站在母亲镜台前，背过了诗才去上学。

乙所中的父亲工作顺利，著述有成。母亲持家有方，孩子们的读书笑语声常在房中飘荡。这是一个温暖幸福的家。这个家还和社会联系着，和时代联系着。不只父亲在复杂动乱的局面前不退避，母亲也不只关心自己的小家。1933年，日军侵犯古北口，教授夫人们赶制寒衣，送给抗日将士。1948年冬，清华师生员工组织了护校团，日夜巡逻，母亲用大锅煮粥，给护校的人预备夜餐。一位从联大到清华的学生，许多年后见到我时说："我喝过你们家的粥，很暖和。"煮粥是小事，不过确实很暖和。

那青草覆盖的地方，虽然现在草也不很绿，我还是感觉到暖意。这暖意是从逝去了而深印在这片土地上的岁月来的，是从父母的根上来的，是从弥漫在水木清华间的一种文化精神的滋养和荫庇中来的。我倚杖站在小溪边，惊异于自己的老而且病，以后连记忆也不会有了。这一片青草覆盖的地方，又会变成什么模样？

1999年4月中旬作，6月初改定

（作者为冯友兰先生次女，著名作家）

蒋廷黻先生

蒋廷黻（1895—1965），湖南邵阳人。1911年毕业于益智男校，1912年入美国密苏里州的派克学堂，1914年进入德国柏林大学。1919—1923年在美国哥伦比亚大学学习。1929—1934年出任清华大学历史系教授。

蒋廷黻

生于1895年12月七日,湖南邵阳
1901到1905 入当地私塾
1905-1906 入长沙明德小学
1906-1911 入益智男校
1912-1914 入美国密苏里州的派克学堂
1914-1918 欧柏林大学
1918 赴法为中国劳工服务
1919-1923 哥伦比亚大学
1923-1929 南开大学教授
1929-1934 清华大学教授
1934-1935 赴俄考察
1935-1936 行政院政务处长
1936-1937 出使莫斯科
1937-1945 回行政院
1945-1946 善后救济总署
1947-1962 联合国
1962-1965 驻美大使

蒋寿仁女士手录的蒋廷黻先生生平

忆父亲蒋廷黻

蒋寿仁

父亲蒋廷黻于 1965 年去世，美国的哈佛大学藏有很多父亲的作品：从他在哥伦比亚大学就读时的博士论文到他去世前二十多年的日记。这日记曾被印制成 microfilm（缩微胶卷），哈大的历史系主任曾把这一套日记的 microfilm 赠送给在北京的 Institute of Modern History, Chinese Academy of Social Science（即中国社会科学院近代史研究所）。但是在这些文物中我读过的实在太少。所以我只能写点日常生活中我所见所闻的父亲。

我以为父亲一生最快乐的生活是在清华园度过的。那时他是在历史系教书。他热爱他的工作，热爱他的妻子与小孩，有时我从成志小学回家经过他的办公室（在图书馆楼下），就去找他，他每次见我都很高兴，一边把我抱在他的膝上，有时还一边写，有时一边与学生谈话，但是总有一枝烟在那里。有时周末父亲带我们到荷花池近边的一个有大钟的小山上去野餐。前年我回清华，这小山好像变得更小了（一笑）。父亲也曾带我们去颐和园、香山、长城和故宫。去故宫时我还很小，父亲把我骑在他的肩上，我们一边看，父亲一边讲，我对看的东西很感兴趣，但他所讲的，我实在听不懂，然而旁边的人好像听得津津有味。我们到哪儿，他们就跟到哪儿。

对我们小孩的教育，父亲也很注意。有一个夏天，他找了一位清华大学的学生来教大姐与我国文，我那时正开始识字，老师教我《三字经》，教大姐《百家姓》与《孟子》，我很喜欢上这课。老师好像在讲故事。我背《三字经》背得很高兴，每个字是怎样写的我好像根本没有去管它。有时也跟着大姐背《孟子》。有一个夏天，父亲曾教我游泳，冬天，他常带我们到荷花池去溜冰，父亲自己的消遣则是打桥牌与打网球。他在清华的最后一年曾去俄国考察。回来时带了许多玩具给我们。他有时谈到在俄国的所见所闻。有一件事在我的印象中很深刻。他说他初到俄国在火车站看到一大堆的土豆，没有人管，腐坏的很多。许多的事也都没人负责，好像一切都等着他人来处理。现在想起来，这也许就是所谓的"铁饭碗"病态吧。

我在成志小学四年级还没读完，全家就搬到南京。没有几个月父亲又出使俄国。因为不希望中断了大姐和我的中国教育，就把我俩送到长沙福湘中学作校长的伯父家。大姐入福湘，我入附近的益湘小学。但仅一年，抗战爆发，父亲回国。在没有就任新职前写了《中国近代史纲》。我在重庆南开中学读书时，我的历史老师曾为我讲解此书，后来在1986年湖南的岳麓书社又再版过这本书。

抗日的头两年因为怕轰炸，母亲带着我们小孩在云南生活。那时我们读书很成问题。母亲自己教我们英文，中文则由一位住在附近的老师教我们他手头仅有的材料。我常把我的作文寄给父亲，他在来信时总写些评语，后来母亲带我们去重庆与父亲团聚。此后我才渐渐体会到父亲的一些看法与心情。父亲很忙，常向母亲述说他在工作方面所遇到的不合理的事。有时吃过晚饭，他一人独坐沉思，总是有一副忧愁的样子，不像在清华时虽在深思却总是带着很高兴的态度。在重庆求精中学附近住着一位父亲在清华时的学生，他就是后来在哈佛大学创办中国历史系的John King Fairbank（费正清）。每次父亲带着我去看他，他们总是辩论很久，让我等得很不耐烦。好不容易他们谈完了，我很高兴，有一次父亲却愁眉苦脸地说，他这种美国生长的人好像是不太可能了解中国的历史。由于轰炸我们搬到了离重庆不远的歌乐山。此后父亲只好在周末回家。他常显得很疲倦。因为抗日时食物缺乏，父亲就在房前的一块空地上种了很多东西，豆类居多。母亲与我们小孩浇水施肥，收成不错。又养了几只羊，但成绩不好，在整个过程中只有过半杯羊奶。暑假时父亲常由重庆带回几本小说给大姐与我看，为了要我们运动，他常带我们与羊去爬山。在歌乐山时期，父亲各方面遇到的问题是不少的。他在工作方面的问题我一点都不知道他是如何解决的，对那些问题的本性是如何的，我根本毫无印象。在家庭方面则有三件事我一直忘不了。第一件事是：父亲的司机很喜欢小弟，有一次过年，这司机送给我们小孩一个在抗日时期从未见过的西式蛋糕。那时公务员的收入微薄，父亲为这事很为难。与母亲商量了很久，后来不知如何改变了家用的预算才凑足了相当的过年的赏钱送给司机。第二件是住处的问题，那时在歌乐山的新房子都是用竹、木、草与泥土做的。两年后就漏雨漏得不可收拾，有人提议要我们住到孔祥熙在歌乐山的大房子。那所房子一直没有人住，建筑方面看来也很结实。父亲拒绝了此议。第三，有人对母亲说，行政院需要一位会英文的职员，要母亲去做。母亲因为我们小孩都在长高，都得有新衣服，便与父亲商量。父亲说我们家已有一个人有职业，这份工作应当让给没有正常收入的人家。

抗日最后的两年，父亲对重建中国看得很重，常谈到这方面的问题。有政治上的问题，也有社会观念的问题，我都不太清楚。但在善后救济总署开办以后，我曾听父亲谈到中国主要的一个困难是那时受过教育而有办事能力的人不够。我们的书本教育对社会的发展很不实用。

1947年我还没有读完清华，便来到美国。父亲对我说来美的机会难得，你应当利用这机会研究美国的社会，最好是由他们的文学开始。那时我进的大学，美国文学是包含在英国文学之内。所以在这过程中我就尽可能选读美国作家，不但读他们的作品，并且深入研究作家的生平、时代背景，以及当时社会和文学界对他们的评价。因为我缺少美国中学的文学底子，所以我得特别加强自己的自修。而且父亲对我说一定要选一两个有影响的作家，读尽他们所有的写作。但是我学校的图书馆藏书有限，我就去纽约公共图书馆去读。经常是整天地泡在那里，除了吃中饭，直到图书馆关门才回家。离去时总有一种满足的感觉。周末家中总是报章杂志摊得一地，我常席地而坐与父亲看报谈天。有一次正逢美国大选，父亲叹着气说，这种选举实在太费钱了，不是所有的国家都应采用的。又一方面，父亲曾表示分党有它的坏处，因为一分党人们常会变成一切"为党"而不是"为国"了。父亲常谈到他想回到教育界的事与需要时间来写点东西。记得在胡适先生去世那年，父亲曾提起如果他能活到胡适那个年龄，他还能有多几年来写点东西，与在中研院历史系指导一些学生，引导他们思考更有价值的问题。他曾在回台湾述职时向蒋中正提起这种想法，要求退休。但没得到批准。

父亲在六十八岁时，我去华盛顿看他，那时他已变得很瘦，但是精神尚可。

当时他还带先夫与我去 Freer Gallery。后来他退休了便住在纽约，那时他还坐公共汽车去哥伦比亚大学讲学。到他去世时他的口述史稿还没完毕。在他的遗物中我看到一封由加州（伯克利）大学给父亲的信，这信是请父亲在 1965 年秋开始做一年的 Regent Professor of Political Science（政治学董事教授）。

父亲去世后十多年，母亲也在纽约去世了。至今二十多年，我再也没有去过纽约，而我最初来美就是住在纽约。后来去底特律市，然后是丹佛市，现定居加州的 Palo Alto。最初专修英文，后转读数学，工作方面曾做过 actuary（精算师），但最后二十五年的工作是生物统计。大姐本来学农，后改为图书馆学。她一直在图书馆做事。大弟原在台湾的渔业管理处，后来上商船做事。小弟有自己小小的建筑公司。除了小弟，我们三个大的都已退休，分居各地。

1999 年 7 月

（作者为蒋廷黻先生次女）

杨武之先生

杨武之(1896—1973), 安徽合肥人。1928年毕业于美国芝加哥大学, 获哲学博士学位。回国后历任厦门大学、清华大学及西南联合大学数学系教授, 曾任系主任。1952年后任复旦大学数学系教授。

父亲和我[*]

杨振宁

一

1922年我在安徽合肥出生的时候,父亲是安庆一所中学的教员。安庆当时也叫怀宁。父亲给我取名"振宁",其中的"振"字是杨家的辈名,"宁"字就是怀宁的意思。我不满周岁的时候父亲考取了安徽留美公费生,出国前我们一家三口在合肥老宅院子的一角照了一张照片。父亲穿着长袍马褂,站得笔挺。我想那以前他恐怕还从来没有穿过西服。两年以后他自美国寄给母亲的一张照片是在芝加哥大学照的,衣着、神情都已进入了20世纪。父亲相貌十分英俊,年轻时意气风发的神态,在这张相片中清楚地显示出来。

父亲1923年秋入斯坦福大学,1924年得学士学位后转入芝加哥大学读研究院。四十多年以后我在访问斯坦福大学时,参加了该校的中国同学会在一所小洋楼中举行的晚餐会。小洋楼是20世纪初年因为中国同学受到歧视,旧金山的华侨社团捐钱盖的,楼下供中国学生使用,楼上供少数中国同学居住。60年代这座小楼仍在,后来被拆掉了。那天晚餐前有一位同学给我看了楼下的一个大木箱,其

---

[*] 经作者同意,编者对本文略作修改。

1923 年作者与父母摄于合肥四古巷故居门外

中有 1924 年斯坦福大学年刊,上面的 Chinese Club 团体照极为珍贵。木箱中还有中国同学会 1923 年秋的开会记录。

  1928 年夏父亲得了芝加哥大学的博士学位后乘船回国,母亲和我到上海去接他。我这次看见他,事实上等于看见了一个完全陌生的人。几天以后我们三人和一位自合肥来的佣人王姐乘船去厦门,因为父亲将就任为厦门大学数学系教授。

  厦门那一年的生活我记得是很幸福的。也是我自父亲那里学到很多东西的一年。那一年以前,在合肥母亲曾教我认识了大约三千个汉字,我又曾在私塾里学过背《龙文鞭影》,可是没有机会接触新式教育。在厦门父亲用大球、小球讲解太阳、地球与月球的运行情形;教了我英文字母"abcde……";当然也教了我一些算术和鸡兔同笼一类的问题。不过他并没有忽略中国文化知识,也教我读了不少首唐诗，恐怕有三四十首；教我中国历史朝代的顺序："唐虞夏商周……"；干支顺序："甲乙丙丁……"，"子鼠丑牛寅虎……"；八卦："乾三联，坤六段，震仰盂，艮覆碗，离中虚，坎中满，兑上缺，巽下断"，等等。

父亲少年时候喜欢唱京戏。那一年在厦门他还有时唱"我好比笼中鸟，有翅难展……"。不过他没有教我唱京戏，只教我唱一些民国初年的歌曲如"上下数千年，一脉延……"，"中国男儿，中国男儿……"等。

父亲的围棋下得很好。那一年他教我下围棋。记得开始时他让我十六子，多年以后渐渐退为九子，可是我始终没有从父亲那里得到"真传"。一直到1962年在日内瓦我们重聚时下围棋，他还是要让我七子。

父亲和母亲当时都那么年轻。有一张照片是1929年在厦门鼓浪屿日光岩上照的。那天我很显然不太高兴。三十多年以后，在1960年父亲与母亲自上海飞到日内瓦跟我团聚以前，三弟翻出这张照片要他们带去给我看。父亲说："不要带，不要带，那天我骂了振宁一顿，他很不高兴。"

这是没有做过父母的人不易完全了解的故事。

在厦大任教了一年以后，父亲改任北平清华大学教授。我们一家三口于1929年秋搬入清华园西院十九号，那是西院东北角上的一所四合院。西院于30年代向南方扩建后，我们家的门牌改为十一号。

> 我们在清华园里一共住了八年，从1929年到抗战开始那一年。清华园的八年在我回忆中是非常美丽、非常幸福的。那时中国社会十分动荡，内忧外患，困难很多。但我们生活在清华园的围墙里头，不大与外界接触。我在这样一个被保护起来的环境里度过了童年。在我的记忆里头，清华园是很漂亮的。我跟我的小学同学们在园里到处游玩。几乎每一棵树我们都曾经爬过，每一棵草我们都曾经研究过。

这是我在1985年出版的一本小书《读书教学四十年》中第112页写的。里面所提到的"在园里到处游玩"，主要是指今天的近春园附近。那时西北起今天的校医院、近春楼、伟伦中心，南至今天的游泳池和供应科，东至今天的静斋，北到今天的蒙民伟楼旁的河以南的建筑，都还没有兴建，整块都是一大片荒地，只有一些树丛、土山、荷塘、小农田和几户农家，变成我们游玩的好地方。

我读书的小学成志学校，现在是工会。自1929年起我在这里读了四年书。我每天自西院东北角家门口出发，沿着小路向南行，再向东南走，爬过一个小土山便到达当时的清华园围墙，然后沿着围墙北边的小路东行到成志学校。这样走一趟要差不多二十分钟，假如路上没有看见蝴蝶或者蚂蚁搬家等重要事件的话。

另外一条我常常骑自行车走的路是自家门口东北行的大路。此路的另一端是当时的校医院（即今天的蒙民伟楼）旁的桥。每逢开运动会，我就骑自行车沿此路此桥去体育馆，和成志学校的同学们组织啦啦队呐喊助威。

父亲常常和我自家门口东行，沿着第三条小路去古月堂或去科学馆。这条小路特别幽静，穿过树丛以后，有一大段路。左边是农田与荷塘，右边是小土山。路上很少遇见行人，春夏秋冬的景色虽不同，幽静的气氛却一样。童年的我当时未能体会到，在小径上父亲和我一起走路的时刻是我们单独相处最亲近的时刻。

我九、十岁的时候，父亲已经知道我学数学的能力很强。到了十一岁入初中的时候，我在这方面的能力更充分显示出来。回想起来，他当时如果教我解析几何和微积分，我一定学得很快，会使他十分高兴。可是他没有这样做：我初一与初中二年级之间的暑假，父亲请雷海宗教授介绍一位历史系的学生教我《孟子》。雷先生介绍他的得意学生丁则良来。丁先生学识丰富，不只教我《孟子》，还给我讲了许多上古历史知识，是我在学校的教科书上从来没有学到的。下一年暑假，他又教我另一半的《孟子》，所以在中学的年代我可以背诵《孟子》全文。

父亲书架上有许多英文和德文的数学书籍，我常常翻看。印象最深的是 C. H. Hardy 和 E. M. Wright 的《数论》中的一些定理和 A.Speiser 的《有限群论》中的许多 Space Groups 的图。因为当时我的外文基础不够，所以不能看懂细节。我曾多次去问父亲，他总是说："慢慢来，不要着急"，只偶然给我解释一两个基本概念。

1937 年抗战开始，我们一家先搬回合肥老家，后来在日军进入南京以后，我们经汉口、香港、海防、河内，于 1938 年 3 月到达昆明。我在昆明昆华中学读了半年高中二年级，没有念高三，于 1938 年秋以"同等学力"的资格考入了西南联合大学。

1938 到 1939 年这一年父亲介绍我接触了近代数学的精神。他借了 G. H. Hardy 的 *Pure Mathematics* 与 E. T. Bell 的 *Men of Mathematics* 给我看。他和我讨论 Set Theory、不同的无限大、the Continuum Hypothesis 等观念。这些都给了我不可磨灭的印象。四十年以后在 *Selected Papers, 1945-1980, with Commentary*

（Freeman and Company, 1983）第 74 页上我这样写道[①]：

> 我的物理学界同事们大多对数学采取功利主义的态度。也许因为受我父亲的影响，我较为欣赏数学。我欣赏数学家的价值观，我赞美数学的优美和力量：它有战术上的机巧与灵活，又有战略上的雄才远虑。而且，奇迹的奇迹，它的一些美妙概念竟是支配物理世界的基本结构。

父亲虽然给我介绍了数学的精神，却不赞成我念数学。他认为数学不够实用。1938 年我报名考大学时很喜欢化学，就报了化学系。后来为准备入学考试，自修了高三物理，发现物理更合我的口味，这样我就进了西南联大物理系。

1941 年秋为了写学士毕业论文，我去找吴大猷教授。

> （他）给了我一本 Reviews of Modern Physics（《现代物理评论》），叫我去研究其中一篇文章，看看有什么心得。这篇文章讨论的是分子光谱学和群论的关系。我把这篇文章拿回家给父亲看。他虽不是念物理的，却很了解群论。他给了我狄克逊（Dickson）所写的一本小书，叫做 Modern Algebraic Theories（《近代代数理论》）。狄克逊是我父亲在芝加哥大学的老师。这本书写得非常合我的口味。因为它很精简，没有废话，在二十页之间就把群论中"表示理论"非常美妙地完全讲清楚了。我学到了群论的美妙和它在物理中应用的深入，对我后来的工作有决定性的影响。这个领域叫做对称原理。我对对称原理发生兴趣实起源于那年吴先生的引导。[②]

今年（1997 年）为了庆祝吴先生的九十寿辰，邹祖德和我写了一篇文章[③]，用群论方法计算 C_{60} 的振动频率。C_{60} 是一个对称性特高的分子，用群论讨论最合适（有这样高度的对称的分子不仅在 1941 年吴先生和我没有预料到，在 1983 年我写上面的那段话时也还没有任何人预料到）。

抗战八年是艰苦困难的日子，也是我一生学习新知识最快的一段日子。最后三弟杨振汉曾这样描述 1945 年夏抗战结束时我家的情形：

[①] 译文见张奠宙《杨振宁和当代数学》，载于杨振宁著《读书教学再十年》，台北时报出版社 1995 年，第 200 页。
[②] 见杨振宁《读书教学四十年》，香港三联书店 1985 年，第 114 页。
[③] 见 Chou T.T. and Yang Chen Ning, "to appear in Phys.", Letters A.

1945年夏，大哥获取了留美公费，将离家赴美国读博士。父亲高兴地告诉我们，艰苦和漫长的抗日战争看来即将过去，反德国法西斯战争也将结束。我家经受了战乱的洗礼，虽有精神和物质损失，但是我们家七口人都身体健康，学业有进，更可喜的是儿女们都孝顺父母，兄弟姐妹之间和睦相处，亲情常在，我们一家人相互之间的关系，的确非比寻常，这是我们每个人都十分珍视的。

　　抗战胜利至今已五十一年了，父亲、母亲和振复（振宁注：振复是我们的五弟，1937年生，1985年卒）均已长眠于苏州东山。回忆抗战八年的艰苦岁月，我们家真可称得上美好、和睦和亲情永驻的家。①

　　我还记得1945年8月28日那天我离家即将飞往印度转去美国的细节：清早父亲只身陪我自昆明西北角乘黄包车到东南郊拓东路等候去巫家坝飞机场的公共汽车。离家的时候，四个弟妹都依依不舍，母亲却很镇定，记得她没有流泪。到了拓东路父亲讲了些勉励的话，两人都很镇定。话别后我坐进很拥挤的公共汽车，起先还能从车窗往外看见父亲向我招手，几分钟后他即被拥挤的人群挤到远处去了。车中同去美国的同学很多，谈起话来，我的注意力即转移到飞行路线与气候变化等问题上去。等了一个多钟头，车始终没有发动。突然我旁边的一位美国人向我做手势，要我向窗外看：骤然间发现父亲原来还在那里等！他瘦削的身材，穿着长袍，额前头发已显斑白。看见他满面焦虑的样子，我忍了一早晨的热泪，一时崩发，不能自已。

　　1928年到1945年这十七年时间，是父亲和我常在一起的年代，是我童年到成人的阶段。古人说父母对子女有"养育"之恩。现在不讲这些了，但其哲理我认为是有永存的价值的。

二

　　1946年初我注册为芝加哥大学研究生。选择芝加哥大学倒不是因为它是父亲

---

① 见杨振汉《家，家教，教育》，载于徐胜兰、孟东明著《杨振宁传》，上海复旦大学出版社1997年，第261—262页。

的母校，而是因为我仰慕已久的费米教授去了芝大。[①]当时芝加哥大学物理、化学、数学系都是第一流的。我在校共三年半，头两年半是研究生，得博士学位后留校一年任教员，1949年夏转去普林斯顿高等学术研究所。父亲对我在芝大读书成绩极好，当然十分高兴。更高兴的是我将去有名的普林斯顿高等学术研究所，可是他当时最关怀的不是这些，而是我的结婚问题。1949年秋吴大猷先生告诉我胡适先生要我去看他。胡先生我小时候在北平曾见过一两次，不知道隔了这么多年他为什么在纽约会想起我来。见了胡先生面，他十分客气，说了一些称赞我的学业的话，然后说他在出国前曾看见我父亲，父亲托他关照我找女朋友的事。我今天还记得胡先生极风趣地接下去说："你们这一辈比我们能干多了，哪里用得着我来帮忙！"

1950年8月26日杜致礼和我在普林斯顿结婚。我们相识倒不是由胡先生或父亲的其他朋友所介绍，而是因为她是1944年到1945年我在昆明联大附中教书时中五班上的学生。当时我们并不熟识。后来在普林斯顿唯一的中国餐馆中偶遇，这恐怕是前生的姻缘吧。50年代胡先生常来普林斯顿大学葛斯德图书馆，曾多次来我家做客。第一次来时他说："果然不出我所料，你自己找到了这样漂亮能干的太太。"

父亲对我1947年来美国后发表的第一篇文章与翌年我的博士论文特别发生兴趣，因为它们都与群论有密切关系。1957年1月吴健雄的实验证实了宇称不守恒的理论以后，我打电话到上海给父亲，告诉他此消息。宇称不守恒与对称有关，因而也与群论有关，父亲当然十分兴奋。那时他身体极不好（1955年因多年糖尿病加某种感染，不能吸收胰岛素，医生曾认为已无希望，后来幸能克服感染，但身体仍十分虚弱），得此消息对他精神安慰极大。

1957年我和杜致礼及我们当时唯一的孩子光诺（那时六岁）去日内瓦。我写信请父亲也去日内瓦和我们见面。他得到统战部的允许，以带病之身，经北京、莫斯科、布拉格，一路住医院，于7月初飞抵日内瓦，到达以后又立刻住入医院。医生检查数日，认为他可以出院，但每日要自己检查血糖与注射胰岛素。我们那年夏天在 Rue de Vermont 租了一公寓，每天清早光诺总是非常有兴趣地看着祖父用酒精灯检查血糖。我醒了以后他会跑来说："It is not good today, it is brown."

[①] 见杨振宁《读书教学四十年》，第115—116页。

（今天不好，棕色。）或"It is very good today, it is blue."（今天很好，蓝色。）过了几星期，父亲身体渐恢复健康，能和小孙子去公园散步。他们非常高兴在公园一边的树丛中找到了一个 Secret Path（秘密通道）。每次看他们一老一少准备出门：父亲对着镜子梳头发，光诺雀跃地开门，我感到无限的满足。

父亲给致礼和我介绍了新中国的许多新事物。他对毛主席万分敬佩，尤其喜欢毛的诗句，如"指点江山，激扬文字，粪土当年万户侯"与"秦皇汉武，略输文采，唐宗宋祖，稍逊风骚。一代天骄，成吉思汗，只识弯弓射大雕。俱往矣，数风流人物，还看今朝"等。

有一天他给致礼和我写了两句话："每饭勿忘亲爱永，有生应感国恩宏。"今天的年轻人恐怕会觉得这两句话有一点封建味道，可是我以为封建时代的思想虽然有许多是要不得的，但也有许多是有永久价值的。

1960年夏及1962年夏，父亲又和母亲两度与我在日内瓦团聚。致礼、光宇（我们的老二）和二弟振平也都参加了。每次团聚头两天总是非常感情冲动，讲一些自己的和家人与亲友们的遭遇。以后慢慢镇静下来，才能欣赏瑞士的一切。

父亲三次来日内瓦，尤其后两次，都带有使命感，觉得他应当劝我回国。这当然是统战部或明或暗的建议，不过一方面也是父亲自己灵魂深处的愿望。可是他又十分矛盾：一方面他有此愿望，另一方面他又觉得我应该留在美国，力求在学术上更上一层楼。

和父亲、母亲在日内瓦三次见面，对我影响极大。那些年代在美国对中国的实际情形很少知道。三次见面使我体会到了父亲和母亲对新中国的看法。记得1962年我们住在 Route de Florissant，有一个晚上，父亲说新中国使中国人真正站起来了：从前不会做一根针，今天可以制造汽车和飞机（那时还没有制成原子弹，父亲也不知道中国已在研制原子弹）。从前常常有水灾旱灾，动辄死去几百万人，今天完全没有了。从前文盲遍野，今天至少城市里面所有小孩都能上学。从前……，今天……。正说得高兴，母亲打断了他的话说："你不要专讲这些。我摸黑起来去买豆腐，站排站了三个钟头，还只能买到两块不整齐的，有什么好？"父亲很生气，说她专门扯他的后腿，给儿子错误的印象，气得走进卧室，"砰"地一声关上了门。

我知道他们二位的话都有道理，而且二者并不矛盾：国家的诞生好比婴儿的诞生，只是会有更多的困难，会有更大的痛苦。

三

1971年夏天我回到了阔别二十六年的祖国。那天乘法航自缅甸东飞,进入云南上空时,驾驶员说:"我们已进入中国领空!"当时我的激动的心情是无法描述的。

傍晚时分,到达上海。母亲和弟妹们在机场接我。我们一同去华山医院看望父亲。父亲住院已有半年。上一次我们见面是1964年底在香港,那时他六十八岁,还很健康。六年半中间,受了一些隔离审查的苦,老了、瘦了许多,已不能自己站立行走。见到我当然十分激动。

1972年夏天我第二度回国探亲访问。父亲仍然住在医院,身体更衰弱了。次年5月12日清晨父亲长辞人世。享年七十七岁。5月15日在上海为父亲开的追悼会上,我的悼词有这样两段①:

> 近两年来父亲身体日衰。他自己体会到这一点,也就对我们的一切思想和行为想得很多。1971年、1972年我来上海探望他,他和我谈了许多话,归根起来他再三要我把眼光放远,看清历史演变的潮流,这个教训两年来在我身上产生了很大的影响。

> 父亲于1973年5月12日长辞人世。在他的一生七十七年的时间里,历史有了惊天动地的演变。昨天收到他一位老同学、又是老同事的信,上面说"在青年时代,我们都向往一个繁荣昌盛的新中国。解放以后二十多年来在毛主席和中国共产党的英明领导下,当时我们青年梦寐以求的这个新中国实现了"。我想新中国的实现这个伟大的历史事实以及它对于世界前途的意义正是父亲要求我们清楚地掌握的。

六岁以前我生活在老家安徽合肥,在一个大家庭里面。每年旧历新年正厅门口都要换上新的春联。上联是"忠厚传家",下联是"诗书继世"。父亲一生确实贯彻了"忠"与"厚"两个字。另外他喜欢他的名字杨克纯中的"纯"字,也极喜欢朋友间的"信"与"义"。父亲去世以后,我的小学同班同学、挚友熊秉明写信来安慰我,说父亲虽然已过去,我的身体里还循环着他的血液。是的,我的身

---

① 见杨振宁《读书教学四十年》,第71页。

体里循环着的是父亲的血液,是中华文化的血液。

我于1964年春天入美国籍。差不多二十年以后我在论文集中这样写道:

> 从1945年至1964年,我在美国已经生活了十九年,包括了我成年的大部分时光。然而,决定申请入美国籍并不容易。我猜想,从大多数国家来的许多移民也都有同类问题。但是对一个在中国传统文化里成长的人,作这样的决定尤其不容易。一方面,传统的中国文化里根本就没有长期离开中国移居他国的观念。迁居别国曾一度被认为是彻底的背叛。另一方面,中国有过辉煌灿烂的文化。她近一百多年来所蒙受的屈辱和剥削在每一个中国人的心灵中都留下了极深的烙印。任何一个中国人都难以忘却这一百多年的历史。我父亲在1973年故去之前一直在北京和上海当数学教授。他曾在芝加哥大学获得博士学位。他游历甚广。但我知道,直到临终前,对于我的放弃故国,他在心底里的一角始终没有宽恕过我。[1]

四

百载魂牵黄土地
三春雨润紫荆花
(蔡国平撰[2])

1997年7月1日清晨零时,我有幸在香港会议展览中心参加了香港回归盛典。看着中华人民共和国国旗在"起来,不愿做奴隶的人们"的音乐声中冉冉上升,想到父亲如果能目睹这历史性的、象征中华民族复兴的仪式,一定比我还要激动。他出生于1896年——一百零一年前,《马关条约》、庚子赔款的年代,残破贫穷,被列强欺侮,实质上已被瓜分了的祖国。他们那一辈的中国知识分子,目睹洋人在租界中的专横,忍受了"二十一条"、五卅惨案、九一八事变、南京大屠

---

[1] 见杨振宁著,甘幼玶译《三十五年心路》,广西科学技术出版社1989年,第123页。原文见 *Yang Chen Ning Selected Papers with Commentary*, W.H.Freeman and Co. 1983, p.56。
[2] 见香港《大公报》1997年7月23日E2版。

杀等说不完的外人欺凌，出国后尝了种族歧视的滋味，他们是多么盼望有一天能看到站了起来的富强的祖国，能看到大英帝国落旗退兵，能看到中国国旗骄傲地向世界宣称：这是中国的土地。这一天，1997年7月1日，正是他们一生梦寐以求的一天。

父亲对这一天的终会到来始终是乐观的。可是直到1973年去世的时候，他却完全没有想到他的儿子会躬逢这一天的历史性的盛典，否则他恐怕会改吟陆放翁的名句吧：

国耻尽雪欢庆日，家祭毋忘告乃翁。

（作者为杨武之先生长子，著名物理学家。曾与李政道同获诺贝尔物理学奖。美国纽约州立大学石溪分校退休教授，清华大学高等研究中心名誉主任）

父亲的回忆

杨振汉

从我懂事到 1953 年，我一直生活在父亲身边。这十多年间父亲正值壮年，继续在大学教书，平时他很少有机会回忆他的过去，偶尔有几次回忆，我又没有细心聆记，后来只剩依稀的印象了。

1965 年我在北京和洛阳工作了十二年后被调回上海，这时父亲大病之后，健康已大不如前，不再能工作，实际上已完全退休。"文革"开始后俱乐部停办，报纸和杂志可读性不高，书籍种类很少，白天父亲在家常沉思、回忆过去，晚上我从工厂放工回来，父亲即断断续续地讲他过去的事，下面就是我记得的父亲的回忆。

为了记述方便，父亲是第一人称，我是第二人称。1953 年前，父亲称呼母亲是"孟华"，称呼我们兄弟和振玉为"大宁子、二弟、三弟、小妹和五弟"。到 1965 年后，父亲称呼母亲为"妈妈"，对我们五人都改称名字了。称呼父亲的弟弟、我们的叔叔，从"力瑳"改为"叔叔"。（父亲的弟弟名克歧，后改为力瑳）。

以下是父亲的回忆：

一

我出生在清光绪二十二年，我属猴，那年是公历 1896 年。

我出生前和出生后的二三十年间，是中国最黑暗的时期。

我父亲有四个弟弟，除我的第三个叔父早殇之外，其余三位都已成家。我们四房和我的堂兄弟们，加上丫鬟、长工一起有将近二十口人，都住在我祖父（振汉注：名杨家驹，生卒年月已无法考。）所置的合肥旧宅内。

这样大家族式的家庭，在当时合肥城内并不少见。我父亲是长子，他结婚后就是长房。长子和长房有负担全家族的义务。从我懂事时起，就很少见到父亲在家，他大概在外地经商，也当政府官员，做文书之类的工作。父亲逢年过节会寄些钱回合肥。当时我们虽是长房，因父亲常年在外，这个大家庭就由我的二叔父杨邦瑞主持，我母亲每个月要到前面敞厅的账房先生处拿三块钱，这是我父亲主持大家庭会议时订下的规矩。

我的叔父们同我家分家前，就有些赚钱之道，尤其是我的二叔杨邦瑞，他大概在钱庄做事，也做生意。他赚了钱，从来不交到大家庭来。他的独子杨午樵（振汉注：名字是克暄，号午樵。）比我大三岁。午樵小时了了，长大后不思上进，仰仗着家里有些钱，跟着合肥城里一些纨绔子弟，声色犬马，吃喝嫖赌，后来还染上抽大烟的恶习，不到六十岁就死了。

我母亲是旧式女子，只认识不多字，她连正式的名字都没有，我记得人们称呼她为"杨王氏"。她娘家一定很穷，她的亲戚来看我们时，她不让我们告诉别人，她觉得她娘家穷，很被人瞧不起。杨家大家庭旧规矩很多，我母亲同她那些妯娌们要轮流到厨房烧饭烧菜，饭菜烧好后男人们先吃，剩饭剩菜由我母亲和妯娌们、丫鬟、长工一起吃，好像只有咸菜一类的东西下饭。

我母亲嫁到杨家后生了我们三兄弟，我年长，叔叔比我小两岁，你们还有一个小叔叔，他连名字都没有起，就在两三岁时病死了。我母亲到了杨家，唯一能安慰她的，就是生了三个男孩。我八岁时，我母亲去世，那时我就觉得，我们兄弟是我母亲愿意活下去的唯一因素。

我六七岁时，最小的弟弟（还没有名字）大概两三岁，生病了，可能吃了什么不干净的食物，母亲带着我们三个人去前面中药铺，找了位驻店大夫，马马虎虎看了小弟弟的病，给写了张药方，在药铺抓了帖中药。我母亲付了一块钱，我相信那是她仅有的钱。回家后，母亲在屋檐下小炭火炉上煎药，煎好后母亲手持盛药汤的碗进屋，在门槛上略绊了一下，失手将药碗摔碎。母亲坐在床沿上，用手抚摸小弟弟的额头，一面哭泣，一面喃喃地说："是上苍不给你吃药！是上苍不给你吃药！"第二天早晨，小弟弟就死了。

母亲常搂着我们两兄弟，一面流泪，一面说："克纯、克歧呀！你们只有好好念书，将来当官，才不被人瞧不起，才不受人欺负，这个大家庭没有人会帮你们！你们的外公外婆太穷，不能帮你们，你们只能靠自己。"母亲常哭泣很久，我相信，我母亲是贫病交加，又受人气，才三十六岁就去世了，那时我八岁，叔叔才六岁。

我父亲杨邦盛，（振汉注：杨邦盛，字慕唐，生于1862年，卒于1908年。）就是妈妈说的"大爹爹"。（振汉注：合肥话拼音为 Da-Dae-Dae。）虽然年轻时曾经考中秀才，但在当时清朝末年的混乱条件下，找不到职业，又要背上杨家大家庭的重担，所以长期游行在外，常到年底才回合肥，有时两年才回来一次，他结婚时已三十多岁。因为我父亲很少在合肥，所以我对他的印象不深。清朝末年，合肥人李鸿章当宰相，有一批合肥人跟着他到京津做官，当时在天津做巡抚的是合肥人段芝贵，我父亲曾到段巡抚府内当幕僚，大概是五品官，管文书。我十一岁时，段巡抚提升任黑龙江省总督，我父亲大概随他去东北，在沈阳染上鼠疫，客死在客栈内。消息传到合肥，杨家阖府大惊，因为除了二爹爹（振汉注：即杨邦瑞）在钱庄当事外，四爹爹（振汉注：杨邦庆）、五爹爹（振汉注：杨邦甸）都赋闲在家，全大家庭收入主要靠我父亲。后来，派四爹爹去沈阳，经过大半个月，才把我父亲的灵柩运回合肥，下葬合肥东郊。

我父亲母亲都去世了。我同叔叔成为孤儿。我同叔叔有时去看大姑奶奶，她是我们的姑母（振汉注：杨邦凤），是我父亲的大妹妹，嫁给合肥龚家。这龚家很有钱，吃几千担租，可惜大姑奶奶无出。（振汉注：就是不生子女。）每次我们去大姑奶奶家，她一定说："克纯、克歧呀！你们是孤儿呀！你们自己可要努力念书，要好强呀！杨家没有人能帮你们！你们真是可怜！"

听我母亲说，在我未出生前一年或两年，我父亲忽然得重病回到合肥求医。找了几位医生，抓了几次药，病未见好。有一位罗姓中医，他为我父亲看病抓药，结果一药而愈。我父亲非常感谢这位罗姓中医，提出同他共结秦晋之好，也就是指腹为婚，意思是我父亲将一位子或女，同罗姓中医之女或子，在他（她）成年后结婚。这时我同你妈妈都未出世。

我七岁或八岁时，我母亲告诉我，罗姓中医的女儿叫罗梦花，已许配给我。她家住的地方离我家不很远，但我从未见过罗梦花。有一次，我与同学在空场上看杂耍，同学指给我看一位女孩，穿花袄，中式散脚裤，梳一根长辫子，背对着我们，说她就是罗梦花。正巧这时她回过身来，看见我们正在指手画脚，随即低下头，不好意思地走开了，这是我第一次见到你们的母亲。

我的少年时代，合肥是一个古老而破旧的城市。当时西风东渐，只到了沿海的上海、天津、广州这些地方。光绪死前几年，合肥废除科举制度，兴办学校，到我十岁前后，才把辫子剪掉，我和叔叔这才进现代学校念书。当时中国语文主要还是文言文，英文则有《英文初阶》之类，有现代术学。报纸、杂志、电灯、电报、自行车、火车等合肥全都没有。

二

我十岁前在私塾读书，主要念"四书五经"。后来有了新式学堂，我和叔叔都进学堂读书，学堂在合肥小书院附近。清朝灭亡，年号改民国，学堂改叫安徽省立第二中学。这时我开始读英文、自然、地理，我自觉眼界大开，知道西方国家强盛，知道西方国家有科学。

1914年我十八岁，中学毕业，曾想学唱京戏，找了个京戏班子去学，个把月后觉得很难长进，于是放弃。亲友劝我学当兵，这是当时有出路的行业。我到了汉口进军官学校，住了一段时间，看到军官、士官贪污腐败，再放弃当兵回到合肥。这时叔叔已决定习商，他到老姑爹爹（振汉注：是杨邦盛的小妹妹杨邦箴的丈夫）在上海的商行见习。我在合肥耽了一段时间，决定到北平升大学念书，1915年夏我告别合肥老家辗转到了北平。这时北平已经有好几间大学，我见到北京高等师范学堂不收学费，还有助学金，又提供膳宿，我决定投考北京高师，录取了，进算学科念书。

在北京高师一念就是四年。念的书几乎都是从西方传过来的，我学到许多我少年时代完全想不到的东西。我当时觉得中国贫穷落后衰弱的原因是中国人受不到教育，太愚昧，当时觉得中国应当大大倡导"教育"，特别要学西方的科学。

当时中国的首都说是南京，但一些地方政府继续割据称雄，在北平就有袁世凯、曹锟、吴佩孚、段祺瑞等轮流执政，内战不断。我在高等师范念书，仿佛进了世外桃源，同当时的社会脱节，我只知把书念好。

1919年毕业后我回到合肥，老同学约我回母校——省立二中教书，还兼训导主任。

第二年同罗梦花结婚,她即改名为罗孟华。又过一年生长子,取名振强,小名强生。强生体弱,有疝气,找了位医生来看,那医生用蒙药(振汉注:大概是麻醉药)将强生麻醉后用手将疝气推入腹内,结果强生苏醒不过来,未满周岁即夭折。

又一年生振宁,小名大宁子。

省立二中学生中有纨绔子弟,开学期间昼夜不归,在外聚赌宿娼,我令门房锁起学校大门,他们寻衅闹事,吵到我家里来了,幸好我去到老姑奶奶家躲避。

我决定离开省立二中,转去省立安庆中学教书。安庆市又名怀宁,这时振宁诞生,即取怀宁的宁字命名。

又过一年,好朋友劝我报考安徽省官费留学美国,他们说:"你有聪明才智,不可一世当中学教员,应留学外国,多见世面,多学东西,回来报效国家。"我回合肥应考,其实并未充分准备,但还是考取了。随即在合肥办出国手续和治装,于是年秋离合肥转上海赴美国,时振宁未满周岁。

在上海到美国的船上耽了四十多天,我晕船,遇小风浪也呕吐,实痛苦不堪。好不容易才挨到旧金山,略事休息即转去斯坦福大学。我在斯坦福大学再读一次大学数学系四年级,次年春毕业,随即转到美国中部的芝加哥大学读研究院,1926年得硕士学位,1928年得哲学博士学位。

芝加哥大学是当年的美国名校之一,理学院人才济济,我的论文老师狄克逊(L.E.Dickson)是美国数论方面的权威,他将我引入代数领域。

安徽省官费头两年还正常地经过大使馆发给我,可后三年变得时有时无。我为了生活和学费,只好到中国人开的饭铺子洗碗,到中国人开的洗衣店熨衣服,春天还到过市郊农场当农业工,采草莓、摘葡萄。

美国是一个新兴国家,充满朝气,20年代美国的工业已经很发达,汽车满街跑,电话、电报已经普及。但是美国的种族歧视严重,白种人瞧不起穷人,看不起黑人、黄种人,他们称我们为有色人种、下等人种。

1928年春我一获得博士学位,随即打电报给上海的刘老姑爹爹,请他转告妈妈和振宁,要妈妈和振宁到上海来接我。在上海码头上我见到振宁时,他已是近六岁的眼神看起来很聪明的儿童了。

我还没有来得及找工作,就有朋友来游说我去厦门大学算学系教书。我和妈妈、振宁于1928年8月从上海乘船去厦门。

妈妈在厦门告诉我，1923年我离合肥去美国后不久，在合肥就有传说说我留学回国后不会再同妈妈在一起，说我会去上海、天津找一位新式的女学生结婚。因为妈妈只念过几年私塾，没有进过现代的学校，没有离开过合肥，什么码头都没有去过，完全是旧式女子，只知道什么"在家从父，出嫁从夫"，以及"嫁鸡随鸡，嫁犬随犬"之类的俗话。妈妈又告诉我，在合肥四古巷老宅不远处，有一间开了不久的天主教堂，里面有修女，好像又叫嬷嬷，她们都是一生不结婚的或是被丈夫抛弃的女人，她们信天主教后进教堂修道。妈妈还说她已打听过，可以带孩子进教堂修道，合肥话叫"吃教"。她又补充说，如果我留学回国真的抛弃她和大宁子，她就带大宁子去天主教堂吃教。

我的为人是光明磊落的，我绝不后悔我父亲指腹为婚，我也不能对不起妈妈，对不起振宁。

当年的中国社会，虽然公认的是一夫一妻制，实际上一个男人讨几个女人的多的是。女人如果不生孩子，或不生男孩子，她的丈夫可以名正言顺地娶妾甚至娶几房妾。我在美国的两位中国同学，他们都比我早一年回国，他们回国后都把他们的"发妻"抛弃，把他们的长子留在老家，在上海和北平另找读完中学的女学生结婚。这在当时还是不少见的。

但我绝不做这样的事，我这一生不做对不起任何人的事，何况自己的亲人。

在厦门的一天，我到学校球场打网球，振宁上学去了，学校校工来通知开会，只是口头通知，没有文字的，妈妈接待了这位校工。我回来后，妈妈告诉我开会的事，但她只记得开会的地点，忘记开会的时间了，我当时很不高兴，抱怨妈妈文化低。事过几天，我发现妈妈曾用牙齿咬手臂直到出血，我很吃惊，询问之下，妈妈说她恨她父亲母亲家穷，没有钱给她读书，恨她父亲经商失败使她得不到受教育的机会，很早就辍学了。我当时震动很大。我想你们妈妈非常坚强而且极有毅力，又极能吃苦耐劳，这些都是我及不上的。

我们三个人，在厦门开始了全新的生活，妈妈和振宁初次住进有现代化设备的住所，这里有电灯、自来水和卫生设备。

1929年春，我在芝加哥大学的同学邀请我到北平清华大学任教，我欣然受聘。我先行北上，妈妈和振宁要返回合肥老家一视。他们自南京登上津浦路的火车时，我托刚从芝加哥大学回国的周培源先生沿途照顾妈妈和振宁，这是周先生第一次同他们见面。

我们一家在清华园西院十一号整整住了八年。清华八年是我一生中最安定、最值得回忆的一段，也是我一生的顶峰。

在清华，我静心教书。我自知不能多用脑，因为用脑一多，夜晚即无法入睡，次日精神更差。而且，我在芝加哥大学随狄克逊教授研究的方向，被近年来数学的其他方向所代替，我曾借休假一年的机会，想到德国柏林大学寻找数学的其他研究方向，但转变研究方向，谈何容易。1935年我自德国回清华后，就决定放弃研究工作，全神贯注于教书。

清华算学系成立没有多久，我到清华后，连我在内一共四位教授，熊庆来、孙光远、郑桐荪和我。我们都认为算学系一定要坚持"英才教育"，只有找那些确有志于算学，而又确可培养造就的英才来，加上我们施教，才有可能育出算学家。华罗庚跟着我学代数中的数论，陈省身随孙光远学几何，清华算学系后来又罗致好几位优秀的学生和助教，他们后来在中国差不多都成了中国数学界的佼佼者。

二三十年代的中国社会相当混乱，但清华园却是"世外桃源"，我们的确过了八年幸福而又安定的生活。

在清华园，振平、你和振玉相继诞生。

清华园的春、夏、秋、冬都很美丽。我记得振平和你在两三岁时的春末夏初晚上，我们一起散步沿小径去到生物馆，在楼下生物标本室里我指给你们看猴猴、耗耗。到了秋季，蓝蓝的天，朵朵白云，黄的树叶，红砖的科学馆、大礼堂……莘莘学子来自四方……

你们大哥那时曾在成志小学念书，下了课他同熊秉明、吴人勉、郑士成，还有别的同学一起走回西院，老远就听见你大哥在大声讲什么，他小时头特别大，被起了绰号叫"科学头"或"大头"。

三

1937年7月7日，密集的枪声惊醒我们全家，那是卢沟桥事变。卢沟桥离清华园很远，怎么会有枪声？我感到很不安全。那时妈妈已怀孕，怀着振复，而振平、你和振玉是六岁、五岁和三岁，妈妈预计在八月中要分娩。我同郑桐荪、吴有训等人商议后，决定尽快送你们回合肥老家。匆匆买到几张到南京的二等火车票，急忙收拾几只箱子和行李，带着牛妈一行七人于7月12日离开北平。路经天津车站时，看见站台上有不少荷枪实弹的中国军人，战争已近在咫尺了。

三天后回到合肥，住进老油坊巷新宅，叔叔在合肥已打点好一切，我很放心。当时曾以为卢沟桥事变不过是一个事件，也许不扩大，到平静后，我即返回北平。但到合肥不久后收到清华来的消息，说是中日战事正在发展，清华将会同北大和南开一齐迁往长沙，成立临时大学，再观察战局发展。

我在合肥等到8月中，妈妈顺利诞下五弟，取名振复，表示不久后一定会光复，又安排好大哥到合肥第一中学读书后，我即只身取道陆路经汉口转到长沙。

到1937年秋冬之交，日本飞机开始空袭合肥，我在长沙真是忧心如焚。当时信件往来于合肥和长沙，需时十天半月，电报是时通时不通。妈妈叫大哥来信时说一有空袭警报，妈妈就抱着五弟，叫牛妈背着振玉，大哥拉着振平和你步行赶去叔叔家，躲在他家后院挖的防空洞里。我每忆及此，都心痛如绞。当年我已四十一岁，也是快年过半百了，几经努力才建立这个美满的家庭，有了妈妈和你们这么好的五个孩子，倘若在合肥有了什么疏忽，我怎么对得起妈妈和你们！若真有不测，必将是我终生憾事！深夜时分每忆及此，会吓出一身冷汗。

11月份，叔叔一家和你们一起乘船经过巢湖去三河镇躲避轰炸。那时日本已全面入侵中国，南京政府决定迁往重庆，临时大学也奉教育部之命迁往昆明，并成立为西南联合大学，不久即将离开长沙，我决定回安徽接你们，再一起去昆明。

我从长沙乘火车到武昌，再转乘长途汽车经过湖北的麻城和河南的商城，又经过安徽的六安到了桃溪镇同妈妈和你们见面，之后我们一起回到六安。我经过的麻城、商城和鄂豫皖交界的地方是大别山区。那里是穷乡僻壤，土匪横行，听说在我前面有几辆长途汽车被土匪洗劫，我决定回程不走这条路。

在六安住了些天，是为了等一部全新的雪佛来汽车。这时叔叔决定将四姐（振汉注：是杨力瑳的大女儿，叫杨振华。）和大寿哥（振汉注：是杨力瑳的长子，叫杨振声。）交给我一起带去昆明。自此，我们一行人连牛妈在内共十人。

我们在1937年12月份的一天，确切日子忘记了，乘汽车离开六安。我们经过桃镇（又叫桃溪镇），过丰乐河，经过舒城、桐城在潜山县住了一夜，次日经太湖到宿松县郊外。那时正值年末，安徽南部阴雨连绵，公路泥泞不堪，汽车走得不快，路上碰到一队伤兵，他们拦住汽车要搭车，妈妈抱着五弟坐在司机旁边，伤兵要用拐杖打司机，我只好给他们些钱，他们才放我们车过去。在宿松县郊外，汽车轮子陷入烂泥，无法前进，我只得找当地农民来，把振平和你背起来，我搀着妈妈，抱着振复，牛妈背着振玉，振华、振声、振宁跟着都走进城，找了一间客栈住下。

我们十人在宿松过了阳历年，大家都休整一下。你们还在三河时，妈妈知道要"逃难"，找了裁缝来给振宁、振声、四姐你们三人每人做一套中式长棉袄，妈妈还特意在你们三人的棉袄夹层里缝上几元钱和一张纸，纸上分别写有你们三人的名字和父母的名字。妈妈说若在逃难的路上走散了，你们三人太小，还说不清楚，能碰上好心人搭救你们，知道你们的名字和父母的名字，将来再能团聚。振宁、振声和四姐都已经十多岁，若走散了他们能说清楚。

在宿松住了差不多一星期，到天完全放晴，地上烂泥也快干了，我们才一起上车启程。本打算乘这辆车一直到汉口，想到天气阴雨日多，道路泥泞难走，加上治安不好，土匪败兵横行，我决定离开宿松后直去广济再南行到武穴镇。武穴镇是长江边上一小城，我们在武穴等到一艘上海太古轮船公司的"积和号"江轮，它经常往来于上海和汉口之间。我们在船上住二等舱，大家都洗洗澡、吃顿饱饭，第三天清晨就到了汉口码头。

在武昌住了几天，1938年1月中我们乘粤汉铁路火车南下，沿途几次遇到空袭警报，火车停下，我们都下车躲在铁路旁的小山上。到广州，在爱群大厦住了好几天，等办好我们去香港的护照，随即乘九广铁路火车到九龙，租了弥敦道新新酒店的天台上一大套房间住。新新酒店有六层，从天台上可以望见维多利亚港和香港岛。

本想在香港等到一艘海轮，我们即乘船经越南到昆明。谁知振平、你和振玉都出疹子（振汉注：大概是麻疹），只得在香港暂时住下来，等你们病好再走，结果一等就是四十天。

振宁、振声、振平和你到了九龙都兴奋得很，振平老是画轮船，大船小船都画。维多利亚港驶来一艘大船，是加拿大"皇后号"客船，说有四万多吨。三个火红色的烟囱，船很大，停泊在港内，把香港岛都遮住一半。振宁、振声步行到尖沙咀去看船，不带振平去，振平很不高兴。你也画画，但你只画汽车，公共汽车都画成瘪头的。

因为新新酒店天台上只有一只煮饭的炉子，只得每餐饭前叫振宁和振声轮流去街上买白饭，由妈妈烧菜。饭铺子看见我们只买饭不买菜，他们只赚很少的钱，当然很不高兴。

四十天后，你们三人的病都好了，我们乘上一艘叫"广东"的小海轮离开香港经过琼州海峡，船开了两天三夜到了越南海防，随即转火车到河内，住了一天，即乘窄轨火车经河口、开远于1938年3月2日到达昆明。一路上因为乘客太多，秩序很差，旅途十分辛苦。

在昆明，我们先入住翠湖北路玉龙堆三号，几个月后搬去大西门内文林街蒟麻巷（后改文化巷）十一号张老太太家。

西南联合大学的大部分年轻的老师和全体学生，都从长沙步行到昆明，少部分教师和大部分教授，都走同我们走过的一样的路到昆明的。

四

昆明气候温和，山川秀丽，云南人十分纯朴，这里的确是好地方。但是当时在重庆的国民政府滥印法币，以致昆明物价飞涨，两年间几乎涨了一倍多，可我们的薪水一直没有加过。昆明究竟是边远城市，现代化的设施很少，因为没有煤，我们都买炭生炉子烧饭，实在很辛苦。

生活虽然越来越艰苦，但联大的教员们精神都很振作，学生们的求知欲很强，大家都知道这只是暂时的困难。

从1938年秋开始，日本飞机就常来轰炸昆明，大家时时要跑警报。轰炸时死伤的人虽然不多，只是大家的生活、工作、学习都极不安定。1940年秋我们家在小东城脚金凤花园三号。那年的9月30日日机来袭，金凤花园三号天井正中炸弹，把我家的衣物书籍都炸毁了，幸而大家都进了防空洞或疏散到城外，都没有受伤。第二天我们就搬到昆明西北部的龙院村惠老师家，租他家的房子住。

惠老师是大地主，他家有一个很大的院子，我们租了院子东南角的两间破屋子居住。

我们搬到龙院村不久，联大的教授们为避开日机轰炸，也纷纷撤离城里，当时搬到龙院村惠老师家的有梅贻琦、吴有训、赵忠尧、余瑞璜、任之恭、赵访熊、范绪筠和赵九章等。

我请叔叔帮我买了一辆三枪牌的单车好来回于城里和乡下。我每星期四、五、六三天住在城里，在联大上课，住在北门街联大的一幢宿舍内。振宁买了一辆旧的法国单车,他上联大物理系,每星期六回乡下一次。

1940年已是抗战的第三年,日本占领了不少中国国土,而且传说日本将三面进攻,从缅甸进攻云南,从广西进攻贵州,从湖南进攻四川,形势紧张起来。西南联大有人议论倘形势变坏,联大只能北迁西康。

这时昆明物价飞涨,物资奇缺,我们的工资只够吃饭,妈妈每天提篮子上街买菜,有时我帮着买米和炭。妈妈用我的旧西装裁成衣袄给振平和你穿,请李大姆来手工缝制内衣,我从前买过一把理发的推子,权当理发匠给振平和你理发。

我不去联大教书时,就在家里教振平念书。我精力有限,不能再教你和振玉了,只得送你们去龙院村第一小学念书,你插入五年级,振玉进三年级,五弟还小,留在家里。

我那年四十四岁,已开始感到精力不如从前,网球早已不打了。回想我自己的父亲、我的二叔和四叔都是五十多岁就因病过去了。我在合肥二中的同学,数一数三十岁人中六七位已经不在了。1937年我家经过长达半年的逃难,1940年又遭日机轰炸,我们都大难不死,想必应有后福。妈妈操劳终日,她必长寿于我,她能多享些福。

我从联大骑车回乡下,总爱拉着振复,走出惠老师家院子,走向几百米外的大堤埂去散步。当年振复三岁,记得他忽然说:"爸爸,将来我长大了,爸爸长小了,我也拉着爸爸去大堤埂散步。"听完我情难自禁,潸然下泪。

听说大爹爹(振汉注:我的外祖父。)在三河病逝,又听说你们的大伯父杨午樵也患重病,老姑奶前几年去世,我和妈妈的上一辈就剩大姑奶奶还活着,人生如此!

1940和1941年是我家,是西南联大,恐怕也是中国最困难的两年。昆明城里人跑走了大半,民生凋敝,百业不兴。但是西南联大的师生仍然情绪不减,学风颇盛,大家期待着日本早日失败。

1941年夏,德国突然进攻苏联,德军长驱直入,一直打到莫斯科。到12月,日本突袭珍珠港,自此二次大战全面爆发,美国也全面卷入,联大师生和我,都感到德、意、日在孤注一掷,这三个国家幅员小,国民心胸不宽,战败之象已露,二次大战有结束之期了。

1942年春,美国第五航空队来到昆明对日作战,自此日机轰炸昆明的次数明显减少,美国的运输机,每隔五六分钟就从印度飞抵昆明一架。龙院村在昆明西北，运输机昼夜不停地从我家头上飞过去，飞去巫家坝机场。

美国参加对德、意、日作战，这恐怕是二次大战得以结束的一个重要条件。我曾到过美国和德国，也途经日本和意大利，我相信当今最强大的国家还是美国。

1942年夏，大哥在联大物理系毕业，转到清华大学研究院读硕士。当时研究院在大普吉，在龙院村东北约十里处。振平已十二岁，该进中学了。他以同等学力考上联大附中一年级。附中在北门街，振平当时住读，有时到昆华中学同大哥、黄昆和凌宁住在一起，振平还到梅校长家搭过伙。

每星期六下午振平回乡下，你们兄弟俩说个不停。你们年纪相差一年零三个月，但个子差不多，自小在一起，真是情同手足，正像四十多年前我同叔叔一样。

那年夏天开始美国陆军也来到昆明，美国兵营在西站外面的农业学校，就是1938年西南联大刚成立时的校舍。美国兵一到，军用物资也跟着来了，我们可以很便宜地买到美国食品和衣物。

到了1943年，日机已不再空袭昆明，你也该进附中念书，我们在乡下住了整三年，这回该搬回城里了。文化巷十一号房子已被炸，我家搬到文化巷底二十七号王师长家，住厢房一排三间，坐西向东，西面是大院子。我们全家都在5月底搬回城里。

秋天，教育部通知说，庚款留学美国事在停止了七八年后将于近日恢复招考。大哥积极报名前往应试，我听吴有训、周培源和吴大猷先生说，大哥功课相当好，数学根底尤强，考取机会很大。

振玉进联大附小五年级，振复进一年级。当年附小在联大校舍西面，要从龙翔街走进去，后来附小搬到昆中北院，离我家近多了。

振平进联大附中二年级，你进一年级。附中已从北门街搬到钱局街，附中大门就在文林街和文化巷交口处。妈妈用蓝布给你们两人一人缝一个书包，我们看着你们都背着书包上学了，真是喜不自胜。

振平从小聪明，书读得不错，领悟能力也不差。你念书比大哥二哥差多了，你贪玩，我曾说你是七十分学生。你的优点是胆子大，肯闯，不怕生人，什么都敢试试。要振平做件事，看他为难的样子，决定还是找你去做，你从来未拒绝过。

我在德国柏林时曾给你们四人起过"号"，大哥叫伯环，二哥叫仲琪，你叫叔勇，振玉叫季温。叔勇的意思是你是老三，性情勇敢。

大哥从清华研究院毕业，得了硕士学位。那时留美庚款还未放榜，他就到联大附中代课，教中四和中五的数学。1945年春庚款放榜了，大哥录取了，物理专业全国只录取大哥一人，可真不容易。

我和妈妈只能简单地给大哥治装。8月的一天我送大哥去拓东路航空公司。大哥先飞印度，在那里等船。两个月过去，大哥竟还在印度，我到印度领事馆打听，领事馆的人后来说找不到大哥，说没有C.N.Yang这个人，我非常着急。幸好不久后大哥来信说他在印度得了登革热（Dengue Fever）病，已经痊愈。他在10月份登船，经过苏伊士运河、地中海和大西洋，11月才到纽约。他后来到芝加哥大学读博士，正是我二十年前读书的地方。

1945年上半年我总感疲劳，那时我是联大算学系主任，系里人事安排很麻烦，我心情总是不好。到秋天我发烧病倒了，医生检查几次，确诊是伤寒。

那一年日本投降，联大师生员工都筹划着复员回北方，有几位教授的夫人在文林街上设摊卖旧衣物，妈妈也找出一些一定带不走的衣服，叫你同陈妈拿到大西门去摆在行军床上卖。妈妈知道振平不愿做这类事，所以叫你去。

我的伤寒病好了还不到一个月又复发。这次复发比第一次病厉害，两次病每次都四十多天。我的身体很弱，到1946年春又莫明其妙发高烧不退，请了昆明的名医董承琅和孙建毅来看，商量再三，决定进圣光医院检查，圣光医院在小东门外。

在病榻旁，联大教授吴有训、周培源、赵访熊、王竹溪、赵忠尧等分别来辞行，他们即将陆续携眷返回清华园。我见他们都走了，一度忧心如焚，生怕我此生葬送在昆明而不能回清华园。我曾想到大哥已成人，并已在美国读书，他一定可自立，只是你们四人还小，我若不在，妈妈带着你们在昆明这么遥远的地方，如何是好？

虽然想到这些，感到伤心，但又想到我的身体还不是病入膏肓，于是慢慢定下心来，先养好病再说。

在圣光医院住了四十多天，期间曾发现腹部有一水泡状肿块，先是拳头般大小，后来竟有小球般大，外科大夫决定针刺后抽些液体来检视。就在决定抽液的第二天，肿块有变小的迹象，于是继续观察，一星期后竟缩小到核桃般大小，又逾日，几近触摸不到。这样，我有幸可免除针刺或开刀的痛苦。

之后，我身体日渐康复，出院返家后不久即能走动，这时已是1946年春夏之交了。

我两次伤寒期间，妈妈十分焦急，她精神上受到极大压力。为了照顾我，又为了不让你们和她自己染到伤寒，她操劳程度比平时要加倍，她的超人毅力使我们全家安然度过这十分困苦的大半年。

我们家在 1945 年底从文化巷二十七号搬到西仓坡联大教授宿舍。当时在西仓坡宿舍冯友兰住十八号，吴有训住十七号，吴大猷住二号，南开化学系的邱先生住二十二号。潘光旦一家住十六号，他家有单独的园子。历史系葛邦福住十五号，他是俄国人。闵嗣鹤住九号。

1945 年秋天起联合大学教授陆续复员回北方，西仓坡宿舍空出许多，我们家先搬去二十二号和十七号。后来放弃十七号搬到二十一号，这样我家住两套，二十二号和二十一号。从昆明复员回内地的人越来越多，昆明城里好像一下子少了好多人。西南联大、铁路局、资源委员会、各银行的职工们都走了。

抗战八年，由于内地人涌来昆明，昆明不能不增建许多住房，西南联大的师生员工有万多人，这些内地来的人带来文化、带来技术、带来银行、带来工厂，昆明八年间也繁荣起来了。

1939 年教育部要西南联大办师范学院，秋天即招收学生，院址设在拓东路。后来师范学院搬到大西门外一个旧衙门，黄子坚先生当院长。1946 年联大复员，因为师范学院不属于清华、北大或南开，于是在联大校址上办昆明师范学院，一批不准备回北方的教职员工都留在师院工作。我因病，暂向清华大学请假两年，暂代师院数学系主任。当时还有朱德祥和蒋硕民两先生也留下。师院物理系有许桢阳先生，心理系有倪中方先生，教育系有胡毅先生。

我们住在文化巷二十七号时，振玉生病了，是伤寒，当时妈妈同我都非常焦急，我们就这一个女儿，从小我们就宠爱她。记得我掀起帐子为她量体温、量脉搏，振玉说："爸爸，你不要急，我会好的。"我放下帐子，忍不住流泪。

振平和你去志舟体育馆学浮水，你们学会了就常去"八大沟"浮水，听说那里水流很急。有一天振平同他的同学又去八大沟，到天黑还未见归来，我很急，厉声问你振平去何处浮水，你说肯定去了八大沟。我当时想到，不要我们家七口人在昆明丢掉一人，那必是终生憾事。妈妈已经不停地唠叨了快一个钟头了。那晚我晚饭都不能下咽，老想着振平四岁在清华园和十二岁在北门街上初一时的样子，我无能为力，只有祈求上苍保佑他。直到晚上八点多钟，天早已经全黑了，我听到你在西仓坡大院子里喊"二哥回来了"，我这才放下心。

我和妈妈对你们五个子女都是一样的，我们没有偏心哪一个孩子，说起来，对你照顾恐怕是最少。妈妈有些偏爱振宁，我想这是因为振宁小时同妈妈相依为命。我在美国时，妈妈的全部身心都交给振宁了，她偏爱振宁这也是自然的。我们在清华园安居下来，就有了振平，振平比振宁小八岁，我们当然爱护备至。到你出世不久，我们视你同振平似双生兄弟，其实你小时很好带，不哭不闹。振玉是我们唯一的女儿，当然要多爱护些。振复是我们老来得的儿子，又是在困难时期出生的，当然得多照顾。

你们兄妹五人和睦相处，我想是大哥带的头。他比你们大多了，他处处以长兄自居，以身作则，我看他对你们的影响不小。大哥到美国后，还记得弟妹们的生日，还寄来过生日贺卡。

我在生病之前，曾应黄子坚先生之聘到联大附中教六年级算学，教范氏大代数和解析几何。六年级学生中有万哲先，他中学毕业后进清华算学系，我1948年回清华后，万哲先曾当我的助教。

1946年我病好后，自己感觉已步入老年，我的体质已不能同壮年时期比了。大病得愈，我觉得运气好，也萌生早日解甲归田、安享晚年的情绪，其实1947年我只不过刚过五十岁。

五

振平高中即将毕业，我写信同大哥商量，看能不能申请到助学金，让振平去美国读大学？我相信振平能读得不错，也许能同我一样，一生当个教书匠。

1948年夏，我乘中央航空公司班机飞上海，住在叔叔家，不久振平也飞来了，他同振怀、振东和振谟四人挤住在叔叔家亭子间里。

上海夏天奇热，叔叔家亭子间西晒，热得不得了。振平已报考清华大学工学院，我怕他考不好，结果振平竟考到第十七名，而且可以获得奖学金（前四十名才有）。

这时大哥已为振平在美国布朗大学申请到半助学金，我决定还是让振平去美国，正好邓稼先读完清华研究院要去美国读博士，于是振平和邓稼先一起登上"哥顿将军号"客货轮于8月中离开上海去美国。

振平走后不久，我也飞去北平，在开学前到了清华园。因为住的房子还在修，我暂住吴景超教授家。开学后我开两门课。离开清华园十一年，清华园年久失修，显得破旧。

我当时一个人先去北平，没有带妈妈和你们，因为一是振平要考大学，也许要去美国还没有定，二是我想先去北平安顿住处，到1949年你要考大学时再全家迁往北平似较妥当。

我到北平几个月，蒋介石的军队在东北节节败退，锦州和沈阳都已失守，长春投降，东北全境解放。第四野战军到北平附近，北平和天津已被包围，到12月初天津经过激战后蒋介石军队全部缴械投降。当时北平的气氛是等待解放，日本侵华、抗战八年，大家吃尽苦头，现在中国人来解放北平，为什么要走？

但是我颇焦急，我后悔没有在振平走后即接你们一起到北平来。看来北平解放在即，若我留在北平，你们留在昆明，解放昆明再拖上两年，我们家分在两处，后果实难设想。这时我急着想南下昆明去接你们。

那时蒋介石派飞机到北平接胡适和梅贻琦等人去南京，梅先生知道我着急要南下，所以问我要不要同他同机先飞南京再转去昆明，我当然立刻答应了。12月21日我同多位教授和他们的家眷乘机离开北平，飞机起飞不久还听到地面炮火声。到南京后我即转火车到上海，暂住叔叔家。

之后形势急转直下，淮海战役经过几个月，国民党大败，北平傅作义起义，我在上海，相信全国解放已不需长时间。我同叔叔商议，决定回昆明接你们先来上海，待上海解放后去北平。

春节后我回到昆明。

六

1949年3月2日，我们五人乘机离开昆明。

从1938年3月2日算起，我们在昆明住了整十一年，其间我家遭日机轰炸而大难不死，我重病三次得以康复，这都是我永生难忘的。

我们早晨将离开西仓坡的家，朱德祥先生、师院其他先生和一些学生，还有我在昆明的朋友都来送行，场面感人。在西仓坡的家，留下用了十一年的家具、衣被、书籍、用具，还有你们喜欢的三只猫，全留给朱先生了。

飞机在柳州停下来加油，于晚上六点钟到上海龙华机场，时天已黑，飞机上看下去，上海万家灯火。叔叔带他的伙计来接，等我们到华山路一百五十九弄三十五号时，已经晚上八点了。

上海的 3 月初气温很低，还得穿冬天的衣服，不像早已经是鸟语花香的昆明，而且上海风大。你同振复非常高兴，老是跑到外面去。

到了 4 月，解放军摆开渡江的姿势，有一些上海人很害怕，人心惶惶的。我在合肥和安庆教过的两位学生魏怡庭和魏太太决定要飞香港，他们一家匆匆离开了上海，说是去香港暂避，想等时局安定时再回上海。

振怀（振汉注：是杨力瑳第二个儿子。）在交大念书，因为思想前进，被特务注意，4 月下旬振怀同他同学胡永祎君从交大宿舍逃出来，不敢回家，住到我们家来了。

我送你去市西中学读高三，送振玉去市西读初三，送振复去常熟路育才小学读六年级。

5 月 25 日上海解放。

到了 6 月中，清华大学新的学校当局通知郑桐荪先生筹备在上海招生事宜，但并不通知我。

我多次写信去问，才知道清华有人提出，说我坐过"撤退飞机"随梅校长一起已离开清华，因此将不再聘用，我在清华服务十六年的成绩似已一笔勾销了。

我自忖没有做任何对不起清华的事，我不觉得我曾经得罪过人，我当然更没有什么事对不起共产党的，唯一的问题可能就是坐过"撤退飞机"。而事实上我是回昆明接家眷，不是随梅贻琦去台湾的，但如何能说清楚？向谁说清楚？

这件事我将一生不能忘记。

我找吴有训先生谈，他那时已辞去中央大学校长职务，暂时任上海交大校务委员会主任。吴先生建议我去同济大学数学系，时同济物理系有周同庆先生，他是清华毕业生。同时，大同大学校长胡刚复先生是学数学的，他力邀我去大同教书。最后，我决定去同济，但每周在大同代几节课。

解放后到处是新鲜景象，确令人耳目一新。上海娼妓已全部取缔，赌博也被禁绝迹，投机倒把场所全部关门，共产党、解放军崇尚俭朴，并且以身作则。上海的黑社会和流氓组织也全部改造。社会上几近路不拾遗，夜不闭户，一派清平景象。中国历史上大概在盛唐时期、宋朝和明朝开国年间有此情景。

1952 年院系调整，大同大学撤销，华东几所大学理学院并入复旦大学，同济改为建筑学院，交大是纯工学院。我随数学系并入复旦数学系，这里代数方面主要教授就我一人，几何方面主要教授是苏步青和陈建功先生。我们开始放弃美、英、德、日的教材，改用苏联的。

我看了苏联数学家维诺格拉多夫教授编著的《高等代数教程》和数论方面的书，我想苏联的数学继承了俄国的传统，数学造诣不低于德国、英国、法国和美国。

1954年秋天我在华山医院检查出有糖尿病，后来住院治疗。不料治糖尿病的药"胰岛素"在我身体里发生抗药现象。正常人的胰岛素消耗量每天20—30个单位就够了，可是我每天用量超过60个单位还不一定能控制血糖含量。到了12月初病情加重，一个星期内胰岛素用量每天达到400—500个单位。因为控制血糖越来越困难，我家已经接到两次病危通知了。

复旦大学和市政府很重视我的病情，将我从华山医院迁往华东医院，作特殊病人安排。当时第一个措施，就是请大哥从美国寄一种"高浓度胰岛素"来。到1955年1月底，新药寄到，但我的抗药性使每天的胰岛素用量高达11000多单位，据医生说这样的病例极为罕见。

拖到5月初的一天，突然血糖被控制住了，那一天的用药量达12000多单位。自此病情逐渐减轻，两个星期内用药量降至100单位，到了6月初，我的病进入恢复期。

这次大病得以基本痊愈，不啻是把我从死亡边缘上救回来，我衷心感谢华东医院、复旦大学和上海市政府。

我住院大半年，不要说几次病重收到病危通知书让妈妈担惊受怕，整个家就靠妈妈一个人撑着。她每天上午买菜烧饭，下午亲自送到医院来，风雨无阻；期间振复胃穿孔后动手术切除四分之三，你和振玉都患过肝炎。古书有云"流年不利"，想必即此。

这次大病后，我已经悟到，我的活力已大大减退。昆明大病三次，均能在不长的时间复原，自感当时精力和体力还有些潜力，到1950年，似已恢复到病前水平。可这次病，则同以往大不同，一是病根未除，今后将是终生的糖尿病患者，每日必须服用降血糖的药；二是身体老态已露，有血管轻微硬化、血压偏高等等老年性症状；三是恢复得越来越慢。

1957年初我住华东医院养病，报纸头版登有杨振宁和李政道发现宇称不守恒定律，由吴健雄试验证实，中国科学院吴有训等人致电祝贺。到1957年底，报纸又头版大标题登载杨、李同获该年度诺贝尔物理学奖金。

此事极大地震动中国政界、科技界，震动中国最高领导人和许多中国人，相信也震动了台湾。

振宁十岁时在清华成志小学念书，有一次不知道讨论什么题目，他忽然说他将来长大要得诺贝尔奖金。他讲此话也许无心，我听到后曾深感"孺子可教"。1928年我回国时，振宁六岁，在厦门和在清华园，我已感到他很聪明，领悟能力很强，能举一反三，能推理，还善于观察。他的表达能力也不错，在北平崇德中学念书时，参加演讲比赛，得过两个银盾，他的演讲稿是他自己准备的。

振宁在成志小学念书，认识好几位清华教授的孩子，他们一起上学下学，大概每次下学，都可以听到振宁讲什么事给他的同学们听，有些高谈阔论的样子。进崇德中学念书后，要住读，星期六才回来，他常到我办公室来翻书看，有时去清华图书馆看画报、杂志。有一次他同熊秉明合作，振宁做幻灯机，秉明画图放在机里放映。我家有个小晒台，有时夜晚振宁上晒台上去看星空。进了高中，振宁买了些化学试验用的仪器和试剂，做变颜色的试验给振平和你看。

七

1957年，振宁来信说他将在这年夏季去日内瓦核子研究所（振汉注：即CERN）做研究，建议我去日内瓦同他见面，同时也同致礼和长孙光诺团聚。

我当时身体还很虚弱，但我觉得我应当同振宁见面，当面向他介绍新中国这些年的变化，特别要他看清世界形势，看清潮流，看清大势。我相信，蒋介石会通过梅贻琦做振宁的工作，做李政道的工作，鼓励他们去台湾看看（他们当时恐怕还拿着台湾的护照）。我还要当面劝振宁："百尺竿头，不进则退"，学无止境。

我决定写封信给周总理，表明我想以带病之躯，去日内瓦见振宁，除一叙别情外，我会致力向他介绍新中国情形。

在病榻上，我斟酌词句，花了几天工夫写完信，交给上海市政府的一位朋友请他代转北京。

此后，我焦急地等待，一来想周总理恐怕不至于拒绝我的请求，因为这是一件大事；二来想到若周总理同意我去日内瓦，以我久病于榻，万里迢迢长途跋涉，身体不支怎么办？

好在很快地周总理同意了我的请求，我随即同医生和护士们讨论我在旅途中和到日内瓦后的治疗安排，我开始学会自己注射胰岛素，我也学会用药水检查尿糖量。

决定去日内瓦了，我倒担心起我的身体怎样能适应旅途劳顿？到日内瓦后怎样能不增加振宁的负担？

6月24日我离上海龙华机场，乘坐伊尔14机，在山东济南停下来加油，中午时分到北京西郊机场，时国家科委派人和你一起来接，我住进新侨饭店。休息了十几天，科委的人在办护照和机票，后来我乘图104机离京，途中停伊尔库次克和欧姆斯克两站，晚上到莫斯科，住一夜，次日飞捷克首都布拉格，在那里换机直飞日内瓦。

我和振宁分开整十二年，这十二年间中国变化之大，大哥变化之大，都是从前无法预料的。我们相互介绍这十二年间都是怎么过来的，我深感我们父子心灵仍然相通，对时局的看法也大致相同。我以我的经历和经验劝告大哥在研究工作上要百尺竿头，注意不进则退，在为人处世上万勿行差踏错，要认清形势。

我们度过了五个星期父子重逢的欢乐时光，见到媳妇致礼和长孙光诺，那年我六十一岁。

我们分别时，离别的痛苦被我们今后有可能团聚的希望而冲淡了，我们约定几年后再找机会在日内瓦见面。

说来也是幸运，我从上海长途跋涉到了日内瓦，那里一切环境都大异于上海，但我的糖尿病非但未加重，反而感到身体比在上海还好些。

到1960年春，我和大哥商量想再在日内瓦团聚，这次大哥强烈建议妈妈也一起去。我和振玉花了好多工夫才初步说服妈妈同我一起去。

这次我们4月份就离上海，在北京新侨饭店等护照和机票。到5月份西飞。我已去过一次，有些熟悉，妈妈是第一次出国，自不免有点紧张。途经布拉格机场等机时我坐在椅子上打盹，妈妈听到广播说英文 K. C. Yang，她连忙推醒我，这才没有误机。

到日内瓦已是晚间，大哥为了我们住得舒适而在市内找有厨房的公寓，差不多奔跑了一整天才找到，期间连午饭都来不及吃。我们在机场相见，自是感情激动。

这次致礼、振平和光宇（振汉注：振宁的二儿子。）来日内瓦，光宇那年一岁半。

我和大哥、二哥有过好几次彻夜长谈，我告诉他们，经过思想改造，我才略懂中国的落后单靠提高科学技术水平是改不过来的，单靠提高教育水平怕也不能一下子改变落后面貌。共产党的做法看来是对的，即先将政权拿到手，不听外国人的摆布，逐步消灭国内的腐败、落后的东西，消灭封建割据和占山为王，先统一中国，再搞建设，搞教育，搞科学技术，这样有个三五十年，中国有可能跟那些发达的西方国家差不多。我希望他们看清形势，中国是会一天天好起来，台湾是会一天天差下去。即使当前他们回国的时机不成熟，也一定要同台湾划清界限，不可行差踏错。

妈妈在日内瓦向他们介绍解放十一年来社会和我们生活的变化，妈妈说的都是实话，工人农民和社会下层人民的生活十一年来改善很显著，我们的生活比在清华园时差了，但这是这次革命的一个目的，我相信他们两人都很能理解，我们能介绍给他们的也就是这些了。

对于大哥和二哥的国籍，我深感矛盾。他们一直持有台湾政府发的护照，这肯定不是方向，但现在不是他们回国的时机。在他们改持中国护照之前，恐怕只能暂时拿美国的护照，入籍成为美国公民再说，这恐怕也是不得已而为之的办法。

美国是白种人为主的社会，虽然美国人相比于他们欧洲白种人的祖先，社会已经比较开放了，美国是不那么保守的国家。但是美国绝不是中国人的社会、黄种人的社会，也不是有色人种的社会。一九二几年我在芝加哥念书时已深感此点。当然，话也得说回来，二次战后美国和美国人也都有许多变化，他们对有色人种的态度和政策也有相当的变化，大哥能在美国顺利工作，多少也说明这点。但美国似乎还没有根本的变化，在美国生的后来长大的孩子，到求偶和求职时，他们的肤色就会显露出他们同白种人的区别，恐怕也就会觉得被歧视和有不同的机会面对他们。

慢慢来吧！我完全看不到大哥在心灵上有否定他的中国背景和中国文化的东西。我也完全看不到大哥和二哥有全盘白种人化的思想。

用我们现在的语言来说，大哥在政治上已经相当成熟，他在学术上正在培养自己的风格，在为人处世上，也在培养自己的风格，恐怕就是现在常说的人生观吧。大哥在学术上已经越来越受到人们的尊敬，知子莫如父，大哥将来在为人处世上和在他的人品方面，相信也会得到越来越多的人的尊敬。

两个多月的愉快的欢聚又将过去，妈妈和我已开始想家了，我们非常想念你们，想念上海，想念我们熟悉的人和熟悉的环境。我们同大哥再约好，两年后在日内瓦再重聚。

妈妈和我回到上海不久,就遇到三年自然灾害,吃的、穿的和用的东西全面紧缺,市场萧条,民生凋敝。大哥在美国大概是看到报纸的报道,知道我们在上海生活水平已大大下降,于是催促我们早些到日内瓦去。1962年4月我们乘火车到北京,仍住新侨饭店,把你从洛阳叫来见个面,这之前,你已经两年没有回上海了,那年你刚满三十岁。

我们在新侨饭店见到你时,你又瘦又黑,但精神很好,你带来在火车上吃的食物,是一种黑色麦子做成的面饼,我尝了一口,觉得粗糙而难下咽,可见洛阳的生活比上海更困难。我们请你在新侨饭店吃西餐,你一顿饭吃了两客汉堡牛排。

我们于6月21日到日内瓦机场,大哥来接,不久后振平和光宇来同我们团聚。这次我们在日内瓦共聚的时间最长,达三个多月,到8月31日。期间振宁要到别的国家开会,就由振平陪着我们,振平租了辆车,我们三人漫游瑞士,有一次还漫游到法国。

因为国内面临三年自然灾害,市面上吃穿用的东西都很少很少,我确实难解释这些,也只有少说。

但我相信我去日内瓦三次,妈妈去了两次,已经给大哥一些肯定的印象——中国已走上独立而且在逐步现代化的道路,不管还会遇到多少困难,这条路是一定要走的了;台湾偏安一隅,除了今后回到祖国怀抱,怕也是无路可走的了。大哥暂不回国一定可以,暂作美国公民也一定可以,但他们终究是中国人,是黄种人。中国历史、文化悠久,但糟粕也有,新中国的革命是兜底翻,怕只有这样才能去除糟粕,中国才得以进步和新生。

那年我和妈妈同是六十六岁。我告诉大哥,希望将来多见面几次,能找到比日内瓦更近中国的地方更好,因为我身体终究是差,长途旅行总不相宜。大哥答应到香港试一试。

我们回到国内,灾害似已减退,物资供应略有好转。

到1964年秋,大哥来信建议在香港见面,并盼你和振玉也去。经过三个月的准备,先将你从洛阳叫回上海,再办手续,搞证件,我们四人于12月下旬乘火车离开上海到广州,住华侨大厦两天,再乘广深铁路火车到深圳,经过一条弯弯曲曲的道路到了罗湖桥头。送行的人到此为止,我们四人相互拉着手沿着路轨过桥走到香港境内。

回想1937年1月，我们一家连牛妈在内共十人，也经过这条桥到香港，但当时不是步行过桥，而是乘坐九广铁路火车徐徐过桥的。

在罗湖的英国移民局外等候了一个多小时，才让我们过去，我们再登上罗湖到九龙的火车，到尖沙咀终点站，大哥步行来接，我们住进九龙漆咸道百乐酒店十一楼。

你和振玉同大哥分开了十九年，自然是可谈的题目多得很。

香港究竟同日内瓦不同，这里虽然是殖民地，但大部分的居民仍是中国人，由于紧邻大陆，政治上非常敏感。大概是香港政府专门派两名便衣，住在我们隔壁房间。他们大开房门，只要我们一走出房间，他们即跟着，我们走到哪里，他们跟到哪里，直到我们四人乘火车到罗湖并步行过罗湖桥时，这两名便衣才离开我们。

我们将上海家里收藏的照片一齐带来给大哥看。这些照片，有抗日战争前拍的，有在昆明拍的，有在上海拍的，最珍贵的是那些早期的照片，是在合肥，在美国，在厦门和在北平拍的那些。

妈妈在香港觉得比在日内瓦适应。我们常沿金马伦道、加拿芬道、金巴利道再走到弥敦道。我们常去裕华国货公司，妈妈要去看她熟悉的东西。

1935年我自欧洲乘船回国，曾在香港停留，我记得住在梳士已利道男青年会。1937年12月我们一家到香港，住在新新酒店。差不多三十年过去了，香港有不少变化。

我们在香港欢度两周，大哥和我对未来充满希望，至少我们已经找到香港这么近大陆的地方可以团聚。大哥对将来有朝一日能回国看看，能回北京、回清华园也充满希望。他还说他非常想看看中国的名山大川，看看中国的文物古迹，看看他从小就向往的内蒙古、西藏和新疆。

我们在香港尽量低调，但到我们临走时，香港的记者们还是追踪而来，我们在火车站和准备登车的时候，被记者们拍了不少照片。

我和大哥相约，再过两年在香港相聚。

我没有料到会有文化大革命。

八

1966 年开始文化大革命。

我完全不明白发生什么事,我只见到混乱、失序和政府失控,不知道谁革谁的命?

我只相信这种混乱情况是暂时的。

我每隔两到三个月会到外滩中国银行去,在一张瑞士银行的支票上签上数百美元再签上我的名字,三星期后中国银行会来通知我瑞士的数百美元已到上海,我可以取出来换成人民币贴补家用。这是 1966 年"文化大革命"开始后,上海同美国电讯和邮政都不通时我同大哥联系的唯一渠道,相信大哥看到我的亲笔签名,我手写的日期和银码数字,会知道我还健在。

1966 年秋天红卫兵四处抄家,我家不能幸免。之后,不时有造反组织派人来找我写调查材料,我家一楼客厅被人抢占,我精神上受很大打击,身体自感不支。因为我被说成是"反动学术权威",五弟振复也被造反派从疗养院赶回家来。到了 1968 年秋,说要清理阶级队伍,造反派要我住到学校去"接受再教育"。我在复旦宿舍同谷超豪住在一起,一星期在校园内劳动两次,平时写检查交待。到了冬天,我身体实在支持不住,学校工宣队才放我回家,那年我已七十二岁。

我确感衰老已至,种种老年迹象在我身上已颇明显。我的双耳听力已下降到略轻的声音已完全听不到的程度;我的视力也有减退,眼珠变淡,古书云"人老珠黄",想必即此。但最严重的是我的双腿,乏力、酸软、脚跟提不高,大腿和小腿肌肉都明显萎缩,走路跌跌撞撞,我已莫明其妙摔了好几次跤。

我想我可能已不能久居人世,死后得找块地方安葬。我到上海几间公墓看过,也去苏州看过,妈妈说这样做晦气。但我总是会死的,我死后,你们一定不要把我送回合肥,合肥离上海太远,你们不会有空去合肥扫墓的,你到苏州或者到昆山找块墓地,在上海郊区也可以,找块风景好些的、有山有水的地方葬我。你们每年清明要来扫墓,大哥、二哥回国也务必叫他们来扫墓。

　　向晚意不适,驱车登古原;
　　夕阳无限好,只是近黄昏。
　　(振汉注:这是父亲用古韵唱出来的。)

我死后，你要善待妈妈。妈妈一生勤奋，终日操劳，从无休息，她的一生都贡献给我，贡献给你们五个子女了。她从来没有留什么给她自己。妈妈是伟大母亲的典型。妈妈一生没有做社会工作，不是她不愿做，或不能做，而是时代是这样安排的。我死后，现在看只有你在家照顾她了。妈妈终年劳动，所以她身体比我好，她应当活到一百岁，她应当看到大哥、二哥回国，她应当看到你们的儿子和女儿。

我此生最大的憾事是五弟，我只能把他交给你了。

九

1970年夏，忽然收到大哥从美国写来一封信，说他将在1970年冬到1971年春到香港讲学，他极盼我们能像1964年一样到香港团聚。

我记得同你商量，你建议我写封信给上海市政府试一试。我确实想同大哥见面，而且越快越好。于是我亲笔写了封信寄出去。

过了近一个月，居然有回信了，说同意我去香港。我既高兴又兴奋，第二天我就开始为办理出境手续而走访各种部门和单位。我去到复旦大学，去到公安局，去到中国银行，我也去1964年办签证的英国驻上海总领事馆，原来它们已被撤销了。

这时我的身体已经很差了，而双腿无力是最最严重的。就在我奔波了四五天，而且一无头绪时，我在复旦校门口突然腿软到站立不起来了，只能坐下或躺着，直到好心人给搞了一部车送我回家。

这时已秋末冬初，办理去香港的手续连一点头绪都没有，我怀疑市政府和市革命委员会还没有人真正管事。在一个寒冷的下午，我睡午觉醒来就觉得迷迷糊糊的，吃晚饭时见到你从上柴厂回来，可我已经不能控制我自己，一直时清醒时迷糊，直到第二天早晨才稍稍好些。

就这么时而很清醒时而很不清醒地过了好几天，好像还在医院的走廊里睡在担架上，到我完全清醒过来时，已睡在华山医院十二号病房楼下的单人病房内了。

我试着用手撑着坐起来，很困难，腿最不听话，也更没有力。在病房里住了好几天，恢复较慢，我预感我此生恐再也站不起来了！有时猛然想到也许我已不久于人世，竟吓出一身冷汗。想起年轻时在合肥念高中，有一次大考时我没有备好课，见到试卷发下来好几个题目都是没有温习过的，顿时吓出冷汗，脑子一片空白,要好一段时间才能再集中思想,恢复常态。

我更伤心地想到,此生也许再也见不到大哥和二哥了。文化大革命以来,支持我继续活下去的一个原因,就是盼望能见到他们。

我告诉市政府的朋友,说我的身体已不许可我再去香港见大哥了,建议妈妈在你的陪同下去香港,振玉留在上海陪着我。

我写了封长信,交给你带给大哥,这是我亲手写的大概是最后一封信。(振汉注:其实是一封很短的信,但是父亲写信时花了极大的力量。)

我一生清白,教书为业,我同妈妈共同抚养你们五个子女,除五弟振复外,个个都是人材。大哥天资聪颖,得天独厚,又刻苦努力,竟集学问之大成,成为世界级的科学家,已对人类做出重要贡献,为中华民族争光。我们的祖先,必会含笑于九泉。我无愧社会,也无愧祖先,我想我也对得起妈妈和你们。

妈妈和你从香港回来不多久,也就是春末夏初,大哥来电报说他将在7月份

1971年夏,杨振宁首次回国探亲访问。这是在医院后花园的合影:谭茀芸(左一,杨振汉的妻子)、杨振宁(左二)、杨武之夫人(左三)、杨武之(中坐者)、杨振汉(左四)、杨振玉(左五)、范世藩(左六,杨振玉的丈夫)、范朝晖(手抱者,杨振玉和范世藩的儿子)

回国访问四星期，这真是天大的喜讯，从此我在病榻上天天计算着还有多少天我可以同他见面。

我请振玉搀着我试着下地走走。我希望我还能走路。第一次下病床时两条腿不听使唤，经过几次努力，可以站起来并且略略走几步，后来，可以在十二号病房走廊里来回走几圈了，但非得有人扶着。

我照照镜子，确可以说是老态龙钟了，我想起从前老姑奶奶的面容。有幸大哥此时及时回国探亲，我们父子得以再度相见，此真上帝之安排。

7月20日大哥一下飞机，随即来华山医院十二号病房看我。那年他四十九岁，风华正茂。他说了他这几年的研究工作，说了致礼和三个孩子的近况，说了我在美国一些老朋友的近况，也告诉我他怎样决定回国探视和访问中国一些城市的计划。

大哥能在此时回国，当然是中国对美国的政策出现了变化，也是美国对中国的政策出现了变化的结果。当然是我三次去日内瓦，一次去香港，妈妈两次去日内瓦，两次去香港的结果。我想我可以向周总理，向中国政府说："我的儿子终于回国探视了。"

大哥去北京探视前，我托他带口信给国家领导人，带口信给周总理，表示感谢对我本人的照顾，对我家庭的照顾，批准我和妈妈去日内瓦，去香港等。我也请大哥去问候我在北京的老朋友和老同学们，特别是吴有训、周培源、严济慈、赵访熊和华罗庚。

1971年下半年起，中国同西方世界的关系大大好转了。到1972年夏，步大哥的后尘，回国探视的美籍中国人大大增加，我的同学、朋友纷纷组团回国看看，最令我觉得兴奋的是任之恭先生带来的十几位留美学者归国观光团，他们几乎都是西南联大的同仁和我的学生们。

到1972年冬天，我在华山医院已经住了快二十个月，我想我恐怕已不会再出院了。1972年夏天我在医院走廊上散步都觉得很困难，这我才知道有些老年人受疾病长期折磨而感痛不欲生是什么意思。

奇怪的是我怎么会记不大起来我们家现在住在什么地方？一回忆怎么就是昆明大西门、文林街和文化巷？还有王师长家、惠老师家和张老太太家？

北平清华园西院十一号是一定不会想不起来的，七七事变前几天还在西院十一号院子里搭凉棚呢。

我怎么会记不起来我们家现在在什么地方？振玉昨天还说给我听，可现在又想不起来了。

我死前，你们送我回家。

我们家就五弟最可怜了，你看在手足之情上，一定照顾五弟到他老、死！

（作者为杨武之先生三子，香港杨谭公司董事长）

李济先生

李济(1896—1979), 湖北钟祥县人。1918年毕业于清华学堂, 赴美留学。1923年取得哈佛大学人类学博士学位回国。1923年至1925年在南开大学任教授兼文科主任, 1925年至1928年在清华大学国学研究院任研究生导师(特约讲师), 其间于1926年在山西西阴村领导了第一次由中国人主持的科学考古发掘。1928年任中央研究院历史语言研究所考古组主任, 1948年当选中央研究院院士。考古学大师。

"好像初出笼的包子"
——记李济二进清华园

李光谟

先父李济（济之）先生（1896—1979），是我国近代考古学的先驱，寰宇知名的学者。他一生曾先后两度入住清华：第一次是从1911年至1918年，入清华学堂当留美预备班的学生；第二次是1925年至1928年在国学研究院任人类学导师。这里着重介绍一下李济在清华任教时的一些事情，但多是些不大不小的事，虽不足入方家青眼，但有些也还是值得记下一笔的。正像李济本人形容他自己时所说的，这个时期的他，正"好像初出笼的包子似的，总带了些热气……"[①]

四位导师还是五位？

多年来，媒体和清华有些人在"热炒"国学研究院的几位导师之际，往往只说"四位"或"四大"导师，仅有少数几人提到是"五位"，但从没有说"五大"导师的。这个第五位指的就是李济。至于为什么很多人不知道或者不提李济先生

---

① 见李济《感旧录》，台北传记文学出版社1985年第二版，第56页。

前排（导师）右起：赵元任、梁启超、王国维（以上为教授），李济（讲师）；
后排（助教）右起：梁廷灿、陆维钊①、章昭煌（时陈寅恪先生尚未到校）；
摄于1925年冬。采自《清华年刊》(1925—1926)

的名字，大概原因不外他当时是位讲师，而梁、王、陈、赵四位是教授；另一个原因可能是李济教的人类学、考古学不被人们视为"国学"，登不上大雅之堂；再则，（这一点或许最关紧要！）李济受聘入国学院时，年龄尚不足二十九岁，太不够"大"师的身价了。当时的助教和第一、第二两届研究生里，比李济年长好几岁的也不乏其人。尽管如此，他确是货真价实的导师，也是第一位以特约讲师身份任研究生导师的，这是有官方文件为证的。

对此，季羡林教授在1992年主持纪念赵元任先生百岁诞辰的座谈会的发言中明确提到："……成立时的导师应是五位，其中李济之先生当时的职称是讲师，但他属于五位导师之一……"②此外，国学院当时任陈寅恪助教的浦江清先生和国学院第二届研究生戴家祥先生，都曾在文字中提到当时指导研究生课程的是这五位先生。当年的课程表也是明证。我想，这个不大不小的迷惑似乎可以化解了。

国学院在1927年时又增聘了几位导师，就笔者目下所知，其中（至少）有

---

① 经清华大学校史馆副馆长金富军博士提醒，曾有学者对此人是否为陆维钊提出异议，认为当为王国维之助教赵万里。——编者注
② 见《李济与清华》编后记，清华文丛之七，清华大学出版社1994年，第243页。

马衡先生和林宰平先生。这两位在当时早已是很著名的学问家了，但进到国学院也只得到"特约讲师"的职称而已。看来，清华国学研究院终其"一生"（四年之久），也仅仅在第一批导师中有四位是教授衔的，称他们为"四大"也的确是实至名归。

误认王国维为李济

前几年看到一份很有趣的资料，是位老先生用第一人称写的，可惜我没有详细记录下。但回忆起来，还记得是以很生动的语言描述的。大概的意思是：国学研究院开办伊始，同学们第一次聚会与导师们见面。当时这位青年学子刚刚报到不久，见到几位导师挺庄重地坐在前排，也分不清哪一位是谁。他见到了一位头戴瓜皮帽，留着辫子，身穿长袍，架了一副深度近视眼镜，神情有点委顿的老人（即王静安先生），就悄悄地向旁边的人问："这大概就是李济先生了吧？！"答复如何不得而知。但可以想见，在青年学生当时的心目中，做"考古"这门学问的，必定是这样一副"古老"的神态。这位同学后来当然知道自己搞错了；不过这场误会也足能说明，当时考入高等学府研究院的学生心目中的"考古"者，就该是这个样子，更何遑论及局外之人了。

姜亮夫的后悔

不久前去世的著名音韵学、语言学家，1926年国学院第二届的学生姜亮夫，曾在一篇回忆性文字里写道："静安先生上课……给我们上课的还有梁任公、陈寅恪、赵元任、李济之几位先生。这几位先生中，只有李济之先生的'考古学'最不喜欢听。我后来才发觉，在清华不爱听李先生的课，是最大的错误。后来我发愤去国外学考古，想来弥补这时期的损失……"[①]姜先生一生为人正直，从不刻意奉承人，更无须向远在境外又过世多年的前老师致歉。姜公写这篇文字时已是九二高龄。我以为，他的"后悔"是完全真诚的，并无丝毫"作秀"之意。

本来，人类学和考古学的课程，除1923年起李济在南开讲授过外，中国的大

---

① 见《学术集林》卷一，上海远东出版社1994年，第236—237页。

学或研究院里直至当时还没有别人讲过；这两门枯燥乏味，充满图版、图表、数据和计算的课程，吸引不了多少青年人；尤其热衷于"小学"、"国学"的人，或可说有天然的拒斥心理。当时甚至连国学院的助教章昭煌都表示拒绝为李济抄写笔记，勉强领去又原封退回；后被吴宓先生召去，争执了许久才又拿走。①

李济在清华国学院几年的本职工作里，除进行西阴村史前遗址的科学发掘，以及为国学院全院（和本科历史系）讲授考古学、人文学（民族学）的课程外，总共只培养出一名主修他课程的学生，即后来举世闻名的龙山（黑陶）文化的发现者吴金鼎博士。

西阴村的发掘和两个"疯癫人"

山西夏县西阴村的考古发掘，是李济在清华几年间唯一做成的一次考古发掘，这也是中国人自己主持的近代科学考古发掘的第一次，是值得在中国考古学史上大书特书的事。关于西阴村发掘的成就，介绍的文章以及发掘报告都论述得十分详尽，这里不宜再多加介绍了，只说点有关的小故事。

西阴村的调查和发掘是分两次进行的：第一次在1926年2月5日至3月底，李济和地质学家袁复礼同去山西沿汾河流域到晋南作考古调查。他们此行发现了几处新石器时代的彩陶遗址，取得一些标本，并作了一些对古墓的考察和居民的人体测量，初步定下了几个可供发掘的参考地点。

回北京后，李济写了一份调查报告，初步研究选定夏县的西阴村作为下一步发掘的地点。但就在打算确定时间出发进行正式发掘之前，李济突然罹病不能行动，正式发掘于是就延搁下来了。

关于这场大病还有一段故事放在下面再讲。1926年的春夏两季，李济一直在病床上度过，直到秋季才恢复到可以"出田野"的程度，于是就筹备正式的发掘。

第二次即正式的西阴村发掘，从1926年10月10日开始，直到12月30日出土物全部运到北京，前后共两个月零二十天。这次发掘的收获极大，但经历的曲折困难也极多。仅那九辆大车、六十余箱的出土物的运出，就不知遭了多少磨难。虽然省长阎锡山早就批准发掘，但手下总有那么一些人不很放心。大车刚一从夏

---

① 见《吴宓日记》1925年的记载。

县启动,沿途的情报就一站一站地传下去,谣言也就随之四起:说这两个(指李和袁)又像镖师、又像巨商的年轻人确实掠走了一大批"宝贝",一定要截住!可是大概碍于阎省长的情面,不便随意拦截,才决定一路暗中监视,到榆次的火车站再采取行动。

先出面的是榆次关口的检查员。他们一箱接一箱地接连打开了几箱,发现从头到底只有破碎的陶片、石片、骨簪、贝壳坠子、陶球等等,连完整的器物都几乎找不到;不仅如此,李和袁还向检查员说:你们全打开看好了,都是一样!检查员认为这两个人有精神病,疯疯癫癫,就只好把他们放行了。

车站的搬运工却不善罢甘休,他们静坐罢工,不予装车。最后有位铁路职员站出来对工人作了个巧妙的劝说,说是这些破碎陶石、骨贝必须要经过十分复杂的"提炼"之后,才能变成一点点值钱的东西,而这是你们办不到的。就这样,好不容易一场风波才得以化解。

李济说他一辈子都记住了这位铁路朋友的话;研究工作的确是一种"提炼",只不过"提炼"出来的是新的知识而不是别的什么东西。

自己绝不收藏古物

关于西阴考古的事其实已说得不少了。这件在中国可谓开天辟地的事,实践起来却也不是什么不可企及的。李济先生对此事曾分别在好几篇文字里讲到过,笔者不揣冒昧把先生的一些论点、看法归纳一下:

(一)跟外国人的谈判(这里指跟美国弗利尔艺术陈列馆合作,由弗馆出部分发掘经费,由中方出人自己领导发掘的谈判)就花掉两年的时间(自李济在南开时起就开始谈条件);总算最后达成出土器物保留在中国,只把发掘报告送一份英文的给美方的协议;做到了既有理,又有节。

(二)争取到名人的支持:梁任公先生是支持西阴村发掘最力的一位;没有他,许多事难办成。

(三)必须有官方的赞助和撑腰:当时先后由两位前国务总理熊希龄和颜惠庆亲笔书函介绍,加上山西省长阎锡山的支持,才能成行;但仍不顺利,如上一节所说。

(四)本身要有明确的自我约束,如:

1. 决定选彩陶遗址,因为它不含金属品,可以大体避免了"挖宝"的嫌疑;
2. 如遇墓葬,只挖无名的,以向反挖墓的公议交代;
3. 考古工作者自己绝不收藏古物。

前几款均可因时、因地制宜,惟独最后一款([四]—3)已成为李济终身自勉恪守的信条,而且被他立为自己领导的团体的纪律守则。

"要给赵太太叩三个头"

影响李济的那场大病,后经协和医院确诊是斑疹伤寒,起因是在 1926 年春第一次山西之行的路途中生活条件较差而染上的。病发时来势很凶猛;不几天病人已有些不省人事了。我的祖父母和母亲都只听信中医的偏方,耽延了诊治,这就使病情日益加重,以致告危。

幸亏父母亲的老朋友,自父亲留学时起就结识的赵元任夫人杨步伟医师的果断。她冲着我祖父喊道:"您再不送他去医院,还要不要您这个独生儿子了?"于是她自作主张,硬是找车直接送李济到协和住了院。协和的医生说:"还算及时,再耽搁一两天就不好救了!"祖父祖母和母亲这下才猛然省悟到自己错了。老祖父对我母亲说:"济之出院回来,你要亲自去赵府给赵太太叩三个头才是。"据说先母确实向赵伯母边哭边下了跪,但赵伯母当然没有受她的叩头礼。

这以后几十年里,李、赵两家这两对夫妇有过很多亲密的交往,但也有过不少摩擦乃至争吵,有时甚至吵到难以开交的地步(主要是指赵伯母和李济二人之间)。据我这个当晚辈的看,吵架原因多半在于赵伯母总要以老前辈或"保护神"自居,而李济不想吃这一套;在李济一度代理中央研究院史语所所长的时期里,有些地方可能开罪了赵伯母,由此也引起一些无谓纠纷。直到 70 年代初赵伯母到大陆来时我还问她:你们见面时还吵架不?赵伯母说:当然!我们一见面总还是要吵的。(这时李济夫妇住在台湾,赵氏夫妇住在美国。)然而,他们之间的情谊却也是终生不改的。不少他们的老朋友都知道这些事,但知道的人现下多已过世了。至今回忆起赵伯母这位可亲的但又脾气火爆的老人,仍然令人不胜心向往之。

就在父亲从山西胜利归来后(应该就是在 1927 年的 1 月份),他正为这次考古发掘的成绩而高兴非常,年轻的母亲又对夫君的长年辛劳报以百般温柔体贴的日子里,一个小生命的"珠胎"就结下了。写到这里,七十二岁的我不由还要再次对故去多年的赵伯母表示深深的谢意!

梁任公夸李济的一封信

李济从山西归来后,1927年1月10日国学院开了个欢迎会,教务长梅贻琦、国学院全体导师和学生都出席了。会上李济、袁复礼介绍了发掘经过,好几个人讲了话,对那有名的"半个茧壳"还争论了许久。当晚梁任公十分兴奋,提笔给在哈佛攻研考古学的次子思永写了封长信,敦促他早日回来跟李济一道从事国内的考古工作,以取得实际田野经验。这封信写了两千余字,直到清华园午夜停电后,抱病的梁任公还在秉烛续书多时。

李济是由丁文江向梁任公介绍,而由梁向清华推荐进入国学院的(梁当时还任中国考古学会会长)。对李济在西阴村的首战告捷,梁自然欣喜逾常。任公先生在家书中提到,李济通过这次发掘要翻安特生"中国文化西来说"的案;夸奖"济之的外交手段的高强",说明他在与外国人谈合作条件时的不卑不亢;任公还转述了李济的一个观点:"以考古家眼光看中国,遍地皆黄金,可惜没有人会拣,(此话)真不错。"任公先生鼓励思永归来一年"跟着李、袁同做工作一定有益"。

思永先生果然遵嘱回来了。但激烈的北伐战事打破了他和李济的几次"出田野"计划,他只有作了些参观和室内研究,利用西阴村资料完成硕士论文的初稿,就在次年又返回美国继续完成学业去了。梁思永后来在1930年回国,任公先生已谢世;李济这时把思永推荐给傅斯年,思永与李济在中研院史语所共事,直到1948年。后来李济先生称誉梁思永为"中国的一位最杰出的考古家"。

由于王静安"二重证据法"理论的推出,由于梁任公对考古人才的培养、举荐和对田野工作的扶持,以及由于西阴村发掘这一由中国人自己领导的首次科学田野考古的成就和影响,要称中国近代考古学发轫于七十三年前的清华大学国学研究院,此语恐不为过。

1999年9月30日于北京

(作者为李济先生之子,中国人民大学教授,已退休)

李济与《仁友会史略》

李光谟

对于在清华近八年的学生生活，李济自己的评价是："功课是平平常常，人也是平平常常，玩可也是平平常常。"除了读书之外，他自然也参加了一些活动。据现有可查考的资料，他参加的活动是：

（1）1913年，组织"新少年会"。

（2）1914年，参加"国语演说会"的数次辩论会，曾担任"解决今日中国农业较商业为尤要"一题的反组助辩。后又在"国学研究会"联合辩论会中担任"垓下败后为项羽计应否渡乌江"一题的反组助辩。

（3）1915年，任学校演剧队队长。

（4）1916年春，作为演剧队成员曾参加清华学生为筹办贫民小学而在米市大街青年会举行的义演，同时参加的有洪深、陆梅僧等。

（5）1916—1917年，任高等科三年级级会干事。

（6）1917年，当选为清华学校学报经理部的经理之一。

（7）1917—1918年，担任仁友会会长。

以上这些活动中，最要紧的一个就是在1913年由李济和同班四名同学发起组织的"新少年会"的活动（校方后责成改名为"仁友会"）。李济在校最后一年曾担任该会会长。

1920年李济在美国克拉克大学念硕士学位时，应约代表早期仁友会的会员写了一篇《仁友会史略》寄给清华的《仁友年刊》。这篇史略刊出与否，现已无从查考了，所幸原来的底稿尚保存了下来，居然完整，留在李济寄存北京的留美文件卷宗内。这里根据李济的手稿把仁友会的大致情况介绍一下，由此也可窥见当年清华部分学生思想、生活之一斑。

1913年5月3日下午，清华的中等科有五名学生在一个大教室内郑重严肃地讨论做人的道理，对社会的责任，对国家的义务等。他们订立了一个宗旨，立下了几项相守相禁的条款以规范众会员个人的生活。这就是仁友会（新少年会）初起时的情形。

新少年会这一名称，据李济说，其由来如下：当时一般十三四岁的学生心智已开，眼高志大，想作华盛顿作不了，拿破仑又不愿作，作林肯又不像，就选了意大利的三杰[①]作榜样。意大利三杰有一个新少年意大利会，于是他们也成立了一个中国新少年会。虽然有些夸大，但确表现出一种进取精神。

新少年会的宗旨包含"励进道德"。会员每周聚会一次，程序是固定的：互相规过。相互之间批评对方，从生活到念书，从睡眠到饮食，互相爱惜、规劝，毫无讥讽嘲笑。凡认为不足以"励进道德"的事都要提出来责问。会员到同年暑假又增加了一名。大家在星期日和暑假常一道出去，坐车、赛驴，一起游玩。

秋凉开学后，会员陆续增加。到了11月，大家议论，除励进道德、联络感情外，还要研究学术。"共和之世辞令极重，中国国语之不振久矣"，因此开会议决成立国语演说部。清华因此引发出一个研究国语的集会，新少年会为此立了倡导之功。演说部后独立成为"国语演说会"。

快到年终时，会员逐渐感到"规过"一条虽然有效，但久了就无话可说，容易造成精神松弛。于是有人建议应仿照富兰克林以十二德范身的榜样，建立一种自省簿：每日注重自省一条，两礼拜为一周期，周而复始。实行了一年多，会员感到不便，就停止了形式上的约束，各人自省随个人方便。自省簿的实行是在1914年元旦起开始的；以后每到一年，众会员都聚在一起，回顾过去，展望未来。这个习惯一直延续下去，几乎年年如此，没有间断。

[①] 指19世纪意大利的革命先行者马志尼、加里波弟、卡富尔；下面所说"新少年意大利会"通译为"青年意大利党"。

1915年会务没有什么革新，会员也没有增加，自省簿也停止了，会务衰弛下去。主要原因在于会序过于简单生硬，"有时比牧师讲道还要枯寂"。另一方面，会员"外务"也多了，不但功课忙，分心的事也多了，"修养时期不免减少"。李济归结道，这时期的衰弛，也是"势所必至，理有固然"的。

经过一段起伏，引起大家的反思和惭愧，产生了要增加会友、改造会章的效果。恰逢袁世凯觊觎称帝，学堂受影响也干涉起集会结社来。校长告诉新少年会会长说，这个会名太刺耳，好像革命党的秘密团体，吩咐赶快改。因而借机就改名为"仁友会"，取"以仁会友、以友辅仁"之意；宗旨也改为"改良社会、振兴国家"八个字，范围也扩张许多。会以下设支部，气象为之一新。清华以外的学生也有介绍入会的，这样，新的精神就多了。这时，除了"规过"的老规矩外，增添了报告会、俱乐会等。这样，仁友会的精神就渐渐稳固了。

然而，"规过"的方面逐渐难以实行了。一则是人太多了，实行不及；二则是各人自省功夫深了，也就不愿实行。但究竟大家明确的思想为何，却难分析。这时还出现了研究"名人传记"的风气。一时间，欧西18、19世纪的先哲及中国历史上的名人都被会员们解剖考验起来。这不但起感化会员精神的作用，无形中历史知识也增加许多。在报告方面，如1917年会员们花了一年时间搜集调查欧战情形，虽不详细，但收获不小。

仁友会的失败之处也很多。如会章的"七禁"中包括禁早婚（规定二十五岁为限），但好些会员无法实行。又如仁友会反对"号召的习气"，提倡会员自愿入会，不搞张榜通知，而是期以信义相守，因而不免引起外界种种怀疑，以为是一种营私秘密团体，招来许多谣言和误会。

迄至李济写这篇《仁友会史略》之时（1920年4月），该会发展的会员总数不过四十三人，一多半在美国，其余多在清华。李济在结束这篇文章时，号召会员们克服分散造成的疏离感，群策群力地拿出一种中兴的精神，想出重整旗鼓的办法。①

---

① 据《清华周报》1925年2月（第335期）及4月（第344期）刊载，仁友会直至该年度还存在。《周报》称该会"为清华最久之会"。又载，任之恭君在1924—1925年度任该会会长，云云。看来，李济当年所作号召并未落空。——作者注。

吴有训先生

吴有训（1897—1977），字正之。江西高安人。著名物理学家，中国近代物理学的先驱者和奠基人之一，中国物理学会的创始者之一，杰出的教育家和科学研究事业的组织者。自1928年至1945年，在清华大学历任教授、物理系主任、理学院院长（抗日战争期间同时担任西南联大理学院院长）等职。新中国成立后，长期担任中国科学院副院长（1950—1977），并被选为中国科学院学部委员（院士），担任物理、数学、化学学部主任。

晚风习习忆亲情

——怀念父亲吴有训

吴再生

  1977年11月30日清晨，父亲因动脉血管瘤破裂而猝然离去，时间虽然已经过去那么久了，但当天的情景却仍像刻痕般地留在记忆中：我在那天下午正从宁波穿山港登船去舟山定海参加东海舰队召开的工程会议，突然接到通知要我立即返回东钱湖舰队机关。回去后才知道接到北京电话，父亲病危要我速返京。在返京的火车上，想到父亲已是八十高龄，很难保证不出意外，但感情上又不能接受这个事实，加上三天以前还在电视上见到父亲陪同邓小平同志会见外国学者，看上去他的精神还不错，所以又自我安慰不会有大问题出现。车到北京站看见接站的惕生哥左臂缠佩黑纱，此时自己的一切幻想都破灭了，不幸的现实摆在了面前。身旁的妻子已经控制不住感情哭出声来。其实我单位领导已接到父亲病故的电话通知，只不过他们出于怕我因悲痛在旅途中出事故的好心，故意瞒着我们罢了！党和国家给予父亲身后很高荣誉，邓小平同志亲自参加追悼会，当时任中组部部长的胡耀邦同志勉励我们要继承和发扬父亲遗志。在处理完父亲的丧事后，我们协助母亲清理父亲的遗物，发现除了书籍、资料、文件和简朴的日常衣物，父亲竟没有其他的身外之物。父亲作为一位知名的学者和民主人士，他的身后是如此清贫，使我们深受感动也深感自豪——父亲把他的一切都奉献给了祖国的科学和教育事业，而别无其他！

父亲是一位具有极强烈的民族意识和爱国热情以及社会责任感的知识分子，这个特点伴随着他走完了人生的道路，也决定了父亲一生中做人处世的原则，和他对生活所做出的选择，以及他对事业执著的追求。

父亲25岁（1922年）考取江西省官费留学美国，在芝加哥大学攻读物理。26岁接受著名物理学家康普顿教授（A. H. Compton）指导，在芝大的赖尔森物理实验室开始对"康普顿效应"进行研究。28岁时父亲取得芝加哥大学博士学位并留校任物理系助教。康普顿效应的发现是现代物理学发展过程中的一个转折点，它使物理学界最终确认了光量子的实在性，从而对后来量子力学的建立和发展产生了重大的影响。但是在康普顿效应刚被提出时，由于经典物理学观念影响很深，加之对这个新理论的实验证据尚不够充分和完备，且有人从实验中做出了别的结果、作了新的解释，因此遭到不少人的激烈反对，使得这一理论面临夭折的危险。在康普顿建议下，父亲针对反面意见的论据进行了一系列实验研究，以大量确凿的实验结果和精辟的理论分析证实了康普顿效应的客观存在，终于使这个新的理论得到国际物理学界的确认。康普顿因发现康普顿效应而荣获诺贝尔奖，父亲也因实验证实康普顿效应而成为中外知名的物理学家。当时美国已是世界上最富裕的国家之一，康普顿教授是美国著名的物理学家，他视父亲为自己最得意的学生，摆在父亲面前的是一条铺着荣誉、鲜花和物质享受的令人羡慕的道路。所以当父亲向康普顿提出要回国时，康普顿在惊愕之后，诚恳地多次挽留，他认为父亲留在美国发展的前途无量。但父亲仍坚持去意，并以一句"毕竟我是个中国人（After all I am a Chinese）！"使教授深受感动，变挽留为送别。父亲与康普顿教授共事时间不长，却给教授留下了极为深刻的印象。三十多年后，康普顿在美国的普林斯顿遇到杨振宁先生，还专门告诉杨：他一生最得意的两位学生就是吴有训（Y. H. Woo）和L.W. Alvarez（1968年诺贝尔奖获得者），而他始终不能辨别这二人谁的天分更高。

1926年秋29岁的父亲回到了灾难深重、贫穷落后的祖国。他决心要用自己的智慧和才能让科学事业在中华大地生根开花，实现他的科学报国、振兴中华的理想。父亲回国后用了两年时间了解国内情况，最后他选定了清华大学作为实现他奋斗目标的基地。1928年父亲应当时清华大学物理系主任叶企孙先生的邀请，赴清华大学任教。至1945年他离开西南联大赴中央大学任校长为止，父亲与叶企孙先生共事十七年，他们成为挚友，共同致力于创建清华大学物理系和理学院及研究生院理科研究所的事业。他们想方设法聘请有真才实学的教授到清华物理系任教和做研究工作，他们提出了重基础、重质量、重启发、忌灌输，理论与实践并重，民主办学，团结协作等一套教学原则和办学方针，并且特别强调教学与科研并重。他们所做的努力卓见成效，到30年代中期，清华大学物理系已经拥有一批学术水平很高的教授，即叶企孙、吴有训、萨本栋、周培源、任之恭、赵忠尧、霍秉权等七位教授为主的教学集体。父亲虽担任着理学院院长兼物理系主任职务，仍不脱离教学及科研前沿。他以自身的行动来强调教学和科研并重，并且和以上所说的这些教授们成为知己，成为通家之好的朋友。就是在这个亲如一家人的教学集体的共同努力下，30年代的清华大学物理系成为当时全国著名的物理教学和研究中心，并且培养出了一大批后来对我国科学与教育事业的发展起了推动作用的科学家、教授。其中有相当一部分人成为中国科学院的学部委员（院士），并有几位先生对我国核工业的发展起了重要作用。1986年上书邓小平同志、提出"863"高科技建议书的四位著名科学家之中，有三位先生就是30年代清华大学物理系的毕业生。在30年代这段时间，父亲在教学和担任行政工作的同时，对当时X射线散射物理学领域的前沿课题进行了深入的理论研究，先后在国内外学术刊物上发表十余篇论文，造成很大影响。他被德国哈莱自然科学院推举为院士，并在中国物理学会第五届年会上被选为中国物理学会会长。父亲又分别以"学术独立工作与留学考试"为题的演说和论文《理学院》，阐述了他追求中国在世界上的学术独立为目标的教育及科研思想，总结了当时大学教育及科研在管理工作中的成功经验，分析指出了具有方向性的问题和倾向并提出了对策，这二篇论述其实是父亲在清华大学从事教育及科研实践十多年，对科研和教育的管理及组织工作进行的阶段性总结。父亲在这一期间所取得的瞩目成果，使他成为"实开我国物理学研究之先河"（严济慈先生语）的学者，从而确立了他在中国物理学界的学术地位，同时他还形成了一套比较完整的行之有效的教育思想和办学方针，并积累了丰富的教学经验，成为当时知名的教育家。

父亲从来就把国家民族的荣辱存亡看成第一位重要的事情。母亲曾说过在她生我惕生哥时，正值1931年9月18日的晚上，次日清晨母亲满怀喜悦等候父亲来医院探望，却看见父亲满脸的愤懑与忧愁。父亲说，昨夜日本人占了东三省，如果我们不警惕和反抗就有灭亡的危险,孩子生在这个时候,就叫他惕生吧!1937年七七事变爆发,清华园邻近地区炮火连天。时值暑假,学校主要领导不在北平,父亲作为理学院院长,坚守岗位、沉着应变,与几位负责人一起安排在校师生员工疏散,及时转移学校财产使之免落敌手。当时北平城内外一片混乱,母亲刚生下小妹不久,但父亲却要立即去湖南长沙为清华、北大、南开三所大学组成临时大学进行组织工作。深明大义的母亲毅然支持父亲南下,由她独自一人带着我们四个幼小子女(最大的只有六岁),在兵荒马乱的局面下,暂时避居于北平亲友家中。在离别时母亲抱着襁褓中的小妹,流着泪对父亲说:"孩子刚满月,连名字都未取你就要走了",父亲叹气无言。他到长沙后来信给小妹妹取名为湘如(湘者,湖南也)。父亲是最早赶到长沙的教授之一。随着日军的进逼,学校西迁至云南昆明,定名为西南联合大学。父亲受命于国家危难时刻,出任西南联大理学院院长,并兼任清华理学院院长及物理系主任等原职。母亲携我们四个孩子历尽艰辛,直到1938年才通过天津乘海轮赴香港,然后经越南海防进入云南到昆明。当时父亲正因公去香港,因此得以在港接我们,经过长时期海上颠簸之苦的

吴有训先生与夫人王立芬女士及长子吴惕生、女儿吴希如摄于清华园寓所前

我，经舷板踏上陆地，看见父亲含笑迎接我们，并把我抱起来，这一情景一直从幼小时就留在我的记忆中，直至现在！

联大迁至昆明，经过两年多时间的艰苦努力，学校各项工作已渐上正轨。父亲深感在近三年大量时间及精力被行政工作所占用，而他的愿望是将主要精力放在科研及教学上，故而在1940年6月写信给梅贻琦校长，希望能辞去理学院院长职务，专心从事教学。但梅先生在收到请辞信的当日即复信父亲，诚恳地表示："理学院院长职务，不得不请仍本以往之牺牲精神，继续负责，万勿固辞。"面对这种情况，一向以"公家事"为重的父亲也就默默地继续作牺牲和奉献了！母亲和我们到昆明不久，日机即开始狂轰滥炸，杨武之先生（杨振宁之父）家就被炸弹直接命中，幸得全家都避开而人员无伤亡。我们与其他十多位教授家避到昆明郊外龙院村，住在当地士绅惠老师庄园边缘的闲空村屋里。龙院村距联大约十多里路，父亲往返授课办公全靠步行，他总是身着蓝布长衫晨往晚归，来去匆匆。当时父亲正着手创建并兼任着清华金属研究所所长的工作，研究所在距龙院村约五里路的大普吉，位置与龙院村及昆明市可以连成为一个三角形，所以父亲常常是到昆明讲课、办公之后，又赶到大普吉研究所去处理工作。晚上除了在油灯下看书、写作、备课外还经常邀集有关人士在家里商讨工作，我夜间常被他们的议论声吵醒。40年代初期抗战处于最困难阶段，日寇大军压境，昆明的物质条件极差，物价飞涨，加之国民党政权腐败，"朱门酒肉臭，路有冻死骨"是当时昆明最真实的写照。父亲的收入已无法维持一家七口人吃饭，当时我们这些孩子最深刻的感受就是老是吃不饱，父母亲则承受着更多更重的生活艰难与困苦。而父亲在这段最困难的时期却承担了极其繁重的工作，除了教学、指导科研外，他是西南联大又是清华大学的领导成员，先后担任二十多个委员会的委员或主席，在校外又任评议员、主编、会长、所长等职，并对大多数的工作都在干实事，其工作量之大、头绪之多，在当年西南联大教授中是数一数二的。而且除了领取一份教授的薪金外，其他所有这些工作父亲都是只干事不支薪的。清华大学规定教授连续工作五年可以公费出国休假一年，1941年正轮到父亲休假，他却主动放弃了这项权利，留在昆明共赴国难，父亲就是这样无保留地把全身心都投入到抗日救国的实际行动中。为了维持吃饭，家中稍值钱的东西都被卖掉，那时真是一贫如洗！由于操劳过度及营养不足，大约在1942年父亲患了伤寒病，住在农村，缺医少药，卧床近两个月，主要靠他原来健康的底子和母亲日夜精心护理，总算侥幸地战胜了疾病。这场大病使他得了手颤抖的后遗症,所以病后父亲形成了他特殊的颤栗笔迹。母亲为解决家庭经济困难,在繁重的家务劳动之外,用她在国画及刺绣上的特长,设计出各种图案并绣成各种制品,出售给那些在珍珠港事变后来昆明协助中国作战的盟国军人。这项家庭手工业收入,补贴了当时的家庭开支。看似柔弱的母亲,却每次都在困难的时候挺身而出,为父亲排除后顾之虞。这次为让全家能吃饱饭,从绣品的绘图、成样、刺绣、成品及送售全由母亲一人包下来,日夜辛劳。一次在送售产品后返家途中,被突然塌落的建筑脚手架击中,使她的右足一直留下了伤痛,并且因长年在微弱的光线下刺绣(因为住房的窗户全是用粗纸糊的),眼力锐减,又使母亲患了严重的眼疾。

1945年8月父亲被任命为中央大学校长,至1947年10月他离开中央大学,实际担任了两年零两个月校长职务。现在追忆那时父亲的言行,总的印象是:他从一开始就希望能把清华的优良传统和作风,诸如浓厚的学术研究空气、民主的教授治校机制、良好的人际关系气氛,以及对待子侄般爱护青年学生的感情等等,移植到中央大学去。他尽了极大的努力,以身示范,取得了成效,也受到中央大学广大师生的真诚拥护。父亲的这种"清华情结"是很深厚的,他在清华既教书育人又从事科研,工作了十七年,是包括他在内的一批教授和广大师生员工的共同努力,使清华的学术及科研水平得到国内外的认可,并且培育和形成了当年清华的校风和传统。这段经历虽然包含了八年抗战的颠沛流离和艰难困苦,甚至还差一点儿被贫病夺去生命,但仍然一直给他留下了美好的回忆,与此同时,他也把自己和清华融为一体了!父亲是从不唱歌的人,可是我们小时候就常听到他不成调地唱清华校歌,特别是歌词中"自强,自强……"那一段,他总是加重了调门,给我们留下极深的印象。可以这么说:在当年,为了清华,父亲是可以奋不顾身的!而这种思想和感情,那时在清华大学的一批知名教授(如叶企孙、冯友兰、张奚若、陈岱孙等等)身上都可以见到。如此之多的中国知名学者,对中国的一所大学,一往情深地为之奉献,个中原因,值得我们研究。

父亲的老朋友、著名物理学家周培源先生为纪念父亲曾写过这样的几句话:"(他)做出了科研史上卓越的成就,培养成名的大学者分布全球,为发展祖国的科技奋斗终身。"

安息吧,我亲爱的父亲!

(作者为吴有训先生幼子,海军大校,高级工程师,已退休)

曹靖华先生

曹靖华（1897—1987），河南卢氏县人。著名翻译家、散文家。20世纪20年代初赴苏联莫斯科东方大学学习。1933年回国后，先后在北平大学、东北大学、中国大学等校任教。1948年秋赴清华任教。新中国成立后任北京大学俄语系教授兼作协书记处书记。

父亲曹靖华的清华岁月

曹彭龄

父亲曹靖华是 1948 年秋天到清华大学的。在这之前,他在南京中苏文化协会主持苏联文学的编译工作,我们一家也住在协会里。中苏文化协会一直是国民党特务机关监视的对象,中共代表团撤离南京后,这种监视也更加严密。协会所在地牌楼巷的四周布满特务,一出协会大门,身后便会长起"尾巴"。家里经常收到恐吓信和恐吓电话。为避免全家遭特务毒手,风声紧时,一家便四散开来。随着白色恐怖日益加剧,这样的情况也越来越多。一天,一个身陷囹圄却天良未泯的青年,写信告诉父亲说他已被列上黑名单,要他"迅即远走"。这也印证了父母的预料:敌人越临近灭亡,就会变得更加疯狂。杨杏佛、闻一多、李公朴……多少进步文化人倒在特务分子的枪下啊!恰在这时,父亲接到时任清华大学文学院院长冯友兰先生的信,请他去清华任教。不久收到聘书,于是,他便"金蝉脱壳",于同年 8 月只身北上了……

我手头留存的一份那年 10 月 10 日《北平学生周报》,刊登着一篇《重回到教育界里来的曹靖华先生》的报道,这样记载着:

> ……与教育界已经阔别了十年的曹靖华先生现在应聘清华,又回到学校来了。当暑假快结束的时候,这个消息就已经传了出来,它所发给

同学们的鼓舞与欢欣,真是不可言状……

……开学了,消息已被证实。当俄文开始上课的时候,本可容纳六十人的教室已经座无虚席了,连那可以站着的地方也都被挤得满满的,而在外面的走廊上还有些同学不能进来。铃响了,从人缝中挤进来一位身材不高但很结实的中年人。光头,方方的脸上并没有戴眼镜,灰布大褂帆布鞋,看上去真似一个土头土脑的乡下人。同学们的目光惊异着,好像在说:"原来他就是曹靖华先生!"……

文中说的"与教育界已经阔别了十年",是指父亲1933年自苏联回国后,受北大女子文理学院院长范文澜之邀,就教于北大,后来,又在北平中国大学、东北大学、法商学院等院校兼课。1937年七七事变后,父亲带着我们全家随师大、天津北洋工学院等迁西安、汉中,继续在由这些学校组成的西北联大任教。翌年,在一次反对学校法西斯化,要求民主、抗日的学潮中,他与彭迪光、韩幽桐等几位进步教授一起,被师生推举为代表,同国民党教育机构面对面谈判,被前往坐镇的教育次长宣布"解聘",并勒令各大学"不得聘用"。他始离开教育界,在周总理的安排下,到重庆"中苏文化协会"主编"抗战文艺联丛"和从事苏联反抗德国法西斯文学翻译,继续他在回国之前,协助鲁迅先生"为起义了的奴隶们偷运军火"的工作……

在当时白色恐怖的环境下,敢于对像父亲这样十年前就曾被勒令"不得聘用"的"赤色危险分子"下聘书,也确实需要一点胆识的。

父亲到清华,被临时安置在清华园工字厅。当时清华尚无俄语系,亦未设专修的俄语课,俄语只作为第二外语。他在8月16日致戈宝权先生信中说:

……弟每周八小时专任,极清闲,十之七八之时间可集中于本位工作。新环境得习惯,稍事布置后,即再详函……

由于时局发展很快,父亲在"稍事布置"后,便急急催母亲携我们姐弟北上。对于父亲的"失踪",也时时有特务盘查,母亲一方面同特务敷衍、周旋,一方面托朋友、找关系,筹措北上的办法。当年,由于生活拮据,连父亲北上都曾向戈宝权先生"蒙借拾元"(同日致戈宝权函,详见《曹靖华书信集》)凑的盘缠。我们一家三口,自然只能选择开销最少的方式——自上海乘船到天津,再转赴北京。待买到船票，已是 11 月了。当轮船抵达天津，望到码头上来接我们的"灰布大褂帆布鞋，看上去真似一个土头土脑的乡下人"的父亲时，一路上的惊怕不安，加上连日晕船、呕吐等等统统忘记了。在那样的年月，有什么比骨肉团聚更令人欣慰呢？！特别是当父亲悄悄告诉我们，由于解放军解放东北全境后，又马不停蹄，挥师入关，势如破竹，我们乘坐的那艘船已是北上的最后一条时，更感万分庆幸！

由于全家到来，父亲由工字厅单身宿舍迁到清华园北院五号。那房原来的主人因时局原因，举家赴美，校方将他们未带走的家什，集中锁在一间屋里，将它借给我们暂住。那时平津战役已经打响，不久，便听到远方隐隐传来的炮声。那些日子，我们家十分热闹，除了前来问候与看望的冯友兰老伯、李广田先生等父亲的朋友外，更多的是他的学生。他们来帮助安顿，买煤、买米，也为来交流信息和讨论对时局的看法。人人都在渴盼的兴奋中。我常听到父亲用浓重的河南乡音和同学们说："长夜就要过去，天就要亮了！"……

记得有一天，几个学生匆匆赶来，说有的教师怕打仗，提出将家属迁到城里，学校答应专门加开班车运送。他们问："师母和孩子是不是也去城里？免得一戒严就进不去了……"父亲和母亲对望了一眼，母亲说："我看还是不去的好，免得一家人分开又牵肠挂肚……"父亲点点头："我们一家匆匆忙忙从南京赶到北平，盼的就是这一天。清华进步同学多，'那些人'不敢动，进了城反倒不安全。我们就在这里和大家一起迎接这一天吧……"

"这一天"终于来了。

那隐隐的炮声由疏而密，由远而近，到中午吃饭的时候，机枪声、手榴弹爆炸声都清晰可闻。我们家在清华园最北面，不时还听见子弹从空中嗖嗖飞过的啸声。这时，父亲的学生跑来说，为防止敌人破坏，进步的学生已经组织护校，迎接解放。

当晚，枪炮声更响成一片，据说解放军先头部队已到达昌平、清河一带，离清华已经不远了。我们都沉浸在幸福的企盼中，那劈劈啪啪的枪炮声，仿佛就是欢庆解放的爆竹……这时又有几个学生气喘吁吁地来到家中，他们说学校北墙外正在激战，学校决定将图书馆底层的几个房间腾出，让北院的教授和家属去那里暂避，他们是特意来接我们的。到了那里，大房间的地铺上已经睡了不少人，我们在一块空地上铺上褥子，和衣而卧。由于兴奋，那一夜，大概谁都没睡好。

半夜时分，一阵喧闹，有学生来找父亲，说国民党军队要求把炮兵阵地设在大操场上，被校卫队和学生组织的护校队挡在校门外，正在紧张交涉。父亲听说，马上说："学校是文化教育重地，古今中外都是受重点保护的部门，绝不能让他们把炮兵阵地设在学校，那会使学校遭受战火破坏……"一边说，一边穿上外衣，和学生们一道匆匆离去……

早晨，待我醒来，父亲早已回来了。经过严正交涉，国民党的炮兵终于未能进驻学校。而且，北墙外的枪炮声也渐渐稀落，到上午枪炮声已转到青龙桥、八大处一带。在图书馆过夜的人们也陆陆续续搬回家里……

记得就在那天下午，忽然听说"八路"到了清华，我们闻讯赶去。在大操场体育馆外，围着一大群人，我们费力地挤到前面，看到一个威武的军人站在高台上，笑容满面地回答学生们七嘴八舌提的问题。那是我第一次看到"八路"——解放军，翻毛帽子皮大衣，神采奕奕又和蔼可亲，同平时见惯的那些獐头鼠目的"黄狗子"——国民党兵，简直有着天壤之别！大多数围在那里的大学生们，大约也是第一次看到解放军，兴奋得忘记了寒冷。直到体育馆里有人出来，招呼那位军人进去，并对围在那里的人们大声说："清华园已经解放了！解放军派来的代表正和校方商谈，希望大家维护学校安全，防止敌人破坏。大家先散开，待有进一步消息，再行公布……"学生们这才笑着、嚷着"解放了！解放了！"四处散去。"解放了"的欢笑声也随之迅速传遍了整个清华园……

又过了一两天吧，一辆军用吉普突然在我家门前停下。如今，我已经记不得那次乘车看望父亲的，是《黄河大合唱》的词作者光未然，还是诗人艾青、萧三。清华园初解放的日子，他们都曾到家中去过。我只记得隔壁家的女孩儿看见从吉普车上下来的"八路"径直走进我家，便急忙回家报信："共匪到曹家去了！"当时，不少清华的教授，都是西装革履，一副"洋"派头。像父亲这样的"土头土脑的乡下人"是很不"入流"的。"共匪"到家，自然令他们惊异。那时，我对究竟是谁来看望父亲并不关心，令我更感兴趣的，是他们乘坐的军用吉普和那个看来比我大不了多少的有着娃娃脸的司机。当时我推门出来，看见隔壁的窗帘已经掀开，玻璃窗上贴上了几张人脸，脸上那种惊异的表情，至今记得真真切切。

司机热情招呼我："小鬼，清华大学的操场在哪里？"在重庆时，陌生人招呼我们"娃儿"，到南京变成了"小把戏"，北京人怎么招呼小孩？当时初来，还不知道。"小鬼"还是第一次听说，十分新奇，明明是人，怎么叫"鬼"呢？当时也顾不上细想，指指西边土坡后面的两排树："就在树那边。"司机扭头看看，冲我说："走！上车，带路！"没有什么比坐上军用吉普更惬意了！我向邻居窗口回望一眼，那几张人脸依旧像窗花儿似的贴在玻璃上……

那些日子，解放军已经把北京包围得严严实实，傅作义的军队被分割得七零八落，每天都有捷报从各个战场传来。清华园沸腾了，解放军的文工团、宣传队带来的锣鼓、秧歌，随着"解放区的天是明朗的天"的歌声，让整个学校都沉浸在欢乐里……

元旦到了，那是解放后的第一个元旦。白天，家中总是宾客不断，来得最多的自然是父亲的学生，常常是一批未走，一批又来。晚饭后，我们早早地去大礼堂，看解放军文工团的演出。那前后，我们看过不少演出，印象最深的是歌剧《赤叶河》，故事发生在河南，而父母亲又都是河南人，自然更感亲切。我也是从那歌剧中知道河南人曾饱受"水、旱、蝗、汤（恩伯）之害"……元旦的节目都不长，但都充满激情，令人振奋。"捷报，捷报，歼灭了黄伯韬……"，"我们的队伍来了，浩浩荡荡饮马长江……"淮海战役的节节胜利，激荡着人们的心潮，礼堂里不时响起如雷的掌声。演出结束后，父亲的学生们邀请我们全家一起欢庆元旦。记得父亲在讲话中说："我们在国民党统治下，提着脑袋过日子的时代，已经永远结束了。我们是未来新中国的主人，建设国家美好未来的责任已经落在我们每个人的肩上。虽然现在选修俄文的同学不算多，但这种语言的重要性将会一天天增大起来，这是不言而喻的。希望同学们努力学习，作建设国家、创建未来的生力军……"

那段日子，北京还是"围城"，全国其他战场，解放军仍在节节开进。北京周围，包括清华这样的"新解放区"，供应等等一时还跟不上。当时国民党废纸一样买一包火柴就需一大捆的"金元券"已经不用，在清华园里流通的是晋察冀边区的货币，通称"边币"。各户可以用它在学校的供销社购买定量的米、面、红糖和少量生活用品，而蔬菜、鸡蛋很缺。有一天，我跟着父亲从清华北面的小门走出学校，踏着铺满积雪的村路去农村。他看到一户农家地窖里有大白菜，便想买，但农民不认识"边币"，怕上当。正迟疑间，父亲说："你们缺什么，我如果有和你们换行不？"那人说："我家刚生过孩子，缺红糖……"父亲忙说："有，有，我马上取了转来！"……从那以后，我们家的饭桌上，便没有断过这种过去在重庆和南京未曾见过的大白菜。每次，学生们来，赶上吃饭的时候，母亲总是挺自豪地留客："不要走，尝尝我熬的大白菜！"……以后几十年，每到冬天，我们家的饭桌上也常常有一大锅熬白菜——尽管里面丰富了许多"内容"。我们之所以对这北方平常百姓的"当家菜"情有独钟，大约正是在那段清苦，却生机勃勃充满希望的岁月，同它结下的不解之缘……

1月14日天津解放，一周之后，解放军开进北平，这座文化古都终于和平地回到人民的怀抱。清华的学生组织了宣传队，姐姐苏玲也随他们一起进城宣传，演出他们自编的歌剧《新旧光景》……

任弼时同志随中央机关自西柏坡进驻北平后，也特意驱车去清华园看望过父亲。3月，父亲参加代表团赴布拉格，出席保卫世界和平大会。紧跟着，文代会、政协等等也都筹备召开……除教学外，父亲的社会活动也增多起来。当时，城里城外来往交通十分不便，我在清华附小借读几个月后，准备进城考中学，姐姐苏玲也由燕京大学转入北大，我们一家便于1949年7月搬进城里。50年代初，"院系调整"后，父亲和当时在清华同他一起教授和学习俄语的师生，一并转入了北大。

在父亲几十年的教学生涯中，在清华的那一段恐怕算不上主要的。但由于当时那个特殊的年代，也定会有特殊的意义，我想。可惜的是，这全然不是我能说明白的……

1999年8月

（作者为曹靖华先生之子，退伍少将）

罗家伦先生

罗家伦（1897—1969），字志希，浙江绍兴人。1920年毕业于北京大学，为「五四」学生领袖之一。后留学美、英、德、法等国。1928年就任清华大学校长。1930年辞职。1932年至1941年任中央大学校长。

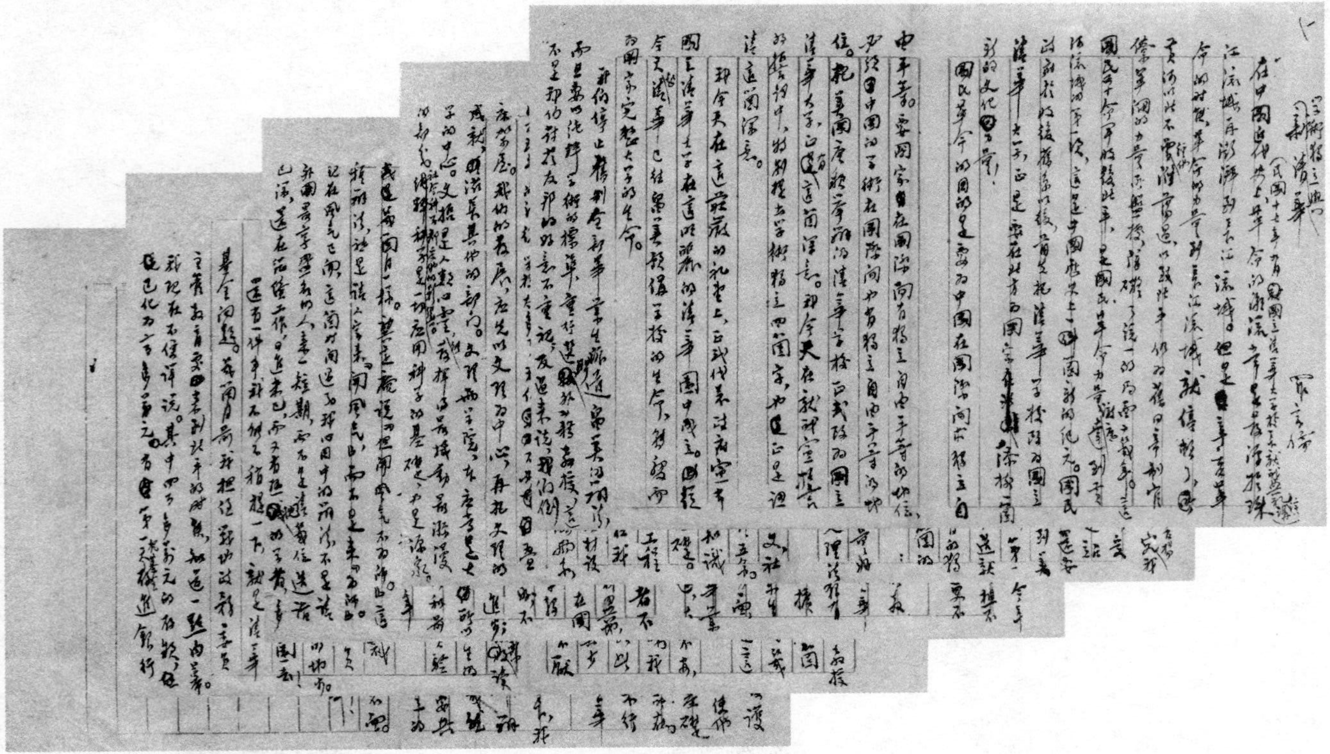

罗家伦先生出任国立清华大学首任校长时的就职演讲稿（1928年）

父亲罗家伦在清华

罗久芳

1928年9月，先父罗家伦到达清华大学就任校长。1930年5月，他在提出辞呈后未待批示便离开了北平。这段时间虽不到两年，却是清华转型、成长过程中很重要的阶段，也是他毕生从事教育工作中独特的经历。1930年以后，他未曾再回北方任职；而又过了四年，我才在南京出生。因此对我来说，当年故都北平和清华园的风情气象，仅是从父母和他们的友朋间言谈中获得的憧憬——遥远、古老，而幽美。

半个世纪以后，我为了协助筹备《罗家伦先生文存》的出版工作，彻底整理家中的遗物，才看到许多褪色的照片、剪报、书信和日记，以及各种报告、计划、演讲稿和装订成本的校刊。近年来又读到各地出版的传记、回忆录和专著，使我逐渐突破时间和空间的阻碍，接近到那个永远不会重现的时代，也滋生了深切的向往和感触。

父亲受命北上时，游学回国才两年。在此之前他与清华没有任何渊源，任命发表前也毫不知情。提名的人是大学院（后改称教育部）院长蔡元培—知悉他最深的老校长；交付他的任务是加速推行清华的改制，在一个用美国退还庚子赔款设立的留美预备学校的基础上，建立起一个完整的国立大学。刚过而立之年的父亲，在接受这个充满挑战性的任命时，心情的复杂和沉重是可以想见的。

9月18日宣誓就职的典礼中,他正式宣布国立清华大学成立,并发表了由"校务改进委员会"决议的改制方案,包括停止旧制毕业生全部派遣留美,调整院系,加强教授阵容,设立研究所,充实图书等设备,节制行政开支,整顿基金。目的是要"在这优美的'水木清华'环境里面,树立一个学术独立的基础"。[1]

新学年10月12日开学时,校园中除了新校长外,新生中首次出现了十五名女生;原有的五十五名教授中,三十七位(包括外籍人士在内)遭到解聘,却进来了二十多位新的教授;有些系和课程被取消,中国课门增多;本国和外籍教职员之间待遇及居住条件的差别得到改正;权力大过于教授的职员地位和人数也重新调整。父亲在开学典礼中介绍了各系系主任,新教授,以及其他具体改革计划,希望"自此以后,学校有一新生命……以清华大学来转移全国学风,以尽引导全国青年的使命"。[2]这个已有十七年历史的名校,突然面临这一系列的变更,按理会出现相当强烈的反应。但清华师生却安然跨入了新的纪元,足见这些措施是合乎时代要求的。

父亲的任务是必须要靠一批志同道合的同事协力去推行的。他本人在欧美六年,不仅研究教育哲学,观察各国高等教育制度,也和其他院系的留学生广泛接触,谈论共同的志趣和抱负。因之他首先邀请到在清华担任教务长的杨振声,秘书长(后任文学院长)冯友兰,教授吴之椿、周炳琳等人,都是他在北大与留美时期的同学。许多由他续聘的本科和国学研究院教授短期邀请来校的外籍客座教授,以及来自燕京、南开、东南等大学的新教授名单,在近代学术文化名人录中,至今闪闪耀目。其中也不乏20世纪世界级的泰斗。

父亲为清华求才的苦心,从毛子水根据何基鸿(清华法学教授)转述的一个小故事中可见一斑:"志希从北平到南开去请蒋廷黻先生。蒋先生本不愿离开南开的。但蒋先生若不答应去清华,志希便坐着不走,熬了一夜,蒋先生终于答应了。"[3]后来父亲在历史系代了一学期课,以待蒋氏来校就任系主任。

父亲本人并不属于任何学派,对学位、分数之类的形式也不拘泥。昆曲大师"红豆馆主"爱新觉罗·溥侗应聘为国乐导师,钱锺书"破格"被录取入学,都显出这种新的作风。多年后他口述回忆往事时说,他当年聘请教授的原则之一是:

---

[1]《学术独立与新清华》,《罗家伦先生文存》(五),第18—25页。
[2]《罗家伦先生文存》(五),第24—27页。
[3]《罗家伦先生文存》(十二),第299页。

自右至左：王文显夫人、罗家伦夫人、I. A.Richards夫人、Richards教授、Richards的女儿、罗家伦先生、王文显先生

"不把任何一个教授地位做人情，也决不以我自己的好恶来定去取。"①文中举例说："当时有件有趣的事，就是外文系的吴宓教授，因为在五四新旧文学之争的时候，他攻击新文学运动甚力，并且同我打过小小的笔墨官司，现在我来做校长了，他怕我对他有所不利，托赵元任先生来向我打听消息。我大笑道：'哪有此事，我们当年争的是文言和白话，现在他教的是英国文学，这风马牛不相及。若是他真能教中国古典文学，我亦可请他教，我决不是这样褊狭的人。'以后，我不但继续请他，并且对于他的待遇大事增加，并且倒成了很好的朋友……"

关于延聘新教授他还说："我所着眼的，是比较年轻的一辈学者，在学术上打得有很好的基础，有真正从事学术的兴趣，而愿意继续做研究工作的人。"因此这时期清华的新人，年龄都不过三十上下，确是一个年富力强，有理想，有冲劲

---

① 《我和清华大学》，《罗家伦先生文存》（八），第396—412页。

的班底。他们支持新校长向董事会提出的建议报告书,特别是有关调整薪俸和动用清华基金来添建生物馆、学生宿舍,扩充图书馆,以及设立研究所的要求。不料1928年底父亲到南京出席改组后的第一次董事会议时,遭到了意外的挫折。第二年4月再开会时,父亲和教授会代表冯友兰联袂出席,一致坚持立场,像"不畏虎的初生牛犊"[①],对抗由外交部高级官员把持的董事会,力争新编预算,并在校中发动废除董事会的舆论。父亲则以壮士断腕的精神,在四、五月间三次向教育部提出辞呈,表示不挠的决心。当局终于在6月29日下令取消基金会,改由教育部中华教育文化基金董事会管辖,并采纳了父亲所拟计划大纲中的主要部分,从此奠定了30年代清华大学突飞猛进的基础。

5月12日父亲在南京的奋斗告一段落后,写给在北平的母亲信中有这样一段话:"清华事总算圆满解决,此系公理胜利。我去固光荣,我回亦不失面子……但外交部董事会却是恨死我了。将来有机会自亦拼命。但是世上的事,总是斗争的,不过我与彼有公私之别耳。"又说:"为个人精神安慰计,我视回校为畏途。但为始终贯彻政策计,我亦可牺牲个人安逸。"由此可以看出他一旦负起自认为有意义的任务,必定全力以赴,不计个人成败。然而他的个性与才能,更适宜从事学术研究和思想、文化方面的领导工作。教育行政涉及复杂的人际关系和政治纷争,对他无疑是苦恼的。所以他从未放弃研究近代史的初衷,1930年离开清华后,便接受了武汉大学历史系的聘书。

新制的清华大学,不仅提供了优良的求学和研究环境,也增加了与北方其他学府和研究机构的合作与交流。最初校内流传"北大兼并清华"的谣言,不久便已消失。其实父亲罗致人才的努力,从未显示门户之见。他刚到任即聘请地质调查所的翁文灏来校设立地理系。中央研究院历史语言研究所北迁以后,清华国学研究院的陈寅恪和李济都先后离职参加了这个研究机构。1929年10月6日史语所所长傅斯年致冯友兰、杨振声和父亲的信,为的便是开展双方合作的构想。信中说:

  现在寅恪、元任两兄,及李济之,我们的研究所均不免与之发生关系。这不是我们要与清华斗富,也不是要与清华决赛,虽不量力,亦不

---

① 冯友兰《三松堂自序》,第336页。

至此！亦不是要扯清华的台，有诸公在，义士如我何至如此！乃是思欲狼狈为善（狼狈分工合作本善），各得其所！

一、清华到底是个学校，此则是一纯粹研究机关。

二、清华到底在一处（北平），此则无所不在。

三、清华各种关系太多，此则究竟是个小小自己的园地。

所以在清华不便派人长期在外时，可由我们任之。我们有应请而请不起，而清华也要请的人时，则由清华请之。有可合作的事时，则合办之。诸如此类，研究的结果是公物，我们决不与任何机关争名。①

这种为学术而不计名利的心胸和理想，无论曾否实现，在任何时代都是可贵可敬的。

至于陈寅恪离开清华的理由，可以从他给傅斯年和父亲的一封信（1929年6月21日）中察觉。他说："弟居清华两年之经验，则教书与著书，两者殊难并行。此间功课钟点虽少，然须与学生谈话及阅改文卷等，仍无十分余暇及精神看书及作文。至于所授之课，如自己十分有把握者，则重说一番，如演放留声机器，甚觉无兴趣。如新发现之材料，则多阙疑之处，对人高谈阔论，亦心不安。且须片断预备功夫，无专治一事一气呵成之乐。况近日之为教授者，复多会议等杂务，尤为费时耗力，此种苦处，想公等必知之甚明，不待详陈也。"②这些老友们学术兴趣虽不尽相同，互相体谅关切的情谊，却是非常感人的。

父亲在清华时期仅留下了1930年初两个多月的日记。③那时学校预算和基金等问题都已解决，兴建的工程正在绘图招标，一切逐渐步上正轨。他几乎每天都与校内外的教授学人会晤，商谈业务，交换意见，切磋学问。每星期六上午他进城到北京大学教一堂近代史课目，下午去看外交档案，进行自己的研究课题。周末也常去故宫博物院看文件，去琉璃厂看画买书，或作访友郊游等活动。他和母亲新婚才两年，生活显得丰富愉快。可惜5月初中原大战爆发，导致清华同学会（离校毕业生组织）再度掀起风潮，拥护阎锡山派选的人出任校长。父亲以学风不正为由坚请辞职，表示并无恋栈之意，遂于6月初告别了北平。

---

① 《〈罗家伦先生文存〉附编——师友函札》，第301—302页。
② 《师友函札》，第272页。
③ 《近代中国》第130期，1999年4月。

从日记中还看到校方经常邀请外界专家向学生演讲。两个月中便有裴文中、杨钟健讲发现"北京人"的经过及科学上的意义；陈兰荪讲中国币制金本位的问题；李济、董作宾讲安阳发掘及考据所得之成绩……反映出校园中活跃的学术气氛。父亲对毕业后进入社会的学生自然抱着殷切的期望，在1929年7月6日的毕业典礼中对他们说："中国以往的教育方针是借贷式的，唯一的目的，就在转贩外国已成的学术……但是从民族的观点来看，一个民族要求独立、自由、平等，必须在文化方面、学术方面，先求得独立、自由、平等的地位方可。""……我希望诸位养成一种知识化的人格，将自己所学所研究的知识，溶化到自己的人格里去，使自己的人格，受一番科学的洗礼，因此养成一种领导时代的健全的人格。"①

另外，父亲对这年最后一届毕业留美学生赠予一番临别勉励，劝告他们：

一、学问事业均须竭毕身之力以赴之，万不可惑于西方浮薄的成功论。

二、在国外时间不多，应当多读书，少活动。

三、学位只能以"缘木求鱼"的方式得之，不能以"揠苗助长"的方式得之。

四、欲求中国民族在世界民族中的独立平等，当求中国学术在世界学术界的独立平等。

五、治学当重工具的学问，勿以他人之成绩自炫，当独立求自己的成绩。

六、对于本国的文化应有自尊心，但万不可炫于东方文化之说，造成自欺的心理。②

从这些话里看到父亲办教育的理想和原则，即使在21世纪终结之时，仍然无懈可击，并且值得青年学子深思。

1930年父亲南下后，清华校务由校务会主席冯友兰主持，但仍不断受到同学会的攻击，7月8日冯氏写信给父亲告知校中近况，并称"弟现加入漩涡，为我辈支此危局，俾兄对清华之一切计划可照常进行。望兄时加指示，幸甚"。③同仁之间的共识和互信，洋溢言中。

父亲在大刀阔斧改革旧制清华时，难免损害到一些人的利益，引起了一些人的反感。对于他的成绩，自然褒贬不一。当年两位与他很熟悉的学者，曾留下他

---

① 《罗家伦先生文存》（五），第51—54页。
② 《罗家伦先生文存》（一），第486页。
③ 《师友函札》，第282页。

们的评价，值得后人回味。1930年陈寅恪在父亲离校后曾对毛子水说："志希在清华，把清华正式地成为一座国立大学，功德是很高的。即不论这点，像志希这样的校长，在清华可说是前无古人，后无来者的……清华属于外交部时，历任校长都是由外交部所指派的。这些人普通办事能力虽然有很好的，但对中国的学问大都是外行，甚至连国文都不太通，更不要说对整个中国学问的认识了。像罗志希这样对中外学术都知道途径的人，在清华的校长中，实在没有过！以后恐怕也不会有了。"[1]

1948年冯友兰在《清华的回顾与前瞻》文中有这样的评论："清华大学之成立，是中国人要求学术独立的反映。在对日全面战争开始以前，清华的进度真是一日千里，对于融合中西新旧一方面也特别成功。这就成了清华的学术传统。""不管政治及其他方面的变化如何，我们要继续着这个学术传统，向前迈进。对于中国前途有了解底人，不管他的政治见解如何，对于这个传统都应该重视爱护底。"[2]冯氏与父亲共襄校务以后，继续在清华任教多年，他的结语应该是很有根据的。

研究清华校史多年的苏云峰教授曾经指出："现在很多人只知道梅贻琦是清华大学的功臣，而不知道罗家伦的奋斗成果与经验，实为梅氏的成就，铺下了一条康庄大道。"[3]在1996年台北纪念父亲百年诞辰的座谈会中苏氏还说："从罗氏在清华的作为看，我们发现他不仅是一位理想色彩浓厚的人，也是一位有协调和实践能力的人……我觉得他所留下的学者风范，富理想、说真话、敢批评、能改革、肯负责又不恋栈的光明磊落精神，是值得后人效法的。"[4]

多年前为编印《文存》整理父亲文稿时，我看到一句话最能代表他治史的心得与信念，他说："凡是一件历史的事迹，时代隔得愈远，其意义和影响，愈看得清楚。"[5]相信研究和珍惜史实的人，都会与他有同感的。

1999年8月

（作者为罗家伦先生长女，历史学家，现居美国）

---

[1]《罗家伦先生文存》（十二），第864—865页。
[2] 冯友兰《三松堂全集》，第13卷。
[3]《中研院近代史研究所集刊》第16期，第382页。
[4]《近代中国》第116期，第80—81页。
[5]《罗家伦先生文存》（一），第145页。

叶企孙先生

叶企孙（1898—1977），上海人。著名物理学家。1913年考入清华学校，1918年赴美留学。获哈佛大学1923届哲学博士学位。1925年应聘清华，历任物理系教授、系主任，理学院院长、代理校长等职。

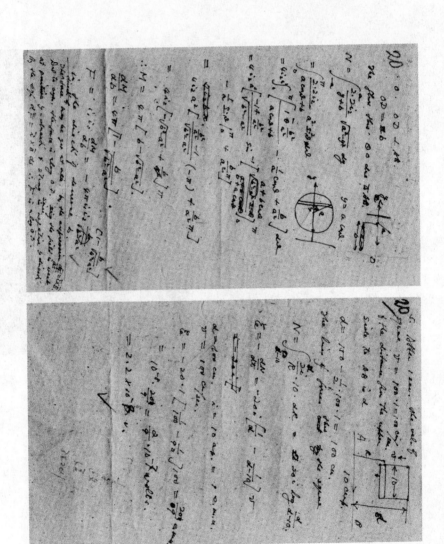

北院七号[*]

——忆叔父叶企孙

叶铭汉

我的叔父叶企孙先生在清华大学的住处是北院七号。1925年他到清华工作，开始住在那里。抗日战争胜利后仍住在北院七号，一直到1953年院系调整后，清华理学院合并入北京大学，叔父搬家到北大。

我从小生长在上海，与叔父接触很少，1943年1月从上海到重庆，投奔叔父，那时他在重庆任中央研究院总干事。我在重庆进中央大学师范学院附属中学继续我的高中学业。1943年夏叔父辞去中央研究院职务，回西南联大。我在1944年夏考入西南联大。叔父当时住在昆明北门街联大的一个教职员宿舍内，一间约十平方米的小房间。陈岱孙、金岳霖、李济侗、沈同等十多位教授也住在那里。我到联大后住联大学生宿舍。

1945年联大复员，恢复清华、北大、南开三校。我住学生宿舍。叔父一向主张，作为学生，应该住学生宿舍。这样有利于同学之间的互相接触。当时清华学生是三人一间，在抗战前是两人一间。自由组合，不论院系。三人组合好后就去

---

[*] 编者按：照本书体例，应收子女缅怀其先人的文章。叶企孙先生终生未婚，无子女，有侄叶铭汉常随侍，如子女然。乃收此文。

管理学生宿舍的"斋务股"抽签,抽中哪一间就住那一间。每年抽一次,搬一次宿舍。当时男生学生宿舍有新斋、明斋、善斋、平斋四处,其中新斋和平斋较新一些。抽签决定房间,大家觉得比较公平。值得一提的是,管理宿舍的斋务股就设在明斋,方便同学。虽然那时候不强调服务,但实际上管理机构没有官气,办公地点贴近同学。

叔父曾向我建议,最好挑两位不同系的同学住在一起,如不同学院则更好。他说,不同院系的同学住在一起可以更好地交流学习、扩大知识面。

1946年10月我第一次到清华,看到北院七号。北院位于图书馆北面,一共有十多套房子,系平房。这十多套相同的房子分布如"7"形,一部分朝南,一部分朝西。我只记得除了叔父外,还有朱自清、温德、刘崇𬭎等教授住北院。北院是在民国初年建成的,跟新林院相比,显得旧一些。七号面向南,朝南三间,朝北两间,共四室一厅。朝南的中间一间是客厅,大约二十平方米。东边是书房和卧室,两间相连。书房朝南,约十平方米。卧室朝北,约二十平方米。书房和卧室相连,通过书房进入卧室。西边两间,一间朝南,一间朝北。两间相连,各约十五平方米。房子的北面,即背后有厨房和工友的住房。

据老清华说,在抗战前,叔父的北院七号有较好的家具。抗战开始,家具寄存在原来叔父雇佣的一位工友家中。后来这位工友也去了昆明,他的家属留在北平。因为邮汇时通时断,他的家属生活很困难。叔父说,就把家具变卖了吧,作为他们的生活费。抗战胜利后回北平,叔父什么家具都没有。幸好陈岱孙先生作为清华大学复员的先遣队,在1946年初回北平。他帮助叔父购置了一些家具。因此在1946年10月回北平时,北院七号有一些必需的家具:一张床,一张吃饭用的方桌,一张书桌,几把椅子,几只方凳,一套布面沙发,几个书架。叔父只用七号的客厅和东边两间,这些家具放在这三间内,显得空空荡荡。西边的两间一点家具也没有。

西边空着的两间,后来实际上成为清华的临时客房。钱学森先生在1947年回国探亲时曾在这两间住了十多天。钱三强先生在1948年回国,到清华任教,但家仍在城里。上课时期住清华北院七号,周末返城里。他在叔父家住了约两个学期。

叔父还约请青年教师同住北院七号,先后有何成钧先生、孙良方先生。

叔父一直主张我住宿舍,除了主要是为了同学之间多接触之外,他还说过不希望我住他家的另一个原因。他说,他在学校内负有一定责任,经常有人到家里跟他讨论工作。叔父不希望我听到那些不该知道的事，更不希望我把听到的话随便讲出去而造成不良影响。

叔父工作忙，晚上常有人去找他，他自己也要看书。跟我约定，每两周去他家一次，谈谈家务。有时约我星期日一起进城吃饭，经常同时请一两位学生一起去。

我在叔父家中经常遇见一些教授。有一件事一直没有忘记。1948年春，在北院七号遇见朱自清先生来讨论教学中的问题。临走时谈到时局艰难。朱自清先生忽然叹一口气说："不知道我能否活到看到时局转好的一天。"我听了十分惊奇。叔父说："当然可以，不用担心。"朱先生又叹气说："我恐怕不行。"说完就走了。当时从外表看来，朱先生是健康的，当时也没有听说他有什么病，为什么这么悲观。我没有问叔父为什么，叔父也没有解释。没有想到，那年夏天，朱自清先生病逝了。回想起来，十分奇怪，朱先生竟自己感到了先兆？

1949年我在清华毕业，留校念了一年研究生。1950年7月离清华到中国科学院工作。有时星期六回清华，在叔父家住一晚上。后来逐渐星期六晚上有会，回去的次数愈来愈少。1953年叔父搬到北大镜春园，离开了北院七号。

1999年8月末

（作者为叶企孙先生之侄，中国科学院高能物理研究所原所长）

朱自清先生

朱自清(1898—1948),字佩弦,原籍浙江绍兴,后定居扬州。1925年应聘到清华执教。长期担任中文系主任。著名文学家、学者。

酒為春寒潑醱斟昔年賓客昔園林馬行鐙火尋常事觸忤東坡感舊心清歡一夕付東流投老誰能遣百憂記得前年披畫讀風鐙過眼雪盈頭蔡園二絕句

佩弦仁兄屬書 王國維

王國維先生贈朱自清先生的手迹

人格的升华

——父亲朱自清在清华

朱乔森

初到清华

1925年，清华学校开始从留美预备班改革成一所大学，设立大学部，特别是增设了学习、研究中国传统文化的课程和国学研究院，聘请了梁启超、王国维、陈寅恪、赵元任等国学导师。这年暑假后，经胡适介绍，父亲开始在清华国文系任教授。据清华研究院早期毕业的研究生张清常先生回忆，他后来又兼任了国学研究院的秘书。从此，父亲把研究和教授中国古典文学作为自己毕生的事业之一，成为著名的学者和教授。

他的文学创作也从这时起，进一步转向散文，但并非就此不写诗歌。旧体诗他是一直写到逝世前的；新诗在1926年间也有重要成果。《朝鲜的夜哭》是一首深刻揭露日本侵略者行径，声援朝鲜人民反抗斗争的具有深远意义的长诗，也是一首在艺术上非常成功的长诗。1926年4月25日，朝鲜李朝最后一个国王纯宗死去，朝鲜人民哀于民族的沦丧和国家的灭亡，聚集在汉城附近的山岭中，用满山遍野的号哭声来表示反对日本殖民统治和要求民族独立的愿望，却遭到了日本军队的血腥镇压。父亲注意到了这件事，用充满感情的动人诗句对朝鲜人民表示了无限的同情和支持；对野蛮残暴的日本侵略者，则进行了愤怒的声讨和鞭挞。这首诗，写于九一八事变的前五年，在中朝两个民族的友谊史上是不应当被忘记的。

1925年到1927年，他的诗文也从写身边琐事转而写政治性的主题，例如前边提到的几首诗和散文《白种人——上帝的骄子》等。1926年3月18日，中国近代历史上有名的三一八惨案后，父亲接连写了三篇文章，其中一篇就是向卖国政府进行血泪控诉的《执政府大屠杀记》。

他坦率地承认自己当时是"怕"的，但并不为自己这种"怕"寻找开脱的理由，涂抹慰安的脂粉，而是老实地承认这种怕"实在是很可耻的"。这正是他的作品和为人一贯诚朴正直的地方。这使他终于克服了自己的怕，在凶恶的敌人面前站了起来。

父亲一贯注重文学作品的真实性，反对撒谎和矫饰。而他是首先从自己做起的：像这样老实解剖甚至谴责自己的文字在他的许多散文乃至诗歌中都可以读到。严肃诚恳地向读者交心，这大概就是李广田先生认为他作品里所富有的那种"至情"吧！也正因为如此，他的许多散文才能具有一种感人至深的力量。

清华的学生韦杰三君也在这一天被惨杀，还有一位何一公君，当时负伤，年底因此死去，父亲的另两篇文章就是悼念他们的。好几年之后，他带着新婚不久的母亲到纪念烈士的"断碑"前去吊唁，讲起了当时的情况，还是抑制不住满腔的悲愤。

"暗惊天下秋"

1927年蒋介石叛变了革命，大革命失败了，国民党新军阀代替了旧军阀，全国又陷入黑暗之中。1927年5月31日，父亲写了一首和李白的《菩萨蛮》，表述自己的苦闷心情：

烟笼远树浑如幂，青山一桁无颜色。日暮依楼头，暗惊天下秋！
半庭黄叶积，阵阵鸦啼急。踯躅计征程，嘶骢何处行？

他知道只有参加革命或反革命，才能解决心中的惶惶然。但在当时，他两条路都没有走。后一条路是他深恶痛绝的，当然不能走。但走前一条路，又不能不顾虑到"妻子儿女一大家,都指着我活,也不忍丢下了走自己的路";况且,长期形成的"情调、嗜好、思想、伦理和行为方式",一时也难以摆脱,"便只有暂时逃避的一法",觉得"还是暂时超然的好"(以上引文见父亲的《哪里走》一文)。爱国的理想与良心和同情人民革命的立场使他觉得这是走上了一条"真的'死路',实在也说不上什么路不路!"但他却只好走下去。同时,依然要想着、萦回着"哪里走?哪里走?"这个摆脱不开的问题。他在抗日战争爆发前写的旧体诗集《敝帚集》中,也对此时有表达:"歧路频瞻顾,杨朱泪欲倾!""沉吟莫测君心曲,泣路悲丝只自怜!"这便是他当时的心情。

但是,即便在反革命气焰嚣张的那些年代,他也同他们保持了距离。当有人吹嘘那时的国民党时,他在日记里表示不能同意;甚至表示对某人谈话唯一有保留的,就是把希望寄托在国民党身上。他对蒋介石和其他军阀间为争权夺利而进行的内战尤其反感,在一首题为《有感》的诗中写道:"垂髫逢鼎革,逾壮尚烟尘。翻覆云为雨,疮痍越共秦。坐看蛇豕突,未息触蛮瞋。沉饮当春日,行为离乱人!"把国民党统治下的军阀混战比做蛇与猪为一些不足道的原因所起的冲突,而且打得全国从东南到西北疮痍满目、人民离乱。可见其愤恨之情!抗战时,又有人拉他和闻一多先生一道参加国民党,送来了登记表,也被他和闻先生断然拒绝了(见父亲1943年的日记)。他始终保持了一个有爱国理想的知识分子高度的正义感和鲜明的气节。

此后若干年,父亲走到书斋里专心致志地做文学和做学问去了。1928年出版了他的第一本散文集《背影》,之后,又出了《欧游杂记》、《你我》等多本集子,从此,成为文坛上著名的散文作家。在他写过的诗歌、小说和散文中,散文的成就最高,数量最多,影响也最大。李广田先生说他的散文富有一种"至情和风趣"。杨振声先生说他的散文有自己特有的美:"风华从朴素出来,幽默从忠厚出来,腴厚从平淡出来。"钟敬文先生说他的散文"另有一种真挚清幽的神态"。吴晗先生等则说他的某些散文如《背影》、《给亡妇》、《荷塘月色》等,虽文字不长,却有一种历久传诵的力量。而这一切,又是和他的人格分不开的。当我们阅读这些作品时,就仿佛感到一个诚恳、正直、老实、谦虚而又极其认真的作者站在面前;就仿佛听到他正亲切热情而又不乏风趣地娓娓而谈,向读者毫无保留地倾诉自己的感受,传播文学和语言文字方面的知识;就仿佛看到了他一生由"狷者"而斗士的坦荡历程。他的作品所以使许多人都感到非常美,也正是这种不矫饰、不撒谎的朴素自然的美,和真用群众口语写作(特别是 30 年代以后)而又经过仔细选择提炼的质朴谨严的美。他的散文一直保持和发扬了这种特色,所以才长期受到广大群众尤其是青年的喜爱。正如李广田先生所说的:"在当时的作家中,有的从旧垒中来,往往有陈腐气;有的从外国来,往往有太多的洋气,尤其是往往带来了西欧中世纪末的颓废气息。朱先生则不然,他的作品一开始就建立了一种纯正朴实的新鲜作风。"正是这种"纯正朴实的新鲜作风",使他的散文在创建我国民族风格的全新白话文学的过程中,做出了重要的贡献。

虽说走进了书斋,但父亲在做学问方面,也并非没有创新。他初到清华时,讲授李杜诗和国文基础课,1929 年就开设了"中国新文学研究"和"中国歌谣"两门崭新的课程,"在当时保守的中国文学系课程表上,很显得突出而新鲜,引起了学生浓厚的兴趣"。[①]1936 年又开始讲授"中国文学批评"课,在他的散文里也出现了越来越多文学评论方面的文章,表现了他对文学作品的深邃观察力和分析力。尤其是对茅盾、老舍等的新作,进行了公正、简明而又中肯的介绍和评论,更受到读者和学生的欢迎。另一方面,父亲下了苦工夫甚至笨工夫来研究我国古典文学。为了教好中国古典诗词,他认为自己过去虽也写过少量旧体诗,但那不够,要能写得好;且不但要能写诗,还要能写词。因此,他拜同是清华中文系教授的黄晦闻老先生为师,作为了解、研究古典文学的一种方法,选择了一大批有代表性的古诗词,从逐句换字地"拟古"入手重做,逐渐在这方面取得了很深的功力和造诣。然后再亲自编辑《古今诗选小传》和《诗话人系》等,汇集古人和近人的研究成果,自己再重点研究若干诗人。就这样一步一个脚印,他终于完全胜任了所负课程的讲授和研究。

留学英伦　漫游欧陆

1929 年,母亲武钟谦病逝于扬州家中,父亲后来写了著名散文《给亡妇》,来悼念这位善良的妻子。1930 年底,父亲和母亲陈竹隐结识了,两人逐步建立了爱情关系。1931 年,他开始代理清华中文系主任;8 月,从当时的北平经津、沈、哈横越苏联去欧洲,留学于英国伦敦,进修语言学和英国文学;并于次年回国前

[①] 浦江清:《〈朱自清文集〉题跋》。

漫游了法、德、荷兰、瑞士、意大利等五国。父亲虽是中文系教授，却不对外国文化抱门户之见。从五四时期起，他就主张中西结合。他主持清华中文系的工作，一直认为应当把研究中国传统文化和研究外国的进步文化结合起来，目的在于发展中国的新文化。他还同杨振声先生一道，为清华中文系制定了"古今结合，中西结合"的方针，把培养"学贯中西、融会古今"的人才作为目标。这在今天也还是不无借鉴意义的。

父亲不仅这样主张，也是这样做的。旅欧一年间，他"早上念生字、读报，下午上课"，阅读了大量文艺复兴以来特别是近代西方的文艺书籍，更重要的是，这给他今后大量阅读外文书籍打下了基础。他还广泛接触了欧洲的戏剧、美术、音乐和建筑艺术等，仅仅所搜集这方面的画片，就有好几大本。后来，他写了《欧游杂记》和《伦敦杂记》两本散文集，介绍当时英国以及欧洲的风土人情、文化习俗等。前者于1934年出版，其中的《西行通讯》，对革命后的苏联，从一个匆匆过境的旅客的角度作了点滴的客观的介绍。这本来不是全书的主要内容，但在北平白色恐怖的高潮和反动当局的种种造谣封锁中，这些报道仍然受到了进步学生和青年的欢迎。

1932年7月，父亲自意大利乘船返国。8月，与母亲陈竹隐在上海结婚。之后，回清华大学正式任中文系主任。不久，兼任清华研究院中国文学部主任。抗日战争爆发前，他又曾有一年多兼任清华图书馆主任。繁重的工作使他的身体急剧衰弱下来，胃病也逐渐严重起来了。

父亲回国后，闻一多先生也从青岛来清华任教，这是他们两人同事论学的开始。由于兼任清华研究院中国文学部的领导工作，他和陈寅恪先生的关系也日益密切。他的日记中，有不少陈先生向他谈论自己最新学术见解的记载；清华的档案中，也有他为陈先生和其他先生增加工资而致校方的信。

"舆图变色，痛切衷肠！"

1931年，日本强盗制造了九一八事变，随即侵占了我国整个东北；在蒋介石国民党的步步退让下，日军步步紧逼，深入华北。严重的民族危机，又一次笼罩了整个中国。父亲在伦敦的时候，就和北大校友等在一起多次讨论和交谈过九一八后国内的形势，对日本的野蛮侵略和国民党的不抵抗政策，深表愤慨。

九一八后的第三天,他在给未婚妻陈竹隐的信中说:"阅报知东省事日急,在外国时时想到国家的事,但有什么法子呢?"

民族危机的深重,使人民革命运动又重新高涨起来。

一二九运动后不久,国民党的军警特务到清华进行搜捕,六名同学一整天躲在我们家中,其中有韦君宜。80年代,她曾对笔者亲口谈起过此事。父亲热爱这些学生,热爱这些爱国青年,愤于反动当局"对爱国学生之手段,殊过残酷";无论是抗战前或抗战后,他都曾多次在自己家中掩护过进步学生,甚至被国民党追捕、在外地从事救亡工作的地下工作者。

国土的沦丧,强敌的深入,使父亲不能再沉默。他这时写了多首爱国歌词,来鼓舞学生,鼓舞青年;同时也一舒久久压抑在胸中的块垒。例如1936年春,北平大、中学爱国学生六百人在故宫太和殿前广场举办露天音乐会,向北平市民演唱了《维我中华》歌。这首激励救亡的歌词就是他写的。其中说:"百余年间,蹙国万里,舆图变色,痛切衷肠!""献尔好身手,举长矢,射天狼!还我河山,好头颅一掷何妨?神州睡狮,震天一吼孰能量!""鸡鸣嘒嘒风雨晦,着先鞭,莫彷徨!三军夺帅吾侪不可夺志,精诚所至,金石难当。有志者,事竟成,国以永康!"这首格调铿锵、慷慨激昂的歌词,其实也是他自己为挽救国家危亡而不惜作出个人牺牲的誓言,表现了他一贯的爱国理想。在其他歌词中,他还写道:"莽莽平原,漠漠长天,举眼破碎河山;同学少年,同学少年,来挽既倒狂澜。去向民间,去向民间,国家元气在民间;莫怕艰难,莫怕熬煎,戮力同心全在咱!""维风雨飘摇,维风雨飘摇……为国光,诸兄弟姊妹,志气干云霄!"

父亲呼唤人民,寄希望于人民。他坚信只要人民起来,众志成城,"同德同心,其利断金"①,中国是不会亡的!

1936年10月,伟大的文学家和思想家鲁迅先生在上海逝世。清华学生举行追悼会,父亲出席演讲。11月18日,他携清华同仁捐款到绥远和平地皋去慰问抗日部队,"对前线抗敌官兵致吾人之赞扬与敬意";途中,结识了当时任《大公报》绥远特派员、不久成为共产党员的范长江同志。回来后对母亲说:"看来,这个青年人很可能是共产党。他很有见解。中国要强起来,还得靠这样的青年。要这样,才是真有作为的青年!"

---

① 《朱自清全集》第5卷,第132页。

12月12日，发生了"西安事变"。15日，清华举行教授会要求"明令讨伐张学良"。父亲由于不明了事情的真相，被推举为"通电"起草委员会的召集人后，未予拒绝。他希望全国团结抗日，但却仅从表面现象上以为张、杨之举妨碍了这个目标的实现，因此"站在政府方面"（父亲日记中语）。而事实上，张、杨正是在中国共产党的影响和帮助下，逼迫蒋介石停止内战，一致抗日。这个事变对扭转时局、形成全国抗战的局面，具有伟大意义。在这件事上，我们不必隐讳：父亲是错了。但由于他对抗战的希望，是在全民的奋起上；他对蒋介石政府的反动面目，随着抗战的步步深入，也认识得越来越清楚，终于由保持距离而挺身抗争。

中国终于抗战了！

1937年7月7日，抗日战争终于爆发。二十天后，北平沦陷。父亲后来写了散文《北平沦陷那一天》，描写当天的情形："眼睛忙着看号外，耳朵忙着听电话，可是忙得高兴极了！"就是因为"看出咱们是决定打了"！他还写道："瞧昨儿个大家那么焦急的盼望胜利的消息……可见北平的人心是不死的。只要人心不死，最后的胜利终究是咱们的！等着瞧罢，北平是不会平静下去的！"

这年9月，父亲秘密只身南下，先到天津塘沽乘海船至青岛，又经胶济路换津浦路再换陇海路、平汉路，最后经粤汉路辗转千里来到长沙。当时，北大、清华、南开三所最负盛名的大学合并组成了长沙临时大学，父亲被任命为中文系教授会主席（后改称系主任），又任资金委员会召集人。这是一个为三校学生解决临时经济困难的组织，由于粥少僧多，他在学生与校方之间多所斡旋。不久，临大文学院被安排到南岳的圣经书院，三校的文科教授在南岳济济一堂，学术空气空前浓厚，学生也获益匪浅。但到次年2月，临大又不得不迁往昆明。父亲所走的路线是经桂林、阳朔、柳州、南宁、龙州、河内、老街而昆明。途中，他看到拖拽船只上水的纤夫们在同大自然搏斗时悲恸地呼喊，深受感动，成诗数首。其中的一首是：

龟行蜗步百丈长，蒲伏压篙黄头郎。
上滩哀响动山谷，不是猿声也断肠！

如果不是对劳动人民的苦难有深切同情，是写不出这种诗来的。

4月初，临大改为著名的"国立西南联合大学"，父亲继续担任西南联大中文系主任兼联大师范学院国文系主任；随即跟联大文、法学院一道迁往蒙自；在那里，同从北平赶来的母亲及我们几个孩子会合。不久，就又结束联大校务，先安排其他师生走，9月初，他最后一个返回昆明。学生们赞扬了他对师生们迁返昆明的妥善安排。[①]

10月，广州、武汉在上海、南京等城市之后，相继失守，国内外对中国抗战的悲观论调，一时又起。父亲却与这些人不同，他虽然颠沛流离，虽然生活极不安定，且越来越困苦，却极为兴奋；因为，中国毕竟抗战了！七七抗战两周年的时候，他写了短文《这一天》，热烈歌颂人民的觉醒：

> 东亚病夫居然奋起了，睡狮果然醒了。从前只是一大块沃土、一大盘散沙的死中国，现在是有血有肉的活中国了。从前中国在若有若无之间，现在确乎是有了。……我们不但有光荣的古代，而且有光荣的现代；不但有光荣的现代，而且有光荣的将来无穷的世代，新中国在血火中成长了！

正是从人民的奋起中，他看到了希望，增强了信心，更加坚定了自己追求"一个理想的完美的中国"的爱国理想。1944年他又写了《新中国在望中》，认为中国必将从民主化、工业化中新生。

一切为了抗战

但是，国民党的统治却越来越腐败，以蒋介石为首的官僚资产阶级竟利用抗日之机大发国难财，横征暴敛，滥发钞票，走私贩私，囤积居奇，投机倒把，无所不为；弄得物价飞涨，民生凋敝，民不聊生。父亲上有垂老的双亲，下有七八个子女，生活越来越难以为继，身体状况也越来越差，1939年11月，他因身体原因不得不辞去联大中文系主任等行政职务而专任教授。次年，为生活所迫，母亲带着我们几个孩子去物价相对便宜些的成都。父亲也在这年到成都休假，一家人住在从一所尼庵租来的三间茅屋内，顶上是稻草，墙是用竹片编成篱笆抹了一

[①] 见父亲1938年9月1日的日记。——作者注。

层泥,地上连一层砖都没铺,而食米还要经常靠亲友接济或借贷。潮湿之极的环境使我们几个孩子都连续得了重病。这就是他在《近怀示圣陶》一诗中所说的:

> 累迁来锦城,萧然始环堵。索米米如珠,敝衣余几缕。
> 老父沦陷中,残烛风前舞。儿女七八辈,东西不相睹。
> 众口争嗷嗷,娇婴犹在乳。百物价如狂,踞躞孰能主?
> 不忧食无肉,亦有菜园肚。不忧出无车,亦有健步武。
> 只恐无米炊,万念日傍午。况复三间屋,蹙如口鼻聚。
> 有声岂能聋,有影岂能瞽?妇稚逐鸡狗,攫人如网罟。
> 况复地有毛,卑湿丛病蛊。终岁闻呻吟,心裂脑为盐!
> ……死生等蝼蚁,草木同朽腐!

这首风格近于杜诗的长诗,也同杜诗一样,写的不仅是个人的苦难,同时反映了广大人民在战乱中,在反动统治下的苦难。

1941年,父亲一个人回到昆明,第二年就赶上了昆明许久以来最寒冷的冬天。但是,他穷得连御寒的棉衣也添置不起,只好在集市上买了一件赶马人用的披风,披着从乡下步行约二十里进城去上课。加之营养不良,他的胃病益发严重,几乎每两三天甚至一两天就发作一次,给他带来了极大痛苦;他的身体不仅日渐憔悴,简直被折磨得形销骨立,头发像多了一层霜,四十出头的他,已经像个老人了!

父亲默默地忍受着这一切痛苦。他认为抗战第一,为了抗战,个人和家庭总是要作出些牺牲的,生活苦一些不要紧。在上面那首长诗中,他也写道:"健儿死国事,头颅掷不数。弦诵幸未绝,坚儒犹仰俯。""蝼蚁自贪生,亦知爱吾土。""天不亡中国,微忱寄千橹!"橹,在这里是盾牌、望楼的意思,喻千千万万的抗敌将士。为了他们,为了"爱吾土",谦称"坚儒"的他,是愿为中国的弦诵不绝而受苦的。

父亲这个时期的散文,不但在艺术风格上继续发扬了30年代以来自己的特色;在内容上,在反映时代上,较之过去也前进了一步。如同他在《语文影及其他》一书自序中所讲的:"这个世纪的二十年代,承接着第一次世界大战,正是玩世主义盛行的时候,也正是作者的青年时代,作者大概很受了些《语丝》的影响。但是,三十年代渐渐的变了,四十年代更大变了,时代越来越沉重,简直压得人喘不过气，哪里还会再有什么闲情逸致呢？"

对于自己长期坚持的追求"一个理想的完美的中国"的爱国理想，经过反复的思考，1943年他也反躬自问："可是，理想上虽然完美，事实上不免破烂；所以作者彷徨自问，怎样爱它呢？真的，国民革命以来，特别是'九·一八'以来，我们都在这般彷徨自问着——我们终于抗战了！"这是说闻一多先生的，也是说他自己。他认为抗战"既是坚贞的现实，也是美丽的理想。我们在抗战，同时我们在建国：这便是理想。理想是事实之母；抗战的种子便孕育在这个理想的胞胎中"。为什么呢？因为"抗战以来，第一次我们获得了真正的统一；第一次我们每个国民都感觉到了有一个国家——第一次我们每个人都感觉到了中国是自己的。……固然完美的中国还在开始建造中，还是一个理想"；但是父亲说，他想借用美国的一句话："我的国呵，对也罢，不对也罢……如今我只问怎样抱得紧你？"他又说："要'抱得紧'，得整个儿抱住；这就得有整个儿理想……包孕着笼罩着整个现实的理想——那便是：'咱们的中国！'""这一句话正是我们人人心里的一句话，现实的，也是理想的。"①

父亲说出了在抗战前许多爱国者心中的苦闷：确实，频繁的内战使中国四分五裂，一届届政府不维护中国的却维护外国的利益，使人们不禁要问，我们的国家究竟在哪里？父亲在总结了这些痛苦的经验后，要求一个"咱们的中国"，也就是一个大众的、人民的中国。是的，在抗战中，他进一步认识了时代，发现了"大众的力量的强大"，因而使自己的作品采取了更严肃的态度，并开始自觉地"面向大众，诉诸大众"。他前进了！

1945年暑假，他从昆明回到成都，曾对母亲说："以后中间路线是没有的，我们总要把路看清楚，勇敢地向前走。这不是容易的简单的事。我们年纪稍大的人也许走得没有年青人那么快，但是，就是走得慢，也得走，而且得赶着走！"他开始变了。

光明磊落地对待竞争

抗日战争时期，父亲除了生活极端困苦，身体状况日差，胃病一天天严重

---

① 见《朱自清全集》第2卷，第358—360页。

外，还面临着另一个方面的压力。那就是由于全国最负盛名的三所大学合并所带来的人才荟萃和被称之为"文化西迁"的现象，使他在学术上面临着极大的竞争。只要从头到尾看一遍《朱自清全集》中他在这个时期的日记，就会对此有鲜明的印象。

他是如何对待这场特殊时期的特殊竞争呢？

首先，是心地光明。而这光明的心地又来源于他的高尚理想和追求——他是自觉地把这场大战后使中国弦诵不绝作为大局的，因此，他能充分肯定所有同仁包括跟自己有芥蒂的同仁的一切长处和成就。日记表明，他从未因竞争而贬低任何人在学术上，文学上，直到演说上的成功，而是衷心地褒扬这些成功，找出自己的差距和不足，同时根据自己的实际情况确定主攻方向，拼命赶上去！他曾经光明磊落地向许多先生——例如闻一多先生、王力先生——借了他们的著作来认真阅读和学习。这在他是很自然的事。"西南联大"之所以闻名全国，之所以培养出了许多高水平的人才，跟大家在这种交流甚或交锋中，共同促进了学术水平的提高，是很有关系的。而这其中，也有父亲的一份心血和功劳。

其次，有一种不甘落后的青春精神。父亲是以每况愈下的病弱之躯参加这场特殊的竞争的；但是，在精神上，在本质上，他却不是病者、弱者，而是朝气蓬勃的强者！当全国最著名的许多学者济济一堂时，有青春精神的人应当能看到这是学习的极好机会：你总能从这位或那位学者身上找出自己的不足，从而使自己大大提高一步。父亲正是这样做的。日记表明：他极少因自己在某个方面超过别人而沾沾自喜，而总是觉得自己在这方面不如甲，在那方面不如乙，在另方面又不如丙。表面看来，这似乎是自卑，而实际是对自己的永不满足。因为他在看到不足后对自己提出了极严格的要求：制订了一个又一个读书计划，阅读、摘记了大量古代和现代、中文和外文书籍，而且同研究、授课、出成果紧密结合。从抗战到逝世，是他身体最坏的时期，但却是他无论在教学工作上，抑或在学术研究上，还是在文学创作上，出成果最多的时期。教学方面，他开了"宋诗"、"李贺诗"、"谢灵运诗"、"文辞研究"、"中国文学史"等许多门新课。仅从《中国文学史讲稿提要》所征引的典籍的广泛性，我们就不难看到这些年他下了多么大、多么深的工夫！学术和文学方面，连同与叶圣陶先生合著的三本，他一共出了十本书。其中，《经典常谈》、《诗言志辨》等，都是深具功力的。《经典常谈》高度概括而又比较系统地向一般读者介绍了我国的传统文化，它力求通俗化，又力求采择当时最新的研究成果,因而今天还受到许多青年和中学语文老师的欢迎。特别是对于诗,无论对古典诗歌或新诗,他的研究都系统化了;对一些基本概念如什么是赋比兴等所作出的新的正确解释和对新诗的一些观点,今天看来,也还是站得住脚的。散文创作方面,则着重加强了说理,以适应抗战的时代要求。

而以上所说的十本书,还不是他这个时期成果的全部,仅《朱自清全集》收入的抗战以后、这十本以外的他的著作,就有七十余篇。日记明白记载写成了而现在尚未找到的,还有约十篇。竞争使他在严重的病痛中咬着牙迎头赶上,他做到了!

从父亲身上,笔者常常感到:"青春"这两个字,不应当只是一定的年龄段,甚至也不应当只是某种身体的状态,而应当是一种精神状态。像父亲那样,把自己和祖国紧紧抱在一起,从人民的奋起抗战中,真正认识到祖国有无尽的青春,就会有高尚的理想,有确定的信念,有执著的追求,有不懈的努力;就会带来无限的希望,产生无穷的力量。一句话,就会有一种青春精神,"即生死骨肉、回天再造之精神也","即慷慨悲壮、拔山盖世之气魄也"(李大钊:《青春》)。有这种精神的人,尽管年龄已属不惑甚至古稀、耄耋、期颐,尽管疾病缠身、生死未卜,仍然能让人感到他青春未逝,有一种不竭的力量。相反地,理想不要了,追求没有了,满足于平庸无聊的物质生活,甚至在其中沉沦或堕落;尽管他正当青春年华,也会让人为其灵智已去、青春不再而慨叹。父亲正是靠这种源于光明追求和理想的青春精神,赢得了这场特殊时期的特殊竞争。在物质的东西比以前大为丰富,而精神的东西却相对少了些的今天,他的这些精神,对我们是尤其富有教益的。

反内战　反迫害　反饥饿

1945年8月日本投降的消息是深夜传到我们家的。父亲很兴奋地到大街上去,和老百姓一起狂欢了一整夜;回到家里,却心情沉重地对母亲说:"胜利了,可是千万不能起内战。不起内战,国家的经济可以恢复得快点,老百姓也可以少受些罪。"

但是,美国政府帮助蒋介石打内战,很快就把他的这点希望也打碎了。几个月后,国民党军警特务就在昆明残杀了要求民主、反对内战的学生,制造了震惊全国的"一二·一惨案"。父亲"悲愤不已","肃穆静坐二小时余,谴责自我之不良习惯"①;并亲往西南联大图书馆灵堂,向死难的四烈士表示诚挚的哀悼和敬意。1946年春,他在一首诗中写道:"凯歌旋踵仍据乱,极目升平杳无畔。几番雨横复风狂,破碎山河天地暗。同室操戈血漂杵,奔走惊呼交喘汗。流离琐尾历九秋,灾星到头还贯串!"②这表明,他对国民党残存的一点期盼,也破灭了。

1946年6月,父亲最后一次到成都,准备举家迁回北平。这个月下旬,蒋介石悍然撕毁停战协定和政协协议,向中国共产党领导的解放区发动全面进攻,新的全国内战因而爆发;7月中旬,又传来了李公朴、闻一多相继被国民党特务暗杀的消息。父亲和闻先生虽然说不上是挚友,但他了解闻先生是一位爱国诗人、著名学者和勇猛的民主战士。闻先生的死,特别使他悲愤和激动。他在日记中写道:"自李公朴街头遇刺后,余即时时为一多之安全担心。但未料到对他下手如此之突然,这是什么世道!"他接连写了两篇悼念文章,介绍闻先生在学术上的成就,指出"他要的是热情,是力量,是火一样的生命";可是"还不满四十八岁,竟惨死在那卑鄙恶毒的枪下!""这是民主运动的大损失,又是中国学术的大损失。""唉!他是不甘心的,我们也是不甘心的!"③最后这句话,一再被写进父亲当时和后来的文章,说明他已经下定了同反动的法西斯统治作斗争的决心。

他已经十多年不写新诗了,这次,却不能已于言,强烈的愤慨使他又拿起笔来写了一首。这首诗歌颂闻先生是"一团火","照彻了深渊"、"照见了魔鬼"的火;相信在这火的"遗烬里",必将"爆出个新中国!"④

8月18日,成都各界人士举行李闻惨案追悼大会。事先就传闻特务要捣乱会场,许多人不敢参加了。父亲毅然出席大会作报告,介绍闻先生的生平业绩,正面向国民党提出抗议。这个悲愤而又真挚的报告,深深地打动了听众,全场多次鼓掌,许多人都被感动得落泪了。

1946年10月,父亲带领我们一家回到阔别多年的北平,因为清华园正在修葺,临时住在北大四院。利用这个机会,他带笔者步行到天安门一带观览,不想却看到美军大卡车在三座门附近撞死一名中国妇女后扬长而去;前不久在重庆,也是带着笔者,他也看见美军吉普车从一条巷子里很快开出来,一下子撞倒

---

① 《朱自清全集》第10卷,第378页。
② 《朱自清全集》第5卷,第336页。
③ 《朱自清全集》第3卷,第119、121页。
④ 《朱自清全集》第5卷,第117页。

了四五个中国人，司机还很不在乎地跷着二郎腿在抽烟。他逛天安门的兴致完全被打消了，往回走的一路上，都沉闷不语。没过两三天，又看到警察"不问三七二十一，抓住三轮车夫一顿拳打脚踢"。父亲愤怒地上前去跟警察讲理，那些家伙依旧破口大骂。父亲高声说："他们是为了生活，为了生活！"回来的路上，他非常激动地对母亲说："八年沦陷，难道他们还没有受尽苦头吗？现在胜利了，为了生活抢生意，凭什么该挨打？真可恶！"他深切地感到：他爱着的"北平是不一样了！""穷得没办法的人似乎也更多了"；"抗战胜利后的中国，想不到吃饭更难，没饭吃的也更多了"；"手头不宽心头也不宽"。当时的北平，物价像潮水一般涨，整个的北平也像在潮水里晃荡着。加上被群众称为"劫搜"的国民党大小官吏的"接收"和"五子登科"，军警宪特的横行，普通老百姓确实苦不堪言。父亲把这一切看在眼里，严峻的事实和强烈的正义感使他不能平静。他大声地喊出："今天一般人民真是不得了，再也忍不住了！"他热烈地为人民"起来行动"辩护，深信"这集体的行动是压不下也打不散的！"他的心同在压迫下挣扎和反抗着的人民进一步连在一起了。①

父亲一回到清华园，就抓《闻一多全集》的编辑和出版，把这看作是对亡友的纪念和对法西斯专政的抗议。1946年11月，以他为召集人的"整理闻一多先生遗著委员会"组成。此后一年间，他收集遗文，编辑校订，拟定目录，发表了许多篇未刊的遗著，花费了许多精力，并亲自为编定的《闻一多全集》写了序和编后记，序中全面介绍了闻先生作为诗人、学者、斗士这三方面的成就，和这三方面的不可分。在他的主持下，整个清华中文系的工作人员都动员起来参加了这项工作。正如吴晗先生所说："没有佩弦先生的劳力和主持，这集子是不可能编集的。"②"全集"终于在1948年他逝世前的一个月出版了。他可以告慰亡友于地下了。

1947年初，国民党反动当局以清查户口为名，在北平一下子逮捕了两千多人。父亲痛恨这种大规模迫害人民的暴行，签名于《抗议北平当局任意逮捕人民宣言》。由于公开发表时，他的名字是第一个，宣言在当时的报纸上曾被称作"朱自清等十三教授宣言"。这在严重的白色恐怖下立刻招来了反动舆论对他的围剿。国民党发动各家反动报纸拼命地诽谤他，攻击他和其他签名的教授；国民党特务也

---

① 以上引文见《朱自清全集》第3卷，第124—128页，第159页。
② 吴晗：《〈闻一多全集〉跋》。

三次到我们家寻衅。然而，父亲并没有退却，他在反动派面前坚定地站起来了！

国民党多年的黑暗统治使他毅然决然地同当时的学生运动，同中国共产党领导的人民解放斗争站在一起了。从1947年到他逝世这一年半时间，他写了四十多篇文章，并多次在学生的集会上发表演讲。这些文章和演讲，正如他在《论雅俗共赏》一书自序中所说的，都是在朝着"近于人民的立场"这个方向说话。

在《论气节》这篇文章里，父亲还充分肯定了五四以来青年知识分子用正义的斗争行动代替消极的"气节"这种"新的做人的尺度"。这也是他对自己大半生在坚持应有气节这个问题上的新的认识。他说到做到，不但继续在许多抗议国民党反动政策的宣言上签名，例如抗议国民党北平市党部负责人谈话宣言，抗议国民党北平当局枪杀东北学生宣言等；对有的宣言，他还亲访各教授征求签名；并且，亲自为清华的教授们"反饥饿，反迫害"罢教一天起草了宣言。

人格的升华

记得前苏联早期作家阿·托尔斯泰在其名著《苦难的历程》中，曾这样描绘书中的几位知识分子主人公：

> 在清水里泡三次，在血水里浴三次，在碱水里煮三次。我们就会纯净得不能再纯净了。

知识分子要达到这样的境界，也是有条件的。一是要经过血与火的磨炼，二是要有高尚的理想追求而心地光明。

父亲的晚年，确乎完成了自己灵魂的净化。李广田先生说他有"最完整的人格"，他的同事和学生也说他有"完美的人格"，并且还出版了两本同名的集子。李先生是在他的晚年同他相处较多的，从三个方面介绍了他何以是"一个最完整的人"：第一，他"是一个有至情的人"。他对一般人，对同事，对朋友，尤其是对晚辈，对青年人，都是毫无保留的诚挚与坦白，都是处处在为对方打算。"他是这样的：既像一个良师，又像一个知友；既像一个父亲，又像一个兄长。他对任何人都毫无虚伪，他也不对任何人在表面上热情，然而他是充满了热情的，他的热情就包含在他的温厚与谦恭里面。"第二，他"是一个最爱真理的人"。凡是认识他的，跟他同过事的，都承认他是最"认真"的人。"他大事认真，小事也认真；自己的私事认真，别人或公众的事他更认真。他有客必见，有信必回……凡是公家的东西，他绝不许别人乱用，即便是一张信笺，一个信封。"第三，他"是一个很有风趣的人"。说是有幽默感亦未尝不可，但他从不为幽默而幽默。"他是极有风趣的，他的风趣之可爱可贵，正因为他的有至情，爱真理，严肃而认真。"[①]

晚年的父亲，在我们子女的感觉中，的确是"纯净得不能再纯净了"。他尊重我们的政治选择，从不干涉。有一次，在笔者稚拙的习作里，他发现了一段话，是引用鲁迅先生的话："今天，如果还有真要活下去的人们，就先该敢说，敢笑，敢哭，敢怒，敢骂，敢打，在这可诅咒的地方，击退这可诅咒的时代！"竟特地予以赞许。他要求我们为他做任何事，都要说"请"，说"谢谢"。这不是一般的礼貌，而是源于更深刻的对我们人格的尊重和关心。特别使我们感到他人格的纯净的，是在公私关系上。他当时虽收入远远不敷支出，身体也已衰弱不堪，却从不占公家一分便宜，包括李先生所说的一张信纸、一个信封。对我们要求也极其严格：学校在我家门前倒了一堆黄土，六岁的妹妹要拿些来玩，父亲不许，说"这是公家的"。抗战胜利后初返清华园，我们从日本人扔的破烂儿里拾回一张破桌子，父亲竟少有地大发雷霆，说这是公家的，让立刻送回去。他处处想着的，都是"公家"，都是别人，都是人民大众。父亲所留下的这种正气，确乎是我们终生受用不尽的。

父亲晚年人格的纯净，还表现在他勇敢地放下架子，老老实实地向新时代学习上。他向自己的学生借了艾思奇的《大众哲学》来看，借一切可能借到的革命读物来看，甚至向当时还是中学生的笔者借了通俗的革命宣传小册子来看，并在日记中写道："这本小册子观点鲜明，给人以清新的思想。"他从不故作高深，鄙薄这些通俗的革命读物，既然认识到向新时代学习的必要，就认认真真地学起来。他和进步同学谈话，是那样认真地倾听、提问，仿佛自己倒是个在虚心求教的小学生。他的进步和他的治学同样是一步一个脚印，脚踏实地地往前走，绝不做虚有其表的事情，也没有当时某些知识分子身上的那种浮夸气。

当解放区流行的具有广泛群众性的秧歌舞传到清华园的时候，一辈子不苟言笑而又身患重病的他，竟和自己的学生在一起学起扭秧歌来了。有人听了曾大不

---

① 张守常编：《最完整的人格》，第63、64、65、69、70页。

以为然，认为这对一个德高望重的大学教授来说，是可笑的、无法明了的事。而在斗争趋于白热化和国民党法西斯统治日趋疯狂的情况下，像他那样的人参加这种文艺活动，是有再次成为被攻击对象的危险的。然而，在1948年中文系的元旦晚会上，父亲却又一次带着病，愉快地、兴奋地和大家扭在一个行列里，而且扭得最认真。这种放下架子，诚挚地向新时代学习的精神，曾经使得许多进步师生为之感动；并在以后多次被他的学生们带着亲切的怀念在回忆中提起。

他的人格的净化和升华，也表现在他的散文风格上。在《标准与尺度》一书的自序中，父亲说："复员以后，事情忙了，心情也变了，我得多写些，写得快些，随便些，容易懂些。"他感到人民需要他写，需要他这支笔为他们服务，需要他为新时代的来临多作些催生的呐喊。他这个时期的散文，不仅更加精炼、明达，而且在先前已经转向说理的基础上，根据时代的需要、群众斗争的需要，把道理讲得更加通俗、明白、透彻。他用历史的方法来说理，仍旧是那么诚恳谦虚、平易质朴，使人们在作者的亲切引导下，自然而然地、心悦诚服地接受了新时代的精神，却不感到有半点说教气。这说明他的散文不仅保持了30年代以来的语言风格和特色，而且在思想上、艺术上都更加成熟了。

1948年，父亲快五十岁了。在生命最后的那些日子里，他的身体被疾病连连折磨得更加痛楚不堪，但他的思想、感情却更年轻了！他把近人改唐人李商隐"夕阳无限好，只是近黄昏"两句诗，反其意而用之所集成的一副联语，亲笔抄在一张宣纸上，压在书桌的玻璃板下，来表明自己的心境，和作为对自己的勉励：

  但得夕阳无限好，
  何须惆怅近黄昏！

人格和心灵的净化，使他撇开了一切个人的麻烦和痛苦，而乐观地期待着国家人民的转机，期待着一个新的，"咱们的中国"的出现！

"表现了我们民族的英雄气概"

1948年春天，蒋介石不顾全国人民的反对，悍然召开了所谓"国民大会"。清华竟有个别教授积极"竞选"所谓"国大代表"，跑来要父亲投他一票，父亲断然告诉他："胡适是我的老师，我都不投他的票，别人的我也不投！"表现了对国民党伪"国大"的极大蔑视。也是在这前后，父亲还拒绝了一些老朋友要他参加一个中间路线的刊物——《新路》的邀请。他已经明确地认识到，在那个时代，知识分子的道路只有两条：一条是向上爬，做人民头上统治者的帮闲、帮凶；一条是向下去，同人民在一起争取解放。"中间道路是没有的。"

1948年6月18日，父亲签名于《抗议美国扶日政策并拒绝领取美援面粉宣言》。宣言的全文是："为反对美国政府的扶日政策，为抗议上海美国总领事卡宝德和美国驻华大使司徒雷登对中国人民的诬蔑和侮辱，为表示中国人民的尊严和气节，我们断然拒绝美国具有收买灵魂性质的一切施舍物资，无论是购买的或给予的。下列同人拒绝购买美援平价面粉，一致退还配购证，特此声明。"拒绝购买每月两袋美援平价面粉，意味着全家收入每月要减少五分之二，他不能不在事后反复想起这事。当天，他在日记中写道："这意味着每月使家中损失六百美法币，对全家生活影响颇大；但下午认真思索的结果，坚信我的签名之举是正确的。因为我们既然反对美国扶植日本的政策，就应采取直接的行动，就不应逃避个人的责任。"① 父亲虽是当时薪水最高的教授之一，但在那个时候，每月的全部薪水也只能买三袋多面粉，家庭人口又多，全家精打细算过日子，每天吃两顿粗粮，还得他带着一身重病，拚着命多写文章，才能够勉强维持下去。而他的胃病已经发展到极其严重的地步，签名的前几天，体重减轻到38.8公斤，迫切需要营养和治疗。他虽然穷到不能治病，终于在贫病交加中死去，还是毅然决然地在宣言上签了名，并在几天后让笔者把配购证给退了回去，拒绝了这种"收买灵魂性质"的施舍，表现了我们民族的尊严和气节！

正像吴晗先生在《关于朱自清不领美国"救济粮"》一文中所回忆的："这时候，他的胃病已经很沉重了，只能吃很少的东西，多一点就要吐。面庞消瘦，说话声音低沉。他有大大小小七个孩子，日子比谁过得都困难。但是他一看了稿子，毫不迟疑，立刻签了名。他向来写字是规规矩矩的，这次，他还是用颤动的手，一笔不苟地签上他的名字。"②

直到弥留之际，他还谆谆嘱咐母亲说："有件事要记住：我是在拒绝美援面粉的宣言上签过名的，以后，不要去买国民党配给的美国面粉！"

---

① 《朱自清全集》第10卷，第511页。
② 《人民日报》1960年11月20日。

这件事，距今已经五十年。一些青年朋友对那时的情况已经隔膜了，因此有的问："我们不是要争取外资外援吗？为什么要歌颂拒绝美国援助的行动？"要知道，当时美国政府积极扶植日本东山再起，而对日本军国主义的清算又极不彻底。这种不彻底的后果，尤其是同德国对比，现在已经可以看得很清楚。还要看到，当时，日本军国主义发动的侵华战争结束还不到三年，而这场战争使中国人民死伤达 3500 万人，财产损失达 5000 亿美元。特别是当中国人民起来反美扶日时，美国驻华大使和驻上海总领事又发表了极端侮辱我们民族的谈话。如说中国人连日常生活所需的粮食也仰赖美国的慷慨施舍，中国学生得到教育也是受美国"恩惠"，反对美国的政策是"受奸人挑拨"，是"忘恩负义"，等等。因此，父亲他们当时用拒绝美援面粉的实际行动来表示坚决抗议，是完全正义的，也是完全必要的，表现了中国人的骨气。

1948 年 8 月 6 日，他的胃病终于发展到胃穿孔。12 日，实际年龄还不满五十岁的他，在他所长期渴望着的新中国诞生前夕，却与世长辞了！像群星中闪烁着的一颗，当自己光华最盛的时候，却在黎明前的黑夜中陨落了！

父亲是一个真诚的爱国者。所谓"真诚的爱国者"，笔者以为，就是要能在关键时刻为祖国的利益作出个人牺牲。否则，就只不过是口头上的爱国者；如果还要挖国家的墙脚，那更是假的爱国者。父亲虽然已经离开我们五十年了，但作为真诚的爱国者，他的始终不渝的爱国理想和追求，仍是一笔巨大的精神财富。在我们不遗余力地振兴中华的今天，这笔精神财富不仅没有失去其光彩，而且仍将激励着、鼓舞着我们奋勇前进！

（作者为朱自清先生三子，中央党校教授，博士生导师，已逝）

冯景兰先生

冯景兰（1898—1976），河南唐河人。著名哲学家冯友兰之弟。美国哥伦比亚大学硕士。历任北洋大学、清华大学、北京地质学院教授，中国科学院学部委员。为中国近代地质学先驱之一。

> 冯景兰（1898—1976）曾任北洋大学（现称天津大学）、清华大学、北京地质学院（现称地质大学）教授，中国科学院学部委员。
>
> 仝珺（1897—1998）曾任中小学教师。
>
> 他们是我们敬爱的父母。

冯鍾芸女士手书的父母生平

融入山川的怀念
——忆父亲冯景兰先生

冯锺芸　执笔

冯景兰（1898—1976），中国科学院学部委员。

仝珺（1897—1998），曾任中小学教师。

他们是我们敬爱的父母。

我们爱山。旭日中雄伟壮观的泰山；松涛中云雾缭绕秀丽多姿的黄山；湛蓝天空背景下，横卧在西部疆土上绵延无尽、冠着白雪的紫色的祁连山；深浅不一的绿色中，层层铺染着红、黄、白，层峦叠嶂的横断山……我们也爱河。山间潺潺的溪流，气势磅礴的黄果树瀑布，时而怒吼、时而平静的黄河，穿过三峡奔向大海的滚滚长江……山川融入我们父母对祖国的深情，山川里也蕴藏着对父母久远的、无尽的回忆。

父亲十八岁考入北京大学工科地质门预科，二十岁通过河南省选派留美学生的考试，负笈远游，攻读地质采矿专业。对此，祖母曾说过，采矿是他（指父亲）从小的志愿，他幼时曾在湖北随祖父参观过大冶钢铁厂（为中国最早的钢铁联合企业汉冶萍公司的一部分），立志长大了要干这样的工作—找矿、采矿、发展工业，使国家富强，不再受列强欺侮。祖母并说："你爹的主意很大（意思是主意很坚定)。"从祖父的文集《复斋遗集》中的《勘川汉铁路记》一文,我们得知,祖父曾被派勘察粤汉、川汉铁路路线,父亲可能受到祖父的实业救国思想影响。1923年,父亲二十五岁学成归国后,一直从事地质勘探工作和地质方面的教学与科学研究,数十年如一日。他脚踏实地,不尚空谈,不避寒暑,不知疲倦,走过祖国除西藏、台湾以外各地,走过荒山野岭、大漠江河。在山村野店里接触到更多的生活贫困的父老兄弟。山河的壮丽和人民的苦难,使他对祖国有了更多的认识与感受,坚定地尽了一个地质工作者的责任。

大姐清楚记得,1925年在开封时,父亲黄昏时从中州大学回家,总要和一岁的妹妹玩一会儿,那时总要唱:"中华男儿志气豪……"这首歌,神采飞扬。1933年,我们从天津北洋大学移居北平清华大学,当时东北三省已被日寇鲸吞,国势危急,我们不时听到他低唱《苏武牧羊》这首歌:

苏武,牧羊北海边!雪地又冰天,牧羊十九年……心存汉社稷,梦想旧江山……

到1937年夏天,本性沉默的父亲似乎话更少了。

七七事变的第二天,到了雷打不动的晚饭时间,父亲久久不归。母亲只好打发饿极了的小孩子先吃,自己站在大门口等着。一年多以后,在昆明,我们才从母亲的话里得知,那天父亲所以迟迟回家吃饭,是在销毁系里的地图。原来父亲(时任清华大学地学系教授兼系主任)考虑到系里有很多供教学和科学研究使用的地图,其中有许多大比例尺的地图,很详细,这些图决不可落到日寇手中。经学校领导同意,他亲自检查并亲自把图件送到校方指定地点——工学院的专门焚烧炉去销毁。由于图多、纸好,一直忙到深夜才全部烧尽。

不久,天津沦陷。近中秋节,父亲离开了北平,先是到了学校的临时所在地长沙,后又转到了昆明。北大、清华、南开三校联合成立了西南联合大学,在艰苦环境培育不少人才。大哥是清华学生,先与同学到了长沙,后参加步行团,由长沙步行三个月抵达昆明。同年,母亲带着五个孩子来昆明,一家人团聚。这时,父亲曾写有一首诗,记得其中两句是:

楚虽三户尚亡秦,
况有金江绕赤城!

冯景兰先生与夫人仝珺及女儿（摄于1940年）

可惜父亲的诗稿均已失散，现在只记得1937年卢沟桥事变后父亲离开北平时的诗：

> 古城悲摇落，新秋送行人。
> 去去从此别，天涯谁与亲！
> 地大畏蚕食，舟孤感鲸吞。
> 只有齐奋起，才能救国魂。

1939年秋，父亲还有《西康探矿》一诗：

> 探矿南来千百里，秋霜荡地秋风起。
> 相岭白雪开玉树，清溪黄尘染征衣。
> 爱妻娇子寄滇南，荒原衰草忆塞北。
> 何时找到斑岩铜，富国裕民壮军旅！
> （注：相岭指大小相岭；清溪，县名。）

这就是父亲当时的心境。

在昆明时期的生活无疑是动荡和艰苦的。首先是日寇空袭，前后数年，尤以1939—1940年为最，有时一日数惊。空袭警报一响，就要抱着两岁的小妹，拿上干粮，跑到城外七八里的土坡、田埂上；听到炸弹刺耳的啸声时，就赶快把小妹按到地上。到得下午，才又饿又累地慢慢回家。空袭的危险日增，妇孺们也实在跑不动了，大家只好往乡下疏散。我家先是搬到距城约十公里的瓦窑村，住在农家的阁楼上，透过手指宽的地板缝，可看见在下面睡觉的牛，听见它们吃草的响声，闻到它们粪便的气味。父亲每周徒步到联大上课，在家时便伏在床上工作。有时空气太坏，便搬个小板凳转移到院外的树下。后来家又搬到岗头村的半山上，借住在庙里，与哼哈二将塑像同处了数年之久。1943年后虽搬回城里，住的房屋漏雨，要用大盆、小盆来接雨，非常热闹。当时物价飞涨，每到发薪的日子便要早早去排队，以便一拿到工资就可以马上买米。那米是陈仓老米，经常带着绿色的霉，夹杂着很多砂石和老鼠屎。母亲做饭时要挑拣、揉搓、冲洗多遍。虽然生活如此，我们却没有见过父母悲观或焦躁。他们坚定顽强，要抗日，要为祖国找矿，要以严谨的治学精神为国家培养人才。1938—1946年，父亲除了完成主要工作——地质教学以外，还亲自调查并撰写了《川康滇铜矿纪要》等重要论文二十五篇，对四川、西康、云南三省的铜、铁、金、锡矿产进行了深入的研究，并在矿床理论上作出了贡献。

小时候我们喜欢看父亲作画。只见他把很大的纸铺在桌子上，凝神命笔，很快就把一个地区的景观清楚地表现出来，形象准确，线条清楚，主次分明，比照片醒目得多。后来才知道这叫地貌图，是一种专门的地学写生素描图，它不仅要勾画出一个地区的地形地貌特点，还要表示出地形发育演化的过程。父亲虽曾学过国画并修习过地貌学课程，但他画这种画能如此得心应手，实是他结合地质工作长期刻苦实践的结果。我们印象最深的是粤北地区的一些地貌素描，悬崖峭壁，奇峰林立，远看颇似城垣、碉堡，景观独特。这就是父亲1927年在粤北诸县进行过深入研究并予以命名的"丹霞地貌"，这一美妙而准确的名字沿用至今，为中外地质界所公认。

在昆明时，小弟偶然发现他架床用的煤油箱里有个铁盒子，铁盒内又有用棉花包好的小木盒，里面排满了石片。去问母亲，才知道这是岩石薄片，是父亲研究泰山时把采集的岩石标本请人磨制的标本切片。母亲离北平前，父亲特别来信叮嘱，一定要把泰山的片子带上，别的东西带不了就算了。1935年和1936年，父亲曾两次去泰山，研究泰山杂岩；后来在野外调查和室内对二百多片岩石薄片研究的基础上，写了《山东泰山杂岩体的进一步划分》的学术论文。当时地质界普遍认为，"泰山杂岩"的历史形成过程很长，对其详细研究和进一步划分意义巨大。父亲抓住了这一关键科研课题。可惜他虽然获得了重要的阶段性成果，日寇的侵略却使得他未能完成进一步的研究计划。

1949年末，在北大地质系一年级学习的小弟和他的同学到北京西城兵马司北京地质调查所陈列室参观，一位同学特别叫他看一块陈列标本，陈列说明为：采集者、捐献者冯景兰，捐赠时间1936年。小弟一见就认得。抗战前父亲调查山东、河北的一些金矿后，曾叫小弟来看他采的标本，就是那一块：一块灰绿色的石头上有一片指甲盖大小的金黄色金属片。父亲当时说，这就是自然金，成色和金戒指的差不多，采到这么大的金片很不容易，很珍贵。

解放前，国家的科技文教部门经费都很拮据，发不出工资是常有的事。地质调查事业有些进展，很大程度上是靠地质工作者的爱国热忱和对地质事业的忠诚。父亲无疑是这些人中的一员。

解放了。祖国欣欣向荣，父亲也深愿奋发有为。1951年夏大弟大学毕业，父亲曾手书赠言，由母亲一针一线地绣出来赠给他，语云：

到祖国最需要的地方去！

由此可以看出父母当时的心情。父亲以更大的热忱投身于祖国的地质事业和地质教育事业。他除坚持在第一线教学外，还担任了黄河规划委员会的地质负责人，编审了黄河综合规划的地质部分，提出了三门峡坝址在地质方面最为合宜；参加了黑龙江的中苏合作考察；在东北、河北、河南、湖北、江西调查金、铜、铅、锌、煤等矿床，提出了"封闭成矿"等概念；完成了《关于成矿控制和成矿规律的几个重要问题的初步探讨》等重要论著……他深入实践，一步一个脚印地作出着自己的贡献。

在1966年开始的十年噩梦里，父亲受到冲击势所难免；后来，又增加了一份对国家前途命运的担心。心情非常痛苦，身体也坏了下来。虽在这样的情况下，他仍未忘怀祖国的地质事业。在"文革"后期，学校的工作尚未恢复正常。他看到多册国外出版的《岩浆矿床论文集》（暂译名），在得到了翻译出版的许可之后，就开始了它的翻译工作。不久适逢唐山大地震，人心惶惶，生活不安。父亲身体也不好，把书和译稿装在一个黑色的人造革包里，不论是回宿舍或进抗震棚，都随身带着，一停下来就伏在桌上或床上进行翻译。这种情景，一直持续到1976年9月他突发心脏病逝世。

父亲动手甚勤，每出野外必作详细工整的笔记，并画有很多地质、地形图和生动的景物素描，这种笔记，他积累了很多，是他准备老年写书用的。在十年噩梦中这些笔记本全部被抄走，再也没有能够寻找回来。多年的心血毁于一旦，他再也没有办法对它们进行整理深化，把自己毕生的心得留给后人了。这使年老的父亲感到深深的悲哀和遗憾。

父亲诚恳正直，嫉恶如仇，鄙视钻营与虚伪，表里如一，但严肃寡言，所以不易为人了解，甚至被误认为"孤僻"或对人冷淡。较深了解他的人，知道他是内心丰富和热心肠的。1928年，他任天津北洋大学（现为天津大学）教授兼采冶系主任时，系里有一位教师生了场大病，健康恢复较慢。父亲主动替他全时代课一年，不收酬劳，也不要任何感谢。这件事，当时甚至连母亲也不知道。事后很久，母亲从当事人口中听到了，向父亲提及，父亲只轻轻摇摇手，说："这算什么大事，何必提它。"

我们在家里从未听见父母议论别人，他们也不喜欢当面夸奖人。但我们有时却听到父亲对旁人或学生的称赞。父亲常常对我们说："要拿别人的长处和自己的短处比，才会有出息。"

父亲时时处处要求自己严格。一次外出调查，天气较凉，母亲要他多带点衣物。父亲说："不必啦！不能麻烦别人。"他对每个孩子都交代过，出门带行李要以自己拿得动为准，不可加重别人负担。人要吃得苦，耐得劳，不经锻炼不能成材。小妹清华毕业后分配到外地工作，他又交代："你带的行李要自己能够拿得动，任何时候都要准备帮助别人而不可依赖别人的帮助。"小妹带了一个小行李卷和一只小箱子只身去了外地。后来，她又调到科学院某研究所工作，父亲嘱咐说："要踏踏实实地积累自己的认识，不断使之深化。"后来小妹说："随着年龄增长，我逐渐体会这句话的深刻含意！"

大姐牢牢记住高中毕业时一个黄昏的谈话。当时父亲望望母亲说："我们省吃俭用，再难也要把你们都供到大学毕业，把你们抚养成人是我们的义务。你们毕业后，能不能找到工作，能不能做好工作，全看你们的能力和机会了。"又说："机会或者自己难以掌握，但工作能力完全可以靠努力获得。有了机会而能力不够，就也作不了什么。"母亲轻声说："你大，也最懂事，要给弟妹做出样子。"

母亲勤俭持家，无疑是父亲能尽力从事专业工作的最强力支柱。母亲字"自立"，它应是1924年以前父母一起商量定的。这无疑表现了他们的自立、自强的生活态度。他们也希望孩子们不论男女都能够学业有成，将来能够自立、自强，能够做些"有用的事"。我们六个孩子（不论男女）也就自小培养了自立的性格，不依赖，戒娇气，在工作中决不懈怠。

抗战时期在昆明的生活是艰苦的。物价飞涨，薪金有限，能维持八口之家安然度过，确实不易，这时期我们的衣服、鞋子，往往是母亲亲手缝制，无形中教育了我们要勤劳、节俭。

父亲不乏生活情趣。他爱诗也写诗，爱画也画画，母亲也有同好。他们常到琉璃厂看画，到中山公园、美术馆看画展。他还弹琴、吹箫、唱歌，虽然生活繁忙，暇时不多。父母亲在天津曾在中元节带我们沿北运河散步看河灯，告诉我们北运河的源头和功用。1934年迁居北平后，曾带着我们凭吊圆明园废墟，感慨万千。在昆明，父亲带着小妹到山上散步，山上树木常青，枝叶茂密，父亲带了一本书，坐在松树下看书，小妹跑来跑去捡松子，采野果。父亲还用他特有的韵调吟诵自己的诗。

1941年前后，三个孩子在距家约一个半小时徒步路程的学校住校读书；父母亲曾徒步从城里走来，星期天早晨六点钟左右和孩子们在距学校五里地的路口会合，一同去更远的地方旅行。到了下午，父母把孩子送到返校的路口，然后徒步返城。那是一个天气稍热的初夏，木香花已经盛开。父母亲神采奕奕，他们对大自然是热爱的、默契的。

父亲去世已逾二十二年，母亲也走了一年多了。但在祖国的高山大河和平原上，在祖国的南疆与北疆，将永远存留着我们尊敬的父母的足迹，也存留着祖国山河对他们的永恒的记忆和怀念。

1999年3月

（作者为冯景兰先生之女，北京大学中文系教授，已逝）

闻一多先生（1945年8月摄）

闻一多（1899—1946），湖北浠水人。1912年考入清华学校。1932年应聘清华中文系教授，并一度兼系主任。后因参与反独裁争民主运动被暗杀。著名文学家。

岁月难磨慈父情

闻立雕

1946年7月15日下午5时许,昆明市西仓坡突然响起连串的炸耳枪声,父亲从外面开会归来,惨遭国民党特务暗杀,倒在了我们家的大门口,哥哥以身体掩护父亲,连中五枪受了重伤。次日全国各报均在头版刊出"闻一多被刺逝世"的噩耗。从此我们兄弟姐妹成了失去亲爱的父亲的孤儿。

从那时到现在,时光已过半个多世纪,但父亲在我们的脑海里仍记忆犹新。每当闭目回想当年,父亲就会由远及近,阔步来到我们之中,身影依然那么矫健,笑声依然那么爽朗,面容依然那么慈祥,一切的一切,栩栩如生。

今年是父亲百岁华诞,谨就父亲和我们在一起的那些难忘的岁月,特别是直接同我相关的若干事,追忆一二,以抒深沉思念之情。

舐犊

母亲先后生育了我们兄弟姐妹八个,两个姐姐一个弟弟幼年夭亡,剩下大哥、我、弟弟及两个妹妹。父亲对我们个个都非常疼爱,其爱之深,有如舐犊,胜似舐犊。

大概是因为失去了三个心爱的幼儿幼女,父亲对我们兄妹的健康特别关心。

抗日战争中我们家生活极端困难时，家里稍微有点什么有营养价值的食品，他总是尽可能让我们吃，母亲常为此和父亲发生争执。母亲并非不心疼我们子女，而是考虑到父亲是全家的顶梁柱，一旦父亲身体垮了全家人就要挨饿喝西北风，因而要重点保护父亲。父亲告诉她："我的身体已经长定了，而孩子们正在发育成长时期，现在不保证他们的营养就会影响他们一辈子。"母亲听了只好点头称是。

抗战之初，北大、清华、南开三校迁到了长沙，组成临时大学。父亲只身在该地任教时，信中常常不是问"小妹病好否？""鹤儿身体有进步否？""名女耳痛好否？"就是交待"医药费不可过于爱惜，当用时就用"；推荐鱼肝油精让我们吃，说"补品中最好的莫过于此"；告诫母亲长江水太脏，饮后容易生病，应改吃"机器水"（即自来水。当时武汉尚未普及自来水，绝大多数市民均饮用长江水）。

当年我们住在昆明的时候，为躲避敌机轰炸，绝大多数时间都住在郊区农村，父亲每周进城讲四节课，我和哥哥以及小弟、大妹上中学后除寒暑假和星期日外，平时都住在学校里。由于物价不断暴涨，学校的伙食很差，学生们普遍营养不良，面有菜色，几百人的学校没一个"胖墩儿"。

我们学校所在的那条街上，有一家专卖牛肉食品的餐馆，其后院与我们学校仅有一墙之隔，那边的肉味不时飘过墙来，常惹得同学们垂涎三尺，好不口馋。

有一天，父亲课后来到我们学校探望孩子，看见我们营养不良的样子，心像被火烫了一样，一阵一阵地灼痛。摸摸口袋，狠心把弟弟妹妹带到了那家牛肉馆，给他们一人要了一碗牛肉面。弟弟妹妹多时没有尝到肉味，此刻有幸吃这碗香喷喷热腾腾的牛肉面，真是好不过瘾，好不解馋啊！

父亲坐在一旁，双手按在胸前的手杖上，双眼定睛凝视着两个孩子，看到他们那副心满意足的吃相时，脸上情不自禁地流露出略感安慰的微笑。弟弟妹妹吃着吃着突然发现父亲没有吃，便问："爸，你怎么不吃？"父亲似是很不经意地回答说："你们吃吧！我不饿。"

一句"我不饿"体现了一颗多么滚烫的爱子之心啊！

我从小嘴馋、贪吃，吃起来狼吞虎咽，不知道自我控制，结果患了消化不良的胃病，年年都要犯几次。犯起来就胃胀、呕吐，几天不能进食。在家里犯了这个病，母亲常用家乡的土法治疗，即把米炒糊，熬糊米汤让我喝，据说可以利食助消化。我服用后，确实有一定的作用。在学校犯了病，没糊米汤喝，只好不吃饭，连续饿他几顿，直到胃里的积食全排泄光自然康复。

1945年我们家搬到了学校隔壁的西仓坡教职员宿舍，由于家里住房太紧张，我仍住在学校，只是回家吃饭。有一次，我的胃病又犯了，两天没回家吃饭，父亲怕我老不吃饭伤了身体，让保姆赵妈到学校给我送来一杯热牛奶，我没问三七二十一，端起来咕嘟咕嘟就喝了。事后才知道这杯奶是母亲给父亲热的，他不喝却让给了我。区区一杯牛奶，今天说起来算不了什么，可是40年代在昆明我们家，则是难以享受到的高档滋补品，若不是圣诞节美国朋友送给父亲一桶奶粉，我们家哪里能见到一滴牛奶。如此难得的滋补品，父亲却从自己嘴里让给了我。它不仅滋补了我的身体，更是滋补了我的心!

还有一次，父亲得知我的胃病又犯了，放下手中的书和笔，立即带上药大步流星地来到学校找我，要我立时吞服。父亲一天有多少事，忙得他片刻不能休息，晚上还要加班熬到三更半夜，就在如此的百忙之中，却亲自来给我送药，从中可以看出他对我是如何之关怀，如何之爱！可当时我却鬼使神差地耍起牛脾气，硬是拒绝服药，惹得父亲发了火，连续顿着手杖把我训斥了一顿，逼我把药服了下去。我委屈得直流眼泪，心中很不高兴。事后，听母亲说父亲回家后曾向她表示很后悔，不该当着那么多同学的面训斥我。其实，后悔的应该是我。冷静想一想，我有这么好的父亲是多么幸福啊!

严责

父亲不但很关心我们的身体成长，更关心我们的学习和思想品德的成长。

1938年秋，我们住在昆明福寿巷三号时，学校规定为了预防空袭，初小学生上午不上课，下午才有课。有一天上午我在家里玩得忘乎所以，没顾上做作业。父亲问起来，我无言以答，就撒谎，骗他说老师没留作业。可能是说假话脸上的表情不自然露了馅，被父亲察觉出来了，他指着我厉声说："你骗人!"

我假充硬汉跟他顶嘴："我没骗人。"

父亲对知错不认错特别恼火，怒气冲冲地斥责我："骗了人还不认错，还嘴硬!"

我明知父亲不可能到学校去查问，偏偏故意犟嘴说："你不信到学校问我们老师去。"

这一下真把父亲惹火了，他脱下布鞋，准备用鞋底子狠揍我的屁股，我隔着椅子躲来躲去，不让父亲抓住。母亲听到我们父子大战之声，连忙跑来看发生了什么事，我乘机蹿到母亲身后，父亲一边大声呵斥我，一边扬起布鞋追着打。我以母亲为挡箭牌，父亲从左边打，我就躲到母亲右后边，父亲从右边打，我就躲到母亲左后边。父亲一只脚没穿鞋，行动不太方便，加之母亲从中保护解劝，追打了几下也就罢手了，不过还是把我狠狠地训斥了一通。

父亲发这么大火，动手打人，并不仅仅是因为我没做作业。我一向不爱读书，功课太坏，这本来就很惹他不高兴，但仅此一点，他还能容忍，无非多督促几次罢了，不至于动手施罚。我这次的错误严重在撒谎、骗人。这是关乎人的思想品德的问题，关乎怎样做人的问题，这方面父亲特别重视，要求特别严。

早在年轻的时期，父亲就非常重视这个问题。1924年6月14日他在从美国写回的一封家信中讲道："我辈得良好机会受高深教育者当益有责任心，我辈对于家庭、社会、国家当多担一分责任。"信中谈到应如何对待晚辈诸侄时说："当教其读报纸，且将社会种种不平等情形，政治现状如何腐败，用浅近语言告之。"接着，他特别强调："在品行方面，家长犹当严责，如说谎、自私等恶习当严禁其滋长。"

这封信是本世纪20年代写的，父亲那个时候就把"说谎"同"自私"并列，称为"恶习"，要"严禁其滋长"，可见他对品行方面的问题多么重视。无怪乎父亲察觉我骗人，要狠揍我的屁股。以后长大了才懂得父亲这个火发得对，屁股该揍，否则恶习滋长，后患无穷，那时后悔就来不及了！

惭愧

小时候我和哥哥高低胖瘦差不多，衣帽鞋袜穿戴得都一样，不知情的人常以为我们是一对双胞胎。然而，我俩的性格、爱好差别很大。哥哥爱看书学习，读书用功，成绩好；我则贪玩，体育项目几乎样样有兴趣，惟独不爱读书，学习成绩总也难过关。

父亲是读书人，希望自己的儿女也都能认真读书，学有所成。他在长沙时曾在信中对母亲说："我最挂念的是鹤雕二人读书的情形，来信务须详细说明。"他还特别叮嘱祖父母："鹤雕两儿务当严格做功课，祈大人严加督查"，后面还加上一句"是为至祷"以加重语气。父亲也曾专门给我写信说："我并没有忘记你们，尤其是你们读书的事……乡里暂时平安，一切我都放心，所不放心的，就是怕你们不用心读书。"父亲的话是对我们的要求，也是对我们的亲切关怀。

哥哥没有辜负父亲的希望，不仅读书用心，而且信写得好，还会作诗，父亲乐得连连称赞，还高兴地拿给朋友们传看。他在给母亲的信中说："鹤儿来函云彼等如何念我，读之令我心酸，惟此次之信又较前进步，不但词能达意，且甚有曲折，又使我转悲为喜也"，"鹤儿上次一信写得甚好，我给这里的朋友看，都夸奖"，"鹤喜作诗，将来能像他父亲，这更叫做父亲的说不出的快乐"，欢喜之情溢于言表。1937年12月11日，父亲像对一个懂事的大孩子一样，专门给哥哥写了一封长达八百多字的信，交待了一系列正经事，最后说："你渐渐能懂事了，并能写信，我很快乐。从此你更应用心读书写字，并带领弟妹们用功。如此，你便真是我的好儿子。"

同这些赞扬哥哥之词相比，父亲写到我的则尽是些"雕儿读书用心否？""雕功课不及格，则又令我忧愁"，"雕儿功课太坏，我很担心，""劝雕用心"等等。尽管当时我才九岁，年龄还很小，但以后觉悟得相当晚，因而这些话今日读起来仍感十分惭愧。当然，只要稍有进步，父亲还是看在眼里，并及时给予肯定和鼓励的。例如有一次他写道："两儿写信都有进步，我很喜欢。""雕儿写信较前尤有进步，殊可喜也。"但同哥哥相比，这点进步实在不值一提。

哥哥后来在学校里品学兼优，仅仅念完高二就跳级考入西南联大，父亲喜欢之极，特将美国友人所赠的一只派克钢笔奖给了他。哥哥不仅学习成绩名列前茅，政治思想先进，还是学生运动中的积极分子，在斗争中表现十分突出。父亲遇刺时，他英勇地舍身掩护，父亲如果在天有知，定会无限满意地拍着他的头夸奖说："你真是我的好儿子！"

胆识

随着父亲政治思想的变化，他对家庭和子女的态度也出现了巨大变化。过去，尽管他对我们都很亲，但毕竟是一家之长，又是在封建家庭中成长起来的，难免有一点家长制的影响和遗风。然而，愈是到了生命的后期，他在家庭里的作风变化愈大，愈明显。

我们家在西仓坡联大教职员工宿舍里的那套房子只有一间比较大，它既是父亲的书房，又是父母亲的卧室和客厅。一天父亲正在专心致志地埋头看着什么或写着什么，小妹不知为何哭闹了起来。最初她的哭闹声还不算大，母亲耐心地劝她、哄她都不起作用，反而哭闹得更凶了；父亲被她吵得无法静下心来思考与工作，厉声斥责了她几句，不许她再吵闹。谁知她竟更加任性地嚎啕大哭大闹起来，搞得父亲心烦意乱什么事也做不成，不由得在她屁股上给了几巴掌。

这一下捅了马蜂窝，一时间父亲打，母亲拦，小妹哭，赵妈叫，一场室内剧达到了最高潮。小妹是赵妈带大的，疼小妹得就像她心尖上的一块肉，平时不管有理没理总要偏向小妹几分。她本来在后院做饭，听见小妹哭，特别跑来看看是怎么回事，不料刚好看见小妹挨打，便三步两步抢上前来保护小妹，嘴里还叫着："先生您是怎么了！孩子还小，不懂事，干吗发这么大火动手打孩子！"说着说着连拖带抱地把小妹带到后院去了。

这一天大概是个星期天，我恰好在家，目睹了刚刚发生的一切，不知是从武侠小说里学来的侠肝义胆，还是受民主运动中民主意识的怂恿，竟然挺身上前批评父亲不该打妹妹，特别是讲了几句很尖锐的话："你自己是搞民主运动的，天天讲民主，回到家里怎么就动手打人呢？"当时弟弟和大妹也在场，他们年龄还比较小，在父亲面前话说得不那么尖锐，但也都说小妹还小，不该打她。

父亲大概没想到子女们会对他提出这么尖锐的批评，一时说不出什么来，坐下来沉思了片刻之后来到我面前，神情很认真地说："我错了，不该打小妹，我从小父母就是这样管教我的，希望你们将来大了，不要用这种方法对待你们的孩子。"没想到父亲会说出这么一段话来，我一时也不知说什么好了。现在想一想，在 40 年代，一位堂堂的知名教授，当面接受孩子们的批评，向孩子们检讨、认错，这是多么不容易啊！他该需要多么大的勇气和胆识啊！我们的爸爸真是伟大的好爸爸！

诀别

1946 年 7 月 16 日清晨，我和弟弟立鹏匆匆洗漱完毕，兴致勃勃地下楼去吃饭，当时我们住在重庆市上清寺清华大学临时招待所里。这里住着许多先后从昆明飞来，等候转飞北平的清华教师及其家属。我们两人也是为去北平而提前来到重庆的。

头一天，我们听说重庆跳伞塔可以跳伞，别人已去玩过，很有意思。我俩不免心动，跃跃欲试，也想去玩玩，我们急匆匆下来吃饭，为的就是饭后好早点去跳伞。可是，我们一来到饭厅就感到气氛与往日不大相同，一双双眼睛都紧盯着我们两人，大家的表情严肃而沉重。我们坐下，刚拿起筷子要吃饭，忽然一位先生问："你们还不知道吗？"我不知发生了什么事，一时间张口结舌回答不上来。那位先生递过一张报纸说："你们看看吧！"我和弟弟仔细一看，头版头条一串黑字："闻一多遭暴徒狙击毙命，公子闻立鹤身负重伤，生死不明。"这消息像颗炸弹命中我们的心，把我们的心炸得粉碎。弟弟顿时抽泣起来，我气愤得欲哭无泪，牙缝里迸出几个字："还不如把哥哥也打死！"在场的人无不悲愤万分，对我们表示出由衷的同情。

长期以来反动派对父亲就又恨又怕，社会上早就有种种危及父亲安全的传闻，没想到，他们真的对父亲下毒手了。

前几天父亲给我们的信中还在对我们讲："大妹、小妹都天天吵着要早来，其实我也有愿意早来的心事。你们放心，我是不会放弃早来的机会的。家中都好，妈的身体这几天来也比较健康。我这几天特别忙，一半也是要把应办的事早些办完，以便早些动身。"我满以为不久就能在重庆或北平与父母和全家人相聚，没想到狗特务们竟暗杀了我亲爱的爸爸！以后我们再也见不到亲爱的爸爸了！

回想当初告别父母飞赴重庆时的情景，真如万箭穿心，悲痛无比。

抗日战争胜利后，西南联合大学奉命撤销，原来组成联大的北大、清华、南开三校各自迁回北平、天津，教师们也随所属学校北上平津。由于陆路交通既费时又累人，太不方便，绝大多数教师都决定全家乘飞机走（当时没有昆明直达平津的航班，只能先到重庆再转飞平津），机票由学校统一代订。我们家虽然非常贫困，父母亲也横下一条心，决定破釜沉舟，把所有的东西全卖光，凑钱坐飞机。

当时机票特别紧张，我们家人口多，只能分批走。6月中旬的一天，学校送来两张票。只有两张票，让谁先走呢？父母亲当然不可能把孩子们丢下自己先走，父亲因为民盟还有许多事情尚未向留在云南的同志移交，也不能带一个孩子先走，同时，他也不忍心自己先走，而把重担全压在母亲一个人身上。大哥是父亲的得力助手，保姆赵妈（随我们从北平出来，与我们同甘共苦八年）要为一家人买菜做饭，都不能先走。我那时已是青年小伙子，虽没出过远门，但在父亲朋友的关照下，暂时独立生活一段时间还是可以的。为此父母亲商量来商量去，最后决定让我带弟弟随父亲的好友许骏斋先生先飞重庆。

事情决定了之后，父母亲一遍遍交待我们这次出门，大人不在身边，万事要当心；要注意冷暖、讲卫生，别乱吃生冷东西，防止生病；有事多向许先生请教；钱要节省着用，不要乱花，要收好藏好，防止丢失或被窃被盗。甚至连要给弟弟买皮鞋的事，父亲都作了交待，说北平贵，重庆便宜，要买就在重庆买，等等。

父亲还特别叮咛我，不要光自己贪玩，要多关照弟弟；多写信，免得大人牵挂；到了重庆，能买到票就随许先生先飞北平，到了北平暂住在叔叔家，走不了，就安心在重庆等，他和母亲不久就会来的。

临行前那天晚上，母亲在略带昏暗的灯光下，一针一线替我们把钱缝在衬裤上，一边缝，嘴里还不停地做这样那样的交待。父亲平时一向不大管我们的衣食住行，这一天晚上好像同平时大不一样，特别不放心，一面为我们给在渝在平的友人写信，一面反复叮咛注意事项。当时人们刚刚认识维生素（那时叫维他命）的营养价值，有条件的人家常买来给子女们补养身体，父亲特地给我们带了一瓶，要我们经常服用。总之，我们第一次离家，远行千里之外，他们很不放心，千叮咛，万叮咛，嘱咐了又嘱咐，让我们享尽了慈父慈母的爱。

当时，我以为全家人不久就能重聚，对这次离别并没有多少伤感，倒是对很快就要回北平，就要坐飞机遨游蓝天，感到很新鲜，很刺激，心中倍觉兴奋、激动。父亲的话，我虽频频点头，连声称是，其实早已心不在焉。

6月20日那天，全家人都起得很早。昆明的6月，阳光明媚，风和日丽，格外宜人。我和弟弟吃过早饭，一家人就忙着为我们送行，扛行李的扛行李，提箱子的提箱子。西仓坡联大教职员工宿舍院子相当深，从我们家到大门口约有二三十米远，父母亲率领全家人直把我们送到大门口。我看见过天上的飞机，但没有接近过飞机；上劳作课时，我用木料制作过飞机，但从没有乘坐过；前几年我们学校有个高班生考上了航校，在美国受训结业驾着飞机回国，我羡慕极了，心想何年何月我要是也能坐上飞机那该多美。今天我终于也能上天了，越想越兴奋，心中简直乐开了花。但是当我坐上了人力车回头和大家摆手告别时，突然发现父亲的眼圈红润了，泪水似乎在他眼眶里闪闪打转。我那颗开了花的心，顿时也有些不好受，赶快扭转了头。车夫提起车把开始小跑起来，我再回头看看，父母亲还伫立在大门口，依依不舍地目送着我们。

万万没想到，西仓坡之别，竟是我同父亲的诀别，那无意中的回头一瞥，竟是见到父亲的最后一面。父亲好像有什么预感似的为别离动了情，而我却无所谓，没给父亲任何感情的回报,就扬长而去。回想起来真是痛感内疚!为什么我不下得车来跑回去和爸爸再亲热一番?为什么我不站在亲爱的爸爸面前多看他几眼?唉!如今他溘然长逝,永远无法弥补了。我真要捶胸顿足,仰天痛呼:"追悔莫及,遗憾终身啊!"

1999 年 4 月

(作者为闻一多先生次子,原中宣部副局级调研员,已离休)

养育与熏陶

——父亲引导我走向艺术之路

闻立鹏

每当有记者采访,常要提问:你是如何走上艺术道路的?谁对你的影响最大?这时我总要告诉他们一件往事,一个偶然又必然的故事。

1947年7月16日,参加完父亲闻一多殉难周年纪念活动的第二天,我和黄海、龚戈云、王展、向阳等一些大学生们一起,投奔日夜向往的解放区。那时我刚刚在北京四中初中毕业,不满十六岁,大家都叫我小弟,这本是在家里父母对我的称呼,于是正好化装成家人放假回老家的样子,出天津过杨柳青进入了三不管地带。

离家的时候,母亲不放心我只身出走,年幼体弱,千叮咛,万嘱咐,准备了衣物毛毯一大提包,还给买了维他命丸等补品。我自己又带了书籍课本、地图、拍纸簿、文具手电等等。由于喜欢画画还带了一盒马头牌十二色水彩,维纳斯牌、施德楼牌的图画铅笔。过关卡的时候,盘查了半天,总算顺利通过,只是把一本地图没收了。

第二天就要越过最后的封锁线,陪送我们的武工队长林波说大家要轻装,不能带这么多家当行军。为了顺利进入日思夜想的解放区,我毫不犹疑地抛掉了许多衣物杂品，只是实在舍不得那盒刚从西单商场买来的马头牌水彩颜料。想来想去最后还是把它塞进了小小的背包。

想不到，正是这盒水彩，决定了我一生的命运。正是这盒水彩把我送进了艺术王国的大门。

到了晋冀鲁豫解放区北方大学，人们知道我如此喜爱美术，就决定让我到文艺学院美术系学习。于是我成了当时全文艺学院最小的一名学员。

这就是我学习艺术的开始。

这似乎是一件偶然的小事，但仔细想来，这里又含着许多必然的因素。原来，这事情的背后蕴涵着父亲那颗赤热的爱心；原来，在我通向艺术王国的道路上积淀着、铺垫着父亲苦心营造的文化艺术的营养层。

父亲一生热爱祖国、热爱生活、热爱大自然。他追求美，用刮满油彩的画刀，用饱含浓墨的毛笔，从追求艺术的美开始追求人格心灵的美，走到追求美的社会，创造美的人生。当线条、色彩、语言、文字都不能满足这种苦苦追求的时候，他甚至为此付出自己的鲜血和生命。

环绕着父亲这不足四十八年的短暂生命，形成了一个充满了文化艺术氛围的"气场"。辐射着诱人的光，散发着灼人的热。

我从小喜爱美术，虽然并没有多少特殊的天赋，却有幸生长在诗人学者艺术家的家庭之中，成长陶冶在这种"气场"的辐射之下，享受着丰厚的文化艺术的营养。

抗战初期我六七岁的时候，开始喜欢胡涂乱抹。父亲只身在长沙，当他从母亲的信中得知我和妹妹那一点点喜爱文艺的小小苗头时，就立刻给予十分的关注。他几次提出："小弟大妹也能画图画写字，何不寄点来给我看看？"后来当远隔千里、久别家人的父亲果然接到母亲寄去的幼儿们的涂鸦时，他回信说："下午接到你和雕儿的信，还有小弟大妹的字画，我很高兴。"

在接到万里家书的时刻，他时常兴致勃勃地提笔给孩子们写信，甚至于连我们六七岁孩子的名字也要写上。1937年11月8日的一封信，那亲切流畅的文笔，传达着他对生活、对自然美的感受。

> 鹤雕鹏名：我们现在住的房子，曾经蒋委员长住过，但这房子并不好，冬天尤其不好。这窗子外面有两扇窗门，是木板做的，刮起风来，

劈劈啪啪打的响声很大。打一下，楼板就震动一下，天花板的泥土随着往下掉一块。假使夜间你们住在这样一间房里，而且房里是点着煤油灯，你们怕不怕？这就是现在我所住的房子。但是这里风景却好极了。最有趣的前天下大雨，我们站在阳台上，望着望着，一朵云彩在我们对面，越来越近，一会儿从我们身边飘过去，钻进窗子到屋子里去了。中国古时，管五座大山叫五岳，中岳嵩山在河南，东岳泰山在山东，北岳恒山在山西，西岳华山在陕西，南岳衡山在湖南，就是我现在所住的地方。古人说游山若游遍五岳，便足以自豪。我从前游过泰山，现在又住在衡山上，五岳中总算游了两岳。

11月8日父字

这封信，鹤雕两人看得懂吗？如果你们喜欢这样的信，以后我可以常常这样写。可是这些信，你们要好好的保存。

真要感谢慈爱的母亲，风风雨雨几十年她一直把这批信件珍藏在身边。

父亲曾在给梁实秋的信中说自己将来要作一个"艺术的宣道者"，要"艺术化我们的社会"。早在抗战以前，刚从美国归来不久的父亲，在北平艺专任教务长，又积极筹建戏剧系，同时更热心于新诗运动，创办《诗镌》进行创作与评论。诗人徐志摩1926年对父亲的艺术家情趣和身上散发的凝聚力有一段极生动的描写：

我在早三两天前才知道闻一多的家是一群新诗人的乐窝，他们常常会面，彼此互相批评作品，讨论学理。上星期六我也去了。一多那三间画室，布置的意味先就怪。他把墙壁涂成一体墨黑，狭狭的给镶上金边，像一个裸体的非洲女子手臂上脚踝上套着细金圈似的情调。有一间屋子朝外壁上挖出一个方形的神龛，供着的，不消说，当然是米鲁薇纳丝一类的雕像。他的那个也够尺外高，石色黄澄澄的像蒸熟的糯米，衬着一件黑的背景，别饶一种澹远的梦趣，看了叫人想起一片倦阳中荒芜的草原，有几条牛尾几个羊头在草丛中摆动。这是他的客室。那边一间是他做工的屋子，犄角上支着画架，壁上挂着几幅油色不曾干的画。屋子极小，但你在屋里觉不出你的身子大；戴金圈的黑公主有些杀伐气，但她不至于吓瘪你的灵性；裸体的女神（她屈着一只腿挽着往下沉的亵衣），免不了几分引诱性，但她决不容许你逾分的妄想。白天有太阳进来，黑壁上也沾着光；晚快黑影进来，屋子里仿佛有梅斐士滔佛利士的踪迹；夜间黑影与灯光交斗，幻出种种不成形的怪像。

这是一多手造的阿房，确是一个别有气象的所在，不比我们单知道买花洋纸糊墙，买花席子铺地，买洋式木器填屋子的乡蠢。有意识的安排，不论是一间屋，一身衣服，一瓶花，就有一种激发想象的暗示，就有一种特具的引力。难怪一多家里见天有那些诗人去团聚——我羡慕他！

我写那几间屋子因为它们不只是一多自己习艺的背景，它们也就是我们这诗镌的背景。这搭题居然被我做上了；我期望我们将来不至辜负这制背景的匠心，不辜负那发糯米光的爱神，不辜负那戴金圈的黑姑娘，不辜负那梅斐士滔佛利士出没的空气！

抗战以前父亲那黑色墙壁镶以金色武梁祠图案圈的极富浪漫情调的家居情景，典型地反映父亲艺术美的追求。后来在昆明，生活十分艰苦的战争年代，他也不忘营造文化氛围，不忘追求艺术美的生活情调。在异常简陋狭小的房间里，泥土墙壁上也总要悬挂那幅书法对联。"遥望北斗挂南岳，常撞大吕应黄钟。"在家庭中，在我们童年少年生活中营造着一种诗与艺术的境界，一种具有凝聚力的"磁场"与"气场"。在从长沙到昆明三千五百里的徒步旅途中，他不但童心复萌，重新拾笔沿途画了几十张风景写生，而且兴致盎然，买回了云南有名的玉屏竹箫和古藤缠绕作柄的拂尘。从城里到乡下，几次搬家，这古色古香的艺术品和那件大理石山水画挂盘，他总是悬挂在床头。似乎是他留给自己短暂休息的心灵空间，也是对儿女们潜移默化的艺术美的熏陶。

父亲曾说过要"诗化"家庭。他给挚友饶孟侃的信说："今夜为内子授诗，课毕稍暇，因拂笺急书数语奉上，以释悬念。"给梁实秋信中也说："……暇时则课弟妹细君及诸侄以诗；将欲'诗化'吾家庭也。"当他还在清华的时候，每年回老家度假，他都要教子侄们读书学诗。身居乡下的堂兄们清楚地记得谁能背下长诗，谁就可以得到从京城带来的牙刷铅笔之类的"奖品"。在昆明乡下，他常靠在床前的枕头上，听我和妹妹背诵《春江花月夜》，背诵《长恨歌》、《琵琶行》。那时，我们兄妹正准备到城里上联大附中，其实对诗的内涵并不能真正理解，但那长诗的优美音韵和深邃的意境，却至今久久不能忘怀，无形中培育着我们身上的"艺术细胞"。

中秋节，他和母亲在天井院子里架起了小小的桌子。一壶苦茶、几块"月饼"，我们坐在云南特有的草编小蒲团上，围坐在他身旁赏月。明月高升的时候，他又带我们在村边小路散步，我依稀记得"天上几时有，把酒问青天"，"但愿人长久，千里共婵娟"，这些名句就是那些时候深深地留在心里的。

一次昆明冬天下起少有的大雪，絮絮扬扬，一时间把冬日的红土地染成茫茫白色。我推开窗子看到这少见的银色世界，不禁大声欢叫起来。大人们也为此情景感染，相约一起到村边林中踏雪寻梅，孩子们在雪地里奔跑雀跃，扯着嗓子唱歌。这童年生活中的一幕给我留下极深的印象，成年之后，每当大雪飞扬的情景，总能勾起那儿时不甚了了的歌声：

  雪雾天晴朗，腊梅处处香，骑驴把桥过，铃儿响叮当。响叮当，响叮当，好花采得瓶供养，伴我书声琴韵，共度好时光。

也是在昆明北郊龙泉镇司家营的时候，父亲和清华文科研究所的同事们一起去黑龙潭游览，母亲带着我和妹妹走在蜿蜒的乡间田埂小路上，惊起成群白鹭鸶。河上摇晃不稳的木桥，布满枝头的云南茶花，高大古老的唐梅宋柏，温暖的阳光，轻风拂面，大自然的美的恩赐，给孩子们无限的欢快。父亲拄着白藤手杖，一会儿扶着母亲过桥，一会儿指点着、讲解着，不时和同事们发出朗朗的笑声，我们在大人们周围跑前跑后，像一群顽皮又恋娘的小羊。

父亲不但教我们亲近大自然，从中得到美的情愫，也关心儿女们的学业，特别关注我们的中文能力和文学素养。他在信中对母亲说："在这未上学的期间，务必把中文底子打好。我自己教中文，我希望我的儿子在中文上总要比一般强一点。"

父亲十分关注我们的基础学业，但是他更重视儿女们文化素养与素质的培养，个性的保护和发掘，他曾给小妹闻翾题字："对功课太认真了是不好的，因为知识不全在课本里。"

二哥立雕身材高大，活跃好动，喜爱体育。跳高成绩特好。一次在联大操场举办的运动会上，他获得了冠军的荣誉，那优美矫健的剪式跳跃身姿，使许多同学倾倒。

父亲听了也特别高兴。对于他好动脑筋、常常鼓捣钻研各种小玩意儿的兴趣，也是因势利导、爱护备至的。一次过春节，二哥高高兴兴从学校实验室带回来一大块氯化钠，要利用钠加水产生化学反应的原理制造氢气，以便把红色气球充气升空。那将是极具哄动效应的节日壮举！他很有把握地把那块钠放进了一个装满水的绿色磁壶里，一下子大量的氢气使小小的磁壶猛烈爆炸。一声巨响，惊动了全家，全神贯注围在壶边等待气球升空的妹妹，脸上身上溅满了碱性液体，大家惊慌失措，乱了手脚。幸亏化学教授黄子卿先生正来拜年，在里屋和父亲聊天，急忙指导用醋擦脸抢救，酸碱中和，转危为安。一场虚惊吓坏了"肇事者"，大家也等待着一场挨批受罚的大祸临头。谁知道，父亲没有大发脾气，只是和颜悦色地用英文说了一句："A little knowledge is a dangerous thing."其实，开始学英语时父亲曾教我和妹妹正确发音，纠正我们以汉语音调发音的毛病。但除此之外平常在家里，他却极少讲英语。这一次特殊的情况下，他反而用英语的成语教育我们一知半解是最危险的事。那种宽厚的胸怀，那和谐的气氛，那深沉的爱，深深地温暖着孩子们的心。

现在想来，诗意的童年生活，滋养着我们幼小的心灵。极具天赋的小妹，小学时就开始写诗，那稚嫩的双手装订成的小小毛边纸本子上歪歪斜斜躺着她的短诗：《金黄色的太阳》。父亲曾高兴地带着她参加联大新诗社的活动，围坐在村边林中朗诵社员的新作。

立鹤大哥也喜爱诗歌，父亲在信中对母亲说："鹤喜作诗，将来能像他父亲，这更叫做父亲的说不出的高兴。"大哥又极具外语天赋，中学时的英语已经很好，英语的歌声常令我羡慕不已。良好的学业及素质使他能跳级提前一年考上西南联大，父亲高兴得把一支派克钢笔送给他。父亲的戏剧活动、舞台美术设计给后来立鹤大哥酷爱演戏，参加联大剧艺社的演出以很大的影响。他在案头设计《原野》的布景，更引起我们极大的兴趣。而在书桌上用纸盒搭制立体舞台模型激发了我们对艺术的神往。小小的心灵中也牢牢地记下了仇虎和金子的名字。

父亲的书桌上，煤油箱做的书柜里，床头案边，总是堆满了各种各样的书籍，从《诸子集成》、《山海经》一直到《海上述林》。自然大多是我们所看不懂的，但偶尔也有一些报纸副刊、文艺杂志，却是已上中学的我们可以领略一二的。我和妹妹时常也拿来翻看，不知不觉也沉醉在文学、诗歌的意境之中。中学时代，许多世界名著如《飘》、雷马克的《西线无战事》、高尔基的《母亲》等等，妹妹都已经浏览过了。

在中学的课堂上妹妹闻名的作文，经常得到老师的夸奖，不时在课堂上朗读示范。我的各门功课平平，数学尤其差，惟独语文较好，作文也能常常获此殊荣。

而美术则对我更具有特别的吸引力。

昆明那时虽然集中了大批文化人，在大后方也是文艺活动较多开展的地方，但美术活动似乎并不十分活跃。所以当我发现青云街上拐角处有一家小画廊里挂着一张色彩鲜艳的油画时，竟能使我常常驻足流连。我清楚记得画的题目叫《日出而作，日落而息》。霞光中农夫的身影给我留下深刻的印象。这不是我第一次看到油画。最早，1938年在福寿巷时家里有一幅木框小油画，画的是昆明圆通公园的风景，现在看来，可能是当时北平艺专迁到昆明后哪位画家送给父亲的。可惜后来这幅作品遗失了，至今不知它的出处与作者。

那时，我也曾看到哥哥们翻看父亲在湘黔滇途中的几十幅速写。小小的拍纸簿上的风景速写，寥寥几笔为山川写照，为树木传神，我虽不能领略其中艺术美的奥妙，但却激发着自己的好奇心。后来，住在司家营的时候，二哥在村头用水彩画了一张我们居住的小院，也令我羡慕手痒，心想什么时候也能尝试一番呢？尤其是在昆明府甬道看到一位画家在作油画写生，那画家站在画架前作画的姿势，那画布上斑斓的色彩，真使我激动向往。能呆站在旁边看半天。

有一次，也是在司家营村，母亲病后在卧床休息，父亲忽然兴起，要为她画一张写生。我记得他用的是一幅香烟广告的背面，"画板"是支在一张木椅上，他坐在草蒲团上作画，一支维纳斯牌的6B铅笔在纸上勾画，很快把母亲披散头发斜卧的姿态显现在纸上。我和妹妹、老赵妈在一边围着观看，心里充满着新奇神秘的感觉，一支我们也曾使用的普通铅笔，为什么在父亲手里就这样神奇呢？

不久，父亲开始刻图章。虽然在20年代他已经有一段迷恋于篆刻的经历，这时重操旧业的初衷却是为了换取升斗，补足八口之家生活的重负。他为了熟练刀技，带我们到城里小市去挑选石料，首先为几个孩子们试刻印章。他在纸上构图，用毛笔描好又在镜中勾出反体字型，然后再摹写在印面。钢刀铁笔在坚硬的石头上发出清脆的声响，石屑零落在桌上地下。

当父亲最后用双手紧握印章，重重地在小张宣纸上印出鲜红的印模时，脸上显出欣慰的微笑。

我兴致勃勃地站在父亲跟前观看篆刻的全过程，内心向往，跃跃欲试。父亲为了满足我的参与愿望，有时也"委以重任"："来，小弟，帮我把这块石章磨平！"于是我细心地在砚台背面浇水，研磨。父亲耐心地指导我不能像研墨一样旋转，而要手持印章的下部，前后用力地移动，才能磨平印面，否则就会把印面

闻一多先生为朱自清先生所治之印

磨圆、丧失棱角。

我特别愿意执行完成篆刻的最后一道工序：留印模。因为这时是全部艺术匠心物化显现的时刻，是艺术劳动收获成果的时刻。父亲把我搂在跟前，手把手教我如何才能平稳清晰地在宣纸上留下印模。这给我极大的满足，好像那艺术成果中也有我的一份功劳。

对于篆刻艺术的工艺技术过程，那时的我大致可以理解，但对父亲把治印作为篆刻艺术对待的许多作法，却往往不能理解。有时，一方印章已经刻好，我心里已十分满意了，父亲对着端详一阵之后却不满意，重新磨了再刻。我当然不能分辨这其中艺术的文野高下。特别是有一次，我看到父亲用刀背在一方刻好的印面边缘敲击，造成不规则的残缺。我十分惊讶惋惜，好容易磨成整齐的直角，为什么要破坏呢？父亲耐心地说："这叫做自然崩溃。"他讲解自然美的规律和不规则美的道理我当时仍然难以领会，但是在我幼小的心灵中已经逐渐朦胧出现了一个艺术的王国。

后来在联大附中，就在这种朦胧的美的意识逐渐萌芽的时候，父亲为我介绍了一位他的学生，曾经在北平艺专毕业又在西南联大中文系作研究生的郭良夫先生为我辅导美术。我曾高兴地穿过文林街，沿着高大的尤加利树林去联大学生宿舍找他求教。可惜后来昆明的形势发生变化，又发生"一二·一"学生运动，这种学习没有继续下去。后来当我们年纪稍大一点的时候，他有意识让我们参加一些社会的文艺活动。联大操场上图书馆前的几次诗歌朗诵会，圭山民族舞蹈阿细跳月的演出，都是他亲自带我们去参加的。父亲朗诵的洪亮声音，阿细跳月那有节奏的鼓声与笙声，至今仍有清晰的印象。从关心幼年的涂鸦，到少年的寻师辅导，父亲引导我走向艺术之路的爱心长久地温暖着我的童年时代，少年时光。

"一二·一"惨案发生后，在联大图书馆设置了烈士灵堂。成千上万的人们前去吊唁。挽联挂满了四壁，其中也有父亲怀着激愤心情书写的一个条幅。记得那些天，父亲严肃的表情，是我从来没有见过的，我在他的书案前为他牵纸，父亲站在桌前持笔上下打量了一下，饱蘸浓墨用篆字书写了"民不畏死奈何以死惧之"几个大字，激动的心情似乎得到一点舒缓，然后在边侧又用楷书小字写了一遍。他希望他的挽联是郑重的书法艺术，又希望有更多的观众能看懂古老字体散发的深刻内涵。

还在上小学高年级的时候，他就要我和妹妹每天用毛笔记日记，还经常纠正我们不正确的持笔姿势，他会从背后伸手抽取笔杆，考察我们是否握紧了笔杆。可惜我那时玩性太大，而悟性太少，辜负了这练习书法童子功的大好时光。虽然如此，由于时常看到父亲写字，特别是那造型奇特、古意盎然的篆字，却给我留有神秘诱人的美感。他的书稿中，有一些他画的中国象形文字发展的演变图。这使我常常从古老的篆字中产生图画的联想和意象。这些无形的艺术熏陶，和墙上古拙的拂尘、书案上层层叠叠的线装书卷，床头黑白两色泼墨山水般的大理石挂盘，门后竹篓中参差斜插着的完成和未完成的宣纸书法，都无时不在散发着一种深沉的文化的气息、艺术的氛围。甚至父亲偶尔的男低音的歌音，那由远而近，又由近而远的《伏尔加船夫曲》、那《老黑奴》"I am coming, I am coming, for my head is bending low…"的低音咏叹，这一切都能长久地停留在我们的脑海，渗透到我的朦胧的审美意识中。童年少年时代的一切，隐秘地、慢慢地、深深地孕育着，滋润着对美的追求与向往……

这就是那一盒水彩画颜料背后隐藏的必然因素，这就是引导我走向艺术之路的内在因缘。

正是诗人学者艺术家的家庭环境、文化气息和艺术氛围，营造了一株嫩芽得以发育的生态环境；正是父亲的爱心和对美的追求、开放的心态为孩子的个性生成与发展铺垫了最初的营养源。

1999 年 1 月

（作者为闻一多先生三子，画家。原中央美术学院油画系主任，已离休）

潘光旦先生抗战期间摄于重庆

潘光旦（1899—1967），字仲昂，江苏宝山人。1913年考入清华学校，1926年获美国哥伦比亚大学硕士学位。1934年任清华社会学系教授，曾任清华大学教务长。著名社会学家。

回忆父亲潘光旦先生

潘乃穆　执笔

一、父亲的书斋

早就看到《人民日报》上有一个栏目叫"我的书斋",我很喜欢读这个栏目的文章。我自己从来没有过什么书斋,每每使我想起的是父亲的书斋。

父亲的书斋始于上海。从乃穟记事的时候说起,那时我家住的是一幢上海20年代常见的那种二层公寓小楼。三楼有一间顶阁是父亲的书房。他保存的上海时期的书目名为《夔庵书目》。

到我记事的时候,我家住在清华园新南院十一号。那时候他的书房叫做"葫芦连理之斋",因为1936年在门前的藤萝架上千载难逢地结出了一对并蒂的葫芦,两边对称,长得很好看。张景钺教授告诉他结出这样葫芦的几率大约是亿兆次中都不见得一遇。他特地请他的舅父沈恩孚先生写了一块"葫芦连理之斋"匾,挂在书房里。这间书房的特点,梁实秋先生有过一番描写:

>　　潘光旦在清华南院的书房另有一种情趣。他是以优生学专家的素养来从事我国谱牒学研究的学者,他的书房收藏这类图书极富。他喜欢用书櫃,那就是用两块木板将一套书夹起来,立在书架上。他在每套书系上一根竹制的书签,签上写着书名。这种书签实在很别致,不知杜工部

《将赴草堂途中有作》所谓"书签药里封尘网"的书签是否即系此物。光旦一直在北平,失去了学术研究的自由,晚年丧偶,又复失明,想来他书房中那些书签早已封尘网了!①

这种竹制的书签,我们至今还保存着一些。可以补充说明的是,连系两块木板的细带是祖母亲手所织。1936年她从上海来我家,住到抗日战争爆发时回沪。她是一位知书识礼、性格坚强、处事通达的妇女。当时虽已年老体衰,却不肯闲坐无事。她手握一个木制小梭,用彩色的纱线织出宽窄不同、花纹各异的带子。父亲的诗句所谓"忍看慈母手中线,翻作残编夹上绵"指的就是这事。这种带子也送给亲朋使用。现在我们只留有残存的一小段,但是最近学友雷崇立告诉我在她母亲(雷海宗教授夫人)的遗物中还保存着一卷。

我还能记得的一件事是父亲从琉璃厂买过一台蝉蜕制成的微型猴戏,角色逼真,维妙维肖,装在一个盒子里,放在书架下面。大人曾经拿出来给我们看过,但是这和一般的玩具不同,只能看,不能摸,孩子们大概是不会心满意足的。这台猴戏的命运,估计是和父亲当年的藏书一样沦为日军侵略的牺牲品了。

1938年我家随学校迁昆明,先住翠湖边青莲街学士巷一号。这是一所中式楼房,当中正房,两侧有厢房。楼下住我家和舅父赵世昌家。楼上住沈履和庄前鼎先生家。正中三层有一间小阁楼,作父亲的书房。屋顶虽较低,但四面有窗,所以父亲称之为"四照阁"。这间书房具有战时简陋的特点。当中一只大书桌,四壁空无一物。这张书桌是自制的,两侧用壳牌汽油包装木箱横竖叠加成桌脚,上面架上两块长条宽木板,成为桌面,有如裁缝师傅的工作台一般。桌脚的木箱里放着书,它兼具了书架的功能。台面上文房四宝倒是都有,印象比较深的是一只大圆乌木笔筒,里面插着大大小小的毛笔、杂七夹八的笔和尺子等等,还有一只小的铜水盂,父亲多年以后仍然使用着它们。当时我读小学三年级,上三楼去的机会不多。唯一记得的是1939年春祖母在沪去世,父亲深为哀恸,在阁楼上独处三天,没有下楼和我们一起吃饭。

因日机频繁空袭,大家疏散下乡。我家和舅父家一起搬到西郊大河埂居住,距城十五华里。这是一个适中的地点,往北五里是大普吉,清华大学的几个研究

---

① 《雅舍小品选·书房》,人民日报出版社,1987年10月。

所设在那里；往西一里是西山坡脚下的龙院村（一称梨园村），住有清华不少教职员家属；顺河往南走到大石桥，就上了通往昆明大西门的公路。当时葛敬忠先生（其夫人胡咏絮是我母亲的同学）在我家住处路对面的小院里拨了一间新盖的屋子给父亲作书房。因为向西可以望见螺蛳山，东面则有铁峰坳，所以父亲把它叫做"铁螺山房"。1941年6月他写过一篇《铁螺山房记》。那以后，他还写过一篇《笙巢记》，称社会学系李景汉教授在呈贡文庙的住所为"笙巢"，因为屋里长出了竹笋。他自己在这时期写的诗稿就题为《铁螺山房诗草》。记得那时候父亲常常步行，或乘马车奔波于学校和大河埂之间。白天去联大或清华办事处讲课或公干，晚上在家写作或备课至深夜。乡居简陋，没有电灯。乃毯回忆：父亲曾自制一个八片玻璃条的灯罩以防夜风，在烛光下写作。一篇文章，一夜一气呵成，第二天早上，平放在他那总不离身的老黄皮包中，高兴地拎着走了。这只结实的老黄皮包追随他大半生，其中总是放着他的手头作业，一有空隙，坐下便读便写，日机轰炸也难影响他的效率。乃毯和我先是去呈贡附近桃源住校读高小，接着入联大附中读书，住在城内西仓坡清华办事处父亲的一间宿舍里。无论如何，假期里书房总是孩子们的乐园。小院的东面和南面以昆明常见的带刺白木香花作围篱，花儿盛开时香气四溢。书房面西，透过小院西面和南面的竹篱可以看到开阔的田野和远处西山的山峰，还有山下的树林和房屋。竹篱以内种了一点美人蕉、凤仙花、鸡冠花之类，而最引起孩子们兴趣的还是那大丛的蒲利子，可以摘下来穿成长串，穿个不停。总而言之，这间书房的环境是田园风光，即便是在战争时期，生活艰苦，仍不免使人产生"采菊东篱下"的感想。孩子们当然有功课，至今还记得清楚的是乃毯和我每日要耐住性子写毛笔字大楷小楷各一篇。她临的是颜真卿《多宝塔》碑帖；我临的是柳公权《玄秘塔》碑帖；小楷则都临的是《灵飞经》。乃和与乃谷则须描红至少一页。乃和回忆：规定她每日也要写小字至少三行，她永远只完成这个最低限度的数字。写字要纠正姿势，身体坐正，笔杆垂直对准鼻尖，写大字时要提手，胳膊肘不得支桌子。乃毯本来有一个铜墨盒，是战前在北京父亲给她定做的，盒面刻有"乃毯习字"四个字，带着去住校，可惜放假回家途中遗失了。这时我们用的是一块普通砚台。每日习字前先磨墨。磨墨的规矩是顺时针转圈平推，磨剩的一端应始终保持整齐的平面而不可呈斜面或弧面。我们还要指导妹妹的学习，如果她们答错了算术题，额头上便有被敲"栗子"的危险。书房里除了父亲的书桌而外，还有一张矮木桌和四个小凳，那便是我们作业的地盘，四个孩子各据一方。父亲在此工作时总是专心致志的，不怕我们在旁吵闹玩耍；但是如果我们有人爬到他的肩膀上，过分骚扰他的时候，也不免遭到呵斥。1945年初，我家离开此地，搬到城内西仓坡西南联大新建成的教职员宿舍去住，从此直到西南联大结束，父亲续写的诗仍然录进那本《铁螺山房诗草》之中。

1946年秋，清华大学已经抢修了被日军践踏八年的校园，宣告开学。我家又搬进新南院十一号，父亲开始重新布置他的书房。书房当中放了一张两面都有抽屉的大书桌。四壁高矮不同的书架是他自己设计尺寸，请人制作的。"葫芦连理之斋"的匾再次悬挂在墙上。战前存放城内的三十箱图书、稿件等均已遗失，无踪可寻。其中有一部分藏书后来居然陆续从旧书摊上买回。从父亲所存的一些稿本上写出的标题看，这间书斋还有过"存人书屋"的称号，例如：《存人书屋书目》、《存人书屋历史人物世系表稿》、《存人书屋日记》等。这个名称大概和他注重对人的研究有关。那时我在城内住校读高中，假期在家有时从书架上翻出一些自己还能够看得懂或还可以有点兴趣的书来乱看。不过比较喜欢做的事还是坐在一边，听客人和父亲谈话。来访者络绎不绝，有他的朋友、同事、学生、校外来客等等，当然多数还是学者，而所学专业则从自然科学到社会科学都有，谈话内容海阔天空，上下左右、古今中外多所涉及，还常常穿插着父亲大笑的声音。乃谷回忆：这时她上成志学校，在家时间多，也喜欢站在旁边听，甚至爬父亲肩膀。可惜这些谈话的具体内容早已忘记，也很难说我们受到过些什么熏陶。有一年的假期中他曾经要我把刊载于《华年》的旧稿抄到稿纸上，数量不少，看来他打算重编旧作。但是我所抄过的这些东西不知下落，我再也没有见到过。

说到这间书房，不能不提到父亲的一些小摆设。他有时顺便逛文物店或地摊，选一两件价钱不贵的小玩意、小古董回来，磁的、玉的、木的、石的都有。有的陈设在书桌上、书架上，有的则收藏起来，空闲时拿出来叫我们一起欣赏把玩。其重点当然还是文房四宝，因为他爱好书法。例如多式砚台，大小厚薄不一，形状方圆各异，质地纹饰都有特色，最大的一块石砚有一个圆坐垫般大。毛笔则从大的斗字笔到细的小狼毫一应俱全。若有人向他索字，写的时候家里人都得帮着磨墨、抻纸。他更喜欢自然得来的石头和竹木自制品。给人印象最深的有以下三件。一是从路南天生桥下拣回来的一块吸水石，放在大理带回的大理石盘中，成为一个盆景，里面养过小鱼、小鳖。一是自制老竹根烟斗，由于竹根质地坚硬，最困难的一道工序是挖出烟道，打通两头；最后在斗腹上还刻有铭文：形似龙，气如虹；德能容，志于通。三是从新南院路边搬回来一个新刨出来的大柏树根，把它倒过来做成一张圈椅。上面保留许多盘绕弯曲的树根，伸出的一枝上吊一盏电灯，一枝上悬挂一排大小不一的毛笔。下面放上家中自制坐垫。他自得其乐地坐在这张椅子上看书。

二、残疾人？旅行爱好者？

父亲在清华学校上学的时候，因运动致腿伤，后来由于结核菌侵入膝盖而不得不锯去一条腿。奇怪的是我从小到大，思想上似乎从未把他和"残废"二字联系在一起。也许是因为他行动敏捷，性格开朗，并不觉得他与常人有太多不同之处；也许是由于亲属关系，太熟悉了反而不加分辨。记得1942年我进联大附中上初一，住到西仓坡清华办事处他的宿舍里，在没有给我另架一个木板床之前，他那缺一条腿的空当曾权充我的铺位。那时我十一岁，个子也小，头对着他的一只脚，就可以搁下。直到近年来国家兴办残疾人事业，听得多了，才忽然有一天悟到我的父亲就是一个"残疾人"。推想起来，他当初遭此打击，思想上大概有过一番波折，行动上一定经历过很多的困难才磨练成后来的样子。叔父告诉我，父亲就在此时加入了基督教。不过1926年他写过《基督教与中国———一个文化交际的观察》一文，批判了基督教的观念。当年的情形，最好是读梅贻宝先生的回忆文字：

> 我在1915年入清华，初次看见他，他已经是独腿客了。在前一年他跳高跌倒，伤了腿。医师有欠高明，耽延一阵，竟成不治，只可把伤腿切断。他曾碹装过假腿，但是麻烦胜过架拐，他索性架拐架了毕生。他虽然独腿，但是一般行动概不后人。周末同学们郊游散步，他从未缺席。他同我对于学生基督教青年会都感热心。有一次在西山卧佛寺开会，会序中有一项排列在寺院后山门（等于半山腰）举行。老潘亦就架拐登山，若无事然。①

在一张校友调查表的"爱好"栏里，他填的有：旅行。我初看到时觉得很新鲜，因为我过去并不了解这一点。虽然知道他常常出门旅行，出门前后也总是显

---

① 梅贻宝:《清华与我》。

得很愉快的样子，从无烦恼的表现，但是达到"爱好"的程度，似乎是另外一件事。再一想这种表格也许是信手填来，填的人和看的人都用不着认真。无论如何，残疾的身体条件和对旅行的爱好总像有些矛盾。还是看他自己怎样讲的吧：

不景气时代以前的美国人也许太讲究旅行了。轮船码头和火车站上整天整晚熙来攘往的忙着的是一些为旅行而旅行的旅客。有一位教授，Goldenweiser 说，真为旅行而旅行，倒也罢了，美国人的旅行却一定要挂上"追求智识"的牌子；其实据他看来，名为追求，实乃躲避，智识是随在而有的东西，真正追求智识的方法无论其为第一步的材料的搜集，或第二步的观察思考，都得有充分时间的延长，身心的安定，与精神的贯注。能力上不会这样追求，于是便不得不借重走马看花的方法，拾得了一些片断的见闻，模糊的印象，好回家向妻子朋友说些大话。这种追求，岂不是和躲避没有分别？

这一番话，就美国人说，真能够搔着几分痒处。但若就中国人说，却似乎又当别论。我们的毛病是在旅行得太少。我们不但旅行得少，并且还要说些漂亮的自圆之词，例如"秀才不出门，能知天下事"之类。要是不景气时代以前的美国人所走的是一个动的极端，我们的便是一个静的极端了。

所以不管那位美国教授怎样说，我是主张中国人应该多多的旅行的。中国的地方这么大，地理环境的变化这么多，历史的背景又这么悠远，而各地的背景又这么的不同，要是专靠一些书本的智识而不旅行，不给耳目一个实地接触的机会，要教一个民族分子对于本国的史地有一个差强人意的囫囵的概念，我以为是不可能的。从取得此种认识的这一天起，凡遇有旅行的机会，我是没有不利用的。

在求学时代除了靠近家乡的上海一带以外，只到过一次南京，一次宁波；北平，因为读书关系，每年必得来往一次，一起倒有过八九次之多。此外便没有可说的了。民国十六年，总算第一次到杭州、到镇江、到苏州；十七年到普陀山；十八年到大连、沈阳、长春、哈尔滨。十九年到过松江。二十年到青岛、烟台、潍县、济南，到九江、庐山，到广州、香港，到无锡。二十二年初到之处有汉口、有杭江路和钱塘江上下游所经过的各县。本年（1934年）初次观光到的又有嘉兴，有杭徽公路的各要点，有扬州。最近乃有豫晋两省的行程。①

这种精神和行为贯串了他的一生。每次出行往往带着《徐霞客日记》或设法配备当地志书，把前人的记载和自己的观察相对照，并且写下一些知识丰富、文笔生动的游记或日记。作为残疾人当然他会比别人遇到更多的困难，实际上也曾经发生过爬山落马及滑跌等一类有惊无险的事故，反映在他的文字中，往往出之于诙谐的笔调。

1965年5月底舅父去世周年之时，父亲因为头年未能亲临，决定独自往苏州一行，慰问舅母一家。去的时候是火车中铺票，他说："购票时、上车后均不获下铺，然问题不大，上下觉腰脚尚轻捷。此行私事，改乘硬席，亦近顷不可多得之经验。"（日记）回来时又因票不好买而自购硬座票，第一夜，"一时十四分启行，又一小时许始得固定坐位，用拐支颐，半睡半醒至明。"第二日，"竟日倦即睡，烟、茶、饭外，醒时似不甚多，同席工人同志颇见爱，时时以临窗之座相让，稍得节力。至兖州后，此同志下车，乃得占临窗之座，直至京站。然全程实亦不甚吃力，腰干问题不大，惟臀部久压不甚舒适，究亦表面现象，不足为苦也。入夜，入睡时间更多，颇胜昨夜光景，则终缘临窗席次较好，三面得所依傍故，若兼在右方支拐，则且四面矣。拐有大用，亦是此行一个发明！清晨五时二十分至京，送行李之同志用小推车将人及提包一古脑儿自月台送出站外出租汽车处，出费一角，我与提包同一运价，各为五分，思之可乐。"（日记）当时他已年届66岁，乃和得知他出行不乘卧铺车，颇不以为然。

三、怎样对待朋友

他待人处世的原则，给我们留有普遍共同印象的大概是这几条了。一是已所不欲，勿施于人。一是严以律己，宽以待人。一是凡事自己能做的应该自己做，尽量少麻烦别人或求人；若是别人帮助了自己，自己更不能以为是理所当然而不知感谢。

在此仅举少数实例，并引用他自己的话，说明他如何待人或希望别人如何

---

① 《豫晋行程的第一段》。

待人。

例一。父亲在 1947 年的日记中写道:"自治会同学来约定暑期作系统演讲,择题'性与人生',四次八小时可毕,每周一次;与论约请讲员,应以学问人品为主,不应以政治见解之倾向为轩轾,坚属其添请伯伦加入。"(7 月 28 日。伯伦即雷海宗。——作者注)"自治会同学来,谓已约伯伦作演讲三次。"(7 月 29 日)

例二。父亲在 1950 年初为联系清华社会学系师生参加京郊土改工作访吴晗先生,他在日记中写道:"因便谈同盟近事,渠于努生、东荪,自亦在不满意之列,于余亦不无芥蒂;政治意识与胸襟总是两事,且对一部分朋友,不免成反比例,亦是事之无可奈何者。"(1 月 9 日。努生即罗隆基。——作者注)

在我们年少的时候,往往凭自己的直觉在心里对来访者有所评价,我们喜欢某些人,不喜欢某些人,这种直觉不一定错误,不过是不全面的。有时则认为父亲不识人,把什么人都当作是好的,结果受骗上当,例如办《自由论坛》开始的合作者后来和他破裂的问题。现在我们可以看到父亲待人宽厚,尊重别人的观点,遇有不同意见,愿作当面的讨论和说服。好朋友之间可以争论到面红耳赤,事后仍然是好朋友。无论身处顺境逆境,待人始终如一。

四、离昆前后

1946 年夏昆明白色恐怖日趋严重。装疯的怪女人(梁漱溟、周新民《李闻案调查报告书》称此人名张柴静,原系传教者,闻经警备部收买,担任眼线、通风报信等工作。——作者注)曾闯到我家两次,说话颠三倒四,嚷着要找潘光旦,母亲说父亲不在家,她还纠缠不休。第一次挤进篱笆院子里。乃谷记得她曾盘问说:"你们家为什么不开窗?"母亲说我们家孩子刚洗头,怕伤风感冒。第二次她强行冲进屋里,探头探脑往里看,乃谷记得母亲对她说还有事要外出,拉着她一起走了。乃和回忆:这前后有两个特务模样的男人常在我家篱笆墙外转来转去。李公朴先生遇害的当晚,十点多钟听到急速的敲门声,一位自称是云南大学学生的男青年,通知父亲李先生被刺之事,并说:"国民党的黑名单上第一个就是你。"要父亲多加小心。闻一多先生被害之时,乃和、乃谷正在杨业治先生家中,听到了枪声并得知闻先生遇害之事,乃和立刻跑回家中告诉母亲,母亲当即奔向学校去报告。此后,父亲与其他一些先生避入美国领事馆。有一天舅父告诉我们:"现在你们可以去看你们的父亲。"当时舅父家住在联大院墙里东南角一个小院里，父亲坐在他家的一间屋中，窗户都用帘遮挡。父亲没有跟我们说什么话。我只记得当时父亲为闻先生之死而大恸。过后我们跟着母亲随清华教职员家属一起，乘飞机先到重庆，再到北京。父亲则与费孝通先生到了浒墅关，又到苏州住了一段时间，回北京比我们晚。这个时期他写过一些诗，抒发着悲愤的心情，鞭挞国民党的黑暗统治，怀念牺牲的战友。有如下的诗句：

> 就中薪水激昂最，十年游艺风尘外。
> 交得陇西亦美髯，气夺三军并充沛。
> 正气豪强不两存，历朝忠鲠几孤魂。
> 碧鸡月落凄凉黯，白马涛惊呜咽吞。
> 卅载论交浑似梦，几番饮泣涕无痕。
> 悬知浠水椿萱泪，挟得江潮激瀁奔。

其后为清华1921级所建"闻亭"写匾，为《闻一多先生死难周年纪念特刊》题封面。1950年他写了一首《四月闻亭》：诗人热血已灰寒，化作闻亭一额丹。此日吟魂欣有托，满山花放紫罗兰。1951年写《一多安葬祭告词》。他一直纪念着他多年的同学同事和老朋友。

五、复员后的清华图书馆

抗日战争期间，在昆明，父亲兼任清华大学图书部主任。那时父亲兼职甚多，实际主持清华图书部日常工作的是唐贯方先生。我们小孩子都认识他，他总是笑容可掬。学校南迁的图书大部分在重庆北碚被日机炸毁，只有20000余册急需之图书辗转运至昆明，以后又新增中西文书籍4800余册。在战时十分困难的条件下，这批图书是西南联大各系及清华各研究所教学和研究用书的一个重要来源。

复员后，图书馆任务繁重，除建筑物遭日军损坏需重新整修外，原留馆之大半藏书已被日军掠夺或转拨其他单位清查索回。西南联大图书在三校间分配，同时继续添购新书。在陈岱孙先生领导的学校保管委员会时期，毕树棠先生已经为清华图书馆的修复和争取图书做了大量的工作。父亲于1946年秋回到北京，兼任清华大学图书馆主任，后改制为馆长。这时他每日到班。其间他亲自奔走之处甚多，例如争取敌伪图书之分配、洽购私人大批藏书等。经全馆人员之努力，至1947年4月，馆藏图书数量已恢复大半，至1948年4月已大体恢复战前水平，有中日文书籍219436册（战前216043册）、西文书籍92615册（战前64064册）。《大公报》报道1947年4月清华校庆日情况时提到："各部门开放，被称道最盛的是图书馆，复员后，遗失书籍收回大半。潘光旦馆长拄双拐笑立礼堂前，谦谢恭贺。"父亲曾写《南行记感》及《救救图书》二文，针对旧书业凋敝，大批线装书被毁、化为纸浆以及私家藏书趋向流散以至流失的情况，呼吁挽救线装书，争取由公家典藏。他身体力行，在任职期间，曾亲自经手收购刘半农遗书14000册、苏州金氏藏书15000余册，接受北平卢木斋图书馆赠书等。到中央民族学院后父亲并不担任图书馆之职，仍为该院图书馆联系捐赠图书多批，如陈宗亮、张涛卿之遗书及苏州文管会之藏书。[①]前述毕树棠先生，我并不认识他，但我读到过他写的一张纸条："潘先生：顷接北平中共代表团来电话称，该团即将离平，有中文书200余册留赠本校图书馆，如愿接受须于今日派人到北京饭店一百一十六号向该团何小姐洽取云云。树已在电话中答应接受，兹谨陈座右，若无问题，可否电请城内清华办事处□□□先生即往代取，立候 二月廿日"父亲在旁批道："树棠兄：请即如拟办理 光旦 二，廿。"这是1947年的事，那时这样做是有风险的，从取书人的姓名写上后又被撕去也可窥见一斑（以上一部分数字资料及毕树棠先生文根据清华大学档案馆馆藏）。

当时清华图书馆的人员编制比其他图书馆少，相对于学校其他部门来说也是最紧缩的，而工作效率高，工作人员的辛劳也可想而知。为争取增补人员，父亲不断地向梅贻琦校长作口头和书面的报告。在此要提到一位那时曾在清华图书馆工作过的高贻纷女士，后来她因病辞职。她坚持将自己收藏的一批中国历代妇女的著作赠送给父亲，而父亲则认为不应归诸己有。结果这些书放到了我家，父亲表示可共同继续积累，有机会时加以编辑出版等等。最终这批书与父亲的藏书一起进入民院图书馆。

父亲主张学校图书馆购书以适用为主，不存偏见，不究版本，不专收买太贵的、学生不常用的专书；汇集万象，穷究百家，但专事宣传且富于单方面引诱性之小册，将不予陈诸大雅之堂（《清华周刊》复2期、5期）。他当面对学生进

---

① 吴丰培：《读〈铁螺山房诗草〉后》。

行指导，专讲过"图书与读书"一题；他对于读者的借阅情况亦有所分析，写过《读书的自由》一文进行讨论。此处引用资中筠学长的生动回忆：

> ……有一次，不记得是在什么场合，潘先生在学生集会上讲话，其中说到他抽查了一下图书借出情况，发现最多的是"中文—白话—小说"（他说时每个词都顿一下，加重语气），说明现在学生有多懒，光看小说不说，连文言、外文的都不看，怎么得了。他讲这话时很激动。我没想到，潘先生管图书馆一直管到同学借书。直到多年之后从回忆他的文章中读到他在"文革"中的悲惨遭遇，那次讲话陡然浮现在脑海中，似乎感受到了当时没有体会到的深切的忧思。他忧的是学生不读书，不读要动脑筋的书——怎么得了！当然他没有想到以后种种。①

六、不忘母校

1961年2月9日父亲在日记中写道："午前函清华施嘉炀、李筱韩，北大沈茀斋，全国政协文史资料委员会拟为其刊物《文史资料》组织若干旧清华之史料稿件，事先约集八九老同事座谈一次，此三人者在约中，受熙修之属，为之先容也。"2月24日日记："午后入城出席政协文史资料研究委员会为征集清华史料稿件而约集之小型座谈会，到企孙、岱孙、芝生、茀斋、嘉炀、筱韩与余七人，正之未到。谈颇顺利，每人就所知较稔之某一段落或方面认稿一篇，约半年内交稿。余拟就1913年入学读书、1922—1926年留美、1934—1952年回校任教供职三十年间之生活作一回忆，从读书、任教、行政三方面反映清华教育之本质。"

父亲写《清华初期的学生生活》一文，于当年8月13日作提纲，8月21日动笔，年底写完。先自行修改，再征求别人意见，进行订补。1962年4月27日日记说："得景超、熙修信，送来对《清华生活》稿意见三份，景超本人外，余为岱孙、通夫二人者。"4月28日："茀斋来访，谈为《文史资料》作有关清华稿件事。……泽霖来，提关于《清华生活》稿意见。"4月29日："尽量纳入景超、泽霖、通夫、岱孙所提出之意见，午后始罢，即附函拟送交熙修，会其又有信来，附有筱韩意见，明再拆封补入矣。"5月1日："纳入筱韩所提四五点意见。"8月

---

① 《清华园里曾读书》。

1日:"粥后考虑写《清华生活三十年》稿的第二部分,四年的留学。"以后未见续写。

1965年清华校史组郭道晖同志曾经访问他,整理出访问记录,题为《谈留学生活》,于1980年10月以"潘光旦"署名发表于《文史资料选辑》第七十一辑,但此稿没有注明未经潘本人审阅,是一缺憾。

写于1999年夏,有删节

(作者为潘光旦先生次女,北京大学社会学系副教授,现已离休)

俞平伯先生

俞平伯(1899—1990),原名铭衡,初字直民,后改平伯。浙江德清人。1928年10月应罗家伦校长之聘任清华中国文学系教授。著名作家、红学家。

清华园往事

——忆父亲俞平伯先生

俞润民

1928年父亲俞平伯应聘到清华大学中文系任教授。那时我家住在北京东城，父亲去清华教课就要至青年会乘学校的班车，很不方便，就带着我们于1930年秋迁至清华南院七号宿舍。清华南院是由十几所小住宅围成的，中间空地是个网球场，环境很清静，和城内的四合院房屋大不相同。当时我只八岁，它给我的印象很深。

初至清华园时，我上小学三年级，我的学校名"成志小学"，是清华大学为学校教职员的子女设立的。学校就在清华园内。小学校很小，学生也不过约二三十人，所以学校就将一、二年级，三、四年级和五、六年级分成三个班，每位老师同时教两个年级。这办法也很不错，因学校学生少，所以不论是哪个年级的学生，互相都认识，也较熟悉。当初上过成志小学的同学，现在有不少已成为世界上的知名学者了，也许就是因此，成志小学虽已没有学生了，但校舍仍保持原貌。

我上小学年代是1930—1934年，距今已有六十多年了，许多往事已经无法回忆，可是却有一些小事至今仍记忆犹新。儿时往事本来就值得回忆，清华校园的童年往事更令人珍惜。

1952年俞平伯先生及其子俞润民摄于北京老君堂寓所（古槐书屋）

我每天上学都要先经过一条小河，河并不大，但终年流水潺潺，每当春天，河岸杨柳发芽，景色很好，我那时不会写诗，而父亲却曾写有一诗，题名《清华早春》，诗云：

余寒疏雪杏花丛，三月燕郊尚有风。
随意明眸芳草绿，春痕一点小桥东。

这首诗就是描写南院门前小河的景色。

经过小桥，就是清华园大门了，再西行不远就是成志小学。记得我上小学时，功课只是平平，到了六年级将毕业时，我们班上只有两人，我名列第二，这真是和世间流传的小笑话雷同了。

上图画课，有一次老师出的画题是一首唐诗"松下问童子……"那时我哪里能画这样意境深远的画呢！见题后茫然不知所措，可是真有同学按诗意就画出一张很好的画来，不知为何，此事我记得很清楚。

在班上，有一次老师让我上台讲故事，这是我第一次在台上向大家讲，心里非常紧张。那天父亲也来听，他在日记中有一小段记载："上午有课，下午至成志小学看润民讲故事，神气尚好，只是说得太快。"可见我当时紧张的情态。

小学的毕业典礼，大家要唱歌送别。这首歌词和曲调，我至今仍记忆犹新。

其歌词是:"榴红吐艳,柳碧垂丝,现诸君毕业正当时,看那些花儿草儿,也为人伤心别离……"歌子委婉动听,至今难忘。这样就结束了我的小学生活。

清华大学只附设小学,没有初中,所以我就在燕大附属初中上学,由清华园来此上学的还有熊秉明,我们一同在初中同学三年,每天骑自行车同路往返。下学后,主要活动仍是在清华园内。自日本侵入我国东北三省、九一八事变以后,清华大学抗日气氛很浓,在大礼堂时常有抗日话剧演出。我最爱看曹禺先生(他当时是清华的学生,名万家宝)演的话剧,至今仍留有印象。

我父亲那时也是充满爱国忧国之心,他说:"今日之事,人人皆当毅然以救国自任。"他还写了一篇《贡献给今日的青年》刊登在《中学生》第二十一期。他号召青年要"信自己的力量;信中国是可救,是应救的;信我们是可以救中国,我们是应当救中国的"。

父亲在清华大学任教时,讲授《清真词》和"词"习作课,此外还讲授小说和戏曲。他认为词、曲有相同之处,它们都是乐府的支流,与昆曲也有联系,所以他就结合一些同好者,研究昆曲。参加者很多都是清华名人,如朱自清先生夫妇、浦江清先生、汪健君先生和谭季龙先生等。也有清华中文系学生华粹深等多人。后渐渐就组成了曲社,因在九一八事变后,日本在华北势力很大,他们就将曲社定名"谷音社"。是取"空谷足音"之意,也是针对当时的时局而言。"谷音社"社员由原来十余人发展到三十多人,还在清华工字厅举行过几次曲集。在清华校园中也有一定的影响。

父亲住在清华南院时和陈寅恪、朱自清、浦江清、杨振声等教授经常来往。朱自清先生曾住在南院的单身宿舍,距我家很近,因系单身一人,饭食不方便,父亲就请朱自清先生每天来我家共餐,朱先生一定要付伙食费,父亲当然不肯收,朱自清先生一定要付,最后只好收下,而暗中却又把这钱全部用在给朱先生添加伙食上。朱先生后来渐渐地察觉了丰盛的饭菜是专门为他做的。饭费本是一件小事,根本不值得一提,但是抗战以后,父亲因亲老而留在北京,他坚不与日伪政权合作,高风亮节为世人所重。朱自清先生自昆明寄《怀平伯》三首七律,是很有名的,久为人传诵。其中第二首有句云:"西郭移居邻有德,南国共食水相忘。"就是说在南院与我家共饭的事。

第三首有句云"庭空三径掩莓苔"和"引领朔风知劲草",都是对我父亲的鼓励和关怀。

1935年清华大学派朱自清先生赴英国考察教育，这当然是很好的机会，父亲作七律两首送行。今录其一：

> 送朱佩弦兄游欧洲
> 瀚海停车挹晚凉，乌拉岭外有斜阳。
> 稍将远志酬中岁，多作佳游在异乡。
> 五月花都春烂缦，十年雾国事微茫。
> 槐阴时霎灯前雨，明日与君天一方。

1935年清华大学在南院宿舍之南，新建了一片宿舍，称之为新南院。房屋较好，屋前都有一大片空地，用矮松树围起。我家也就迁至新南院四号。母亲喜爱园艺，她在门前种了玫瑰和月季花，前面空地就种了一大片花生。后院则种了草莓。还未等太熟我就常去摘食。那时我正读初中，闲暇之时，常骑自行车在清华园内各处游玩。我喜欢清华园的幽雅宁静。

1936年，我国首次参加奥运会，由清华大学马约翰教授任主教练。集训队就设在清华大学。在操场上常常有运动员练习，我有空闲就要去观看。记得撑竿跳名将姓符，只有他一人在柏林奥运会上得到决赛权，虽然未能进入前三名，但也算是为国增光了，因为这是我国参加奥运会的开始。

卢沟桥事变爆发，日军占领北京，清华大学南迁。以后抗战胜利，清华大学又迁回来。但我也没有机会再去。直至1950年，那时我已大学毕业在天津工作，新婚后，偕妻陈煦回北京省亲，同去清华园访旧。行至清华园大门，门卫老校工还认识我，看见我，他就说："你不是俞大头吗？"童年时的外号为新婚之妻所知，似乎有点不好意思，但是，确又使我感到非常亲切，似乎又回到了我的童年。我们还一同去看成志小学，虽然已无学生，但校舍仍在，连外观都没有改变，"成志小学"四个字仍然在门上。我给陈煦讲一些往事。小学旁的小土山是我昔年常去玩耍的地方。我们又去看南院和新南院旧居。可惜经过日本人八年的占领，已不是当年的气氛了。

我在清华园内共住七年，时间不算长，但童年往事至今仍留下美好印象。《永远的清华园》约稿，我本不善写作，往事感慨之余，也就不计文之工拙了。

1999年2月

（作者为俞平伯先生之子，原天津市商品检验局高级工程师，已退休）

陈岱孙先生

陈岱孙（1900—1997），福建福州人。著名经济学家。1920年毕业于清华，1926年在美国哈佛大学获经济学博士学位。1927年受聘担任清华学校大学部经济系教授。清华学校改建为清华大学后，历任清华大学经济系教授、系主任、法学院院长等职。1952年院系调整后任北京大学教授。

世纪同龄人*

——忆大舅陈岱孙

唐斯复

陈岱孙教授是我国著名经济学家、教育家,经济学界一代宗师,享年九十七岁。

这位与 20 世纪同龄的老人,在漫长的一生中只做了一件事:教书。从二十七岁开始的粉笔生涯,一直持续了七十年,春风化雨,桃李满园。

1997 年 7 月 27 日上午 8 时 12 分,陈岱孙教授怀着对人生的深深眷恋,溘然长逝,结束了平凡而又奇迹般的一生。花纷纷,泪纷纷,哀悼的人们悲叹:一个时代结束了!

1997 年春天的一个下午,我坐在陈先生身边,对他说:"大舅,出版社让我写一篇关于您的文章,猜,我怎么写?"他侧过脸,眼睛放光。"我想好了第一句:在我少年时的印象中,我的大舅是位威严的人。好不好?"他笑了,连声说:"好,好。"每当他绽出开心的笑容,我便会感到整个房子充满阳光。

少年时,我眼中的陈先生确实是威严的。人们称呼他都有个"大"字,同辈人称他"大哥",晚辈叫他"大舅"、"大伯",又下一代呼唤他"大舅公"、"大伯

---

* 编者按:照本书体例,应收子女缅怀其先人之文。陈岱孙先生终生未婚,无子女,晚年得外甥女唐斯复等侍奉,如子女然。乃收此文。

公"，我哥哥的孙子该叫他"大太公"，外面的人说到他，则是"大教授"、"大学者"，这"大"意味着了不起。50年代初，我从上海到北京读书，住在外祖母家，只有过年过节时才能见到陈先生来。他个子好高，身板笔挺，穿着也笔挺，坐下喝杯茶，话不多，又笔挺着走了。那时，逢年过节，外祖母是要摆上香案祭祖先的，叫我磕头，我不肯。"大舅每次都磕头，你还不磕。"只要是陈先生做了的事，我一定顺从。放寒假，外祖母带我到陈先生家小住，陈先生的母亲我叫"四婆婆"，她和外祖母是妯娌，她们有说不完的往事。

在镜春园的日子，比在城里上课时还有规律。每天，陈先生6时30分起床，全家便都起来了，7时30分早点，12时午饭，6时晚饭，10时各自回睡房，与时钟一样准。镜春园甲七十九号平日安静的时候多。陈先生即便不外出上课，8时整坐到书桌前，一盏旧式绿玻璃罩的台灯便亮了，他潜心看书写字。每当此时，家里嗓门最大的朝年（管家兼厨师），也悄声来去。他的相册一本又一本，很多，从照片上看他年轻时好运动，打篮球、打高尔夫球、游泳、打网球、打猎、跳舞，尤其桥牌打得精彩。他二十八岁担任系主任，一直做到八十四岁。有时系里教员之间意见不一致，一起到镜春园开会，照例家里人回避。只听客厅里先一阵是双方语气激烈的争论，静下来后，是陈先生说话的声音，话不多，然后就没有声音了，不一会儿，传来开门和纷沓离去的脚步声。常听人们说，陈先生一语千钧，一槌定音。

实际上，陈先生一点也不可怕，从少年时我便喜欢和他在一起，喜欢镜春园家里的宁静和秩序。每一物件都有固定的放置地方，那煮茶的壶，套在壶上保温的绣花罩子和粗瓷杯碟，至今仿佛唾手可取。去上课之前，他把茶喝够，讲课几个小时无须再饮水，他说自己是"骆驼"，这习惯一直延续了很久。正餐四菜一汤，这大概是他在清华学校吃包饭时留下的规矩。那时吃些什么已记不得了，但是，忘不了吃饭时的情景。饭菜摆上桌了，朝年去里屋请四婆婆。穿戴梳妆整齐的四婆婆慢慢走出来（她腿不好），陈先生在门边迎候，抬起右臂，四婆婆扶着他走到桌边，他为母亲把椅子放合适，坐下。最年长的人先动筷子，全家人方可吃饭。饭桌上没有声音，没人挑肥拣瘦，没人落下米粒，饭菜吃得干干净净。有客人时，略备薄酒，从不劝酒、划拳，酌量自饮。每个人走出卧室，衣冠整齐，陈先生沐浴后也整整齐齐走出洗澡间。

天气好时，大舅带我去商店买东西，他一定按顺序排队，请他站到前面去，他摆摆手。沿着未名湖散步是最迷人的了，他给我讲湖光塔影、临湖轩、花神庙……迎面过来不论是行人还是骑车人，见到大舅都会站定让出路来，恭敬地唤一声"陈先生"，大舅点头还礼，略侧身再往前走，继续给我讲北大图书馆藏书的故事。

陈先生求学的故事，是最令人听后难忘的。陈氏家族是福建闽侯的望族，书香门第，中国传统的老式大家庭。末代皇帝溥仪的老师陈宝琛太傅是我妈妈的祖父，陈先生的伯公。他留过小辫子，六岁到十五岁在私塾读书，国学基础厚实，酷爱学历史。他的外祖母家景况完全不同，十分洋派，他的外祖父、舅父曾是清政府派驻国外的公使，全家说英语。外祖父为他请了英文教师，自幼他的英文就很好。辛亥革命时，十一岁的陈先生自己把"猪尾巴"剪了，他说"我是少年革命党"。十五岁，入教会办的福州鹤龄英华中学读书，写了两篇文章便免修中文课，英文课只参加期末考试，专读他最怕的算术课，从最低班一级一级跳到最高班毕业。"一点基础都没有，学起来好难啊！"直到辞世前，偶谈往事，涉及此话题，他仍心有余悸。三年读完六年课程。1918年，他考入清华学校留美预备班，插班三年级。在清华学校，他感到同学们一个个好厉害，都拼命念书，原来以为自己挺不错的，"可不能得意，山外有山，天外有天，埋下头去，发奋念书！"1920年，赴美国留学。他在美国六年，得了学士、硕士、博士三个学位。因成绩杰出，荣获美国大学生的最高奖——金钥匙。十五岁到二十六岁的十一年间，他如同在跑道上狂奔，不断追过跑在前面的同学，冲向终点。"竞争十分激烈，我是连滚带爬地读完了书。"美国哈佛大学研究院是世界高等学人聚集求学的学府，他二十二岁考入。"那时，我是个小伙子，班上有五十多岁出过著作的学者，他们不把我当回事，我要和他们比试比试。"整整四年，从不外出游玩，在图书馆中专用的小房间里发奋读书。他攻读的是经济学和哲学，涉及的学问非常广，通读马克思的《资本论》就在那个时期。博士学位答辩在研究院是众人关注的大事，考官是四位大胡子长者，他们分别是经济学、哲学、文学、天文地理等学界的权威，其中一位主持答辩。没有预先可准备的考试范围，一入考场便是四个小时。他回忆："紧张得汗顺着脊梁往下流。"答辩完毕，如果这四位大胡子什么也不说走了，意思是"明年再来"。而对陈先生则是依次握手祝贺。他在班上最年幼，一次通过。之后，他周游一番。1926年，告别美国，取道欧洲，在英国、法国游学半年。1927年，返回祖国。我曾问他："您想过不回来吗？"他回答："我们所有的人都想的是学成回来，报效祖国。"先回福建探望父母，8月北上，应聘赴清华大学任教，从他第一次面对学生起，便一直面对学生七十年！他到底教过多少学生，无法统计，来向他遗容告别的学生，有九十一岁的老人，也有二十一岁的年轻学子。陈岱孙教授倾毕生年华、学识才智，化作一届一届学生的成长，他似吐丝的春蚕、燃烧自我的蜡炬。他乐意得很："得天下英才而教育之，一乐也。"陈先生怀念在清华的生活，他获得教课和奋发读书的满足。那时一位教员要担任3—4门课，每星期8—9课时。他在哈佛大学时专业方向是财政金融，教的主要也是这一门，但是，他感到对于中国有关这些方面的历史和现状的知识太不够了，最初几年，他花了很多时间和精力来充实自己，补充教课的内容。1932年，清华大学又提供他旅费和生活费，去欧洲游学一年。他在法兰西国家图书馆和大不列颠博物院里，曾为写《比较预算制度》一书作准备，又是发奋地读书。大家都评价陈先生教课教得太精彩，那是教员坚持学贯中西、厚积薄发的效果。教书是他毕生的职业。学习，也伴随了他一生。1997年1月初，他还捧着一本厚厚的、国外出版不久的经济学著作在读。手不释卷，可谓他一生的写照。

《文汇读书周报》曾刊一文，题目是《陈岱孙：一代学人的终结》，这似乎成了怀念他的共同话题。1928年，陈先生担任清华大学经济系主任。1929年，他兼任清华大学法学院长，他是最年轻的院长，其他诸院长也只有三四十岁，均踌躇满志，具有为教育献身的精神。他们组成校务委员会，制定、管理全校教学工作，效率卓著。教授之间的君子之交，至今被当作美谈。陈先生带我去过张奚若先生家，因为先生谢世，去看望张夫人，张夫人是他打桥牌的牌友。我也去过哲学家金岳霖先生家，那是文化大革命之前，他们老友见面，谈笑风生。两位都是终生未娶，梁思成和林徽因的儿子陪金先生住；金先生有一收集嗜好，屋里到处是特大个的水果，下面用红木架托着；再就是满屋子的书，和弥漫的熏醋味，为了防感冒用的。每次与老朋友叙谈后，陈先生的脚步会轻快许多，脸上的兴奋能挂很久。

物理学教授叶企孙也是单身贵族，也住镜春园，陈先生和他在星期日常常一同进城，各有去处，下午4时在东安市场内的和平西餐馆会面，喝杯咖啡歇歇脚，再一起返回北京大学。叶先生家有一位老张，与朝年是相同角色，管家兼厨师。不幸的是，在文化大革命中，叶先生被冤枉投进监狱，抗战时他在天津冒死为八路军买过药品和器材，后来加给他的罪名却是"叛徒"、"特务"。出狱后病得很重，陈先生常去看他，给他送东西，每次谈话都心情沉重。不久，叶先生去世了。

陈先生与物理学家周培源是通家之好，是 20 年代时的朋友。说起来也是很久以前，陈先生带我去崇文门吃饭，他指着一个店面说："过去这里是家洋行，卖些很有意思的东西。周伯伯结婚之前，要我陪他给新娘买个礼物，就在这里，我替他选了一个非常细致的针线盒。"周先生头发白得早，陈先生叫他"周白毛"，时常在晚饭后带我去他们家玩。周先生看到我们，总是挥动双手，高呼："欢迎，欢迎，热烈欢迎！"周夫人就把家里的好东西抱出来给我们吃。周家的女儿对陈先生特别好，不论哪一个出国、出差回来，买的东西第一个送陈爸。后来，周培源当了政协副主席，搬离北大校园，陈先生去得少了。当周培源去世的消息出现在电视屏幕上时，他正在喝茶，茶杯险些掉在地上，他掩面恸哭，难以割舍这位同甘苦共患难的挚友。

上面谈到的都是中国教育界一代举足轻重的著名教授，陈先生看着他们一个一个地先走了。1997 年 7 月 27 日，陈岱孙先生去世，这些家的晚辈全来了，呼唤着"亲爱的陈爸"，深深地鞠躬。抗战前，在清华大学教书，他们过着很好的生活，月薪平均四百银元，以面粉价格换算，相当今天的人民币四万元。但是，抗日战争打响，他们义无反顾地抛弃一切，奔赴长沙、昆明，建立长沙临时大学、西南联合大学。陈先生在清华的家是很讲究的，南下时，连家都没回，从会议室上的路，朝年只从家里抱出一包四公公四婆婆的衣物。陈先生到了长沙，身上只有一件白夏布长衫。据说，首先扫荡教授住宅区的是本国村民。陈先生的家空了，连同他在欧洲搜集的关于预算问题的资料和已写了两三年的手稿，全部化为乌有。在长沙、昆明共八年半，住过戏院的包厢，也曾和朱自清同宿一室，生活拮据到连一支一支买的香烟也抽不起了。他们在炮火下，坚持上课；在国民党反动派的特务暗杀威胁中，坚持上课；在极端贫困中，坚持上课。这一代学贯中西的学者，是踏着《义勇军进行曲》的旋律和节奏赶路的，是"把我们的血肉筑成我们新的长城"的实践者。1945 年，陈先生作为清华大学保管委员会主席，身携巨款，最先回到北平，接收和恢复清华大学。他在东单日本人撤退前大甩卖的集市上，买了几件家具，再就是每个人都有一张的行军床、一条从日军缴获来的粗毛毯，凑成一个新家。

镜春园的家就是如此简朴。1952 年，全国大专院校院系调整，陈先生曾任中央财政经济学院第一副院长一年，第二年调任北京大学经济系主任。他对这般按苏联的大学模式将综合大学调整成专业院校，一直存有异议，主张专才必须在通才的基础上培养。几十年中，他反复惋惜：一些很好的综合大学被肢解，恢复起来不容易。他们这一代学人走的是从通才成为专才的路。由此，他又谈到过因为知识面窄，有些教员只能承担一门课的教学，甚至有一门课由几个教员分段授课的现象，"这样，对学生是很不利的"。当然，这类现象近几年逐渐在改变，他感到欣慰。晚年，家里几个孙辈的孩子，在北大和清华上学，他要求他们选听本专业以外的大课，包括文学和艺术讲座。很难估量，他对学生们的爱有多深，对学生们成才的期望有多殷切。1976年，北京大学的工农兵学生受到歧视，被认为基础差，陈先生说："这样对待他们不公平，他们是文化大革命的受害者，我给他们上课。"他在有限的时间内，增加课时，增加知识量，那个时期，他累得很瘦很瘦。改革开放了，年轻人有机会出国留学，陈先生非常高兴，记不清为多少人写过推荐信，帮助他们确定专业和选择学校。他希望他们学成回国，但又从不这样提出要求，期待国家能有他们的用武之地，坚信：学生们会回来的。师生交谈，话语不多，临行握别，每一个学生都会从老师那温暖有力的手上，得到动力，感受到挚爱。有一天，家里来了一位面带岁月风霜的男士，陈先生外出开会，来者要了一张纸留言，他这样写道：1957年我当了"右派"，发配到外地，曾来向老师告别，终于没敢推开虚掩的门，在门外向老师鞠躬。凡是对被平反归来的学生，他都备薄酒接风。他去世后，到家里来吊唁的人很多，北京图书馆馆长任继愈已八十有余，他流着泪说："我最后的一位老师走了！"经济学院95级研究生男女十人，静悄悄地在院子里集合，身上只有庄重的黑色和白色，他们站成一排行礼时，脸上是从心底升上来的神圣。他们非常幸福，拥有如此值得尊敬和热爱的师长。

陈先生终生未娶给人们留下一个谜，从清华到西南联大，直至到北大，对此传说很多，"美谈"很多。有一天我壮着胆子问："大舅，外面人说的是真的吗？""瞎说。"就两个字把我堵回去了。中央电视台《东方之子》记者曾经来采访他，其中问到他终生未娶的原因，他回答：一是没时间，二是需两厢情愿。我认为后者是主要的。50年代，四婆婆和我外祖母为此十分着急，张罗着介绍对象，因为陈先生是独生子。我还跟着去看他们见面呢。在北海公园白塔下的茶座，来了一位穿着整齐的女士，脸上略施脂粉，戴着金丝边眼镜，看样子，她挺中意陈先生的，但是，陈先生没兴趣，不了了之。后来，还有人来提亲，全是有上文没下文。他的生活自理能力很强，衣柜、箱子整整齐齐，留下的枕套、被单还能用好多年。

陈先生淡泊名利，与世无争，心境平和。其实，他心中也藏有痛苦和无奈。他最痛苦的是学生早逝和被扼杀前程。文化大革命前夜，陈先生发低烧，我妈妈把他送进医院查病因，躲过了北京大学的"革命浪潮"，若是他也被戴上高帽子和抹黑脸，后果不堪设想。回学校以后隔离审查，"资产阶级学术权威"这一劫是逃不过的。所幸的是他没有被关过"牛棚"，没有被人直呼姓名。据说，工宣队、军宣队都尊称他"陈先生"，这在北大找不出第二个人。那时，我妈妈传来陈先生的决定：暂不见面。他是怕连累我们。于是，音信全无。不久，妈妈去了江西鲤鱼洲北大的干校。紧接着，陈先生也被派去鲤鱼洲。便笺寄来，要求代买一双翻毛高统鞋，一条狗皮褥子。那时候他第一次给我们"留言"，做好了再也回不来的准备，届时他已七十高龄。命运多变，旋即又取消他去鲤鱼洲的决定，让他去大兴县庞各庄收麦子。很难想象，他个子这么高，长时间弯腰收割，怎么吃得消。总算结束了"学农"，立即又把他们派去"学工"，在轧钢厂劳动，住在北小街一个托儿所里。熬到春节前夕，好不容易接到他的便笺，说："春节放假，你们到托儿所来接我。"等得实在太久了，如同熬过一场战争的生还者相见——那天，天空阴沉得如铅色，他穿着灰外套，戴蓝棉帽，说不出他脸上的神情，依旧腰背挺直，我和妹妹直冲过去。"回家说话。"他克制喜悦，令人感到凄凉。那期间，四婆婆去世了，外祖母也去世了，她们老妯娌俩谁也没能给谁送行。我们陪着陈先生把四婆婆送去火化，陈先生陪着我们把外祖母送去火化，又把她们葬在了一起。1995年妈妈去世。待来年清明时，我们将把他们都葬在他们母亲的身旁，长眠在一起。

漫长的文化大革命十年，我雀跃过三次：陈先生不去鲤鱼洲了！妈妈要从鲤鱼洲回来了！"四人帮"打倒了！这些都是陈先生第一个告诉我的。我们的国家进入了建设现代化的新时期，从计划经济转向市场经济是重大的革命，随之而来的通货膨胀，令很多人生活陷入困境，陈先生是其中之一。他一向慷慨、乐善好施，过去取了工资直奔邮电局，给有困难的亲友、学生一一汇款。《北京青年报》刊有一文《心中往事》，写的是他救济一位生活无着的"右派"学生达八年的事情。这些年他靠补助，靠亲友、学生接济度日，这是他最最不情愿的。1995年，他的月工资实发八百六十元，他坚持按年度纳税。窘境中，不忘记作为一个公民的义务。

陈先生的晚年有个信条："挣扎着不服老"，"和年轻人在一起会感到年轻"。九十岁生日，他是在给二百多人上课的讲坛上度过的。平日，密切关注国家经济发展的状况，不断提出具有前瞻性、对制定经济政策有重要参考价值的建议。那几年中，他出版了《陈岱孙文集（上、下）》、《陈岱孙学术论著自选集》，主编

《中国经济大百科全书》、《市场经济大百科全书》等。他九十五岁时还为来自台湾的女学生主持了博士论文答辩。1989年,他的家从镜春园搬到燕南园五十五号,房子宽敞了,住进几个孙辈年轻人,他们常在老人面前穿梭来往,他高兴。解放北平前夕,清华大学校长梅贻琦劝陈先生去台湾,说:"这是飞台湾的最后一班飞机了。蒋先生请您一定动身,到台湾再办清华大学。"他谢绝了,国民党令他失望,因为——腐败。他对腐败深恶痛绝,只要看到电视新闻中有腐败曝光,他便会蹦出一句:"宰!""皇上才有权力杀人呢,我们就选您当皇上吧。"于是,"皇上"成了孩子们对舅公的爱称。1900年农历闰八月二十七日是他的生日,与孔夫子同一天,属鼠,十九年过一次。1995年10月,北京大学盛会庆祝他九十五华诞,他说:"我只有六岁呢。"他对孩子们从来不说教,也从不刻意为他们做榜样,但是,孩子们感受到:"我们的舅公给予后人的是一种力量,这种力量来自他从青少年时代起秉承了一生的世间最简单和朴素的信念:读书救国。这是所有发奋图强的国家和所有发奋图强的青年所需要的信念。"

1997年7月9日下午,他拄着手杖出门,无需搀扶,走向送他去北京医院的汽车。在医院里,他的身体急剧走向衰弱,再高明的医生已回天无术。

在生命的最后时刻,他在报纸上题为《不依规矩 不成方圆》一文的标题处打上"√",颤抖着写下一个"留"字,推荐给我们看。7月26日下午,晏智杰教授到医院汇报介绍陈先生一生学术精华的那本书(即《陈岱孙学术精要与解读》)已编撰完毕。他虽虚弱,仍拱手致谢。他一生的学术研究在这里画上句号。

在生命的最后时刻,他想起了那把小小的金钥匙在文化大革命中被抄走了,似问非问:"现在不知道在什么人的手里?"

在生命的最后时刻,他恍惚中对护士说:"这里是清华大学。"

这些是他心中的情结。

1997年7月27日清晨6时30分,他从昏迷中醒来,要看钟,我们拿给他,看后他点点头。他保持了生命最后一天仍是6时30分起床的习惯。

陈先生经历了近一个世纪的时代风云,面对了太多太多的死亡,他称得上是:历尽沧桑。他是他们那一代学人中,最后一个走的。他的仙逝,标志着一个时代的结束,一代学人的终结,但是,他们的精神、风范、操守、才智,将永恒。自古以来,先贤和圣者光照大地,我们不能辜负了这份光明!

(作者为陈岱孙先生外甥女,《文汇报》驻京办事处记者)

钱端升先生

钱端升（1900—1990），上海人。1917年考入清华学校，1919年赴美留学，1924年获哈佛大学哲学博士。自1924年至1948年先后在清华学校（后称清华大学）、北京大学、中央大学及美国哈佛大学教授政治学、比较政府、比较宪法。1949年后曾出任北京大学法学院院长等职，曾任中国人民外交学会副会长。

回忆父亲钱端升二三事

钱仲兴　执笔

我们的父亲钱端升是20世纪的同龄人，1900年1月21日生于上海的一个中医家庭。祖父一代只有兄弟三人，祖父排行在二，父亲的大伯父、三伯父都外出求学或工作，所以只能由祖父来主持这个大家庭。祖父四十多岁即去世了。我爸爸这一代只有兄妹二人，姑姑比爸爸小十六岁，是遗腹子。爸爸也非常关心这个小妹妹，一直把她带到西南联大去上学。

祖父、祖母对这唯一的儿子的学业是很重视的，爸爸也是一个非常勤奋的学生。他早就有志要进入清华学堂这类当时中国最好的学校。他开始是在家乡最好的松江中学学习，当时只有松江中学的前两名学生才能升入上海最好的中学——上海南洋中学去学习，也只有南洋中学的前两名学生才能进入清华。爸爸是南洋中学的第三名，由于前两名中有一名不去，这样爸爸就有幸在1917年进入了这一他所向往的中国最高学府——清华学堂。

应该说爸爸是相当有才气的。我们发现，包括我们自己在内的很多那一代教授的子女都觉得自己在才学上、成就上无法与父辈相比，尽管我们是非常努力的。爸爸1919年从清华考取官费留美，1924年在美国哈佛大学毕业获得哲学博士，他的专业是政治学。由于他比预定的时间提前半年完成了学业，他的校长介绍他利用剩余的费用和时间去欧洲游历，因此他有机会到英国、法国、德国等地去进修和游历。他利用毕业后在清华大学、中央大学和北京大学任教的短短的十几年翻译了 G.M. Trevelyan 写的《英国史》；写出了《法国的政治组织》、《德国的政府》、《法国的政府》、《民国政制史》、《战后世界之改造》，并与王世杰合写了《比较宪法》等著作。尤其是1947年他应哈佛大学的邀请，作为客座教授在哈佛讲学期间，又用英文写出了一部巨著——《中国的政府与政治》。1948年由于中国即将解放，他放弃了哥伦比亚大学待遇优厚的邀请，毅然返回祖国，这本书后来只能靠他的朋友在美国安排出版。过了三十年，中美关系解冻后，他才知道他这本书已为哈佛、斯坦福等大学的出版社作为教科书出版，以后进一步知道，直到80年代末这本书还在再版。

我们记得无论家居房子的好坏，父亲总要求有一间书房，他喜欢在夜深人静时写书和文章，我们常常看见他在英文打字机上工作。还有一点也是我们自叹不如的，就是他的思路敏捷，他可以口中念着他想写的英文文章，母亲就随手写出。他1947年在美国一边要查阅资料、备课、讲课，一边还要写那么厚一本书。那本《中国的政府与政治》就是在他口述下，由一位美国秘书替他打出来的。无怪他的好友金岳霖教授说他的英文比一些美国人还好，他可以用词不重复，在一篇文章中很讲究语句和修辞。当然，他口述或写出中文文章就更是驾轻就熟了。他在1934年担任天津《益世报》主笔期间，在短短的八个月内就写出了一百七十篇笔锋犀利的社论，其中许多是针对时弊、主张抗日及反对投降的文章。他最后的编著成果，是在1957年被解除了一切职务已无事可做之后，1962年被高等教育主管部门要求在曾由他主持建立的北京政法学院组织几个教师编写的一本教材《当代西方政治思想选读》，费了四年的功夫这一百二十余万字的书稿才算基本完成。就在这时文化大革命开始了，这些文稿被抄去，再也没找到。1978年他由于一只眼患静脉血栓几乎失明，1979年又患结肠癌。但这时已经打倒了"四人帮"，政治上又给他完全平了反，使他在精神上得到了很大的解脱，所以他能克制病痛，仍然坚持读着从北京图书馆借来的及他的学生从美国寄来的书，并一直说要写作，但终未能成。

爸爸解放前后都曾出任过公职，但他一生中绝大部分时间是在大学当教授，在他心目中大学教授是至高无上的。他告诉我们，很多美国总统都是来自大学，卸任后又回到大学。因此，对自己能成为一个名教授是非常引以为豪的。他认为教授是无所畏惧的，所以他才敢于多次提出自己的见解。他的好友也大多数是清华或北大的教授。我们记得，在他的很多教授朋友中给我们印象最深的就是张奚若伯伯，他是爸爸的学长、同行和密友。他更具有教授那种刚直不阿的风格，在国民党统治后期他敢当面对蒋介石拍桌子批评时局。记得1945年在昆明，当他们得知日本投降的消息时，那一晚上爸爸拿出珍藏多年的酒与张伯伯共饮庆祝抗日胜利。抗战胜利后他们先后回到北平，爸爸在北大，张伯伯在清华，但他们还常常见面，有时张伯伯到我们住在城里的家来聊聊，然后就是和其他教授一起打桥牌。有时我们又全家到清华，也常去他们家。就是到了1957年以后，爸爸因不愿迁"祸"于人，很少主动与过去的老朋友来往之时，那时身为教育部长的张伯伯却仍然无所避讳，每年定期到我们家来看爸爸，给爸爸以精神上的安慰，当然爸爸对这样的知己也无所顾忌，作了回访。

爸爸一生很少为自己或家属求过别人，但他却乐意帮助别人，尤其是关心和帮助他的学生。在三四十年代毕业的学生中，很多人在经济上或工作上得到过他的帮助。解放后他虽然把更多的精力投入到学校的建设，但对学生的关怀从未停止过，对生活困难的同学在经济上仍时有帮助，同时他更重视学生的学以致用。

钱端升先生与长子大都、次子仲兴、三子召南摄于张奚若先生在昆明谭家花园之住所（1944年摄）

根据毕业生的反映或他作为政协委员、人大代表进行视察之时，若发现有的学生在工作中学非所用，他都会为他们呼吁或直接帮助他们。解放初期他总是不忘动员他的在国外的学生回来为新中国效力。记得在拨乱反正后的1982年左右，一次他身体很不好，但他却一定要去参加一个追悼会，这是为了悼念一位解放后被他动员从美国回来为国效力、却由于受到了不公正对待而致死的学生。爸爸觉得非常内疚，对不起他和他的亲人，所以一定要去参加他的追悼会。正是因为这样，爸爸也受到了学生们的爱戴和帮助，这些帮助泽及了母亲、我们兄弟甚至我们的子女。

1999年5月28日于北京

（作者为钱端升先生次子，原任职于公安部中国车检中心，已退休）

浦薛凤先生偕夫人陆佩玉（冶予）女士

浦薛凤（1900—1997），号逖生，江苏常熟人。清华学校毕业，获美国翰墨林大学荣誉法学博士学位。曾任清华大学教授兼政治系主任、北京大学教授。

浦丽琳手书的浦薛凤先生简介

清华经历竟疑梦

——追忆父亲浦薛凤教授

浦丽琳

> 清华经历竟疑梦,梦里清华自不真。
> 旧地重游会有日,依稀物我可通神。

这首《回忆清华》的诗,是父亲浦薛凤先生题大学第五级三十五周年纪念册时所写的,印在他《沙里淘金沧桑鸿爪——浦薛凤诒占集》(1984年初版)第167页上。

读史感怀
异域依稀故国家,声声爆竹岁时花。
童年情景况如昨,元旦争尝橄榄茶。

洋溢于诗行间的,是父亲对清华之恋,对故国故土之情。可惜的是,父亲在有生之年,却没能再"旧地重游"回清华,回到深爱的故国土地上。

清华,对父亲而言,是除了他故乡江苏常熟之外,最令他魂牵梦萦的地方。清华,是他求学成长的地方。清华,是他任教十年的地方。是清华同学好友的妹妹,他娶为妻子。是在清华,他将妻子的名字陆冶予(野鱼)改取为佩玉。在清华,他生儿育女。在清华,他结交了许多终身的好友。他的政治五因素论,他的历久不衰的著作《西洋近代政治思潮》一书,均是在清华时着手撰述的。在父亲的生命里,清华是一个美丽而不寻常的地方。

在父亲的诗集里,夹有一首《应聘母校准备授课》的诗:

> 应聘清华喜感恩,宛如鱼跃跳龙门。
> 课程教法精筹备,标准提高上上论。

再有一首是《考取北京清华学校》的诗,父亲十四岁时作:

> 考取清华愿竟偿,阖家欢笑喜洋洋。
> 家君训勉窗楼坐,圆月光辉照满房。

父亲出生于1900年,江苏常熟人。他的父亲,浦公光薛,字雪珊,号锡山,是清朝的秀才(又有人说是拔贡),曾应翁相国同龢之后代翁惠甫之聘,担任翁府的家庭教师。父亲自小,先由祖父母教读认字,后随祖父去翁家"之园"读书。七岁时读《左传》、唐诗及《通鉴纲目》之讲解。父亲在八九岁时的作文,其字之秀、其文笔之佳,令我看了吃惊,有数页印在《万里家山一梦中》——父亲的回忆录里。直到辛亥革命以后,父亲才由祖父亲自教读,插班进入县立塔前高等小学,正式接受学校教育。

1914年,父亲考取了清华学校。那时的清华是八年制,学子来自全国,毕了业可以出国留学,并免费读书。秋季入校,复试结果,父亲插入中等科二年级,等于跳了一班。清华学校的教育,注重智德体三方面的发展。除分数严格、师资优秀外,重视道德的培养,强迫运动,鼓励组织、自治民主,并多数以英语教学。校长为受师生尊敬的周诒春(寄梅)先生。暑假父亲回到常熟时,祖父仍亲自指导父亲补读经史子集,并练字作文。

闻一多先生与父亲是清华同窗好友,两人在文艺上都有才华,毕业班那年又曾同住一室,两人均先后当过《清华周刊》的总编辑,并组织了一个美术团体称之为"美丝社"。有一年暑假时,父亲寄怀闻一多级友之时云:

> 才华洋溢孰能俦,窃喜同窗益友求。
> 铁划银钩书法道,金声玉振赋文优。

> 铅描水彩画图俏，谈笑风生豪气流。
> 夏夜乘凉星月皎，思君一日如三秋。

闻一多致父亲的诗中有：

> 葱汤麦饭撑肠食，明月清风放胆眠。
> 自是读书非习政，不妨避世学逃禅。

父亲译美国诗人长卿氏（H. W. Longfellow）的长诗"Evengeline"为散文，命题《红灯怨史》，先刊《清华周刊》，后载上海之《小说月报》。那时校中的《清华月报》，父亲也任过编辑。

白话文与白话诗流行之后，许多人不屑读古诗。1920年，父亲浏览了全唐诗，选辑了一本《自选唐人七绝百首》由上海中华书局出版，由北大校长蔡元培和清华校长严鹤龄写序。父亲在自序中说："近年来中国底文学革命在文底一方面，已产出一个新的雏形；在诗底一方面，却还不能说有什么成就。现在中国底诗——旧枝萎枯得很快，新的枝叶还没有长——确有饥荒底现象。我怕，我们学生，将来都抱'贫诗病'；所以不揣浅陋，拿这最简单，又最短的一百首七绝，介绍给大家。"那时国家局势危殆，父亲选了《述国亡诗》、《读勾践传》、《从军行》等以警惕读者。

五四运动时，父亲和其他北京的学生一样，参加示威游行，暑假回乡后，当选为常熟暑期学生联合会会长，初尝"学生政治"滋味。1921年5月中旬，接近毕业，因同情北京城内大学风潮，清华发生同情罢课，父亲班上有三分之一学生拒绝参加大考，因而留级，晚一年毕业留洋。七载清华，清华的风气，深深地影响了父亲，父亲立志向智德体各面发展，于1921年赴美留学。

由于父亲是独子，当他游学美国，取得翰墨林与哈佛大学的学士与硕士学位后，祖父母就觉得他们年事已高，希望父亲尽早回国。父亲于1926年返国，先在东陆大学及浙江大学执教，于1928年，回母校清华教书。

在浙江大学时，父亲认识了在杭州教书的母亲，清华高一班的好友陆梅僧的妹妹陆治予小姐。母亲的簪花小楷、学历见识及端秀等使父亲倾心，父亲的诗可以为证：

> 小楷簪花文笔优，笙箫琵笛曲歌修；

锦心绣口兼容德,窈窕才华君子求。

1929年1月28日,父母亲在常熟结婚。婚后,母亲仍回校教书,于1929年暑假,父亲收到继聘的聘约后,母亲才去清华合住,住于清华园北院四号。

哥哥大昌,弟弟大邦、大祥和我,都出生于清华园。哥哥进过成志小学,我入过附属幼稚园。那时,母亲每星期都和朱自清夫人、俞平伯夫人一道儿排唱昆曲。母亲对昆曲有浓厚的兴趣与研究,也对中国乐器有研究,能吹笛,奏箫、笙,弹琵琶,并善绘画。母亲婚后改用陆佩玉之名,"佩玉"两字,是由父亲另取的。父亲那时除了教学,还从事研究,撰写《西洋近代政治思潮》。当时,日本的侵略行为,渐渐明显,但华北一带还算安定。《万里江山一梦中》内"清华弦歌"一章,对父亲任教清华、与冯友兰教授同坐意大利轮赴欧休假、主编《清华学报》等,都有追述。

书上记述应父亲清华的老师余日宣先生函邀,父亲接到清华大学校长温应星

清华时期的浦薛凤与陆佩玉夫妇

先生发的聘书，于1928年8月返母校执教。不久北伐成功，全国统一，政府任命罗家伦先生为清华校长。当父亲抵达清华时，余日宣老师已辞职将去上海沪江大学。罗校长于9月中到任，当日就另加发聘书，并将薪水普遍地提高。1928年秋，也正值清华开始男女同校。

西洋政治思想史、政治学概论、西洋近代政治思潮及政党政治是父亲在清华十年中所教的课。政治学概论是大一政治与经济两系学生必修课。西洋政治思想史，讲自希腊到18世纪上半的政治哲学。政党政治，专重英法美德瑞诸国。

那时的时势与风气似乎使风潮容易发生。清华在父亲执教的十年中，发生了三次反对校长的风潮。罗家伦校长任内，请了许多位优良教授，对学校有成绩与贡献。但学生所办的《清华周刊》内有文讥评罗校长想用自己写的诗词来代替原有的校歌。后来也不知为了何种原因，校中起了风潮，有人认为牵涉党派对抗。1930年5月30日，罗校长辞职。行政院于1931年3月17日才批准辞呈，于是月21日令吴南轩出任清华校长。

有一戏剧性的小插曲，发生于1930年，那时阎锡山到了北平，发表"公平内政，均善外交"的政策，曾试派清华毕业的乔迈选为清华校长。消息传出，学生会组织了众多人把守清华园的铁制大门，当乔氏及随从到达门口时，代表们蜂拥而上，坚决地声明挡驾，劝请回城。这出乎乔氏意外的状况，令他知难而退，只得忍气吞声，退回北平。当时的清华教授，没人看见这情况，还是学生后来相告而知的。

吴南轩校长到校后，没经多久，学生会即有反吴的立场。教授中对吴校长聘用的两三位新教授，认为缺乏学术地位，并事前没与系主任或院长商量，发生隔膜。后来教授会也召开大会，一致通过对吴氏不利的决议案。据说当时当局甚怒，都想解散清华，经陈布雷先生谏劝阻止，而派翁咏霓暂时代理清华。这年9月，准吴南轩辞职，由梅贻琦继任。

梅校长开创"教授治校"的民主风气于清华大学。（编者按："教授治校"民主风气并非自梅校长始。）凡校中之重要规章由教授会议决，并有评议会决定重要事项，聘任委员会议决教授之聘留。父亲那时被选为教授委员会秘书，开会之决定，登在铅印《清华大学校刊》上。

在父亲任政治系系主任时，自己就把当时在北京大学及北平大学的兼课辞掉。在课程方面，加重中国政治思想史、中国政治制度、中国地方政府、中国法制史、中国法律学的力度。聘请了萧公权教授授中国政治思想史，沈乃正教授授中国地方政府，中国政治制度由陈之迈教授专任等等。邹文海先生为那时系中的助教。

50年代我住纽约时，遇到多位父亲教过的清华毕业生，都告诉我父亲教书认真，每年课堂的讲义都增加新教材，密密麻麻，将前一班的笔记改新了。又说清华1936年校庆，母亲登台与朱自清、俞平伯两夫人同唱昆曲，并与蔡可选夫人串演《游龙戏凤》。1940年毕业的宋廷琛先生曾在新七十一期台湾出版的《清华校友通讯》中记道："浦夫人饰正德皇帝雍容华贵，不过每句唱腔都'啊……'的拉得很长，听众无不捧腹。"

1933年，父亲赴欧洲休假研究，在德国柏林大学旁听两门政治思想课程，研究康德、黑格尔与费希特三人之政治哲学，并在旧书店中搜买三位的德文著作全集。每天均去柏林城内的普鲁士邦家图书馆借看德国近代唯心主义的政治思想原著，及当代德国学者对这派政治哲学的论述。自带三明治和牛奶用以休息时充饥。后去法国及英伦，也遍搜购研究书籍，并拜访英国驰名于世的政治思想家赖斯基教授（Harold Laski），请教讨论父亲自己发表的政治五因素之论。因希特勒在1933年1月开始执政，父亲在德国休假研究时，已感觉到诋毁犹太民族之宣传运动，及日耳曼民族显示自己特别优越又受到压迫之气氛。柏林街头每日都有各种排队游行，夜间有集体跑步，练习巷战。使父亲觉得国际局面，将会发生大的变化。

欧洲休假归校后，父亲任《清华学报》的总编辑。这一纯学术性季刊，当时有编辑二十人，包括陈寅恪、蒋廷黻、吴宓、陈岱孙、钱端升、吴景超诸位。父亲那时正撰写西洋近代政治思潮各章，便于每一期中刊出一篇。胡适那时主办《独立评论》，曾当面嘱父亲写稿，父亲因无适当题目与特见，没有写讨论时事的文章。

我家住清华园北院四号。那时住北院的有陈岱孙、王化成、朱自清、叶公超、蒋廷黻、刘崇鋐、蔡可选等教授家。父亲和母亲与这些教授夫妇常相来往。父亲常在下午四时后，和蒋廷黻、陈岱孙、王化成、萧叔玉诸教授打网球。周末晚上喜与朱自清、蒋廷黻、陈岱孙诸教授打桥牌，只计分数，有胜负而无输赢。母亲常和蒋廷黻夫人唐玉瑞（住北院十六号）及王文显夫人（住北院五号）三位并坐，边织毛线衣边话家常。母亲并与吴正之（有训）夫人吴王立芬及燕京之冰心（吴文藻夫人）结识熟悉。父母都喜食河蟹，上市时节，北院四号后门口，常有蟹壳堆积于垃圾桶里。由于我们年幼，清华园的一切，都已模糊。记得深刻的，是日本飞机轰轰而过，有一炮弹落在图书馆附近，大家挤躲在图书馆底下过夜的情景。

　　日本的侵略，打断了清华弦歌，清华处在火线之中，教职员们纷纷先后搬离。父亲和几位教授自庐山谈话会回到清华，在 1937 年 7 月 29 日下午 3 时，雇大汽车一辆，载全家大小及行李七件，疾驰北平城。我和哥哥大昌，究系稚儿，"见搬家非常高兴，到新地方尤其得意"，觉得好玩，却反使父母亲感觉难受。父亲检视新住处之书报公文稿件，凡足以构成莫须有之文字狱者，均付之一炬。哥哥无知，以为玩火，和我及大邦弟都争着来帮忙取乐，真使父母亲感到心烦。国难当头，烽火边缘，年幼的孩童不知何为战争，何为危险，仍嬉笑追逐如故，怎不叫父母亲心中苦痛悲伤！

　　在《太虚空里一游尘——八年抗战生涯随笔》回忆录中，第二章"清华再见"尾，父亲写下"清华！美丽可爱的清华！如今暂别。他年定当重返此乐园！清华再见！"谁想到八年苦苦的抗战得胜后，中国内部却仍然混乱不定，弄得千万人家妻离子散，生离死别。清华的暂别，对父母而言，却变成永远的别离！

　　我家入城后先住东四牌楼报房胡同廿一号吴俊升教授家中。吴正之夫人家原住隔壁，嫌拥挤，故搬来同住，住在楼上，那时小弟出生才一个月，原本取名大翔，后因战事之故，改为大祥。父亲后来又回清华搬运些书籍入城，并与熊迪之太太全家另租东城遂安胡同五十一号安置我们居住。哥哥辍学，由母亲每天授以字算。家中有时吃窝窝头，以难民自居。

　　那时清华教授在城内住的，渐渐南迁赴临时大学教书。北平城内风声时紧时松，每隔数日，可听到隐约炮声。日本人在东交民巷升放气球，上面写着占领了中国何城何地。父亲决定与一些清华教授化装同去后方，于 10 月 14 日启行。行前将我们家大小迁往受壁胡同九号居住。

　　随校南迁，父亲只身逃难至长沙、蒙自而昆明，在北大、清华、南开三校联合组成的西南联大任教。后受当局征召，在国难严重的情况下，学人从政，任重庆最高委员会参事，协助研究讨论政治、外交、国际有关问题等要案。兼任《中央日报》主笔，撰写社论，发扬抗战精神。我们与母亲住在沦陷区，先在北平，后至常熟，胜利后才全家团聚。

　　第二次世界大战末期，胜利在望，父亲奉派参与由美国发起召开的中英美苏四国顿巴敦橡园会议（Dumbanton Oak Conference），起草联合国宪章建议案，及旧金山制宪会议（San Francisco Conference），为国际安全机构建立方针。母校翰墨林大学在这时授荣誉法学博士学位予父亲。

抗战胜利，还都南京，父亲曾出任善后救济总署副署长、中央大学教授、行政院副秘书长，1948年去台湾。1962年，父亲应聘美国，在桥港大学以及纽约圣若望大学执教共十二年，才退休加州。退休期间，勤于撰著。1977年秋，母亲故世，次年父亲曾应台北商务印书馆王云五先生之聘，赴台北任该馆总编辑一年。

我替父亲算算：他在国内教学约二十一年，在国外大学执教十二年，共计三十三年学界生涯，加上学以致用的学者从政时期十九年，总共辛劳工作，自强不息，计五十年有三左右；在海外教学居住，共三十四年余。

父亲不论是教书或从政，都认真、尽力、守原则、讲信义、清廉、公正、不辞辛劳、淡泊名利。父亲深信奉曾文正公家书中之训诫："天道有三忌，一忌满，二忌巧，三忌贰。"父亲觉得，满招损、谦受益，守拙胜于使巧，并力求一心一德，绝避辜负携贰，是为立身处世之天经地义。

每次父亲从公家辞去职位后，必是立刻搬离公家分配的住屋，绝不拖迟多住半日。在南京时，全家曾挤住到表侄宿舍的一间房间暂住；在台湾时，也曾挤住于一亲戚家。

父母亲敬业的精神，不时以言行表达。任公职时期，一一公事，父亲必亲自批阅。繁忙时，午饭晚饭迟迟不归，星期日仍赶看公文。当父亲母亲年迈有病痛时，也都对我们说"工作第一"，不要我们请假，催我们上班。

父亲在桥港大学（University of Bridgeport）执教时，常常用功到深夜。一晚，母亲半夜醒来，灯光犹亮，父亲仍持卷疾书，母亲唤了父亲名字后问："你还要不要命了？"父亲大笑，才放下笔卷去休息。那时父亲已六十几岁了，清华的自强不息的精神，深植在他心中。父亲主授研究所课程为中国政治思想史、中国朝代与政制，除了参加学术会议，应邀演讲，更发表英文学术研究论文。

父亲在美执教十二年中，台湾政治大学政治研究所的门生，每年均寄一大纸箱台湾食品作为父亲生日的贺礼。父亲退休后，每年仍是不断。父亲逝世后，他们又出钱出力，为父亲在台北开追思礼拜，这三十几年的情谊建于深深的爱与尊敬！

"政治五因素"是父亲发明的基本学说，父亲认为，一切政治，必包含"现象"、"人物"、"观念"、"制度"以及"势力"。这五项因素之间，永有彼此连带与相互变化与前后影响的密切关系。父亲认为我国二千年来历朝的兴盛衰亡，循环起伏，可于其中寻求所含的铁律。这种复杂的铁律，能帮助了解一切政权、一切民族国家的治乱兴亡。

由于自己觉得缺乏演讲与辩论的天分，父亲在清华求学时，学一位希腊演讲政治家，把小白光滑的石子，放在口中，天天去西院溪旁练习演讲，果然进步了许多，而选上清华学校的辩论队。在美国翰墨林大学求学时，竟还得到全校演讲比赛第一名。父亲以勤补拙，刻苦努力的精神，不但年轻时如此，后来也一直如此。

前些时候，翻读父亲遗著，读知父亲在芝加哥留学时期，曾与闻一多、罗隆基、何浩若等同学商讨，并组织了一个爱国会社"大江会"，曾出版刊物，写过文章。父亲有一首诗："天崩地坼运非穷，故国新胎转变中。卅载贪私随劫火，万方肉血抗顽戎。求苏百代汉家好，忍痛今朝玉瓦同。走马昆仑东向望，波翻黑海夕阳红。"不知是何时写的。

动荡的时代，搬来搬去的家，我们在成长时期，和父亲真正相处的时间并不多，全家的人，离多聚少。先是抗日时期的八年离难，后是求学时的住读与飘游海外，而父亲全心全意地为工作付出，能与我们子女相谈或教教我们英文的时间十分少。母亲一直是我们家的大栋梁，严父慈母的角色全在她肩上。母亲教导我们，从母亲那儿，我们试着了解父亲，认识父亲，敬爱父亲，对父亲那种"上无愧于天、下无愧于人"的做人方式及清高傲骨引以为傲。

母亲真是上苍赐给父亲的最大福气，没有母亲全心无我对父亲的爱与奉献，父亲恐怕就不能尽全力来从事学术的研教，及对社会和世界有所贡献。母亲自己没能充分发展才华与兴趣，她将智慧与精力，全花在照顾父亲、协助父亲、保护父亲、支持父亲的千千万万生活细节中。

一般来说，父亲思考周密、谨慎小心，母亲明智果断，英勇有魄力。父亲严肃耿直，母亲慈祥婉转。父亲热心诚恳，母亲也如此，但情感与理智并重。父亲勤学苦练，才成为有力的演讲者，而母亲谈笑风生，是个天生的演讲人才。他俩都乐于助人，勤于公益，为社会做出贡献。母亲自小读古书，后来学教育，当过三年如皋师范的校长，在台湾时，为争取妇女与老百姓的利益而服务。但母亲总是谦虚地站在父亲的背后，予以精神与实际上的支持。父亲视谄媚奉迎为可鄙，凡事实事求是，不敷衍塞责，不谋私利，破除情面，奉公守法。有时不肖之徒因所求不遂，怀恨造谣中伤。父母亲更喜教学生涯。

桥牌、围棋、象棋等，父亲都精。音乐、京戏、昆曲等也都欢喜。儿童乐园、动物园、公园，父亲都爱去。清华校庆的聚会，校友的茶会，父亲起劲地参加。父亲的兴趣是多方面的，他能和学者畅谈不倦，和学生亲如家人，和孙辈一道儿放风筝、游戏而童心不泯，也能成天看书写作而自得其乐。

能和父亲多相处的时间，可惜不在我们少年成长和大学求学的那重要时期，而在母亲病弱、父亲年迈退休加州后。虽然父亲热爱生命、热爱生活，仍勤于著述写作，仍偕母亲搭公共汽车四处出游，但他心中有一种寂寞，是我们子女们无法弥补的。父亲清华时代的朋友，不是远隔海的另一岸或是渐渐凋零，就是在美国东岸纽约一带居住。

有一年暑假，我滥竽充数在南加州大学教一门有关中国书法绘画文化的课，父亲不弃，应邀来到我课室，为学生们讲书法及提笔示范。并也曾去我义务服务的亚太艺术馆，当场挥毫，为中国文化海外交流作出一点一滴的贡献。每次出门，父亲总不忘打领带，穿外套，手持手杖，保持着他一贯的清华作风。

1975年，父母去小弟大祥宾州费城郊外家中小住，一日出外散步，看见有似柳树之枝在阳春中摇动，母亲脱口而出两句诗句，父亲加了首尾二句而得下面这首合写之诗：

春风摇荡绿丝丝，此似江南杨柳枝；
鱼米家乡归未得，天涯常忆稚年时。

这首父母合写思乡之作，是父亲和我后来最爱共同哼吟的诗。

父亲承继着中国儒家气质，却也有西方独立的精神。研读写作倦累时，父亲就偕母亲搭乘公共汽车去迪斯尼乐园游玩，去那儿得辗转换车，单程费时至少两三小时，父亲也不在乎。有时下班我去他们公寓不见人在，就驾车到各处车站找寻，如果运气好，在暮色中见他们自公共汽车上下来，才松口气。母亲故世后，父亲仍然一个人搭车外出，不愿等周末再麻烦子女。记得一个星期六的早晨，我驾车经过湖街大道，只见父亲手提一个箱子在等红绿灯过街。原来父亲写好了多篇文作，安放在箱中，乘公共汽车来到邻城一所大的文具复印店去复印。又有多次，我下班去他寓所，不见人影，四处打电话寻找无着落。干着急中，远见他手中拿着几只螃蟹，搭车转车正自中国城驶回的公共汽车上下来。

五六年前，我们同去藏书闻名全球的亨廷顿图书馆。时值初夏，玫瑰丛开。

父亲坐在图书馆公园石椅上，心旷神怡，一时忘其所在，咏起诗来，一首接一首，愈吟愈响，用常熟抑扬顿挫的唱调。经过的黄发碧眼游客，见一白发东方老翁，唱声响亮，怡然自得，虽不解诗词之意，却也能分享其咏唱之乐情，均微笑点首而过。我提醒父亲，此非中国，似可停吟，然父亲不理，仍兴高采烈地哼唱下去。盖阳光、绿草、花香，已使父亲感到生命之乐趣，忘去身在何处，亦不知何处是他乡了。那时父亲约九十三岁。

最后两年，父亲甚少说话。我们以诗代语言。我常哼咏贺知章的《回乡偶书》，只要哼出"少小离家老大回"，父亲就会"乡音无改鬓毛衰，儿童相见不相识，笑问客从何处来。"接咏下去。有时我一句，父亲一句你起我和地合哼着。每当我吟起他和母亲合写的那一首"春风摇荡绿丝丝"诗句时，父亲就特别高兴，马上会高声接吟下去。当父亲在医院中、疗养院里，我也是以诗句测量他的情况。情况好时，他会相应而吟，继之是睁开眼点点头；在不好的情况下，父亲就不会对诗句作出任何反应，静静地不出声。父亲在世的最后几天，医院急救室的病床旁，我和大祥弟找不出话语安慰父亲，只能轻轻地哼着父亲的诗和"少小离家老大回"那诗，希望能安慰父亲、安慰自己。

父亲自幼就喜欢诗，曾以诗记载一生的事物、时代、感触。我曾建议请父亲教我如何写旧诗，父亲答应了在我有空时就教我，并写了平仄的律在纸上给我。每天上班与家务琐事等，将我的时间嚼碎成丁，竟始终没能向父亲学做古诗。年少时，我有时间而父亲无法来教我，年长后，父亲有时间来教我时，我却无能，真是悲哀！这是我引以为憾的事。

父亲出生于清朝末世，国政不纲，又经义和团之乱，丧师失地，中国蒙受了奇耻大辱，国几不国。幼年时，父亲身经这些，感受定深，因此发奋读书努力，期望为国效力。辛亥革命、五四运动、抗日战争，内忧外患，20世纪中国所经历的，是一个长期纷争混乱的大动荡时代。父亲的一生，与这时代息息相关。父亲所受的教育，集中国传统与西洋正规教育的精华。父亲和他清华那一代的人，受时代的熏陶，似都全有抱负、有学识、有极重道德心与时代感。

我有时想，父亲有深厚的国学根底，文笔优美，思路透彻，与闻一多同窗时，情趣相投，又是好友，怎么父亲没有走上文艺之路？怎么去研究政治思想？如果父亲研究文学，又合自己兴趣，又因根底厚实而易于入门并有成就。政治思想与历史和哲学都有关系，父亲怎么选择了这么一门难的学术园地？我想，一定是父亲有志于报国救民才舍易而取难的吧！而当时政坛上以党为国的风气定使父亲痛心。

昔日与父亲往来相知的朋友，多数是清华的同窗或同事，或政大研究所的门生，全是在学界相识的。这些往来的人，差不多个个后来都是在学术界、教育界、政界、社会上极有才华，卓然有成的人士，而且品德超优。在世风日下的今日，恐怕再也少见父亲与他朋友们的那一代与那一群了。

原在加州大学河滨校任教的大弟浦大邦及现在天普大学任教的小弟浦大祥，曾先后利用教授休假时期，赴台北新竹的清华大学担任客座教授及做研究，想也是一半因为从小就知道"清华"两字的情深意长。父母亲曾多次对我们说，虽然那时国家正处风雨来临前夕，而父亲在清华执教的十年生涯，是他们共同生活中的黄金时代！

母亲于1977年9月3日仙逝。大邦弟因劳累过度，于1984年12月15日猝然在会议桌上倒下而不起。这两件悲痛的事，给予晚年的父亲莫大的打击。早在1954年，大哥大昌在印第安那州普渡大学求学时，大考后搭同学之车而遭车祸丧生，已使父亲饱尝"白发父送黑发儿"之苦痛。大邦弟的英年早逝，父亲在日记本上写着"天道何在"四个字。

飘泊在海外的知识分子，不论生活过得如何充实，如果心中思念故土故国，总会感到一种特异的寂寞感。这种感觉，连我都有，更何况年纪更长的父亲。我相信，父亲一定曾感到寂寞，一种莫奈何的寂寞。父亲是坚强的，他从没说什么。

父亲待人，礼貌有加，晚年总是拱手谢谢照顾他的人，和母亲以前一般，和颜悦色，不出厉言。诗卷，是父亲晚年茶几上放的读物。一本唐诗与千家诗的合订本，被父亲翻阅再三，好的字句旁用红笔圈点，页角常有彩色笔写的赞语，如"妙妙妙"、"绝妙"、"千古绝唱"、"妙哉"等。

父亲去世前一天的下午，竟有两位八十高龄父亲清华的学生，万庚年与王之珍先生，一道儿突到医院探望父亲。当晚，大风骤起，我家庭院中的一棵大树被吹倒，全区停电。半夜时，雷声与闪电交加，一声雷后，医院电灯熄灭漆黑，然后亮起。父亲突张开紧闭数日的双目，看了一看。大祥弟忙说："爹爹，我们在这里，姐姐也在这里。"第二天晚上，1997年1月7日，父亲弃世长眠。

岁月匆匆，父亲逝世至今已将两年半了。父亲旧居街头的一长排淡紫花树，如今又盛开着，千万朵小小的淡紫丽花被天际的白云衬托着，有着清华校旗的色彩。父亲八十多岁时曾吟曰："晴空拂晓白云斜,又见长衢丽紫花。紫白交辉校帜色,看来更念吾清华。"清华园,是父亲魂牵梦萦的地方。看到了淡紫花开,父亲就思念起清华。每当淡紫花树盛开的季节,我就会更思念起父亲。

1999 年 5 月

（作者为浦薛凤先生次女,现任职于美国南加州大学图书馆）

毕树棠先生在清华大学西院二十七号家里工作（摄于1970年代）

毕树棠（1900—1983），山东文登县人。毕业于济南第一师范。1921年起到清华图书馆任职。爱好文学，精通英文，撰写了大量中西书刊介绍及文讯。也有翻译作品与散文行世。

毕树棠简介

毕树棠（1900年——1983年），山东省文登县人，毕业于济南第一师范。教过小学，当过翻译。1921年起到清华大学图书馆任职。爱好文学，精通英文，撰写了大量中西书刊介绍及文讯，也写些散文。翻译出版了多部译文集和马克·吐温的名著《密西失比河上》。几十年埋头在清华图书馆工作，工余兼讲翻学，笔耕不辍，不求名利，"爱诚"从事，把整个身心献给了清华。

毕可松 88.8.31

毕可松手书的毕树棠先生生平

回忆父亲毕树棠

毕可松

光绪二十六年（1900年），父亲出生在山东文登县河南村。那时清政府腐败至极，八国联军攻陷北京，兵荒马乱，民不聊生。祖父务农，衣食难保。父亲快十岁了，祖父母东求西借还是让他读了家塾，到民国初上完了小学，考入济南第一师范。国难家贫激励着他勤学苦读。逢到寒暑假期，家里借债寄给他回家路费，可他不回家，把钱交了英文补习班的学费。五四运动爆发了，他毅然投入爱国运动，作为学生代表进京请愿游行，反对卖国的"二十一条"。

师范毕业后，他回乡任小学教员，想致力教育救国。但是可怜的一点薪酬难以糊口，更谈不上还债。无奈于1921年春，应聘去海参崴西伯利亚铁道监管会中国代表办事处作英文翻译。三个月后办事处改组，便离开海参崴，经哈尔滨、长春、沈阳到了北平，经人介绍到清华大学图书馆作图书管理员。每日八小时工作，月薪可有三十元大洋，业余时间读书习作、翻译投稿，结交学界名人、教授，如：王国维、吴宓、陈寅恪、朱自清、俞平伯、浦江清……清华图书馆给予他自学成材的好条件。他博览中外图书、撰写书刊介绍、报道文坛动态、翻译散文。当时由吴文藻先生负责，吴景超等编辑，清华大学出版的《书报介绍副刊》第一期开始就有父亲写的中文书报介绍，以后几乎每期都有这类文章。30年代初应吴雨僧（吴宓）先生之约，为他主持的《大公报》文学副刊写书评和外国文坛消息。当时比较注意以中国生活为背景所产生的外国新文艺作品。由于赛珍珠女士（Pearls Buck）的作品《大地》（The God Earth）风行，父亲在文学副刊上发表过两篇短短的介绍文字。相继赛珍珠女士游历北平，毕莲女士（Miss Anna Bille，清华语言学教授）举行茶会招待，嘱托吴宓先生转约父亲参加。席间吴先生把父亲写的两篇短短的文字介绍送给赛珍珠女士，她当即称谢，并与父亲攀谈她的著作以及文坛轶事。据悉她得了1938年诺贝尔文学奖，父亲很有感慨：以中国的生活写成书，得世界文学奖金的这真是第一次，不能不使我们欢喜，然而我们自己的作家呢？是文章不够呢，还是文字为碍呢？后来父亲和我们谈及过，他没有当作家拿奖的奢望，还是一心扑在图书馆工作上，余下时间都用来读书撰文和翻译。三四十年代曾出版了他的散文集——《昼梦集》，译文集有《不测》、《一夜之爱》、《贼及其他》、《君子之风》，50年代初翻译了美国马克·吐温的名著《密西西比河上》，由上海新文艺出版社出版。这些书在家里尚存几本，而以前发表在《宇宙风》、《晨报副刊》等刊物上的散文、书评介绍，都难以找到了。50年代中期还翻译过一部英国司各特（Walter Scott）的小说《圣·罗南之泉》（St. Ronan's Well），限于当时的历史条件，未能出版，我们把它保存下来作为纪念品了。

抗战爆发，清华南迁。我们家人口多，老小拖累，只能留守清华保管会。日寇占了清华园，我们家搬到城里东四前炒面胡同。生活极其艰难，可父亲坚持不任伪职，到学校教书代课，翻译作品挣钱，全家十几口人靠父亲的一支笔维持生活。这期间爷爷、小叔先后病故，可谓雪上加霜。俞平伯为了帮助父亲，请父亲给他的孩子当家庭教师，每月五十元。父亲说："那时没有这么高的价！"确是雪中送炭。他和俞平伯的友谊当然不仅止此。平时父亲很少谈及往事，谈文学、翻译我们也不懂。1980年可绣妹探亲回家。聊天时，父亲说起50年代俞平伯受批判事。有一次作家协会召开批判大会，父亲到会场一看，众人坐在一边，俞平伯孤零零地坐在另一边，谁也不理他，父亲毫不犹豫地坐在俞平伯旁边。父亲说："我很清楚，我这样做是很让大家讨厌的，但是我只能这样做。"会上，人们一个个上台发言，慷慨陈词、语言严厉，下台时又和俞平伯握手。父亲说："这是什么意思呢？虚心假意。"父亲当然没有发言。"文革"期间俞平伯去了五七干校，1975年听说他回北京了，父亲特地登门拜访，当时的形势还很严峻，但父亲没有任何顾虑。告别时俞平伯以一本《林屋山民送米图卷子》（胡适题）相赠。这大概是两位挚友的最后一面。父亲不是什么重要人物，但在那时，对俞平伯来说，"此情温暖人间"。谈话过后他把那本字画拿出来交给三妹可绣（她是我们兄妹中唯一一个学文科的）说："你拿去做个纪念吧。"她珍藏至今，并告诉孩子永久保存。它饱含着一代文人的深情厚意，也代表了父亲对我们的谆谆教诲。

抗战胜利，清华回迁复校，父亲接到通知后，立即开展恢复图书馆的工作，收整存留北平的书刊，接应回迁运来的书籍。压运装卸、清点造册，昼夜兼作。不到一年，图书馆就接纳读者和投入教学服务。虽然唐老（唐贯方）他们都从昆明回来了，可工作量大，人手不够，父亲一人做两个科（庶务、期刊）的工作，下班到家仍是伏案笔耕，直到天亮，洗把脸又去上班了。有几次我们从睡梦中醒来，看到父亲在屋内走来走去，口中念念有词，继而又坐下读写。第二天问妈妈，她说："你爸爸是生铁做的人，不知道累。"我们长大了才逐渐知道，父亲虽已精通英语、译文写作，同时还自学德、法、意等外语。由于勤学敬业，攻读古今中外，译撰多广，颇为学界认知。清华文学系主任朱自清教授曾聘他兼任讲授"小说选"。解放后几经调整变动也没离开图书馆工作。当清华各系建系图书馆时被梁思成邀去建筑系图书馆资料室工作，除做一般管理工作，还为师生的研究设计提供帮助。他广博的学识为师生所佩服和敬重，称他"活字典"。系里有位青年教师王乃壮业余时间跟他学外语，父亲还帮他翻译出版了一本法文资料。父亲既不署名，更分文不取，王乃壮就给他画了一幅素描像相送。期间北京市筹建图书馆，市委宣传部张文松邀父亲任馆长，系主任梁思成就不同意，作罢。也确实是系里离不开他，他也离不开清华了。1982年母亲病逝，三妹要他去安徽住一段时间，大哥也要接他去成都住。父亲说："我在清华六十多年了，我不离开清华。"可见他对清华的感情之深。这时我回想到父亲曾给我们讲过一段小故事，那是抗战前，在一次大会上表彰马约翰教授的成就，奖励他一只金表，马教授答辞说，他要作一个"Watch man"。以后马老一辈子都没离开清华。父亲很有感触，他并没得金表，可着实作了清华的"Watch man"。

父亲和母亲的结合是旧式婚姻的结果。奶奶说当年是"指腹为婚"的。父亲说："我的婚姻不自由，但我并不后悔。"他不是认为旧式婚姻好，而是在生活实践的磨练中真正爱母亲。记得在抗战时期，我们住东四前炒面胡同，母亲操持着繁重的家务，还挤出时间去朝阳门外收获完的田地里，捡豆拾棉桃，帮家里一点儿衣食。正巧父亲得了一点稿费，就买了日场的京剧票，请她去看戏，另外还买了几毛钱的肉，他要做个菜慰劳妈妈。她看完戏回来，父亲正拿着一把土剃须刀在切肉。妈妈笑着说，你没这本事。最后还是妈妈用菜刀三下五除二地解决了问题。这顿晚餐的白菜汤里多了这点肉,孩子们当然高兴,可父亲一个劲儿地挟起肉片往妈妈碗里送,并一再强调,这肉是给你妈妈的。妈妈高兴地说着今天的这场戏如何的好看。50年代梅兰芳来清华演出,父亲千方百计地买了票请妈妈看,他知道她太喜欢京剧了。妈妈不识字,父亲顾不上系统地教她,只平时零星指点一二。可经妈妈手的书信字条,从没出过错。解放后她上了清华妇女会的识字班,父亲全力支持,给她起了学名"王曼基"(妈妈的乳名叫"蔓儿")。由于学习成绩优秀屡屡得奖,妈妈还参加家委会工作。父亲十分高兴,到城里买了《白毛女》、《红色娘子军》等成套画片赠给她,另外自己动手用废纸盒做了一副象棋,在棋盘上工整地写上二老的名字:王曼基、毕树棠。1982年冬久病的妈妈停止了呼吸,父亲已没有了眼泪,而是深深地吻别了她,对我们说:"你妈妈是功臣呀!"

改革开放后,我们家从西院二十七号搬到了西四十三楼(新建的教授楼)。父亲年事已高,还经常为系里搞翻译,辅导青年学外语,给《清华校友通讯》写回忆吴宓、陈寅恪的文章。五十多年前,他曾想过当图书馆长和文学系教授,就在朱自清聘他去兼课时,校长说过:"他没有大学文凭,不能当教授。"所以只上课,没有职称。50年代初市里要调他去任北京市图书馆馆长。一则领导不放,二则他已在清华扎了根,不愿去。父亲就这样默默耕耘在清华,奉献在清华,直至1983年4月遇车祸(自行车撞的)去世。在清华的追悼会上,建筑系主任吴良镛院士致了悼词。他很了解父亲。当我们无意中说起父亲生前的愿望,吴主任说:"毕老是教授,这是毫无疑问的。"改革开放后清华给父亲的待遇的确是教授水平的。这对父亲或许是个安慰吧。

1992年,我们清华附中五二届的校友去拜会老校长孔祥瑛(钱伟长的夫人),钱老从楼上下来和我们一一握手,当我说:"我叫毕可松",钱老立即说:"啊,你是毕树棠的儿子。"几天后三妹可绣他们班校友去看孔校长,钱老又一次说:"毕老先生对清华是有贡献的人。"

父亲也有他美好的理想,但不空想,而是默默地埋头在图书馆的岗位上为读者服务,通报着出版界的信息和世界文坛动态,虔诚从事,始终如一。最近,我们从清华图书馆借来他40年代发表的《昼梦集》复印留念,又一次看到在扉页上的一行字:"纪念旧时的水木清华"。这是他发自肺腑的自白。那时他就已经把整个身心献给清华了。父亲对清华是忠诚的,这是一个饱经磨难的知识分子对祖国的忠诚啊!

1999年6月24日

(作者为毕树棠先生次子,原北京机械工业学院机械系工程师,已退休)

唐贯方先生

唐贯方（1901—1996），广东香山县（今珠海市）唐家镇鸡山村人。上海商业专科学校毕业。1923—1971年在清华大学图书馆工作。资深馆员。

生活从这里开始

——忆我儿时清华园

唐绍明

我来自北京清华园

1993年春天，我在上海参加上海图书馆新馆奠基典礼。会场上见到不少来宾趋前向一位学者风度的长者问好，称他为"王部长"。哪位王部长？猛然间我想起会不会是曾经担任过中共上海市委宣传部长的王元化？不意中我竟坐到了这位长者身旁，于是我试探地问了一声："王部长，请问你以前在北京住过吗？""当然，"他看看我，脱口而出："我住在北京清华园！"

无独有偶。1995年夏天，我在伊斯坦布尔参加国际图书馆会议。一天，休息时，走过来一位女士说道："听你们讲中国话，是大陆来的吧！我也是中国人，希望能和你们一起活动。"她叫周广美，美国夏威夷珍珠城图书馆馆员。我们从她口音猜认她是哪里人，她说曾在四川住过，以前在上海住过，再以前吗，"我来自北京清华园！"她说她父亲是周鸿经先生。

通常向一个人打听他或她的籍贯或生活过的地方，得到的回答往往是哪个省，哪个市，或哪个县，要不就是一个有特征的地方。清华园，兴许就是这样一个有特征的地方，若非有很深的印象和感情，是不会时隔那么久，地隔那么远，竟这样耳熟能详、脱口而出的，语调中还带有几分自豪。

清华园，你在孩子们的心目中真的有这么大的魅力？

一草一木总关情

清华园是清华大学所在地，原本是清皇室的一座园林，园内有工字厅建筑。最早，游美学务处设在这里，以后改为清华学堂（校），又以后改为清华大学，校园不断扩大，今天的校园面积已是1911年建校时清华园的十倍，仍统称为清华园。

这里景色秀丽，风光旖旎。既有中国古典建筑的端庄和古朴，又有古希腊、罗马、文艺复兴时期建筑的典雅和恢弘。这里有国学大师荟萃，又有海外学成归来的年轻的现代学者云集。师长们谆谆教导，学子们勤奋苦读，到处弥漫着浓郁的学术风气，又不乏体育竞赛带来的生动活泼，呈现勃勃生机。难怪萨本栋一头扎进清华园，求学数载没有进过一次北京城，像这样的学子何止他一人？冯友兰说他在清华的几十年是他一生中最幸福的时代，像这样的感受在师长中也绝非他一人才有。这里的自然景色给人以心灵的和谐，学术气氛给人以对知识的追求，对未来的憧憬能激发自强不息的精神，使生活在这里的孩子，或迟或早，或潜或显，受到熏陶，一定程度上影响到日后性格、情趣和志向的发展。九十年历史即将过去，时代变迁，学校发展，新的建筑、场所使清华园面目全新，但是旧时的基础仍然能够辨认，而正是这基础凝聚了多少深情，孕育过多少希望。杨振宁说他曾经爬过这里的每一棵树，对每一棵草都曾经研究过。对在这里度过童年的人来说，清华园啊，真是一草一木总关情！

旧南院寻踪

抗战以前，清华园主要有四片住宅区。一是北院，一是西院，一是旧南院（以前叫南院），一是新南院。我家住的是旧南院十二号，一个四方院子，包括北屋和东屋、西屋。整个旧南院是个名副其实的大院，四周是四排房子，中间是一个广场，广场的东半边是球场——足球场、网球场，西半边地势较低，是一片树林。四周的房子分中西式两类：北排和东排是西式，前屋有回廊；南排和西排是中式，都是小院子。旧南院的西北角和东南角各有一个通向院外大路的门，从东南门可以走向校南门，从西北门可以走向二校门。经常进出的是西北门，东南门平时总是用铁锁锁住。旧南院的住户，各个时代不同，就我战前（1937年）和战后（1946年）的记忆，北排一号住的是赵元任（空着，人在美国）；二号住的是张德骅（张泽熙家，战前）；五号是张秋华（张子高家）；六号是肖庆华（肖蘧家，战前）；东排住的是七号俞平伯家（战前），十号是袁疆（袁复礼家），南排住的是十一号余绳武、余绳孙（余冠英家），十二号是我家，十三号是牟作云家（战后），十四号是全绍志家，十五号是涂铁仙（涂文家，战前），孟宪民家（战后）；西排住的是十六号马启平（马约翰家），十七号是冯钟广（冯景兰家，战后），十八号是沈铭鸿（沈履家，战前），吴治衡（吴泽霖家，战后）。出旧南院的东南门，在大路的东侧，有一块地方地势较低，树荫掩映，平时很少看见有人去过那里，住着张申府一家，是否还有别的住家就不清楚了。

近读王元化《重返清华园日记》，为他寻觅近七十年的旧踪未果而惋惜。他住过的旧居其实就是我家旧居，30年代初他家搬走后我家才搬进住的。从我记事起，这家就叫旧南院十二号，他记得是十四号，这就难怪没有找到了。我小时听父亲说元化自幼聪敏，脑袋大，绰号"王大头"。俞平伯家也有个孩子润民，头大，叫"俞大头"。解放后王家还来过清华园向我父亲打听：当年他们有个亲戚，在家里帮忙的，后来和清华园附近农村一姑娘结了婚，落户农村，不知以后怎样了。

开始走向生活

我一两岁时住进清华园，到七七事变后离开清华园，在清华园里度过了我童年的大部分时光，从这里开始走向生活。作为一个孩子，所能看到的清华园是有限的。尽管如此，清华园留给我的印象仍是难以磨灭的。自然美景给孩童们展开嬉闹的场所，或是到山上去躲藏，或是到溪边捕捞，浓荫下听知了鸣唱，黄昏后看鸦雀归巢，四时变幻，其乐无穷。我喜欢到父亲办公的图书馆去玩，看那大理石的圆柱，光滑的石板，软木的地板，毛玻璃的门窗和书库里那有名的玻璃地板。在办公室里，堆放着那么多的书刊、资料，打字声响个不停，一片繁忙。在阅览室里，那么多人埋头苦读，一片宁静。这一切在我面前展示了另一个文化、知识、创新、贡献的新天地。有时，父亲会给我拿回一些外国邮票，从这里，我初步辨认了英文字母、外国国名，知道伟人华盛顿、林肯，知道欧洲有个国家叫罗马尼亚，还有皇帝。美洲有个乌拉圭，还有个什么马拉。我惊异于世界有那么大！我有时也奇怪，我这一生，干过许多行当，走过不少地方，怎么也没想到最后一班岗会到图书馆？这不能不说是缘分吧！而结成此缘的却是清华园。

我们住在西化的清华园，过的仍然是中国生活方式，但在这样一个西化的环境里，却也长了许多现代的见识。有一次，到二校门去看西式婚礼，新郎穿礼服，新娘披白纱，手挽手徐徐从里面朝二校门走来，乐队奏响瓦格纳的《结婚进行曲》，路旁的人向他们鼓掌，祝贺，跟着跑着，一路扔纸飘带，这和我参加过的中式婚礼大不相同。还记得 1936 年参加过马约翰家的圣诞晚会，大家唱着圣歌，从圣诞老人手中领到礼物，好像还看了一段马先生在柏林奥运会上自己拍摄的录像，其中还有马先生偷拍的马佩伦在清华操场行走的背影，急得马佩伦上去用手捂镜头。她后来在昆明教过我小学五年级。清华园里西式东西很多，比如小学生制服做的是西式灯笼裤，下脚束在小腿脖子上。母亲不知道这种裤子要束脚，总觉得裤子做短了，要裁缝师傅一遍一遍地放长。后来留意看马约翰穿的就是灯笼裤，这才明白过来。西方生活方式也许较早地激发我对现代生活的向往。

欢聚和惜别

清华园里有一所小学，叫成志小学。我以前曾听人说，这是我的伯公唐孟伦经手创办的，他当时任清华学校的庶务长。不过我又听人说他创办的是成府小学，不是成志小学。这留待日后考证吧，总之是为解决教工子弟入学而办了一所学校。我在成志小学念到初小二年级。后来到了昆明，别人问我此前上的什么学校。我说："成志。"对方往往纠正我："不，是志成。"怎么回事？原来那时候北平有个志成中学，很有名，所有听者都以为我说错了，其实我没错，只是成志太小，不起眼，不过我还是十分钟情于这所给我启蒙的学校。二年级念完，在班上考了个第二，挺高兴；一年级考的是第四，这不就是进步吗？接着是暑假来了，我感到很突然，我觉得放假意味着离别，往日欢快热闹的日子恐怕一去不复返了，心中立刻生出悲哀来。

成志小学背后是座小山丘，翻过山丘就是工字厅前的大片院林，散落着一、二、三所人家。但是从成志小学去一、二、三所，可以不翻山丘，旁边有一条小路，将山劈开穿过，那里林木茂密，曲径幽深，夏日里见不到太阳，平时很少有人来往，放假就更寂静了。有趣的是在我的记忆中，路的西侧有座小亭子，端立在南路口，但我日后又不敢确定有，也许是一个幻觉，这也许和李叔同的《送别》一曲有关。那时，毕业班都唱《送别》，词中有道："长亭外，古道边，芳草碧连天。"到底是因歌而才有亭，还是因亭而联想到歌？总之，我也跟着唱，就是弄不懂"天之涯，地之角"是什么意思：天怎么会有"牙"？地怎么会有"脚"？但是那支曲子的忧伤情调深深感染了我：眼下这不就是长亭吗？这不就是古道吗？这不就是碧绿遮天吗？可如今四望无人，寂谧入定。一阵孤独的悲怆涌上心头。

这里也已安放不得一张平静的书桌

然而清华园并非那么平静，它不是"世外桃源"。华北危急，清华园也已安放不得一张平静的书桌。一二九运动爆发的时候，我还不到六岁。那几天风声紧，我还是照常出来玩，刚走出旧南院的西北门，突然看到一个令人震惊的场面：在二校门前，军警正和学生对峙。军警穿黑色制服，戴白边帽，黑压压一片，占据了二校门前停车场，背靠小河，面向校门，正拧开停车场上一个消防水龙头，用水龙把水凶猛地向守卫在二校门前的成排学生喷去。学生奋起反抗，扔石头，有几个勇敢的学生冒着砖砸水淋，冲进军警的行列，夺过水龙，反向军警喷射过去。这批军警哗地一下往小河这边退却，有的已退到石桥。我正看得发呆，突然听见唯一的一位和我一同观望的人大叫一声："快跑！"回头看，是杨葆康先生，沈铭鸿的母亲，中国首批公费留美女生。她后来是我中学五年级时的英语老师。我现在还能记起她那略显肥胖的身躯，跑起来略显吃力的身影。我们一拐就进了旧南院的西北门，她回过身使劲地先拉后推那两扇平时从不关闭的木门，我也上去帮她推，总算把门虚掩上了，两人把耳朵贴在木门上探听动静，心怦怦跳。当天，听说有几个学生被捕，关在由二校门通往西校门路上校警站岗用的警察阁子里，后来又被学生抢救回去了。解放后，学习革命史，才知道这是发生在1936年2月29日的大逮捕事件，被捕获救的学生有姚依林、蒋南翔，还有学生为了营救他人而负重伤。还有，前面提到的张申府，住在旧南院东南墙外的，有一天，突然来了一大帮警察，把他和太太逮走了，说他们是共产党。我当时还钻出十二号家门往路东头看，只见有好多人，还有小汽车，但没有看到被捕者。我惦记着他们那两个几乎一般大的女儿,她们和我姐姐是同学,但记不起叫什么名字。打那以后什么也听不到,这一家人似乎就消失了,但这件事在我脑中始终没有消失。解放后张申府一直在北京图书馆做研究工作,我到北图时,可惜他已离世,要不还可听他讲讲当时的情况。

那时的北平城还有件怪事,就是天上时常有日本飞机掠过,撒点传单什么的。飞机来时,总是飞得很低,就像在树梢上掠过。连驾驶员的脸都能看到,那机翼上两块红点的日本国徽最为刺眼。怎能让日本人在这里耀武扬威呢,真是百思不解。不久,传来了傅作义百灵庙大捷的消息,还看过有骑兵杀敌的纪录片,大家都兴奋极了!这还是头一次听到《义勇军进行曲》呢!我们孩子们在旧南院球场上踢皮球,每逢带球攻门时,大家就呐喊助威,不由自主地唱起:"冒着敌人的炮火,前进!前进!前进进!"仿佛这前方就是日本鬼子,猛地一脚把球向敌人踢去。

"洵是仙居"成了失乐园

1937年暑假到来了,父亲说,他要利用这个机会回一趟南方省亲,谁料刚走几天,七七事变爆发了。在清华园可听到隆隆炮声由远而近。日本飞机还向校园里扔了炸弹。图书馆北面正是父亲办公室的窗外,炸了一个坑,有说是机关枪扫射的。按照学校当局的安排,母亲带上一家老少八口人,躲到科学馆最底层避难,那里聚集了各家各户,扶老携幼,席地而卧。这底层可能是实验室或资料室,记得周围墙壁有些玻璃窗柜子,里面有很多散页的文稿,这时有人出来招呼大家不要翻动,其实这些文稿早已注定了消亡的命运。过了几天,人们就各奔前程。我家也逃往城里亲戚家去了。短短几周间,"洵是仙居"的水木清华一下子变成了失乐园。

北平沦陷,人民在敌人的铁蹄下呻吟。母亲说,无论如何也要回清华园看看,打听打听消息。那天,她一个人大清早出去,傍晚才回来,大家担了一天的心才放下。她讲述了进出西直门、海淀、清华校门的惊险,还讲了清华园的变化。清华园已是一片荒芜,旧南院已见不到人影。打开家门的锁,捡了一包多少还有些价值的东西带了出来。家就不要了。回头看,那只和我差不多年龄的大波斯猫跳了出来,围着母亲叫个不停,看来这阵子它也不好过,又脏又瘦。"你怎不把它带回来?"我们焦急地问。"唉,人都顾不上了,哪还管得了猫!"母亲无奈地说。大家一片沉默。母亲说是这样说,却为这事后悔了好几天。

这次回清华园，还算带回点消息。母亲说，她专门去了一趟二校门邮局，看看有没有父亲的来信。忽然听到有人用广东话叫了一声"唐师奶"（广东话对同辈女性的尊称），回头一看，是陈福田。陈先生是美籍华人，祖籍广东东莞，和我们家素有往来，他因有美国国籍，行动比较自由。他把母亲叫到一边，低声用广东话告知学校已迁长沙，已和父亲联系上，令他先去上海，随后赶赴长沙临时大学，不回北平了，要母亲想尽办法把全家带到香港投亲靠友，伺机转往内地。从此，我失去了清华园，我极力想象被遗弃的清华园会是什么样子。也是多少年后，读到蒋南翔在延安写的纪念杨学诚的文章，记述了七七事变离校二周后回到清华园的情景：风景如画的清华园已经满目荒芜，杂草丛生。杨学诚感慨地说："我们再来北平时，不知清华园变成什么样子了！"谁知他此地一别，就投身于轰轰烈烈的抗日战争，直至献出了壮烈的青春，再也没能回清华园。每念及此，令我黯然神伤。你留给了我不尽的思念！在昆明，为躲警报，我和杨武之先生三子杨振汉都随家迁到龙院村，我们在一起谈得最多的是清华园的往事。国文老师刘伴溪先生出作文题"沉思"，我思念的还是清华园。

劫后重逢痛当年

经过八年抗战，胜利之后，我又随全家于1946年10月回到满目疮痍的清华园。沦陷期间，日军把清华园变成伤兵医院，体育馆成了马厩。到处是破烂，无处不需修复，整个校园乱哄哄的，早已失去了昔日的美丽和宁静。内战爆发，警特横行，物价飞涨，民不聊生。冬天来了，天空总是阴暗的，人们心头像压上一块石头，沉甸甸的，一片茫然。我家仍旧搬回旧南院十二号老房子。旧南院的名字已经改了，为了怀念抗战八年在昆明的流亡，按谐音取昆明的地名来取代，旧南院由此改为"照澜院"，新建的住宅区取名为"胜因院"、"普吉院"。有人说，简直成了寺院，可是真有"大普吉""胜因寺"这些地方，大普吉是战时清华所在地。后来就这样叫开了。

我的家经过战争洗劫，可以说是面目全非。先说大门，原来中式门帘、门框、木板面，现在拆掉门帘，换成两扇大门，很宽，简直可以进汽车。北屋，也就是正屋，墙上砌上了一层石块，长满"爬山虎"，门顶呈三角形，正门开了个门洞，有两扇玻璃门。屋里的地板都变成瓷砖地了。这是什么地方？原来日军占领期间这里成了东洋式的酒吧间，里面本来还有柜台，修缮工人把它拆了，只留墙壁上一个圆形壁橱，放酒的。为什么选中我家作酒吧间呢，大概和它的位置有关，大门正对着由南往北的大路的转折口上。我们左邻十一号还是余冠英家，右舍十三号由牟作云搬进来住。我在这里住过了解放前的三年和解放后的三年，到了1952年院系调整时，我们才又迁到西院。

几年前我去看望余绳武，谈起当年旧居的情况。我说：我家在日军占领时被改为酒吧，好像还和你们家打通了。他说：是的，刚搬回来时，看到房屋被隔成很多间，各门上还刻有什么花呀、草呀的名字，看这情况，像是已变成了日军的慰安所了。我听得着实大吃一惊，接着猛然省悟，看日本侵略者把我们的家糟踏成什么样子！这个我多年来深切怀念的、给我带来许多童年欢快的旧居，成了我心中的痛。我只有青年时记忆中的家，在西院，是战前陈寅恪的旧居。

永远的记忆

清华园的魅力，我感受的还是太少了。但我却能从兄长辈的怀念中更多地体会到清华园的魅力所在。当我走在荷花池畔的小路上，总会想起杨振宁当年随他父亲沿着这条小路走向科学馆时的心愿；当我看到儿童们在草地上玩耍，脑际又会闪现熊秉明当年和同伴们摆弄海蚌和海螺时的浪漫情景；当我走近王国维纪念碑时，又会闪现王元化在"学术独立和思想自由"碑之前的思考；当我看到二校门那参天大树，又会闪现虞佩曹心中那种高大强健的人生支撑；当我在夏夜里歇凉，自然会想到宗璞的萤火情深……

常听那过了不惑之年的人说：过去的事往往记得清，而眼下的事却常常记不住。为什么？其实过去的事并不是样样都记得清，能记清的恐怕是那些经过岁月磨洗、经历过人生崎岖和攀登后的感悟。"自将磨洗认前朝"。洗去世俗、利欲、恩怨、喜怒，留下的是纯真。这才是永恒的。正因为它经过磨洗，达到净化，而更具生命力，也定能经得起新的岁月的磨洗和考验。往事在记忆的隧道中越走越远，可是那真情的亮光永远在闪耀，成为我心中不灭的圣火，永远引导着我前进。

1999年12月

（作者为唐贯方先生之子，曾任北京图书馆常务副馆长）

吴景超先生

吴景超（1901—1968），安徽歙县人。1915年入清华学校，1928年在美国芝加哥大学获社会学博士学位。1931年至1935年底任清华大学社会学系教授，并一度兼任清华大学教务长。1947年又回清华社会学系执教，并主编《新路》杂志。1952年后到中央财经学院、中国人民大学任教。著名社会学家。

忆父亲，忆儿时

吴清可

一、爱祖国，迎解放

我的父亲吴景超 1915 年入清华学校，是清华的老校友。他 1923 年赴美留学，获硕士、博士学位后于 1928 年回国，1931 年回清华大学，任社会学系教授，1932 年起兼任清华大学教务长，直至抗日战争爆发，他去参加抗日工作。1947 年他又回到清华社会学系执教，因此他也是清华的老教师。

清华大学有爱国的老传统，老师亦身教言教。雷洁琼先生曾回忆说："吴景超是一个爱国主义的学者。在解放战争快要胜利的时候，他劝胡适不要走。应学生的邀请，我同他一起在燕京大学做报告，要我们谈谈对时局的看法。我记得他在那篇演讲里说：'日本要来占领北京的时候，我必须走，因为这是外国侵略我们，现在共产党来了，是我们中国人。我们中国人无论怎么样，我何必要离开清华呢！我绝对不走！'"人民大学全慰天教授对此事亦有深刻印象，他在纪念我父亲的文章中写道："1948 年底北京解放前夕，在国民党政府派飞机争取接走一批知名教授的过程中，他始终拒绝南下和到美国去。"父亲就是要亲手建设自己强大的祖国而迎来解放的。清华大学父辈们的想法和做法必然也影响我们子女。

记得 1948 年时，我才十五岁，在城内北平贝满女中念高中（住校）。大约 12

月的一天，我哥吴清俊（在育英高中念书）和他的好友朱乔森（朱自清教授的儿子）来找我们在贝满女中念书的清华子弟商量，我记得其中有陈旭清（陈达教授之女）、周如枚、周如雁（周培源教授之女）和曾尔惠（曾秉钧教授之女）。我哥和朱乔森想组织我们一起奔赴清华解放区（当时正在围城，清华已经解放，北京尚未解放）。我们听后非常兴奋，一致约定秘密离校出走。在约定之日，我们清晨只带了一包干粮（馒头和窝头），来到当时每天上午只开一会儿城门的安定门。当国民党的士兵看见我们一群小孩子，又查了小包中除了吃的什么也没有以后，就把我们放出了北平。出了城，我们先一阵子看见许多拿枪的国民党士兵在战壕中，后来渐渐稀少，这时我们又遇到插有标记的地雷阵，不知为什么我们当时都不害怕，小心地绕道而行。直到下午我们才猛然看见与群众开会和在墙上刷标语的和蔼的解放军战士，我们都欢呼起来，知道已平安到达解放区了。我们各自回到家中，爸爸妈妈见了我们都很吃惊和高兴。过了几天，听大人说，在我们回清华的前一天和后一天，国、共双方都开了枪，路过的人有死伤。各家父母听了都感到后怕。但是我认为这是我一生中自己做出的第一件大事，我变成大人了，是我自己迎来了解放。当然后来我才知道我哥、乔森、尔惠，他们虽只大我一岁，都已是地下共产党的民青成员了。

二、理论联系实际，多调查研究、多实践

我的父亲很注重调查研究和注意将理论联系中国的实际。早在1928年他在美国写的博士论文《唐人街》中就充满了大量调查结果和数据，至今被人引用。抗日战争胜利后，他到各地调查民间疾苦，有一次由于山路险曲，吉普车颠得一个车轮飞出，差点发生车祸，许多朋友都劝说他别去了，他也没动摇，继续调查，并写出《劫后灾黎》一书，表达了他反对战争，热爱和平，热爱人民的情感。这些都在不知不觉中给了我们影响。其他清华父辈也在这方面给了他们子女影响。记得大约在1949年暑假，艾思奇到清华作报告，讲"劳动创造世界和理论联系实际问题"，我们几个清华子弟也跑去听了，课后有人提议组织起来，用自己的劳动建设清华。我听说后很高兴，马上报名参加，由于我们有十三人，因此称"一三小组"。我记得有吴清俊，吴清可，陈旭清，周如枚，周如雁，曾尔惠，梁从诫（梁思成教授之子），黄志渊、黄志冲（黄子卿教授之子），朱大哥、朱乔森，于大

妹、于二妹（北院于教授之女）（很抱歉，当时比我们大一些或小较多的，我们都叫他们哥或妹，因而名字有的想不起来了）。当时南院与胜因院之间没有路，有一很大的沟和烂泥地隔开，相互来往要绕道行，很不方便，于是我们决定修一条路将南院与胜因院连接起来，方便群众。我们说干就干，不怕炎热，一个假期还真修好了路。来往行人都夸奖我们。我当时身体不太好（有过敏性哮喘病），但还是积极参加了劳动，因此小组还表扬了我，并给我拍了一张照片鼓励呢。也由此我加强学习、实践，于暑期后在1949年10月申请加入了共青团，从那时起不论工作、科研、学习，我都注意调查和理论联系实际，因而受益一辈子。

三、关心学生

记得在"文革"期间，我爸已患肝癌，并且已是后期，但仍有不少人来家外调。我当时在家，就对父亲说："你自己都病成这样子了，还受批判，你还为别人证明什么？"我父回答说："一二九运动时，很多进步学生被捕入狱，我当时是清华教务长，是我代表清华营救他们出狱的，现在我不出来证明他们，那不是他们又会被伤害吗？我一定要为他们证明。"我父亲就是这样关心他的学生的。就在1968年5月7日那天下午，他说话已很困难，还最后一次为人证明了出狱的清白。当晚他就离我们走了，但使我一辈子记住了要关心学生，关心青年。

1999年5月

（作者为吴景超先生之女，机械科学研究院研究员，已逝）

吴文藻先生

吴文藻（1901—1985），江苏江阴人。社会学家、人类学家、民族学家。1916年考入清华学校，1923年赴美留学，1928年获美国哥伦比亚大学博士学位。1929年回国后，先后任燕京大学社会学系教授、系主任并兼清华大学教授，云南大学社会学系主任和文法学院院长等。1953年后在中央民族学院任教授。

"教育原来在清华"

——追忆我的父亲吴文藻

吴 冰

"教育原来在清华"这句话取自我母亲戏笑父亲所写的宝塔诗，原文是这样的：

马

香丁

羽毛纱

样样都差

傻姑爷到家

说起真是笑话

教育原来在清华

关于这首诗的由来，母亲在《我的老伴吴文藻》一文[①]中做过解释，说的都是父亲的"傻"。如母亲故意告诉他丁香花叫"香丁"，他竟然信以为真。又如，我

[①] 收入冰心著《关于男人》。

们小的时候,他和母亲一起进城去看外祖父,母亲让他买两样东西——给孩子买一种叫萨其马的点心,给他的老丈人买一件双丝葛的夹袍面子。父亲"奉命"到了"稻香村"和"东升祥"后,两样东西都叫不上来,只说是要"马"和"羽毛纱"!"马"是我们孩子的用语,是对点心萨其马的简称;至于"双丝葛"怎么变成了"羽毛纱",真是天晓得!母亲说幸亏两家铺子打电话来询问,父亲才算交了差。不过也给人留下了"傻"的印象。后来母亲曾当着清华校友对校长梅贻琦先生发"怨气",不料梅校长笑着在宝塔诗后补上了两句:

　　冰心女士眼力不佳
　　书呆子怎配得交际花

据说当时在座的清华同学"都笑得很得意"。当"交际花",母亲不够格,但

吴文藻、冰心夫妇及子女摄于燕京大学燕南园(1937年摄)

在家人的心目中，父亲却实在是"傻"！他的一个同学曾戏言："文藻在家是'一言九顶'！"的确，往往他一张口就有几个人顶他，不是说他发音不对，就是说他书生气十足，或观点迂腐等等。自己是不是"一言九鼎"，他似乎从不介意，我想这是由于他认为在非原则问题上不必跟家人"一般见识"。由于父亲不是中国传统式的"严父"，家里的气氛总是很民主和轻松，父亲的民主思想和严于律己、宽以待人的作风，或许是得益于"教育原来在清华"吧。

作为家长和丈夫的父亲

母亲说他们在婚后分得燕南园一座小楼。父亲除了请木工师傅为他在书房做一个顶天立地的大书架外，只忙于买几个半新的书橱、卡片柜和书桌，把新居的布置装修和庭院的栽花种树，全都交给她一人操办。上课后，父亲就"心满意足地在他的书房里坐了下来，似乎从此可以过一辈子的备课、教学、研究的书呆子生活了"。确实，婴儿时我们洗澡，连舅舅、姑姑，甚至父母亲的学生们都来"观赏"，惟独不见父亲的踪影！在我的记忆里，他似乎总是手里拿着一支红铅笔，坐在书桌前读书看报。连我的孩子上幼儿园时也会拿红笔在报纸上画道道，说是在"学爷爷"！可见这潜移默化的力量之大！

父亲去世后，他的学生在悼文里都写道："吴师曾感慨地说：'我花在培养学生身上的精力和心思，比花在我自己儿女身上的多多了。'"我不知父亲是带着什么样的心情说这番话的。他没有意识到他给予子女以至孙辈的是更加宝贵的榜样力量和精神财富，我们从他身上学到了怎样做人、如何治学。

要说他在生活上一点不关心我们，也不确实。我考上南开大学后，他执意要送我到天津，并把我托付给他清华的同学，历史系的雷海宗教授，尽管后来我一次也没有找过雷伯伯。我上大学后，他曾郑重其事地对我说过，可以开始"留意有什么合适的男孩子"了，他甚至为我右臂上因骑车不慎在铁丝网上划过一条很长的伤疤，而担心我会因此找不到"对象"！在母亲出国时，他会突然问起我和妹妹那个月是否来过"月经"。这类事母亲是从来不管也不过问的，因此我们更感到父亲实在是"迂"，当然在觉得他迂得可笑的同时，又感到他傻得可亲可爱！

父亲对我们的关心多在学业上。我小时喜欢看书，在花钱为我买书上父亲从不吝啬，尽管他自己的衣服、鞋袜都是补了又补的。妹妹吴青到美国进修，父亲给她的信很能说明问题："……大家为你活动如此频繁，感到高兴。不过一人精力有限，社交普遍铺开，消耗精力太多，要斟酌情形，适当安排得少一些。……你局面已经打开，今后问题在于有选择地加以利用。你比别人机会多，多了就必须有个选择，是不是？"私下里，他对我们说，他担心活泼好动、极善交友的妹妹在美国短短的几个月"跑来跑去，没能读多少书！"他在信中还对吴青读什么书、听什么课、怎样学习，都一一详细指点。我常觉得父亲无论写什么，包括家信在内，往往写着写着就有点像"论文"了。这也是我们爱嘲笑他的一点。

父亲和母亲相识，说起来还和"清华"有关。他们是同船留美的，母亲上船后，托许地山去找她中学同学的弟弟——一个姓吴的清华赴美留学生，结果阴差阳错地把父亲给找了来。二人闲谈中，父亲听说母亲想选修一些英国19世纪诗人的课，就列举了几本著名英美评论家评论拜伦和雪莱的书，母亲却都没有看过。父亲还说："你如果不趁在国外的时间，多看一些课外的书，那么这次到美国就算是白来了！"当时母亲已相当出名，在诸多男士纷纷对她说奉承话时，眼前竟出现了这么一位！什么使得父亲说这番话，我们始终也没问出来，不过他倒是因此给母亲留下了深刻的印象，以至于后来母亲入学后，得到过许多同船的男女朋友的信，都只用学校的风景明信片回复，惟独给父亲写了一封信。对此我们总是说，父亲这个书呆子倒是"歪打正着"，若要他想个对异性献殷勤的"计策"，他还真是不行。母亲在威尔斯利女子大学研究院时，常收到父亲寄来的有关文学的书，老师对母亲课外阅读之广，颇感惊奇。当她告诉老师有中国朋友给她寄书时，老师说："你的这位朋友是个很好的学者！"母亲讲，她"当然"没有把这话告诉父亲，但是父亲在母亲心目中的地位无疑因老师的好评而提高不少。

后来事情的发展也很有意思。1925年的夏天，母亲到康奈尔大学补习法语，发现父亲也去了，事前并没有告诉她，只说为读硕士也要补习法语。那个暑期原来在康大学习的中国学生都到外地度假了，因此他们单独接触的机会很多。让我们感到好笑的是，母亲承认那个夏天她法语没有学好，可父亲的法语学习却没有受到影响。这从一个侧面说明了他们的不同。据母亲说，父亲向她求婚时，是借助送她一枝品牌为Ideal（即"理想"）的钢笔谈起的，这倒有点给人以"老谋深算"的感觉了。每每想到这点，我都怀疑父亲是否真像我们想象的那样"简单"和"愚蠢"。

父亲和母亲专业不同，个性不同，爱好也不同。严格地说，父亲几乎没有什么业余爱好。说到这里，我想起一年夏天，我们一起外出度假，当时周立波的《暴风骤雨》刚刚得到斯大林文学奖，不知父亲怎么会心血来潮看起小说来，让我特别好笑的是，他看小说时手里竟然也拿着一支画圈画点的红铅笔！如此不同的两个人怎么会结合？细想起来，他们还是有不少共同点——如爱祖国、对爱情和婚姻的严肃态度、对事业的追求以及对彼此人格的尊重。

由于父亲学的是社会学，在1951年从日本回国后，在事业上一直难以发展。不仅如此，后来他还被划成"右派"，关过"牛棚"；而相比之下，母亲却颇受重视，如当选全国人民代表大会代表，并多次出国访问。两个人社会地位的变化和差异，并没有引起像今天一些家庭那样的夫妻不和。父亲从来没有嫉妒过母亲，没有流露过不愿母亲积极参加社会活动的大男子主义想法，他只是私下对我透露过不能发挥个人业务专长的苦恼。而母亲也从未因为自己的"得势"而小看父亲或对父亲落井下石。我想这主要是因为他们相互十分理解彼此的"价值"并懂得尊重对方的人格。母亲在《论婚姻与家庭》中写道："恋爱不应该只感情地注意到'才'和'貌'，而应该理智地注意到双方的'志同道合'（这'志'和'道'包括爱祖国、爱人民、爱劳动等等），然后是'情投意合'（这'情'和'意'包括生活习惯和爱好等等）。"她还说："人生的道路，到底是平坦的少，崎岖的多……在坎坷的路上，扶掖而行的时候，要坚忍地咽下各自的冤抑和痛苦，在荆棘遍地的路上，互慰互勉，相濡以沫。"在"文革"期间，他们双双受到冲击，被抄家而且受到人格侮辱，只是由于他们坚信邪恶的势力长不了，两个人从未想到要自杀，才终于"互慰互勉"地度过了那漫长的十年。

说到父母的婚姻，值得一提的是：父亲求婚后，母亲经过一夜的思索，告诉他自己没有意见，但最后的决定在于她的父母。于是父亲给"谢先生、太太"写了一封信，信的开头是这样的：

  请千万恕我用语体文来写这封求婚书，因为我深觉得语体文比文言文表情达意，特别见得真诚和明了。但是，这里所谓的真诚和明了，毕竟是有限的，因为人造的文字，往往容易将神秘的情操和理外的想象埋没掉。求婚乃求爱的终极。爱的本质是不可思议的，超于理性之外的。先贤说得好："道可道，非常道。名可名，非常名。"我们也可以说，爱是一种"常道"或是一种"常名"。换言之，爱是一种不可思议的"常道"，故不可道；爱又是超于理性之外的"常名"，故不可名。我现在要道不可道的常道，名不可名的常名，这其间的困难，不言自明……

这样写求婚书，真是"不可思议"！我实在怀疑外祖父、母是否耐心地读了父亲的开场白。后面除了表示对母亲的爱慕外，又有大段有关婚姻和家庭的论述，如"家庭是社会的雏形，也是一切高尚思想的发育地和纯洁情感的婚姻养成所"等等，父亲无论写什么，最后成文的都像是一篇论文！

作为老师和学者的父亲

在诸多人生角色中，父亲作得最出色、最得心应手的要算老师和学者了。他出生在江苏江阴的一个小商人家庭，高小毕业时，名列第一，获"三优"奖。听从了对他颇为赏识的曹老师的劝告，父亲报考了北京的清华学堂，因为清华毕业后可以官费留美。清华当时除中国史等少数课程外，基本上都是用美国的英文原文教科书；对从小城镇来的父亲，外语学习之困难，可想而知。父亲说因英语赶不上，他曾在别人都到操场打球时被留在教室里补习。他的老师马约翰先生既教英语又教体育，这两门我看父亲都不行。可当时清华已注意培养学生德才兼备、体魄健全。据说留美考试除学业外，还有游泳一项需通过。我们总和似乎什么运动都不会的父亲开玩笑说，当年游泳考试时，肯定是他在岸这边奋力一跳，岸那边有人赶紧拉他一把才勉强过关的！

父亲在清华时卷入了学生的五四爱国运动，并广泛地接触到孙中山、朱执信、廖仲恺、梁启超、陈独秀、李大钊、胡适等人的思想。从清华学堂毕业后，他"带着学西方和教育救国的思想"赴美留学。[1]他先上达特默思学院，得到学士学位，后来又到哥伦比亚大学攻读社会学。在哥大三年，父亲先后完成硕士和博士学业。他的硕士论文题目是《孙逸仙的三民主义学说》，博士论文题目是《见于英国舆论与行动中的中国鸦片问题》。1929年父亲获得博士学位并得到哥大"最近十年内最优秀的外国留学生奖状"。[2]

对于父亲的专业，我们子女实在是了解太少，这里也有历史原因。1957年

---

[1] 见吴文藻、冰心著《有了爱就有了一切》中吴文藻《我的自传》一文，江苏文艺出版社，1998年。
[2] 同上。

"反右"时，父亲被邀请去"鸣放"，提出了一些今天看起来非常中肯的意见，我记得较清楚的一条是"我们对英美的一些好东西没有学，倒学到了苏联的一些坏东西"。父亲很快被打成"右派"，而我对他的"了解"竟然都是通过当时中央民族学院批判他的小报。那时我"要求进步"，对党的话深信不疑，觉得父亲由于受英美资产阶级教育，学了与马克思主义对立的社会学，从思想上就和新社会格格不入。只是在父亲去世后，我才看到对他公正的评价。

在纪念吴文藻诞辰九十五周年大会上，父亲被称作中国社会学的"奠基人之一"，而"作为民族学来说，他是奠基人"。[①]他的学生、著名社会学家费孝通先生谈到父亲时说："他在为中国社会学引进的新风气上，身教胜于言传。他所孜孜以求的不是在使他自己成为一个名重一时的学人在文坛上独占鳌头。……他着眼的是学科的本身，他看到了他所从事的社会学这门学科的处境、地位和应起的作用。他在六十五年前提出来的'社会学中国化'是当时改革社会学这门学科的主张。……他除了明确提出一些方向性的主张外，主要是在培养能起改革作用和能树立新风气的人才。……吴老师不急之于个人的成名成家，而开帐讲学，挑选学生，分送出国深造，继之建立学术研究基地，出版学术刊物，这一切都是深思远谋的切实工夫，其用心是深奥的。"[②]父亲曾对我说过，他一旦发现学生中有特别聪慧、有培养前途的，都力争把他们送到国外师从比他自己知识更加渊博的学者。他说："当时我对诸如哪一个学生，去哪一个国家，哪一个学校，跟谁为师和吸收哪一派理论和方法等问题都根据系内的需要大体上作了具体的、有针对性的安排。"[③]在这方面，父亲表现出一个优秀知识分子和教师应有的博大胸怀，他真心希望并努力培养学生超过自己。他送李安宅到加利福尼亚州大学伯克利分校，派林耀华到哈佛，介绍英国功能学派创始人马林诺夫斯基给费孝通作导师。送出去的还有黄迪、瞿同祖等，后来他们都成了中国社会学、人类学、民族学方面的学术骨干、顶尖人物，其中不乏名气超过父亲的人。此外，他还采取"请进来"的办法，将不少国际知名学者请到我国来讲学。社会学、人类学的大师我不熟悉，几十年以后我才知道父亲当年曾请耶鲁大学的著名语言学家萨皮尔（E. Sapir）来

---

① 见全国人大民委副主任伍精华在纪念吴文藻诞辰九十五周年大会上的讲话，《中央民族大学学报》，1997年第2期。
② 见费孝通《开风气，育人才》一文，1995年12月10日根据10月30日纪念会上的发言录音稿改写。
③ 见吴文藻、冰心著《有了爱就有了一切》中吴文藻《我的自传》一文。

华,没有想到父亲竟然早就认识他!

父亲确实是把最宝贵的年华都奉献给了中国的社会学、人类学和民族学的发展,只可惜在他知识日趋丰富、经验更加成熟且精力尚充沛的中年时期,满腔热情地从日本回国时,他的学识不能得到赏识,有心报国却不能发挥作用。父亲是一个事业心极强的人,他当时的苦闷可想而知。但是父亲又是一个不善辞令、从不诉苦的人,他只是默默地做着研究国内少数民族的工作。直到生命的最后几年,父亲才得以带研究生,此时他已精力不济,在许多事情上,本来反应就不及母亲灵敏的他,脑筋和动作变得更加缓慢了,眼神有时也显得茫然。但我多次惊异地看到,一旦和学生或懂行的人谈起专业,他的眼睛会忽然放出异彩,他侃侃而谈,像是换了一个人!80年代,父亲早期的一个学生的妻子从美国回来看望他,她怀着和丈夫一样无限敬佩的口气对我说:"真奇怪,和外面隔绝了几十年,吴先生怎么对专业的最新发展如此了解?!"我也觉得不可思议。

我们小的时候,学习有问题总是问母亲,因为不用我们细说,她一下子就明白我们的疑难,而且能给一个简洁的答案。而问父亲就比较麻烦,他往往不马上回答而是首先指出"你这个问题本身就提得不对!"至于答案,总是过于详尽,我们嫌他太"啰嗦",认为没有必要告诉我们那么多。可是到了我自己成为老师后,发现身边有他这么一部"社科百科全书"实在是太"方便"了。比如一次我要给学生讲萧伯纳,需要了解"费边社",这种问题母亲是回答不了的,而父亲的详尽解答正是我所需要的。除详细讲解外,他还告诉我可以进一步参考哪些书籍。我对他的敬意油然而生!

父亲并不聪明,但极为勤奋。他几十年如一日,孜孜不倦地学习、收集资料,多年的习惯已经构成他的一种生活方式。他十分节俭,宝贵的笔记大都用蝇头小楷密密麻麻地写在用过的台历反面的空白页上。他的东西从来不许我们乱动,各类书籍和卡片存放的地方,都有一定规矩。我的丈夫极其钦佩又十分感叹地对我说过,父亲"真了不起!当年他在牛棚里要我给他取书籍资料时,东西放在哪个抽屉里,在第几个信封里装着,都记得清清楚楚"。而我们自己常常是需要某物时,到处乱翻,想要的总找不到,不想要的倒翻了出来。这样的事,几乎每天至少发生一次!

作为学者的父亲的诸多品质肯定是得益于"教育原来在清华"以及曾在清华执教。如今他已经去世十多年了,我教书越久,就越懂得"欣赏"他、敬仰他,也越加怀念他。我最遗憾的，就是在父亲活着的时候没有能够真正"认识"他、"了解"他。现在只有努力学习他对学术问题的严肃认真，对学生的热情、真诚和严格；学习他严谨的治学方法、无私的奉献精神和谦逊的学者风范了。

作为"人"和"中国人"的父亲

　　父亲在生活上要求不高。他不讲究吃，更不讲究穿，但注意营养和卫生，爱好整洁。一件衣服或一双鞋，他至少能穿十几年。不过也只有像父亲那样仔细的人才能把东西保护得这么好。我在父母家里坐月子时，因为怕脚着凉，向他借过一双袜子，条件是只在床上穿，不下地。可是他的袜子，我穿了不几天就破了。他的衬衣，妹妹替他洗后一抖就烂了。所以后来他要送给哥哥他"不会再穿的好衣服"，哥哥有礼貌地婉言谢绝了。父亲衣物经久耐用的秘诀是，每次外出回家，都把皮鞋先刷一刷，"好"衣服"晾一晾"，然后仔细地收起来。在换季收存衣服时，衣服之间要夹放一张大纸。母亲笑话他说："你的一个衣箱里，有半箱是纸！"母亲说归说，父亲照样每年如此收藏他的衣服。他认定的理，从不轻易改变。

　　父亲为人非常宽厚，我从未听他说过任何人的"坏话"。在非原则问题上，他与世无争。在重大问题上，凡是他认为对的，一定坚持，不管会因此得罪什么人。他的书呆子气有时显得"不合时宜"。在"文革"中，他自然又成了打击对象，"革命小将"命令他用鞋带把脱下来的皮鞋挂在脖子上，勒令他去打扫厕所。他被抄了家，多年辛苦积累的资料、写的文章都被拿走而后散失了。"革命群众"要他交代在日本那些年在中国驻日代表团政治组里干了些什么"勾当"。"小将"们哪里知道，父亲是因为组内一些人在东京我家共同研讨毛泽东著作而上了国民党的黑名单，继而辞职离团的。即使在斗他最厉害的时候，父亲都能坚持原则，不该讲的，绝不乱说。他从不为了保全自己而牺牲别人。在这一点上，父亲够得上一个"大写的人"。

　　由于小时家里不宽裕，父亲到北京求学，旅费都是同宗代筹的，因此他对贫困学生特别同情。我们上中学时，父亲总要我们帮助经济困难的同学。他自己生活十分俭朴，却常接济亲友。他去世时，家人遵照他的遗嘱，不从外地回京奔丧，不搞遗体告别，不开追悼会。因此，哥哥的儿子就遵命留在外地，坚守工作岗位；作教员的我和妹妹、妹夫，都没有影响上课。父亲的三万元存款，全部捐献给中央民族学院，作为社会、民族学研究生的奖学金。我参加了第一次的吴文藻奖学金发放会，亲眼看到与会者中不少人仍然被父亲的精神感动得热泪盈眶。我想一个人死后能让亲人以外的人如此怀念，该是没有什么遗憾的了！父亲去世后，家里收到国内外发来唁电和唁信之多，人们表示的哀思之真诚，对父亲的贡献和人品评价之高，对他被错划右派之"愤愤不平"[1]是我们没有料到的。我不相信人有在天之灵，父亲本人是不可能知道这些了，但对家人来说，却是莫大的安慰。父亲默默无闻地做了三十多年的无私奉献，但是，是金子就总会发光，到头来，谁也遮不住它耀眼的光彩！

如今有些人，尤其是青年人，总想知道父亲对回国是否后悔过。90年代初期我在美国进修期间，也常听年轻的中国留学生说："正是由于看到老一辈知识分子和留学生的遭遇，我们对回国才要再三考虑！"其实，就我所知，那些多次在"运动"中受批判的老知识分子，我的父亲也好，我的一些老师也好，他们始终把民族的独立、国家的富强放在第一位。他们在旧社会的经历告诉他们，祖国不强，中国人在国外就要受凌辱，就抬不起头、直不起腰杆来。而新政权尽管犯了这样、那样的错误，对维护祖国的独立和中华民族的尊严，始终如一，对外侮从不屈服。老一辈知识分子把祖国的尊严、民族的利益看得高于自己，高于一切。这不是"愚蠢"、"愚昧"，而是极其高尚的爱国主义情操！父亲一生追求的是作一个堂堂正正的中国人，因此他为"学西方和教育救国"而赴美留学；他学成后要尽快回国；他提倡"社会学中国化"，在许多课程用英语讲授的旧中国大学，他用中国的普通话来讲西洋社会思想。[2]我以为，父亲的爱国思想是他生活的时代赋予他的，无疑也由于"教育原来在清华"。

1999年9月

（作者为吴文藻先生长女，北京外国语大学教授，已逝）

---

[1] 见满素洁《冰心的丈夫，社会学家吴文藻》，《炎黄春秋》，1997年第7期。
[2] 见费孝通《开风气，育人才》一文。

周培源先生

周培源(1902—1993),江苏宜兴人。1919年考入清华学校。1928年获美国加州理工学院博士学位。1929年应聘担任清华大学物理系教授。曾担任清华大学教务长,北京大学教务长、校长。

情系清华

——忆父亲周培源先生

周如苹

1919年父亲周培源在上海因参加五四运动而被学校开除,当时父亲只有十七岁。一次偶然的机会,他得知清华学校在南京招插班生,于是立即去应试,并以优异的成绩被学校录取,从此父亲迈出了他一生中的重要一步,将自己的前半生与清华紧紧联在一起。1919年秋,父亲来到清华园插班进入中等科三年级。由于各科成绩优秀,一个月后升入四年级。中等科毕业时,他的学习成绩名列全班第二,很顺利地升入高等科。当时清华学校分中等和高等两科,每科四年。从中等到高等科的一二年级相当于六年一贯制的普通中学,而高等科毕业生若品学兼优可直接派送美国,插入美国大学的二三年级学习。父亲当然是他们当中的佼佼者,凭着他扎实的学业基础和刻苦精神,在清华如鱼得水,取得了长足的进步,他开始涉足科学领域。1923年,在读高等科三年级时,他撰写了一篇关于三等分角的数学论文,这是父亲一生中的第一篇学术论文,从此父亲开始他长达七十余年的科学生涯。

父亲受新思想影响,和许多青年学生一样有着极高的爱国热情,他认为只有科学才能拯救贫困的中国,才能使国家强大起来,才能自立于民族之林。他发奋读书，立志救国。在清华他受到了良好的教育，为他日后的成功之路奠定了坚实的基础。同时，清华有重视体育的传统，体育不达标者是不能赴美留学的，他曾多次获得880码、1英里及3英里的冠军，从那时起父亲就养成天天锻炼的良好习惯直至生命的最后一刻。1924年，父亲以优异的成绩毕业，踏上了异国求学的道路。

在美国，父亲以惊人的毅力仅用了三年半的时间就读完学士、硕士和博士学位，在今天这简直是件不可思议的事，在清华学校的留学史上也是空前的。1924年秋，父亲与其他甲子级六十余名同学一同乘船来到美国，并与同窗好友冀朝鼎一起来到芝加哥大学。由于受爱因斯坦相对论的影响，原本想学工的父亲对物理学产生了极大兴趣。芝加哥大学以有著名教授执教出名，父亲在此度过了两年半时间，取得了学士和硕士学位。1927年春，父亲来到西海岸加州理工学院，经过一年时间的刻苦学习取得了博士学位。贝得曼教授建议并授予他的毕业论文为最高荣誉奖（Summa Cum Laude）。杨振宁教授曾告诉我说父亲是第二个取得理论物理博士学位的中国人。后来，父亲在德国和瑞士做博士后，师从海森堡和泡利教授。1929年秋，父亲应国立清华大学校长罗家伦的邀请，回到清华园，担任物理系最年轻的教授，时年二十七岁。

父亲留美、欧期间，清华发生很大变化，1928年清华学校更名为国立清华大学，由一所留美预备学校升格为国立高等学府。父亲满怀拳拳报国之心回到清华园，将自己的满腔热情献给培养他的母校，从此他将自己的毕生奉献给祖国的教育事业，辛勤耕耘六十余年，直至生命的最后一刻。在清华园，父亲为祖国培养了大批栋梁之材，像林家翘、胡宁、钱三强、王竹溪、段学复、于光远、钱伟长、彭桓武、郭永怀等等都是他教过的学生，他们当中的大多数也都是驰名中外的著名科学家。

父亲刚回国时，由于国民党内部各派势力都想控制清华，因而使学校风波迭起，先后出现了驱罗（家伦）、阻乔（万选）和逐吴（南轩）运动。当时蒋介石兼理教育部，清华学生反对教育部任命的校长，使他丢面子，对清华学生极为不满，因此近半年时间没有正式任命校长，直到1931年10月才任命梅贻琦先生为校长。梅先生是清华第一期留美学生，归国后在清华任教多年，很多师生都非常熟悉他，他人缘好，学问也好，上任之后学校日趋平静，逐步走上正轨。在清华任教期间，除去繁重的教学任务外，父亲将全部的精力都放在对爱因斯坦广义相对论引力论的研究上，取得了惊人的成绩。1936年，父亲在清华任教的第七个年头，根据清华章程规定专职教授连续工作满五年可休假一年，父亲再次来到美国度过了假期。清华教授休假制是从美国引进来的，目的在于使教授利用假期时间进修专业，提高学术水平。父亲利用这一年来到美国普林斯顿高等学术研究院，参加爱因斯坦创办的相对论研讨班，与爱因斯坦共同研讨相对论。父亲受益匪浅，对他以后的研究有着深远的影响，并与爱因斯坦、英斐尔德、霍夫曼等著名科学家都结下了深厚的友谊。爱因斯坦为人谦和，平易近人，给父亲留下深刻印象。

1937年，父亲回到清华园，当他刚踏进清华的校门时，震惊中外的七七事变爆发了，日军攻打卢沟桥，中日军队交战的枪炮声在清华园都可听到。很快平津陷落，国民党政府教育部决定清华、北大、南开三校合并南迁，先迁至长沙，后因日军逼近，改迁至昆明成立西南联合大学。父亲举家来到昆明，在此生活了五年多时间。在昆明的日子是父亲一生中最艰苦的时期，在他的晚年与母亲共同回忆那段日子是经常的事情。1943年，正值第二次世界大战期间，父亲携全家再次到美国加州理工学院度年假，回到他的母校，作战时科学研究，继续研究湍流理论。湍流是父亲从事的第二个专业，在西南联大就已经开始，并已经取得了卓越的成就，成为世界公认的湍流模式理论奠基人。在美国，父母亲无时不在想念祖国，惦念在国内的亲人。二战一结束，父亲放弃在国外优越的生活和科研条件，立即回到战火纷飞的祖国，回到日夜思念的清华园。

在清华，父亲不仅事业有成，而且与母亲从相识到相恋一直到结婚生下我们姐妹四人，清华在我们全家生活中占有重要地位。1930年，母亲的同学刘孝锦介绍父亲与母亲认识，两年后他们结婚。父母亲的故事特多，我小的时候特别爱听母亲讲以前的事，母亲讲起来眉飞色舞、津津乐道。譬如他们结婚的故事母亲就不止一次讲起。1932年6月18日父母亲在北京欧美同学会举行婚礼，母亲说结婚那天（可父亲非说是照结婚照那天）看热闹的人特别多，尤其是小孩子们一边追着跑，还一边说新娘子真漂亮，新郎真潇洒，每每说到此他俩都笑得合不拢嘴。婚礼是请清华大学校长梅贻琦作证婚人，当司仪宣布婚礼开始时，梅先生说："呵呵，现在我宣布周培源女士和王蒂澂先生，呵呵不不，是周培源先生和王蒂澂女士……"全场哄堂大笑。事后母亲说这是梅先生的幽默，而父亲非说是梅先生老糊涂，我们听了真好笑。父母亲婚后住在清华园，曹禺先生和季羡林先生都说过那时他们这些青年学生经常看见周培源伉俪出入清华园。曹禺先生曾告诉我说因

1932年6月18日周培源先生与王蒂澂女士结婚照

为妈妈是个美人,所以他们经常在后面追着看。后来我们姐妹相继出世,都是在清华园成长的。父亲自1924年进入清华直到1952年院系调整离开,除去到国外学习和度假的几年,始终没有离开清华。是清华培养了父亲,使他成为蜚声中外的著名的科学家和教育家。母亲与清华的联系就更长了,自1932年结婚到1975年退休始终与清华紧紧相连,每年母亲的新老同事及各届学生都经常来看她,尽管许多人她并不见得都记得,有的她也根本不认识,但年届九旬的母亲很满足。姐姐们都在清华园长大,三姐如玲在成志小学和清华附中读书,我最小,虽然印象有些模糊,但留在我记忆当中最深的是二校门、工字厅、荷花池、大礼堂……

那时我家住在新林院二号,我们家的院子可漂亮了。前院绿草如茵,鲜花怒放。后院长着一棵又高又大的核桃树,我和小朋友们天天在院子里跑来跑去。父母亲的挚友金岳霖、张奚若、陈岱孙等都住在附近。梁思成、林徽因夫妇住在胜因院。在附近经常能看见潘光旦先生拄着双拐走来走去的身影,那时总搞不明白他为什么要用拐走路，常到他的身后去找他另外那条腿。和我家同住二号的那家人记不得姓什么，但小孩叫小马，同我年龄差不多，我们经常一起玩，后来他们家好像搬到东北，现在也都不知怎样了。钱伟长家我常去，因为开来、歌放都是一起长大的小伙伴。幼儿园的小同学张洋忠、张洋明两兄弟也是经常一同玩的好朋友，可惜后来分开也没有联系，现在也都是五十多岁的中年人了。记得夏天的时候我最喜欢下雨，这样我就可以把家门口阳台缺口用砖头堵起来，一会儿就可以积一些雨水，我就可以光着身子在水里又跳又叫高兴得不得了。一次父亲见此情景把水放了，我一边跑一边叫。父亲在后面追，抱起我就放在澡盆里，说以后不许这样做。那时院子里的野兔子特别多，也不怕人，我在院子里跑，野兔就在身边跳来跳去。经常能发现刺猬团成一团，躲在什么地方，有时候出来偷吃院子里种的瓜菜。偶尔见到草蛇窜来窜去，母亲告诉我不惹它它不会伤人。我最憎恨的是院子里飞来飞去的"臭大姐"，不小心碰到它就会发出一股难闻的怪味，有时房间里也爬得到处都是，给我的感觉特恶心。我是解放前一年出生的，我出生后没有多久父亲就参加护校，当时国民党曾向清华园丢炸弹，据说一次正丢在荷花池附近，险些伤人。1949年1月31日，父亲与我大姐如枚、二姐如雁一同骑自行车顶着大风欢迎中国人民解放军进城，从此父亲开始了他的新生。以后的不久，只有十四岁的二姐就随中国人民解放军第四野战军南下参加解放全中国的战斗。

　　童年的回忆是幸福的，每当想起小时的事情总有一种十分甜蜜的感觉，使人回味无穷。听大人说那时我十分不听话，大人一不留神我就溜到外边去玩，有一次骑小三轮车骑得太快了，结果冲到菁华社附近的一条大沟里，把大门牙都给撞断了，嘴肿得老高，直到七八岁以后长出新牙才把豁牙子补上。还有一次趴在地板上玩，突然手指上扎了一根长刺，母亲抱起我就往校医院跑，医生不管三七二十一把我的手指甲一拔，疼得我脸都涨紫了，都哭不出声音。为此，到今天母亲一提起这事仍责怪那个"蒙古"大夫，心疼得不得了。父母亲对我简直是伤透了脑筋，保姆换了好几个。一次父母到天桥参加斗争会，我就拿个小喷壶到大礼堂也去开会，从我家一直向北走，穿过二校门来到大礼堂。路上遇到两个青年学生，他们一直跟着我，问我到哪里去，我说到大礼堂去开会，到了大礼堂一问根本没有那么回事。我又沿着开满荷花的荷花池来到工字厅，院子里养的几只狗冲我叫，我就站在门口逗它们玩，特开心。那两个学生不放心，一直跟着我，我就向北跑，直到图书馆明斋那边，走不动了，坐在路边，后来不知不觉就睡着了。不知什么时候，父亲出现了，我冲父亲说你们到哪儿去了，我找你们半天都找不着，让我都急死了。父亲十分感谢那两个学生，多亏他们陪着我。后来又有一次溜出家门，到处乱跑，结果父亲动用校卫队，总算找着了。以后父亲更加不放心，要对我严加看管。我长大了以后，父亲常提起这段故事，一说起我来总是那句话：这孩子小时候真难管，但从小就能看出来这个孩子个性极强，和其他孩子都不一样。那时我家有两只狗和一只猫是我的宠物，是陈福田先生临走时留给我家的。狗是爱尔兰牧羊犬，金黄色长毛漂亮得很，后来生下一只一模一样的小公狗。猫是一只有灰褐色爪尖的暹罗猫，十分特别。后来父亲发现我喜欢和狗在一起，就让狗们看着我，一跑远就拉我回来。这招十分灵，也就再也没有跑丢。两只狗特别可爱，非常聪明，一次我和大姐如枚到梁家去玩，它们跟在后面，大姐叫它们回去，我们以为它们走了。回家的时候我们是从后门走的，到家里才发现它们没回，再去找它们时，发现它们还趴在梁家门前等我们，真让人感动。有一天大人发现半天没有我的声音，以为又不见了，急得到处找，结果发现我躲在门后与猫在一起吃猫饭，猫吃一口我吃一口，姐姐告诉我说当时看见猫在吃新饭而我却在吃剩饭，把一粒粒发干的变了颜色的米粒往自己嘴里送。母亲吓坏了，赶紧送我去医院。母亲怀疑我会有寄生虫，让医生给我吃打虫药，回去后不久发现药没了，以为我都给吃了，问我我什么都不说，母亲又急得要命。其实药是让大狗给吃了，发现时已经太晚来不及了，很快大狗就中毒死了，我们全家都很难过。小公狗长大以后我们给它起名叫阿利，神气之极，我们离开清华时曾经把它送人，结果它居然挣脱绳子沿着我们搬家路线找到新家，让我们全家惊叹不止。

1952年，高等院校院系调整，父亲调到北京大学任教务长，我们全家搬到北大燕南园。过了很多年，我曾再到新林院二号，花园已经没有了，后院里的核桃树已不在，野兔子再也看不见，房门前变成一条大马路，周围已全不认识，童年的记忆已荡然无存。我在清华生活了不过短短的四年，但那是我金色的童年，是我生命中永恒的回忆。

1999年4月

（作者为周培源先生幼女，任职于九三学社中央委员会）

浦江清先生

浦江清（1904—1957），江苏松江县（今属上海市）人。文学史家、诗人。1926年毕业于东南大学西洋文学系，后入清华大学研究院国学门，任陈寅恪先生助教。1929年转至中文系任教。抗战爆发后任教于西南联合大学。1948年7月后曾任清华大学中文系主任。1952年调入北京大学中文系。有《浦江清文集》《清华园日记》等行世。

浦江清先生小传

浦江清，江苏省松江县（今属上海市）人。1904年12月26日生。1926年毕业于南京东南大学西洋文学系，即入清华大学研究院国学门，任陈寅恪先生助教。1929年转至中文系任教。1933年至1934年，曾利用休假去英国游学。1938年10月，随清华内迁，成为长沙临时大学、昆明西南联合大学文学院中文系教授。1946年10月，随校复员，重返清华园。1948年后曾任中文系主任。1952年院系调整，调入北京大学中文系。1957年8月31日病逝。先生学贯中西，在同辈中以渊博著称，是著名的文学史家、诗人。主要著作有《浦江清文录》《杜甫诗选》(冯至编选，浦江清、吴天五合注)、《清华园日记西行日记》及《浦江清文史杂文集》等。

浦汉明手书的浦江清先生小传

魂牵梦绕忆清华

——忆父亲浦江清先生

浦汉明

清华园，那是我度过少年时代的地方。从 1946 年到 1952 年，我在园中住了六年。虽然离开它已近半个世纪，但提起它来，仍然是心潮难平。

我的父亲浦江清先生英年早逝。他去世时我才将满二十岁。由于抗战期间的分离以及 1951 年后到城里住校读书，我能在父亲身边享受爱抚的日子并不多，而这段难得的岁月恰恰是在清华度过的。那时我们拥有一个完整而温馨的家，而我又无忧无虑，对人生充满了美好的憧憬。如果说这是一生中最快乐的时光，也不为过吧。

更令人怀念的，是清华园中那种进步、民主、自由的氛围，是师生间、同学间亲如一家的情谊。伴随着我迈出人生第一步的，是"团结就是力量"的歌声和成百上千人同声高唱的激动人心的场景。如今，审视自己的心路历程，不能不清晰地看到清华时代烙下的深深的印痕。

几年前因为开会，我又去了一次清华。我在荷花池、工字厅、同方部、图书馆周围徘徊，寻找那些曾使我魂牵梦绕的旧影。是的，为了那难以排遣的情怀，是到了把点点滴滴的记忆写下来的时候了。

父亲的清华情结

我的父亲自 1926 年从东南大学毕业后，就来到清华任教。从此，他的一生，就和清华联结在一起了。他以学校为家，在学校与个人家庭难以两全的关键时刻，宁愿舍弃小家。这样的抉择，他曾作过三次。

我是抗战中逃难时出生在苏南一个小村里的，如果不是七七事变，本应生在清华园中。日寇的入侵破坏了校园的宁静。华北局势紧张，清华准备南迁。眼看母亲产期将近，父亲只得将她送回松江老家。谁知"八一三"上海战事又起，松江遭到轰炸，只好再避居乡下。我便在难中诞生了。不久，父亲得知学校已迁到长沙，急于赶去上课，考虑到母亲产后不便远行，就与她同到杭州。父亲将由此踏上去湖南的途程，而母亲则将投奔在萧山的外祖父和姨母们。杭州车站已炸得面目全非，不敢久留。在依依惜别的时候，母亲一手抱着刚满月的我，一手提着行李，感到身上的担子从未有过的沉重。这一别不知何时才能重逢？展望时局，眼前一片黯淡，而我又先天不足，瘦弱多病，能否长成难以逆料，想到这里，从不轻易流泪的母亲不禁悲从中来。父亲无法宽慰她，只是嘱咐说："大人要紧，小孩不必管。"从此两人天各一方，父亲只身到了长沙。此时，清华已与北大、南开合并，成立了长沙临时大学，次年，又迁到昆明，改称西南联大。父亲随校越走越远了。母亲则带着我，辗转江、浙、沪一带逃难，山里山外，水路陆路，颠沛流离，担惊受怕，吃了许多苦。虽也多次想去昆明，与父亲团聚，终因关山阻隔，又有我的拖累而未能成行。现在，重读他们当年互诉衷肠的两地书时，我感到了家书重抵万金的沉甸甸的分量。那渗透于字里行间的绵绵情思，令我感同身受。无国即无家，在民族危亡的关头，不知有多少爱国的知识分子随着战局的变化，背井离乡，抛妻别子，撤到后方，父亲只是其中普通的一个。他们与民族同命运共呼吸，怀着忧国忧民之心，竭力贡献着自己一点绵薄的力量。在现代教育史上的奇迹——西南联大辉煌的背后，有着我们貌似平凡的可敬的父辈的付出，不知人们还会记得吗？

1940 年夏，父亲按例可休假一年。为免相思之苦，他由安南经香港返回故乡，和我们同住在上海。第二年，弟弟汉昕出生了。这时，日军占领了安南，回滇道路已断。父亲向学校请假暂留上海。年底，珍珠港事变发生，父亲不愿长期僦居沦陷区，决心冒着危险通过日寇封锁线，准备经浙赣路去昆明。哪知到了安徽屯溪，上饶、鹰潭皆已失守，浙赣路不通。被困数月后，跋山涉水，由江西绕道福建、广东，回到西南联大。总计行程八千余里，途经八省，历时整整六个月！这一段艰难的历程，父亲都记在日记中（1987年已由三联书店出版，题名为《清华园日记 西行日记》）。尽管我曾不止一次听母亲说起过此事，但在整理父亲这部分日记时，心灵还是受到了极大的震撼，一向在我眼中显得文弱、随和的父亲，竟会那样坚毅、执著，这八千里路云和月，他是怎样过来的啊！曾冒着生命危险闯过日寇的警戒线，也曾遇到国民党败兵的骚扰，有时一连几天，翻山越岭，全靠步行，跋涉的辛劳自不必说，还有火灾、空袭的威胁，再加上物价飞涨、小偷光顾，到了后来，旅费用尽，又生了疟疾、胃病，但他仍坚持不断向西行，从未想过回头。这一切都是为了什么呢？小言之，为了不负西南联大之约；大言之，则是为了青年，为了学术，为了国家。难道父亲不能留在上海吗？他在《辛巳岁除大雪，独坐寓楼，用东坡除夕诗韵》一诗中曾表明过自己的心志："风雨待鸡鸣，茫茫何时旦？……明年我西行，万里寻旧贯。丈夫励壮志，未肯谢衰惫。安能坐困此，日数米与炭。"上海虽有老母、妻子儿女，但却是沦陷区，决非安居之地。在建阳、南平、长汀等地，他曾遇到挚友，也有东南联大、暨大、厦大等校的校长坚请他留下任教。与西南联大相比，那里待遇较为优厚，住房宽敞舒适，图书资料丰富。同行的旅伴，逐一留下，只有他一人，毅然决然、毫不动摇地向西走。不仅如此，在因旅费缺乏而告债、申请救济的同时，他仍不忘为西南联大采购图书。到达昆明后，连一天也没有休息，甚至顾不得讲述一路的艰辛，第一件事就是去问"本学期之功课如何"，为自己耽误了课程而不安。在1943年2月4日（旧历壬午岁除）的日记中，他写道："我自幸今年得在自由区过年，如仍僦居上海，则愁闷可知。"在远离故乡和亲人的昆明过春节，不感到"愁"而感到"幸"，这就难怪他能以"虽九死其犹未悔"的毅力走完全程了。他在抗战中写给母亲的信上说："我们都有一种观念，就是爱护国家，爱护学校，而且是以学校为家。一个学术机关，看成一个大家庭似的，这是清华特别的优点，别个学校就差一点。"支持他西行的精神力量来自这样一个大家庭，自然万水千山也难以阻挡了。

抗战胜利后，西南联大结束，清华复员。父亲回到松江，准备接我们北上。可是，二叔肺病垂危，奶奶年迈操劳，他们需要他留在身边。母亲也担心外祖父无人照顾而舍不得离乡。此时父亲的胃病已日益加深，南方的气候，也于他更为相宜，杭州之江大学又恰来相聘。面对亲人期盼的目光，他难以开口说出一个"走"字。但闻一多先生遇刺的噩耗传来，接着便收到了朱自清先生催他返校的书信，他说：" 闻先生遇害，系里正缺人，我怎能不去呢？"便再次作出了无悔的抉择，带着母亲、弟弟和我回到了清华。返校之后，他马上接过闻先生的工作，开了"楚辞"课，并与朱先生等一起整理闻先生遗著。1948年7月，朱先生依例可休假一年，委托父亲代理清华中文系主任之职。8月12日，朱先生因胃溃疡开刀，不幸病殁。父亲痛感"清华中国文学系再遭受一大打击"（见《清华园日记 西行日记》），不顾自身胃病的加重，承担了主持编辑《朱自清全集》的重任，以更加兢兢业业的工作，作为对亡友的纪念。人们常说"文人相轻"，可我所看到的父辈，是"一诺千金"，是比身家性命更重的友谊，一个人倒下去，更多的人站起来，挑起亡友的担子，义无反顾，责无旁贷，这才是中国真正的知识分子。他们不仅学识渊博，而且人品高尚。中国传统的道德准则，在这些接受了新文化的学者身上，已注入了新的内容，因而产生人格魅力，形成了极强的凝聚力。清华有幸，吸引了这样一批知识分子，他们尽管有着不同的学术观点、文化背景、性格爱好，但都将自己的命运与学校的兴衰联结在一起。既是学界英才组成的大家庭，那么，即便在物质条件极为匮乏的战时，也能培育出灿烂的学术之花，就不足为奇了。

初进清华园

1946年10月22日，我随父亲坐着载有我家行李的卡车，初次进入清华园，那时我刚满九岁。

从江南来到古都北平，已是深秋时节。我们全家暂先住在城里骑河楼的欧美同学会里。看惯了满眼浓绿的我，对北平最初的印象是黄色：路上的黄土，风扬起的沙，阳光下闪闪发亮的金瓦，街边摊上橙黄的又大又甜的柿子，慢悠悠拉车载客的黄马。这一切显得那样古老、优雅，又有几分寂寥，令我感到新奇而又陌生。

大约是母亲需等下一趟车，弟弟要跟着她留下，于是就只好由我随父亲先走了。这是我第一次单独与父亲在一起，那时候我和他之间还有些隔膜。

抗战期间，父亲休假回来时，我还太小不记事。从母亲口中，我知道了父亲与我们在一起时的种种趣事。我上学后，他曾特意用正楷给我写信，千里迢迢寄来专为我翻译的童话和亲手制作的纸工———只彩色的可以活动的唐老鸭（这些至今仍珍藏着）。那时寄一封信，要几个月后才能收到，父亲虽远在昆明，也仍不忘尽到对我们进行启蒙教育的责任。我感受到父亲的爱，又正处在富于幻想的时期，便几乎天天在入睡前都编织着父亲回家的美妙故事，一次次在脑中描绘着他的容颜、神态，想象中的父亲也就越来越完美，越来越神奇。抗战胜利后，父亲回到松江。记得是夏天的一个傍晚，他敲门进来，我见他面孔很陌生，急忙跑去向母亲报告："又来了一个姨夫！"（因为母亲的姐妹多，竟使我误以为他是一位未曾见过的姨夫了。）及至知道他就是日夜盼望的父亲，便再仔细看去，见他风尘仆仆，显得有些疲惫，模样很寻常，不像想象中那样有风采。我在欢喜之余，不免感到生疏，甚至有些失望。五岁的弟弟更是认生，不肯让父亲抱。第二天，父亲郑重地拿出了送给我的见面礼——一本《格林童话》，并叮嘱说，读了要写读书心得给他看。当时，我刚上完四年级，正热衷于囫囵吞枣地读长篇小说，已不满足于童话了。我觉得他不了解我，送礼物又附加了条件，让我读书的快乐减去了几分。再加上格林兄弟本是为研究民间文学和语言学搜集童话的，父亲也从这一角度看中这个版本，认为它收集较全，殊不知在追求情节的孩子读起来，一个故事大同小异地有着好几篇，会觉得不耐烦。所以过了几天，父亲问心得写了没有，我就回答他："这些故事太短了，又总是好几篇都差不多，没有什么好写的。"父亲颇感意外，但没有责备我，倒是和母亲讨论了一番，也觉得这书不适于我写心得，便不再要求了。事后猜想，大约父亲是想通过心得测试我的语文程度，这本是大学里最常用的方法，谁知好办法到了我这小学生面前竟行不通。不过父亲不因我的偷懒和顶撞而恼怒，反倒自省，足见他待人的宽厚与民主作风，即便与孩子相处，也是如此。当时我并未体会到父亲的宽容，直到看到别人家的父亲在子女面前十分威严，甚至还有声称自己"在学校马克思，在家里法西斯"的，才知道天下父亲还有别种样的，而我的父亲是多么难得啊。

　　卡车进入清华园，秋意很浓的校园里一片金黄，到处静悄悄的，几乎没有人，显得有些荒凉。卡车驶在园中小径上，好像在树林中穿行，只觉得树枝不断从头上掠过。树叶黄里透红，在秋风中摇动、飘落，地上已厚厚地铺了一层，车轮碾过簌簌作响。忽然，车停在一块空地上，我跟着爸爸下了车，见已有两人站在旁边迎接。我们踏着落叶走过去，父亲和他们握手，然后向我作着介绍，指着年长的一位说："这是朱自清先生，快叫朱伯伯！"朱自清？难道是作家朱自清？我大吃一惊。小时候我记性很好，凡看过的书，作者的名字都能记得。在我幼稚的观念里，以为他们都是古人，而在家乡小城里，确也从未见过一位作家，所以竟不知作家还有在世的。"朱伯伯！"叫过之后，我躲在父亲身后，好奇地看了又看，见他个子不高，身材瘦削，面色略显苍白，严肃的目光透过镜片射出来，令人产生敬意。我悄悄问父亲："他就是写《背影》的朱自清？""是呀！"这下轮到父亲吃惊了。他想不到我会知道朱先生，并一下子就说出了他的代表作，不觉大为高兴。其实，我并不知道《背影》的文学地位，只不过对这一篇印象最深罢了。"清华真是一个好地方，刚到这里就见到了一位真正的作家！"我暗自想着，一股自豪感从心底涌起，那种激动，或许有点像现在的青少年见到了崇拜的明星吧。与此同时，我也敏锐地察觉了父亲无声的赞赏，知道已通过了他的测试。我的心与父亲一下便靠近了。于是，初进清华园时的这一幕便永远地留在了记忆里。

从此，我们就生活在清华园中了。随着师生的逐渐复员，园中也热闹起来。除朱自清先生外，和我家同住北院的，先后还有王竹溪、余瑞璜、刘崇铉、吕叔湘、杨业治、华罗庚、宁榥、王瑶、张青莲等各家，真可谓人才济济。可是孩子自有另外的天地，我们忙于在院中空地、土坡间做游戏、唱歌、跳舞，相互追逐，甚至分成两伙学打仗，冲冲杀杀，真好像是一个大家庭，有着众多的兄弟姐妹。

不仅北院，清华园各处都向我们敞开着怀抱。荷花池，夏天可坐在池畔草丛中看蜻蜓、看荷花，冬天可以溜冰。气象台前，可以采野菜，爬到桑树上边看小说边吃桑葚，直吃到嘴唇乌紫。奶牛场，夏夜可躺在草垛上，仰望星空，和大学生、场里老师一起讲故事、神聊。大图书馆，阅览室那一排排书架对我们孩子也是开放的，不知多少课余、假日，沉浸在书海里，接受着知识的洗礼，忘却了身外的一切，直到闭馆的铃声把自己唤醒。大饭厅、操场、礼堂的集会，也不拒绝我们参加，大学生不因我们年幼而轻看我们，和我们成了朋友，他们关注的焦点也成了我们认真讨论的话题。不分男女老幼，一视同仁，人的天性自由发展，这或许是清华特有的传统吧。我们成长在这样的环境中，真是得益匪浅啊。

和父亲一起看戏

父亲在抗战中得了胃病，回到清华以后，生活虽然安定了，但工作负担重，仍然没有休息的机会。他在家的时候，总是呆在书房里，很少和我们在一起。吃饭本是一家人交流的好时光，我从小多话，常常说个不停，而他的应答往往心不在焉，有时眼睛也不看饭菜，简直是食而不知其味。每当此时，母亲总是很不高兴地说："又要想心思了！"并把他的注意力唤回到饭桌上来。吃饭时伤脑筋会影响消化，他也知道这于病体不宜，但已习惯于专注地不间断地思考，自己也难以控制。偶尔有空，和我们打打羽毛球，朋友来了下局围棋，就算是休息了。

其实，父亲多才多艺，兴趣非常广泛，而最喜欢的是看戏和唱昆曲。他通音律，对词谱曲牌素有研究。课堂上教戏曲时，兴之所至，还要唱上一曲，给学生留下深刻的印象。在家里，兴致好时也唱，或者母亲吹箫，他吹笛。会曲的朋友、学生到家里来，有时就唱起来，父亲便吹笛伴奏，记得常来的有周妙中。

父亲唱昆曲是向戏曲家吴梅先生学的。在东南大学读书时，他读西洋文学系，同时也选中文系的课，因此而成为吴先生的弟子。到清华后，他参加了昆曲社团谷音社，曾请笛师专为拍曲，常赴曲集，与俞平伯、华粹深、许宝禄、汪健君、陈盛可、陶光等各位先生切磋技艺。在昆明时，联大教授中有同好者，也有曲集。1939年春，他有一首《沁园春》，即赋此事，其小序曰："昆明黑龙潭王瞻岩宅曲叙感赋。同会者杨荫浏、王瞻岩、陈盛可、陶光、张充和。"父亲认为，教师不能"光说不练"，赋诗、填词、作曲应是中国古典文学研究者的基本功，唱曲、看戏决不只是业余消遣，所以不惜抽出时间，而且乐此不疲。

父亲曾有意培养我对戏曲的兴趣。有一次，他让我到书房中去，专门放京剧唱片给我一人听。平时他若工作，我们都不去打扰，所以书房我是难得进去的，一时竟有点不知所措。记得是一个阴天的下午，书房里光线不好，桌上、凳上到处是堆放着的高高低低一摞摞的书，更挡住了视线。我在书的包围中听父亲讲了《霸王别姬》的故事，看他打开留声机，放起了唱片。项羽悲壮的歌声"力拔山兮气盖世……"在幽暗的书房里回荡，分外苍凉。但那时我还不懂得欣赏唱腔，梅兰芳唱时，只知忙于对照着看唱词，想弄明白他唱的是什么。父亲殷殷地问我："好听吗？"看着他几分沉醉的表情，我心里产生了一种很奇怪的直觉，似乎他是想在我这里寻觅知音，便不由自主地说："好听。"接着又老实承认："不过，有的我没有听懂。"这大约使父亲感到失望，以后再也没有为我放过唱片了。

然而，平日父亲的熏陶，早已使我爱上了戏剧。最高兴的是全家一起去看戏。清华礼堂里常有演出，有外面请来的剧团，甚至名角，也有师生自演的，形式多样，有昆曲、京剧、地方戏，也有话剧、活报剧、秧歌剧等等。每有演出，总是早早吃了晚饭，母亲招呼我们穿戴整齐，有时还要带上少许糖果点心，怀着一种似乎将要享用美味般的好心情，来到礼堂。开演之前，我们小孩子们兴奋异常，都不肯安生坐在位子上，总是踮脚站着往各处看，寻找同学、熟人，找到一个，就隔着好几排人大呼小叫。喊得太厉害了，受到父母的叱责，才坐下来，安静不了一会儿，又喊叫起来。实在忍不住，还会离开座位，跑到同学那里去。但是看演出时我们都专心致志，随着剧情的变化，时而欢笑，时而唏嘘。父亲对演出前小孩的吵闹可以容忍，对于瞎起哄则非常反感。有次看电影，片子来迟了，总不开演，有人就拍掌以示催促，另一些人则用"嘘"声表示反对。我不明白他们的意思，却也去凑热闹，一会儿拍掌，一会儿"嘘"。父亲瞪了我一眼，说："你干什么！"虽然他没有多说，但那厌恶的目光使我突然反观到了自己的轻狂，登时羞得无地自容。看戏时妄加评论，父亲也是不许的，他怕妨碍周围的人。而散场之后，在回家的路上，我们的话题自然离不开当夜的演出，父母精辟的见解就这样在不知不觉中提高了我的艺术鉴赏力。回忆起那些迷人的夜晚，我仿佛又见到了从礼堂到北院的小路，月色中，星光下，夏夜，肩头拂着清风，冬夜，脚下是吱吱发响的白雪。多少次，脸上还淌着终场前流下的热泪，我不想说话，只是细细咀嚼着发人深思的故事，荡气回肠的台词似乎还回响在耳边，眼前仍浮现着精彩的场面。我觉得自己的心胸经过一番善与美的荡涤，变得纯净透明，精神升华到了圣洁的境界。但愿一直这样默默地走下去，永远沉浸在崇高的心境之中，那该多好啊。

　　记得和父亲一起，曾看过昆曲《思凡》、《夜奔》，京剧《宇宙锋》、《三岔口》、《奇双会》以及叶盛兰的《吕布与貂蝉》、高盛麟的《挑滑车》，川剧周企何的《秋江》等等。我们并不只看名角，师生演出的水平也很高，如果台上有熟人，则更感亲切。所看也不限于戏曲，为配合形势，当时学生社团的演出倒是以话剧为多。解放前夕，曾看过曹禺的《日出》、《原野》，陈白尘的《升官图》，茅盾的《清明前后》，吴祖光的《风雪夜归人》以及根据高尔基、班台莱耶夫的原作改编的《夜店》、《表》等一些大戏，多数是学生剧团的杰作。大约是1948年春节，竟然还演出了歌剧《白毛女》的选段，只是为避免反动派查禁，改名为《年关》了。

　　戏看得多了，我也跃跃欲试，便参加了成志中学的话剧小组，后来升入高中、大学，一直是校话剧团的成员，也曾上过台，甚至还为班级演出写过剧本呢。感受到戏剧的巨大魅力，到高校任教后，我毫不犹豫地选择了元明清文学。驰骋在戏曲小说的天地里，真是乐在其中，其味无穷。我更加理解了父亲，而父亲若是知道我也爱戏，是会感到欣慰的吧。

1999年5月

（作者为浦江清先生长女，青海民族学院中文系教授，已退休）

李广田先生

李广田(1906—1968)，号洗岑，笔名黎地、曦晨、望之。山东邹平人。1923年考入济南第一师范学校。1929年入北京大学外语系，同时发表诗作、小说和散文。与何其芳、卞之琳合著《汉园集》，被文学史家称为「汉园三诗人」。抗战爆发后任教于昆明西南联合大学。1948年任教于清华大学，1952年调任云南大学校长。有《李广田文集》行世。

清华园印象

李　岫

抗战胜利第二年，西南联大复员北上。父亲到天津南开大学任教。由于支持学生们反内战、反独裁、要和平、要自由的进步运动，他受到国民党当局的通缉。为形势所迫，父亲接受朱自清先生的邀请，前往清华大学任教。

清华园给我的最初印象就像一个远离喧嚣的山庄。绿树、草坪、蜿蜒的小溪，掩映在绿阴中的住宅，寂静而荒凉。然而我一下就喜欢上这里了。清华的五年是我们父女最值得回忆的一页。我除上学外，觉得清华园充满了乐趣：河边草丛中偶然拾到鸭蛋的快乐；阳光明媚的春天到气象台顶上登高望远或去灰楼听琴练琴；雪后初晴的日子到荒岛去捉迷藏，岛上的小溪即使在冬天也不冻结，溪水清澈寒冷，翠绿的西洋菜像荇藻般在水中摇摆，小鱼自由自在地漫游。偶尔在雪地上会看到"怪兽"的足迹，一边是人脚，一边是圆圆的，我们几个小孩便跟踪追击，一追追到潘光旦先生家，原来是潘先生雪后散步，那圆圆的便是他的拐杖……春夏秋冬在不知不觉中过去，清华园的每一个角落都有我童年的足迹，就是在成年以后，每当看到紫色的藤萝开放和充满青味的野蔓植物时，都能想起在清华吃藤萝饼的日子和荒岛的趣事。在父亲，当然充满了比我的生活重大得多的内容，和朱自清先生的共事、入党、参加反搜捕与抗暴斗争，迎接北平的新生和新中国的诞辰，他的人生的新的一卷是从这里开始的。

我们家先住在胜因院，与许维通先生为邻。这是抗战胜利后新盖的教授住宅，有平房和楼房两种。张维先生和费孝通先生住在南边的楼房里；刘仙洲先生、吴柳生先生则住在北边的平房里。我和吴柳生的女儿吴小平是要好的朋友，她家院里有一大棵玫瑰，每当落英缤纷的时节，我们便帮助她妈妈把花瓣收集起来晒干。她家的邻居是一个外籍女教师，在灰楼教钢琴，终日板着脸，我觉得她就是鲁迅先生说的"不准倒提鸡鸭"的一类外国人，和同是住在胜因院南端的温德（Robert Winter）老头不一样。温德是美籍教授，和蔼慈祥，喜爱孩子，我们几个小孩常到他家去玩，他养了好多只猫和各式各样的鱼，他的鱼缸很大，和墙贴近。他是个有正义感的人，在临近解放的日子里，他站在学生一边，同情支持学生的反搜捕斗争。

与朱自清先生的交往

朱自清先生住在北院，他和父亲都在图书馆一楼中文系的办公室上班。父亲对朱先生是十分敬重的，朱先生又是我母亲在师大读书时的老师，母亲也很敬重他。我和朱先生的小女儿蓉隽是同学，我习惯喊她朱小妹，她比我小两岁。追溯父亲和朱先生的友情，大致可以分为三个阶段，这在父亲的《记朱佩弦先生》一文中说得很清楚：

第一次看见朱先生大约在民国二十年左右，朱先生在清华大学教书，北京大学中文学会请他去演讲，只记得在北大红楼下西端的大教室里挤满了人，主持开会的是中文系主任马幼渔先生，朱先生的讲题是"陶渊明"。那时候我在北大预科读书，对于听名人讲演之类的事并不热心，而一定要挤着拥着地去听朱先生演讲，还是由于读过朱先生的作品，尤其是《背影》。朱先生到底讲了些什么已无从记忆，却只留下一个印象：朱先生是白白的，胖胖的，穿着长衫，意态非常潇洒。

真正和朱先生相识是在三十年夏天，朱先生休假期满，由成都回昆明西南联大，路过川南的叙永。相隔十年，朱先生完全变了，穿短服，显得有些消瘦，大约已患胃病，特别引起我注意的是他的灰白头发和长眉毛，我很少见过别人有这么长眉毛，当时还以为这是一种长寿的征象。为了等车，他在叙永住了不少日子，我们见过几次，都谈得很愉快，主要的是谈到抗战文艺，尤其是抗战诗，这引起他写《新诗杂话》的兴致，在三十三年所写的《新诗杂话》自序中，他曾经提到这件事。

朱先生在《新诗杂话》自序中是这样说的：

> 秋天经过叙永回昆明，又遇见李广田先生；他是一位研究现代文艺的作家，几次谈话给了我许多益处，特别是关于新诗。于是到昆明后就写出了第三篇《新诗杂话》，本书中题为《抗战与诗》。那时李先生也来了昆明，他鼓励我多写这种"杂话"。果然在这两年里我又陆续写成十二篇，前后十五篇居然就成了一部小书。感谢厉先生和李先生，没有他们的引导，我不会写出这本书。

"那时李先生也来了昆明"是指父亲到西南联大以后，他们同在联大任教，又一同指导学生的文艺活动，一同投身当年的民主运动。父亲在《最完整的人格》中说得更为具体：

> 三十一年我到了昆明，在大街上遇到的第一个熟人就是朱先生，假如不是他老远地脱帽打招呼，我简直不敢认他，因为他穿了一件奇奇怪怪的大衣，后来才知道那是赶马的人所披的毛毡，样子像蓑衣，也像斗篷，颜色却像水牛皮。我当时只是想笑，然而不好意思，他却很得意地告诉我一个大消息：太平洋战争已经爆发，中国的抗战已成了世界大战的一环，前途十分乐观。以后我在街上时时注意，却不见有第二人是肯于或敢于穿这种怪大衣的。

以上说的是他们相识相交的头两个阶段。抗战胜利，复员回北方，又同在清华，这是他们交往更深的第三个阶段：

> 朱先生在中文系办公，读书，写文章，我的研究室就在中文系办公室的隔壁，差不多天天可以见面。我是不会吸烟的，不知道朱先生是根本不知道呢，还是一时忘记，也许因他需要吸烟需要得太迫切了，有一次，他刚刚下课，两手上满是白粉，急急匆匆地跑进我的房间，说道："对不起，有烟没有？"我说"没有"，他笑笑走了；又一次，也是刚下课，气喘吁吁地，手里夹着一支烟又闯了进来，说道："对不起，有火没有？"

我说"没有";过了几天又来了,这一次一进门就好像已经省悟,自己笑着说:"对不起,原来你是不吸烟的!"一而再,再而三,反倒弄得我不安了。我想,假如我也吸烟就好了,不然,我也可以放一些烟,或一盒烟火在房间里,但从此以后,朱先生就不再来讨借烟火了。这一年来我们可以说是并肩作战,尤其令人难忘的,是每当朱先生有新作脱稿,一定叫我先睹为快,看过了,他还一定要我说出一些意见,他是很看重别人的意见的。我自己的文章在未发表前本不愿给别人看的,尤其不肯叫朱先生看,因为怕耽误他的时间,然而朱先生却不放松,他知道我在写文章,不等写完,他就说:"写完了让我看看。"他看过了,也一定说出一些意见,而且他看得特别仔细,错字、错标点,他都指出来,用铅笔在原稿上作了记号。他这种坦白认真的精神,往往令人惭愧自己不够坦白,更不够认真。

父亲称赞朱先生是一个至情的人、一个爱真理的人、一个有风趣的人,一个具有"最完整的人格"的人,这个评价后来经常被人们引用,甚至用作纪念文集的书名。父亲说,朱先生"既像一个良师,又像一个知友,既像一个父亲,又像一个兄长,他对于任何人都毫无虚伪,他也不对任何人在表面上表示热情,然而他是充满了热情的,他的热情就包含在他的温厚与谦恭里"。

在他们密切而深厚的交往中,不仅有一致的文艺思想,而且有一致的教育思想,这都是建立在共同的反对黑暗、反对独裁、渴望团结光明的民主思想的基础上的。不论抗战时在昆明,还是复员后回到清华,父亲和朱先生都是热情地和青年人一道,从事文艺活动,搞诗朗诵,指导文艺社团。1948年的新年晚会,是在余冠英先生家举行的,那次我也随父亲去了。记得进门就要抽签,对号入座,我抽着"铁扇公主",于是就和"孙悟空"坐在一起。那时解放区的秧歌已在清华园流行,所以晚会的主要节目是扭秧歌。朱先生带病参加晚会,学生们给他化了装,穿了件红红绿绿的衣服,头上戴朵大红花,他便愉快地扭了起来。他扭得非常认真,和他做人、做学问一样认真。同年,在清华的一次朗诵大会上,父亲和朱先生联合演节目:朗诵臧克家的《老哥哥》一诗,朱先生扮长工,父亲演地主家的小孩,他们的演出赢得了热烈的掌声。臧克家从报上看到这条消息后,"很兴奋也很感动。在他们的朗诵声中充满了浓厚的友情。"[①]

[①]《大地之子》。

对于如何办好大学中文系，父亲和朱先生有着共同的设想。父亲说："自从教书以来，我觉得这一年是我最愉快的一年。这情形并不完全基于朱先生对人态度和我们之间的个人情谊，而在于一些共同的理想。"[①]朱先生主张大学中文系应当新旧并重，中外汇通，既注重文学史和文学批评的研究，也注重创作和翻译；他还主张中文系与外文系合并。这些意见，他们是共同的。所以杨振声先生说："朱先生赞成了李广田先生在《文学与文化》里的论点，认为大学里应该而且可以传授新文学并教给人怎样创作……这个贯通新旧、融合中外的要求，可说是中外两系明眼的人大方的要求。而其中多是学者与作家，他们是从经验中得来的教训，现身说法的。"[②]

越是临近解放，清华园内部各种势力的斗争便日趋激烈。有的教授宣称"宁作今日之罪人"，有的教授致书美国政府，呼吁"剿灭共匪，拯救文明"；但以朱自清为代表的民主教授们，积极支持学生的反内战反饥饿斗争，支持"反美扶日"运动。当美国驻华大使司徒雷登诬蔑中国学生是依赖美国的慷慨施舍才受到教育的时候，朱自清先生和父亲等一百一十名教职工发表严正声明："为表示中国人民的尊严和气节，我们断然拒绝美国具有收买性质的一切施舍物质。"朱先生胃病复发，住进北大医院。手术第二天，父亲去看他，他本来是睡着的，却忽然醒来，醒来后两眼充满泪水，向父亲询问新生试卷问题、研究生试卷问题，父亲心里激动得厉害，一句话也说不出来，朱先生见他无话可说，就说："请回去吧，谢谢。"这便是最后一面。在重病中，朱先生告诫家人已签字拒绝美援，决不买美国的配售面粉。1948年8月12日，朱自清在贫病交加中与世长辞。

父亲护送朱先生灵车前往广济寺，遗体于下院火化，后葬于万安公墓。父亲送的挽联是："如师如友如父如兄，忘形竟然到'你我'"；"是假是真是梦是幻，伤心不敢觅'踪迹'"。父亲冒雨回到清华，看见朱先生的草帽、手杖还挂在过道的墙上，未完成的稿子《论白话》放在抽屉里，门外园圃中正开着五颜六色的花，触景生情，哀痛阵阵。朱先生的书案上有他笔录的近人诗两句"但得夕阳无限好，何须惆怅近黄昏"。父亲在《最完整的人格》中说："假如人生五十也可以算作夕阳西下的话，朱先生的夕阳晚景真可谓'无限好'，然而谁又想得到，黄昏倏尔而

---

① 《记朱佩弦先生》。
② 《为追悼朱自清先生讲到中国文学系》。

逝，突然降临的黑夜就把一切给淹没了！"从前我不懂父亲何以要这样结束这篇悼念的文字，直到后来我从父亲的遗物中看到一本笔记本题曰《看人句》的上面也引了"但得夕阳无限好"的两句诗时，仿佛顿然悟出了其中的道理。大概这代表着后死者的一种心境吧，而我写到这里时恰恰也掉进了这样的心境里。其实，父亲在清华的五年还不到"夕阳晚景"的岁数，他调任云南大学校长时才四十五岁。无限好的夕阳前景正在他的前方伸延着呢。可又有谁想到，在他六十二岁的时候，"十年浩劫"如同"突然降临的黑夜就把一切给淹没了！"这无边的黑夜来得这样突然，把十亿人民都推进了苦难的深渊，当人们大梦初醒的时候，千百万人已死于这场灾难，而我们的国家已经糟蹋得不成样子！

朱先生逝世后，父亲继任清华大学中文系主任。人们常说，清华中文系第一任系主任闻一多死于国民党反动派的暗杀，第二任系主任朱自清死于贫病交加，第三任系主任李广田则死于"四人帮"的迫害。"天之报施善人，其何如哉！"

"八一九"反搜捕斗争

后来，我们家从胜因院搬到照澜院三号，这是一栋旧式的住宅，屋前没有院子，但后院很大，可以种花种菜，包括保姆间和厨房，后院就是那条东西横贯清华园的小河。我们与张光斗先生为邻。住在照澜院的还有余冠英、马约翰、吴泽霖、李宪之、袁复礼等先生。

自从搬到这里以后，我发现父亲比过去忙多了，家里的客人也变得多而且怪，甚至夜里也有客人来。他们和父亲窃窃私语，临走，父亲还把自己的衣帽送给人家穿戴。这是一些辗转去延安和解放区的青年和地下工作者。

一天，清华园的气氛紧张起来，开来两辆大卡车，车上坐满国民党军警，警笛一吹，十分恐怖，反动军警来抓学生了。原来，国民党在濒临灭亡的前夕，变本加厉地进行垂死挣扎和疯狂反扑。1948年夏天，蒋介石曾在庐山召开牯岭会议，筹划在国统区各大城市的大学逮捕爱国民主力量和进步学生。牯岭会议一收场，国民党的中央通讯社、《中央日报》和国民党教育部纷纷发表消息和社论，扬言要逮捕"共产间谍"，"操刀一割"，"铲除共匪"。国民党中央委员、青年部长、原北大训导长陈雪屏与华北剿匪总司令部，国民党北平市党部，军统、中统特务头子密商，具体策划大规模逮捕学生的计划。8月19日这天，北平各报纸刊登了

1948年摄于清华大学工字厅前。左二为李广田，左三为吴晓铃，右二前为曹靖华

国民党政府要审讯的学生名单共二百五十人，特刑庭并发出传票，清华有三十一人在被传之列。这便是大批军警特务包围了清华园向校方要人的背景。

与此同时，反逮捕反迫害斗争也在进行。在地下党领导下公布了敌人拘捕学生的消息和名单，号召大家起来进行反逮捕反迫害斗争。学生中组织了纠察队，组织人员作应变准备，转移进步书刊，护卫学校，处处壁垒森严，校方压力也很大。这时父亲和另几位教授在"陪同"反动军警一起搜查学生宿舍，反动军警哪里知道，此时的李广田已经是地下党的成员，党指示他，以教授身份出面，"团结知识分子，保护学生，不能让反动派抓走一个人"。由于敌人的搜捕日期突然提前，各种联系被切断，撤退工作主要在20、21日两夜进行。父亲一方面"陪同"搜查，一方面我们家正藏着两个青年人，其中一人叫梁朋，他是中共北系总支书记，正是敌人黑名单中的一个。8月21日晚他在我们家住了一夜，次日父亲通知他家中已不安全并迅速将他转移走。还有一个叫裴毓荪的学生，当时藏在冯友兰家，又转去费孝通家。有个叫郭德远的学生是敌人注意的大目标，原计划把他藏在梅贻琦校长的汽车后行李箱中带出学校，后考虑敌人也许连梅校长的车也要搜查，只好放弃这个计划，令其从清华东北角牛奶场出校。其他学生有的藏在系馆地下室，有的越墙出去，乘夜色穿青纱帐直奔火车站。

在地下党领导下，反逮捕反迫害斗争取得了完全胜利。军警特务失魂落魄地撤走了，同学们奔走相告，高唱"团结就是力量，这力量是铁，这力量是钢，向着法西斯蒂开火，让一切不民主的制度灭亡！"父亲冒着生命危险完成了地下党交给的任务。

但在十年浩劫中，这件事被诬蔑成"和刘少奇一样的内奸行为"，为此父亲被不明真相的人批斗。

迎接新中国

随着解放战争进入战略反攻阶段，北平学生运动的高潮一个接一个，学生运动的高涨又促进了人民民主运动的高涨。1948年11月下旬，辽沈战役胜利结束，形势急转直下，迎接解放的工作加快了步骤。清华园里，兴奋和喜悦的情绪在伸延着、传播着。人们见面时低声地说："快了，快了。"黎明快来到了。

在临近解放的日子里，常有一位和蔼的中年人出入我们家，解放后我才知道，他就是当时华北局城工部长刘仁同志。地下党为配合人民解放战争，为北平的和平解放，为解放后在高级知识分子中发展革命力量做了多方面的准备工作。当我军完成了对平津的分割包围尤其是新保安战役之后，北平敌军陷入了进退两难的困境，刘仁同志指示地下党利用各种关系做傅作义的工作，创造了战争史上和平解放北平的"北平方式"。军事战线上如此，在高等学校里则进行广泛的统战工作，争取最大限度的社会同情和支持。没有想到，"文革"期间，刘仁同志竟被长期镣铐加身，惨死于冤狱，真叫人悲忿难平。

当听到隆隆的炮声时，我们家已搬至新林院三十二号住。新林院是靠近铁路线的一个宿舍区，这里更加幽静，门前是高大的藤萝架，庭院里绿草如茵，两株浓密的丁香，两株刺玫，一排晚香玉。我常和父亲漫步在苜蓿地里看晚霞落日或像朋友般谈自己的工作、学习。往西是梁思成先生家，听说临近解放的一天夜里，有两个解放军拿着北京市区地图找到梁思成和夫人林徽因，虚心向他们请教北京城里的文物建筑情况，以备万一需用战争方式解放北平时如何保护古建筑之用，这一举动感动得两位建筑学家热泪盈眶，顿时打消了对共产党的顾虑。往北是周培源先生家，往南是陈寅恪先生家。

清华园里社团非常活跃。有"大家唱"歌咏队、民间舞蹈社、剧艺社、阳光美术社、新生歌咏队、骆驼剧社。我是骆驼剧社的小演员。有一天，在大礼堂演出美国作家丽琳·海尔曼的《守望莱茵河》，我饰剧中的巴比德·缪勒，那年我十岁。《守望莱茵河》是写一个德国的反纳粹斗士戈特·缪勒为了筹集工作基金，带了他的妻子儿女到美国的岳母家作短期休息。在那里他遇到一个罗马尼亚没落贵族白朗柯维斯伯爵，伯爵知道了缪勒的身份，便向德国驻美大使馆告发并向缪勒敲诈巨额金钱，缪勒忍无可忍，杀死了伯爵，回到德国继续从事反纳粹斗争。我很喜欢这个故事，虽饰一个小姑娘，但演得很认真。演出那天，有军警包围礼堂，父亲怕我出事，在演出后便去接我回家，一路上鼓励我："演巴比德，就要像巴比德一样勇敢。"为了锻炼我勇敢，父亲总叫我晚上去给他送信，我给外文系的严宝瑜先生送过信，也给吴祖缃先生送过信。天黑了，我很害怕，尤其是吴家住在丁所那边，全是树林，我便自己唱歌给自己壮胆。越临近解放，父亲就越忙，他和母亲常常因开会深夜不归，我一人坐在家里，觉得哪里都不安全，好像老有双眼睛在朝里窥探。新林院都是平房，一户一户相隔很远，有时水管子叫起来把我吓一跳。起先我把所有的灯都开开，后来我又把所有的灯都关掉，还是害怕。我便坐到厕所的马桶上，厕所小，我能看清每一个角落，便不害怕了。可有一次，从马桶里蹦出一只蛤蟆，这突如其来的动静把我吓得魂不附体。

1948年12月13日，解放军先头部队到达青龙桥。15日解放军第十二兵团政治部在西校门贴出布告，指出"清华大学为中国北方高级学府之一，凡我军政民机关一切人员，均应本我党我军既定爱护与重视文化教育之方针，严加保护，不准滋扰"。清华园解放了。一天中午，父亲兴奋地回到家里，在吃饭的时候问我："如果要你写清华园的解放，你从哪里写起呢？"我不假思索地说："就写大家欢迎解放军进校呗！"父亲听了，反问我："你看见二门桥头上那个老头吗？他蹲在那里，前面放着一锅煮熟的老玉米，只要看见一个解放军军人，他一定要送给人家一个老玉米，听说他是水磨村人，是解放军挖出了地雷救了他一家人的命。我要写就从这个老头写起。"我听了不得不佩服父亲观察生活的细微。

在清华园的日子里，我们迎来了庄严而隆重的解放军入城仪式，迎来了中国人民政治协商会议的召开，迎来了第一次文代会的召开，迎来了新中国的诞生。

（作者为李广田先生之女，北京师范大学中文系教授）

余瑞璜先生

余瑞璜（1906—1997），江西宜黄人。1929年至1935年在清华大学物理系任教，1937年在英国曼彻斯特大学物理系获得博士学位。1939年回国任西南联大物理系教授，1946年迁回北京任清华大学物理系教授。1952年调任东北人民大学（现吉林大学），创建物理系。

亲切的回忆

——纪念我的父亲余瑞璜教授

余理华

我对父亲最早的记忆之一是在五岁时，那时父亲在清华大学物理系任教。他常常在遇到难题时，坐在沙发上，一边想问题，一边用食指与中指在沙发的靠手上交替敲着，久了，靠手上敲出两个指印来。傍晚，他累了，常常带我去散步。那时我家住在清华大学北院，穿过北门到清华校园墙外，经过一片农田，可以走到一条铁路旁。沿着铁路线旁的小路散步时，他常常给我讲些趣事。比如火车离我们很远，还看不见时，可以趴在铁轨上先听见它的声音。又如火星上有可能有生物，又讲到白矮星上一个米粒大的东西比地球上的卡车还重……每当回想起那走在父亲身边的时刻，总是感到十分亲切、幸福。晚霞、铁路、农田与父亲讲述的故事，构成了我童年的美好回忆。

1952年，父亲怀着兴奋的心情带着全家到东北创建东北人民大学物理系（现吉林大学物理系）。记得在从北京开往长春的火车上，我看见一个个电线杆向后掠去，便问父亲：一切都向后移动，那么打开收音机时，电台的位置是不是也动呢？父亲想了一下便告诉我，是不动的，因为只移动很小距离，小到完全看不出动来。

父亲创建的物理系充满生机，学生思想活跃。每逢过年，各组学生各做一个小表演实验。比如我还记得有一个两只眼睛是用灯泡做成的小人，手上拿着一个盒子，你伸手去取那盒子里的糖时，还没有碰到任何东西，小人的两只眼睛就亮了，还发出一声叫，十分有趣。

父亲是一个十分豪爽的人，朋友很多。家中经常高朋满座，父母也常带我去看朋友。聊天中海阔天空，我也喜欢听。记得父亲常常谈起当时是物理学的兴旺时期，但生物学发展很快，再过二三十年，生物学就会变得越来越重要。现在回想起来，那时正是DNA发现后的几年，从那里父亲已看出了生物学的前景。跟父亲在一起时总是愉快的。

1957年，父亲被打成右派。家中朋友骤然减少，寥若晨星。父亲常去新华书店外文部买书（后来父亲告诉我他在划为右派后买了许多书，是因为他担心以后因为成了右派，查书查资料会遇到困难）。那时我已上初中，他常带我去。新华书店国内图书部与外文部很近，从外文部出来，父亲就陪我去国内图书部看看有没有好书。我对天文学有兴趣。有一次看到一本大学天文学教科书，我很有兴趣，但那毕竟是大学教科书，我不知当不当买。父亲鼓励我：可以买，看不懂可慢慢学嘛！后来这本书果然对我很有影响，行星的轨道为什么是椭圆的，一部分解释需要关于微分方程和牛顿力学的知识，我看了此书，虽然看不懂，却知道了要学什么才能看懂。

我在喜欢天文的同时，也开始喜欢无线电。从矿石收音机开始，到了初中，开始想自己装电子管收音机，但不会焊接。父亲知道了说：这个不难，我来教你。我第一次焊接零件就是这样从父亲那里学来了。现在每当我焊接什么零件时，总会想起当年父亲是怎样教我的。

我在中学时是学俄语的，进了大学也只能上俄语班，于是一进大学父亲就叫我自学英文。他说："你学了英文，整个世界就在你面前打开了。"父亲没有找英文教科书来教我，只教了我二十六个字母，然后说："可以了，我找本物理书给你看吧。"他找了一本Sears的《普通物理》让我看。我一个一个单词地查字典，硬着头皮看。几个月后，我觉得收获极大，我已经可以看一些其他书了。父亲的引导对我的前途起了关键的作用，是极有远见的。因为我在大学二年级时，文化大革命就发生了。图书馆经常关闭，借不到书，我靠父亲书架上的英文书学完了四大力学一直到量子场论。我还到新华书店外文部订了很多集《物理评论》，这些对我走向科学的道路起了关键的作用。

我的英文水平提高到能看文学书，是父亲被下放到伊通县的时候，那时我被分配到了靖宇县。他找了一本旧的英文版狄更斯的《大卫·高博菲尔德》，对我说："就用这个学。"我带着这本书回到靖宇县，慢慢地读。英文很难，有时所有的词都查出来了，可还是不懂什么意思。放假回伊通县时，我就坐在父亲身边看这本书。他在做研究，我看不懂就问他，经常打断他的工作，他从不厌烦，每次都给我讲得很清楚。每想到这些，总使我深深地怀念我慈爱的父亲。

当文化大革命进入派系斗争，我和父亲都有较多的空闲时，我开始学习量子力学。我用父亲的书，既学英文，又学量子力学。量子力学关于波函数的统计解释很难理解。我问父亲：怎么这样难懂？他告诉我这本来就是一个没有完全弄清楚的基本问题。我记得我们晚上关了灯躺在床上（那时我们家一共只有一间屋子），我与父亲谈了很久。我终于明白了即使是经典名著上讲的东西也不一定是完全解决了的问题，也不一定是对的，我可以有自己的理解。父亲从不迷信权威，他鼓励我独立思考。父亲讲了他对波粒二象性的看法。他当然知道这只是一种想象，完全不一定对。但是这使我了解了科学家与学者的区别。父亲是一个真正的科学家，而不仅只是一位知识渊博的学者。他使我懂得学习不只是为增加知识，更重要的是能创造，要富有想象力。这些话引起了我对量子力学的极大兴趣，使我产生了强烈的愿望去学越来越多的东西。科学院院士何祚庥先生曾写道："余瑞璜教授是位卓有成就的实验物理学家，然而戏剧性的是正是这位实验物理学家，将一位弟子领向量子力学之门。"我对这话是有深深体会的。

我大学毕业后被分配到偏远的靖宇县高中学。那里没有科研条件，我感到前途茫茫，对学习粒子物理与量子场论的前景十分悲观。父亲劝我："退一步，海阔天空。"他不仅用诸葛亮的名言"淡泊以明志，宁静而致远"来安慰我，还鼓励我说："可以跟我学金属学、结晶学。"于是我就在乡下按照父亲的指导读了许多结晶学和固体物理的书，甚至实验物理方面的书也看了。后来父亲搬回长春，我寒暑假回家探亲，每次都借许多书和杂志回去看。这段学习对我后来的工作有很大的影响。

父亲讲过许多科学史上的生动故事，从这些故事中可以看出父亲对待科学的态度，给我留下了深刻的印象。我常常想起父亲讲的关于法拉第的两个故事：父亲参观过法拉第的实验室，看到过他写的笔记，他说最深刻的印象是法拉第关

作者与父母、姐姐、哥哥摄于清华礼堂前（1949年前后摄）

于电磁感应的笔记。法拉第做了很多年关于电磁感应的实验，每一页上都写着"No"，即"没有效应"，失败了。但他不灰心地做了好多年，终于在最后一页上用很大的字写了个"Yes"，即成功了。另一个故事是，当法拉第报告电磁感应定律成功时，一位贵夫人问他："这又能有什么用呢？"他回答说："夫人，您怎能预料一个新生婴儿的未来呢？"

父亲讲的另一个故事也给我很大启发。父亲在英国留学时遇到一位教授，这位教授曾和玻尔同住过。他说玻尔当时有了原子模型的想法后，到英国来寻求有名科学家的支持。他首先找到的是汤姆森，但汤姆森不感兴趣，使玻尔感到苦恼。这位教授就对玻尔说："汤姆森对原子模型有自己的想法，与你不同，他不会感兴趣的。但卢瑟福正在考虑原子模型，与你的想法很相似，你为何不去找他？"后来玻尔的理论果然得到了卢瑟福的支持。

我对父亲的敬仰不只因为父子亲情和他在科学上对我的引导，更因为他的为人。父亲心胸坦荡，热情豪放。他是一个打不倒的人，即使是被人踩在脚下，他从不认为比别人低一等。

父亲被打成右派后，有一次他在吉林大学礼堂鸣放宫看电影。坐在他旁边的一个曾经被父亲提拔起来的教授看见他看电影时哈哈大笑，冷冷地说："当了右派，还笑什么？"我父亲说："我高兴，为什么不可以笑？"后来谈起此事，他对我们说："我又没有做什么坏事，为什么不能笑！"

文化大革命时，父亲再次受到打击。有一次，父亲正蹲在一个学生宿舍厕所的地上用小刀清理便池上的尿垢，一个学生过去莫名其妙地打了父亲一拳。父亲生气地站起来说："人家老老实实在干活，你为什么打人？"那人说不出话来，瞪眼看着父亲。一下围上不少人，那人恼羞成怒，又打了父亲一下。父亲就又提高了嗓音重复了那句话。四周的人越围越多，但都沉默不语，这样对峙了一阵以后，人们才散开了。经历过那个时代的人都能体会到，作为一个正直的人，能有这种勇气，保持做人的尊严，有多么不容易。

香港一家报社曾在1948年以"英雄教授"为标题，赞扬我父亲在外国海轮上为中国人打抱不平的正义行动。父亲也是我心目中的英雄。

60年代父亲处于他人生的最绝望的时候。在国内他的工作已被贬低到了任人随意践踏的程度，他却并不知道他在40年代的工作已在世界X射线结晶学界产生了深远的影响。在1962年的国际纪念芬埃发现X射线晶体衍射五十周年大会上，会议主席Ewald讲："关于中华人民共和国在X射线结晶学上的进展，我们知之甚少，但我们知道，那里有着世界第一流的X射线结晶学家，如S. H. Yu。"会议文集上著名的结晶学家Wilson在他的三页的回忆中有两页是讲到父亲的工作对他的影响。这些事情都是在文化大革命以后，父亲才从他的研究生那里听说的。Wilson后来在给父亲的一封信中说："你可知道，你的工作开辟了整个强度统计学的领域？"

父亲非常佩服诸葛亮，他常常唱起杜甫歌颂诸葛亮的诗："诸葛大名垂宇宙，万古云霄一羽毛"，并笑着手指天上对我们说："你看诸葛亮多高，正像很高的白云中的一根羽毛。"

父亲这一生无论在顺境或逆境中总是满怀希望向前进。父亲常常引用法拉第的名言"满怀希望向前进，比达到还好"。有位教授不理解这句话，认为没有达到怎么会比达到还好。但我从生活中深深地理解父亲的这一信念。父亲多年来总是对未来充满希望。他在 1992 年已经八十六岁时还对我说，他希望再活十年来完成他的工作。可惜他的这个愿望没有实现，但他这种总是满怀希望向前进的精神，永远鼓舞着我。

1998 年 5 月，父亲去世一周年之际，我有幸从美国布鲁克海文国家实验室（这是我现在工作的地方）回到清华讲学三周。课后我漫游清华园，故地重游，万分感慨，我在北院旧址徘徊许久，希望能重温旧梦。北院五号我家的旧址刚刚拆迁，还有几幢房子已经破旧，也即将拆迁，但仍然能让我回忆起父亲带我去散步的情景。

我走到图书馆楼，从那里悬挂的照片中我认出了父亲的照片，父亲的笑容令人欣慰。然后我又走到清华校礼堂前，对照着 1949 年父亲刚从美国回来携全家在那里照的一张照片，让人仍然能认出照片上的每一个细节。

这时我想起了杨振宁先生（我的研究生导师）在听说父亲去世时对我讲的一句话："请记住，你身上仍流着你父亲的血。"是啊，亲爱的父亲，您虽已离去，但您永远激励着我。

1999 年 2 月

（作者为余瑞璜先生幼子，现为美国布鲁克海文研究所研究员）

赵访熊先生

赵访熊(1908—1996),江苏武进县人。1922年考入清华学校,1928年毕业。1930年获美国麻省理工学院工程科学学士学位,1931年获哈佛大学理学硕士学位。1933年回国。历任清华大学数学系专任讲师、清华大学及西南联合大学数学系教授,并于1962年和1978年两度出任清华大学副校长。著名应用数学和计算数学专家,我国计算数学研究的先驱。

务实的精神，乐观的态度

——忆父亲赵访熊先生

赵南元

父亲于 1996 年辞世，享年八十八岁。回忆父亲生前往事，给我留下印象最深的，是他重视应用的务实精神和乐观豁达的生活态度。

我还在上小学的时候，父亲叫我和姐姐一起来做个游戏，三张一样大的方纸，每人拿一张做一个纸盒，看谁的纸盒容积最大。做好之后，父亲用他做的纸盒盛了一盒米来，倒在我们做的纸盒里，米就漫出来了。父亲用无可争辩的事实向小学生说明，微积分是很有用的。

父亲对子女的教育，基本上是无为而治，对我们的爱好和专业选择从不干涉。小时候我喜欢爬树掏鸟蛋，一位工友看到惊险场面，打电话告诉父亲："你儿子爬到大高树尖上，太危险了。"父亲说："你别吓着他，他自己会下来的。"

父亲曾经谈起他是怎样选择了数学作为专业的。1928 年赴美留学时，在 MIT 学的是电机工程，当他向老师提出一些电机的问题时，老师却说，这些问题数学家才能回答。于是父亲毕业后就去哈佛大学读了数学专业的研究生。此后父亲一生所研究的各种数学问题，都是在电机、自动控制、信号处理等工程领域中亟待解决的问题。父亲对于理论与实践的关系有一个形象化的比喻，他说理论就像飞

赵访熊先生与王繁女士结婚照,由梅贻琦校长主婚

机,能带我们去那些难以到达的地方,但是飞机如果永远不着陆,就什么也运输不了。他强调理论联系实际,但丝毫也不忽视理论的重要性。针对"文革"时期反理论的典型言论"一把锉刀捅破了窗户纸",他说:"捅破窗户纸很容易,可是到了冬天刮冷风的时候,还得把它糊上。"

父亲说起过在清华上学时一位外籍教师向他传教,他问:"信教有什么好处?"教师说:"你信了之后就知道有什么好处了。"他说:"我得知道有什么好处之后才能考虑信不信。"在父亲看来,宗教也是一种没有应用价值的理论。

父亲一生从事教育事业,特别注重培养学生的能力。他用"干粮和猎枪"来比喻知识和能力,主张不仅要教给学生基础知识,更重要的是培养学生自己提出问题、自己分析问题、自己解决问题的能力,知识可能过时,学习知识、运用知识的能力可以终生受用。他经常强调培养自学能力,他说,学问是学来的,问来的。问谁呢？首先要问自己，要用自己的脑筋，脑筋是越用越好，不会伤着。经过自己充分思考，再问别人，提出来的问题也是高水平的。

父亲生逢乱世，历经变故，却不改其乐观豁达的生活态度。1966 年 6 月初"文革"刚开始，就出现了一大批批判父亲的大字报，他却若无其事，只说："那是别人安排他们写的。"不久又有一篇为他辩护的大字报，他说："这是学生的真心话。"8 月大兴抄家之风，有一天我回家，见家里被翻了个底朝天，父亲讲起被抄家的经过，那神情就像在讲隔壁的淘气孩子的一场恶作剧。

派仗时期，父亲一度被关进牛棚。有一天突然通知可以探视，我在灰楼找到了关押地点，他那怡然自得的样子一如既往，临别时还特别嘱咐我，他是被保护起来的，不要泄露他的关押地点，以防对立派来抢。即使在牛棚之中，他也不怀疑别人的善意。

工宣队进校，他又一次进了牛棚。出来之后，对家里的伙食不大满意，说工宣队的食堂天天有排骨，家人大笑，进牛棚竟成了改善生活。父亲谈起在牛棚时有人来外调，他说的事实与外调者的意图不符，外调者说："你不老实！"父亲说："这年头儿，像我这么老实的人，可不多啦。"外调者也不得不报以会心的微笑。

林彪一号命令，北京全面疏散，父亲孤身一人迁往绵阳分校。1970 年，我分配到成都青白江，逢年过节，我用快件托运自行车，去 651 看望父亲。筒子楼的一间屋，内墙是裸露的红砖，连大白也没刷，屋里堆满了家具，运输包装原封未动，可用的只有一张单人床和堆满杂物的书桌。楼里没有暖气和厕所，据说学生们怕冷，夜里就从楼上的窗口往外撒尿。

第一次去绵阳，父亲正在养猪，他跟我说起猪是非常爱干净的动物，然后津津乐道地谈起养猪的诀窍："猪得了痢疾，我去医务室要了一大把土霉素，可是猪死活不肯吃药，后来我发现猪爱吃米饭，就揉了一个饭团子，里边放土霉素，一扔过去，猪抢着吃，一天就治好了。"倒是其他人对这种人才的浪费不以为然，一位同事对我说："就算老教授有本事，不用饲料，一天能让猪长一斤肉，那猪肉也得合十几块钱一斤，谁吃得起呀。"

第二次去绵阳，父亲在烧开水，来喝水的人说："老赵，你烧的开水，我们可喝不起呀。"父亲笑答："不要钱，随便喝。"

下一次去绵阳，父亲又改行了，管工具室。谈起他的工作，仍然兴致勃勃："工具室里都是老弱病残，可也有不少力气活，就像补带、扒带和补窟窿都不费劲,上带没点力气就难了,这边撬上去,那边掉下来。这就得动脑筋,我们用铁丝把两侧绑住,再撬就不费劲了。""我们补的胶鞋也与众不同,运用数学方法进行曲面拟合,补丁服服帖帖,比青沂镇的鞋匠工艺先进,民工们自己的胶鞋也找我们补。"

最后一次去绵阳,父亲已经重返讲台,我问他学生反映如何,他说:"学生说:'清华可真是个藏龙卧虎的地方,连修鞋的老头儿都会讲数学。'"

1976年地震,我们都长期坚守地震棚,父亲却常常回屋里睡觉。我告诉他:"据说主楼下面三层是安全的,老教授可以搬去住,你去不去?"他说:"就我的命值钱? 活过六十我就很够本儿了,搬去干什么?"生死荣辱,他一向置之度外。

父亲去世的三个月之前已经确诊为肺癌,但他毫不介意,依旧谈笑风生,使我不由得对医学权威的判断产生怀疑。直至临终,父亲没有任何嘱托,一个有话直说的人,是不需要把话留到最后的。他最后说的一句话是:"我累了,我要休息了。"

1999年4月
(作者为赵访熊先生之子,清华大学自动化系教授)

怀念旧清华

赵访熊

我生于 1908 年,1922 年秋我从常州高等小学毕业考进清华学校。时年十四岁,身体瘦小,体重仅 63 斤。1922—1924 这几年我在 1929 级中三学习,成绩优秀。1924 年秋升入 1928 级学习。1928 年夏毕业时获得德智体全优奖状。那时我的体重已达 110 斤,肺活量 5250CC,为全校第一,体力也大有长进。可以说我是在旧清华成长起来的。

回忆毕业前六年在旧清华学校的生活,是很有意义的。在这六年内,我打好了英语及自然科学的基础,逐年提高了自学的能力以及自己管理自己生活的能力。这些对我毕业后的学习及工作,起了有利的作用。

旧清华的教学重视基本训练。中二的英文课读本是伊索寓言大字本。一堂课教一页,仅一百多个字。要求能朗读并背熟,师生问答全用英语;这就加强了口语训练。文法课加强造句的训练。在班上是口语造句;谁要在现在时第三人称的动词后忘记 s,老师就大吼一声并扔一个粉笔头打他的头。这样就使学生们在造句时注意不犯初等的文法错误。课外作业常常是造句练习二十句。这种训练的确能提高学生们造句的能力。

旧清华学习纪律是严格的。学生在一个学期中有两门课不及格就被开除。上课迟到要受到批评;迟到五分钟以上作为旷课;旷课三小时记小过一次,三次小过等于一次大过；三次大过开除。考试作弊记大过两次及小过两次。我有一位1929级的小同学就是因为迷于钢琴练习，旷课二十七小时以上而被开除的。

旧清华很重视体育。我们都是马约翰的学生。马老重视学生体质的逐年提高。体育部保存着每个学生的体质检查大卡片。每年做一次检查，记下学生的身高、体重、肺活量及各种体能状况。每个学生在体育课内必须参加田径及球类练习。每年举行的全校运动会中有年级间的田径扩球类比赛。规定旧制清华学生游泳不及格者不许毕业，当然也不能赴美留学。规定除星期日外每天下午四时到六时必须参加体育活动并洗热水淋浴。重视体育的效果是明显的，总的说来旧清华毕业生的体质比较好的。

为了达到全面发展的目的，旧清华鼓励学生们参加课外活动。中等科学生必须参加童子军，高等科学生参加军操。自由参加的活动，校一级有歌咏队、管乐队。每一个年级有英语辩论队、国语辩论队，每年参加级际比赛。在高二有英语演讲课程，在课外组织英语话剧公开演出。我在中二及中三时参加歌咏队，在高一及高二时参加管乐队，高二时又参加过英语演讲比赛，高三时参加过英语辩论级际比赛。这些课外活动开阔了学生的兴趣，丰富了生活，对毕业后的社会活动也是有益的。

在这六年中，校方始终在德智体三方面全面地严格要求学生，这就迫使学生养成严格要求自己的习惯。学生逐步地做到主动地认真地完成自己的任务。学习任务重，就提高自己的自学能力及学习效率来完成任务。我们发现集中精力学习可以大大提高学习效率。下午四点参加一小时户外运动后，到体育馆洗一个热水淋浴，可以解除疲劳从而提高晚间的学习效率。这样晚上就可以较快较好地完成当天的学习任务，保征早睡早起。

回忆我在旧清华六年的紧张而愉快的学习生活，我觉得有很多经历是值得怀念的。旧清华的英语训练方法及体育锻炼的成功经验是可供现在的中学及大学低年级参考的。

附 录

清华园是永远的。

本书主编宗璞先生手迹

《永远的清华园》约稿信

亲爱的朋友：

　　随着时间的推移，我们的父辈俱已离去，而他们留下的精神财富是取之不尽的。作为清华子弟的我们也已进入老年，回首往事，不胜依依。近年来有一些回忆先人的文章很有光彩，因想到，如能将清华子弟的回忆文章编集成书，以得到更完整的印象，是很有意义的。现有出版社积极承担出版，使书的成功大有希望。

　　最主要的是文章，要靠大家！请选、请写！相信我们会共同完成这一心愿。

　　侯宇燕女士会来联系具体事务，请予协助，甚谢。

熊秉明、冯宗璞
1998年12月4日

读者来信撷芬：美籍华人汪复强先生的来信[①]

宪康兄：

收到6月28日航空寄之《永远的清华园》一册，欣喜无似，封面题"清华子弟眼中的父辈"尤深启弟舐犊之思缘。

家严系1918年张煜全[②]时入校任清华学堂国文教员，直至1928年清华改大学始离去。而弟则六七岁起即每年暑假期中随大人入住清华园（其时中国教员宿舍在古月堂），至九月开学始止。如是者已五六年。暨入中学后，因家大兄健君先生及家二兄轩仲已均在学校任职或读书，而骑车往来更为方便，故本人虽在1934年始入校读书，但对清华园之大部历史容貌则均早已熟稔于幼年胸中矣！尤其今年六月在沪上晤王元化先生，谈及家世往来（王父维周先生与家严同事甚久，曾从家严习画，常来城中寓所），往事一一回忆，极有老树新芽之感。而今得此册，更喜天涯无处非故人，为之雀跃也。书中多人对昔日住宅或有异议，今检昔日校园全图（1923、1927各一幅）附上[③]，应更可有助谈兴。崇谢，即颂

撰祺

汪复强敬上

2000年7月6日

[①] 编者按：汪复强先生之父为汪鸾翔先生，近代名士。在清华大学之后，又先后执教于河北大学、中国大学、北京国立美术学院等校，任文学教授、中国画及中国美术史教授。清华大学校歌之词即为汪老先生所作。信中提及的"家大兄"汪健君，自1925年起，至1999年去世，毕生任教于清华，以对昆曲的精深研究享誉于世。
[②] 编者按：1918—1920年任清华校长。
[③] 编者按：本书仅收入了1927年校园图。

清华之风与清华之根

——重读《永远的清华园》并忆熊秉明先生

侯宇燕

一

检拾旧信，于箧中发现一函。信，是1940年代毕业于西南联大社会学系的虞佩曹女士于1999年5月6日写给笔者的。小小扁扁的字迹，整齐地排列在薄薄的信纸上，体现着老一代知识分子，清华人特有的从容、平易、冷静，甚至不乏严峻的精神气质，其中一段尤令我深思："为什么，这么多人都觉得终生已与清华这个实体，化为精神力量的实体融在一起……"是啊，为什么呢？是深刻的文化背景，是精神的信念与理想，还是某种独特的文化内涵？那时的我，尽管出生、成长于清华园，又正在编辑《永远的清华园》，却依然不大明白。

真是风驰电掣，转眼间十三年就这样过去了。记得2000年4月底，清华大学八十九周年校庆日，北京特有的"醒树风"已然刮过，天气骤暖，繁英压树。由作家宗璞、旅法画家熊秉明主编，杨振宁等42名老清华子弟著作的《永远的清华园》就在这美丽的时节面世了。它给出了最好的答案。

随着时光的流逝，人们的看法越来越清晰：这不是一本不值得一读的书。这些深受传统文化与西方文明影响的老清华子弟,彼时尚有余力提笔为文,写下令他们感受最深的东西。这些子弟,成长于水木清华的精神殿堂,他们的父辈,既是老清华,更是现代学术界开山建屋之辈,是五四后中国高级知识分子群体的重要组成部分。从所有人或华彩或平实的文字中,读者都能感性地体验到书斋里的大儒绝非餐风饮露的世外高人,在风雨如晦、民族危亡之际,他们的言行、著作体现出鲜明的外向性与社会性,他们心中中国知识分子传统的爱国情怀立刻被极强烈地调动了起来。他们的思想追求,他们的道义自省,他们的忧患意识大多与社会前进的主流归于质的统一。他们大多葆有儒家的立场与原则。然而他们也有自己的性情,自己的哀痛,自己的绝望。有些具有探索指向的回忆甚至具备了重构历史的切入性意义,给予研究者新的启发。1947年,熊秉明在法国看到罗丹的铜像《行走的人》时,曾说这是任何自然的阻力都抵挡不住的精神力量的显现。显然,对人的主体精神,熊先生抱持极乐观超拔的评价。"那一个奋然迈步的豪壮的姿态,好像给'走路'一个定义,把'走路'提升到象征人生的层次去,提升到'天行健'的层次去。"——"天行健",出自《易经》,又是清华校训。古老的文明,日新月新。故而,对"父亲—清华"这个感性、理性兼重的命题,熊秉明的哲学诠释——"父亲之风"也带了水墨画的清新壮丽:"父亲在乡村私塾里吸收的传统精神和在西方接受的启蒙思想、人文主义都融为他人格中活泼有生命的成分……他曾讲到范仲淹《严先生祠堂记》结尾的歌:'云山苍苍,江水泱泱,先生之风,山高水长。'他说,'风'字原作'德',一字之易,旨趣效果大为不同。'德'字含义太落实;'风'字的意味广阔悠远。'德'字局限于善,只评及德行;'风'则把善与真与美都纳入其中了,范畴并未分化,一个字把全篇描述点化为一幅气韵生动的画像,而人物的画像复扩展而融入山水天地之间。"

就这样,父亲之风,这种熊秉明笔下"浑噩的、基本的、来自历史长流的、难于命名的风",在经由历史的沉淀与个人的自省后,在深沉复杂的情感冲击下,获取了超越与飞升,自然而然地被赋予更为丰富深刻的内涵:清华之风。二者相辅相成,融合统一。所以当宗璞站在青草覆盖的旧居乙所前时,也会"感到温暖",正因"这暖意是从根上来的"。

他们的精神修养、道德追求、理想信念,几乎都来自于父亲,来自清华。所以,正是与传主的特殊关系,决定了这些非职业作家理智深沉、富于节制的笔下,视角的独特性、诠释的共时性,以及情感表述的厚度。他们的文字都或隐或现地带着率真洁白的"学生腔",纯洁、平易,但又像一个紧抿的嘴角,严峻、认真。正是这样一群具有沉静严谨共性的老人,用近乎直白,却又含蓄凝练的笔触记叙赋予自己这种气质的父辈,记录后者的生活细节、音容笑貌、治学为人,所以要评价这本书的意义,可借用张岱年老人的话:"像这样由一个群体的后人写文章,汇集成书,我还没有看见过。"而从更宏大的视角来体察这些真诚、严肃的记录,你还会明白它们贴近皮肤地还原了老清华的精魂。

究竟什么是清华精神?近年来这方面的讨论极多。哲学家冯友兰之女宗璞说:"对于我们这些在清华度过童年的人来说,清华园可以说是我们的父母之园。上一代人把他们盛年的岁月献给了清华大学,在池边,在林间,在荷影蝉声里,造就了多少人才。我们耳濡目染,得到的是什么,过了大半个世纪后,镌刻在记忆中的又是什么,回想起来觉得意味很是深长。也许我们不能用文字把它们完全表达出来,留下一点光影也好。在我的印象中,清华大学的校训'自强不息'对我们这些子弟也是起作用的。这里没有懒散,没有低俗,它教我们要像昼夜一样向前永不停息。这种精神似乎比一般的实干精神更丰富、更深刻。"而在数学家熊庆来之子熊秉明笔下,父亲的身上有一种"道德力",但它决非教条。

对于父亲,对于清华记忆,在42位作者中,部分人如宗璞、熊秉明般带有鲜明的自觉探索意识,另外一些人却只是忠实地写下自己细微的观照。

尽管在深刻优厚的家庭文化背景熏陶下,许多作者具备了相对独特的人文视角与不凡的审美欣赏趣味,但能像宗璞、熊秉明这样接受过专业文史训练的,实际上少得可怜。不少文化大家竟连一个承父业的子女都阙无,断得十分干净。记得资中筠先生在《清华园里曾读书》中就大学究竟应该培养"师"还是"匠"的问题上一针见血地说过:"从历史传统看,我们似乎从一个极端跳到了另一个极端。传统的中国士大夫是只学文的,西方的实用科学技术刚传入时被视为'奇技淫巧',不屑一顾。后来吃了大亏,经先进的仁人志士大力倡导,才开始重视科学技术。不知从何时起,又走到了另一个极端。"

个人认为,这种文化现象,其思想内涵,其与传统文化观念,与19世纪末期发轫的社会结构变动,与"器用"说的复杂关联,以及在20世纪的发展轨迹,其中的"不得不"与自愿为之,在在都是极值得探讨研究的课题。然而无论如何,在现代中国,文化传承在家族的断裂表现得实在过于普遍了,以致成为一种人们不愿看到甚至刻意忽略的社会现象。关于这个,诸多文章也没有进行深入的探讨,读者只是偶尔会诧异地发现，有时那决定之手正是来自"父亲"。也许在那个时刻，他们只是一位普通的"中国父亲"。

但我看到数学家的儿子熊秉明彻底颠覆了这种社会潮流。在上述文化语境中他反其道而行之的职业选择无疑为一个异数。由是他也比较自然地体现出美学上的某种受益。

二

当熊秉明先生首先想到将老清华子弟的回忆文章编集成书时，他给童年的朋友宗璞写了信，但没有发，而是亲自带到北大燕南园，于是才有了后面滚雪球般的约稿效应。记得是1999年5月13日，宗璞先生打电话给我，说熊先生携夫人来华，中国美术馆要给他举办画展，要我下班后带上已基本定型的文章目录赴燕南园，那是我第一次也是最后一次见到熊先生。

站在客厅里的77岁的画家是矮小清瘦健朗的，你不能想象三年后他会因突发脑溢血在巴黎撒手人寰。他在上世纪40年代去了法国，永远留在那里。熊先生并未与我交谈，当然我也不认为熊先生倨傲。他的面部线条还是不大像我们印象里放诞不拘的艺术家，他时时现出出自清华、留于血液的风格，一种清白务实的气质。我看到他极高兴地听夫人说这一年是他的"展览年"。

正是在1999年，在中国，熊先生办了巡回雕塑展。后来，在一个读书类电视节目中，我看到他去了云南。故乡举办了座谈会。熊先生对云南的感情是深的，他的雕塑中就有云南的牛。他说："昆明人的面型我熟极了，那上面的起伏，是我从小徜徉游乐其间的山丘平野，我简直可以闭着眼睛在那里奔驰跳跃，而不至于跌仆。"但在屏幕上间离的、拘束的热烘烘气氛下，我有一种固执的主观印象：熊先生很孤独。这令我突然想起那日在绿荫掩映的宗璞先生客厅里，听到某些清华园里并肩长大的"准兄弟姐妹"已是院士时他那一刻复杂的表情。摄像机远远追随熊先生来到一条小河边，他忽然不由分说地招呼夫人快来看一束平常的野花。在这个瞬间艺术家式的不管不顾的笑的生命力似乎才完全焕发出来，远覆在其他东西的上面。

毋庸讳言，在中国，普通读者对熊秉明的了解往往还是与熊庆来联在一起的，比较奇异的是还有杨振宁。无论是杨振宁先生还是其父杨武之教授的回忆文本中，都曾述及一件趣事：在宁静的，夏来会搭凉棚的清华西院，在高高的，隔绝了喧嚣与战乱的围墙下，少年杨振宁利用掌握的物理学原理自制出一台简易幻灯机，熊秉明负责画幻灯片——似乎已体现二人日后专攻之术业，即他们各自"选择的道路"。彼时，熊庆来是老清华算学系主任，杨武之为算学系教授。两家同住西院 11 号。同住西院的小伙伴还有美学家邓以蛰之子，两弹元勋邓稼先。在 1999 年的春天，邓稼先是 42 位作者中唯一已仙逝者（文章由邓夫人整理）。

"哦，邓稼先。"熊先生盯着名单，喃喃道。

宗璞兄长冯锺辽也是杨、熊的同龄人。他亦未选择父亲的哲学，而考取西南联大机械系。这些陈年旧事，熊先生自然都再熟知不过。那日傍晚是在勺园用的餐，熊太太细心到执拗的地步，连着换了两张桌子。饭后暮色渐沉，熊先生的背影略显蹒跚。燕园里有很多古物。燕南园右手两个驮碑大龟分伏在路口左右，宗璞先生考证它们不是龟，而是龙生九子的一种，一代一代的孩子曾骑在它们的脖颈上，留下值得回忆的照片。走到这里时，熊先生忽然谈到一个话题：化学家张子高的一个儿子是在西南联大读书时为爱自杀的。一时四下悄然无声，只有脚边芳草的清芬在空气中流淌。我想到《清华校友通讯》上，农学家虞振镛之女，联大社会学系毕业生虞佩曹，即开篇所提的那位老人家发表的一篇文章，标题已忘，篇幅也极短，大旨回忆在昆明的艰苦时期，体育教授马约翰一个十几岁的儿子得了病，成日孤零零地躺在床上。她是他的同龄人，前去探望，彼此都没说什么话，不久男孩子就去世了。以前品读虞女士的文字，总觉得这位慈祥的老人家神似奥斯汀，可那一时又觉得她还有些茨威格风格。老清华、西南联大，这些都是何等宏大的叙事话语，而在这些话语的后面，曾经有些细微的生命，他们如流星般悄然划过。他们没有机会留下什么，似乎也不想留下什么。只有后来这些举重若轻的回忆文字，带着淡淡的血痕，传出时代的风韵，体现出对这些生命深厚的关怀……

在初夏夕阳最后一抹余晖的照映下我看见熊先生望向夫人的目光充满爱意。在异乡，她不但是他的知己，也是他的厨师、司机、秘书，甚至兼园丁。宗璞先生闻言感慨道，在父亲晚年，自己也身兼"几大职务"，本应作静心笔端的林黛玉，却当了多年王熙凤。最后众人来到百年大讲堂前，彼时它刚刚落成。柔和的春风弥弥散散地吹过来，仰望这雄伟的建筑，熊先生夫妇饱含深情，异口同声地说，中国人永远是最聪明的。

在《永远的清华园》出版后,我曾撰书评《清华之风》,发表于《中华读书报》。其中有这样一段文字:"熊秉明选择了文艺哲学作为自己终身托付(而不仅仅是爱好)。与物理学家获得的热烈掌声相比,这条路无疑是寂寞而荆棘遍地的。背道而驰的熊秉明,有着孤独探索的目光。这目光使我想到弗罗斯特的诗:'我选择了少人行走的一条,这就造成了一切的差异。'然而,对知识分子,对几千年的文化与历史,有着哲学背景和形象思维的他却看得深刻与生动。他看出了矛盾,也看出了高明。也是父亲无言的信任,化作熊秉明在异乡奋斗的最大精神动力。"宗璞先生命我寄与熊先生。不久熊先生发来一个热情的传真,他说很喜欢。

回忆是琐碎的,却带着光彩。陶渊明曾叹息"一世易朝市"。今日重温过去的岁月,打开书仔细数一数,方惊觉,已有十几位作者在风驰电掣的时光里随风归去了。我想我对陶渊明是有些懂得了。

2013年3月22日于清华园

重版后记

《永远的清华园》初版至今,已整整十三个年头了。此次由北京大学出版社积极承担重版工作,陈甜、岳秀坤两位编辑付出了极大心血。耄耋之年的宗璞先生已无法视物,头晕病加重,却始终关心此书的重版进程,给予具体指导。还要感谢清华大学校史馆,尤其是副馆长金富军博士,提供了若干珍贵的历史照片,指出文中问题并给予修正建议;感谢清华大学档案馆为本书提供的清晰美观的图片;也要感谢清华大学校友会提供的多方支持和帮助。

此次重版,可称"精编版"。相较原版本,首先,在文字上,除修正若干讹误外,适当删除了一些与清华无甚关联的内容,并增补与老清华精神更为贴近的文字以飨读者;其次,甄选部分字迹美观、手录父辈小传(或者诗词作品)的手稿片段排在书中,以增加丰富性;再者,增添了许多新照片。而在新增版块"附录"中,更收入主编宗璞、熊秉明当年写给诸位"准兄弟姐妹"的约稿信及清华校歌词作者汪鸾翔先生公子汪复强在13年前初读此书后的海外飞鸿。鉴于书中多人对昔日住宅发生了有趣的争议,老先生并检出1927年校园全图附上。这些都是何等珍贵的文物!

故而这是一本特殊的书,镌刻着42位老清华子弟对父辈、对清华之忆念情思。其结果是"用一种独特的视角,显现出一个群体,是这个群体使得那时的清华所以为清华"(宗璞先生语)。

忆及当年本书甫一问世,即荣获2001年北京市社会科学图书奖,诸多报刊争相以大篇幅版面转载其中精彩文章,中国历史博物馆20世纪中国留学生生活大型展览亦数次引述书中图文……后来得知,北京人民广播电台文艺台还将其制成有声读物。至于读者的来访来信,就更是余音不绝了。由一本书,产生了滚雪球似的社会效应。它达到了它所能达到的高度。

本书初版之际,42位著作者中,只邓稼先先生一人作古。十三年弹指,偶一细数,方惊觉移川逝水。题签的顾毓琇先生,作序的张岱年先生,主编之一熊秉明先生,王登明、王元化、梅祖彦、杨起、朱乔森、冯锺芸、吴清可、吴冰等十余位作者均已与我们人天两隔。

人不复生,然前迹可寻。这就使得此书的重版更富有价值。因为,"清华园是永远的"。

侯宇燕谨识
2013年清华校庆前夕

另:因年深岁改,许多作者的通讯方式已改变,无法取得联系。请这些先生与出版社或直接与我联系(邮箱:yydqhy@sohu.com),以获取样书及稿费。